Jarofke/Lange · Reptilien – Krankheiten und Haltung

# Tierärztliche Heimtierpraxis

Band 3

Verlag Paul Parey · Berlin und Hamburg

# Reptilien
# Krankheiten und Haltung

Dietmar Jarofke und Jürgen Lange

1993 · Mit 72 Abbildungen, davon 32 farbig,
28 Tabellen und 3 Schemata

Verlag Paul Parey · Berlin und Hamburg

Tierärztliche Heimtierpraxis

Band 1  Kleine Heimtiere und ihre Erkrankungen

Band 4  Erkrankungen der Aquarienfische

In Vorbereitung:

Band 2  Ziervögel und ihre Erkrankungen

Anschriften der Verfasser:
Dr. med. vet. Dietmar Jarofke
Zoologischer Garten
Hardenbergplatz 8
D-10623

Dr. rer. nat. Jürgen Lange
Aquarium des Zoologischen Gartens Berlin
Budapester Straße 32
D-10787

Die Deutsche Bibliothek – CIP-Einheitsaufnahme

Jarofke, Dietmar:
Reptilien: Krankheiten und Haltung; mit 28 Tabellen / Dietmar Jarofke und Jürgen Lange. – Berlin; Hamburg: Parey, 1993

(Tieräztliche Heimtierpraxis; Bd. 3)
ISBN 3-489-52416-0

Umschlag: Atelier Buchholz/Hinsch/Hensinger, unter Verwendung von Fotos von F. Kleinschmidt
Zeichnungen: G. Heinisch

© 1993 Verlag Paul Parey GmbH & Co. KG, Berlin und Hamburg. Anschriften: Seelbuschring 9–17, D-12105 Berlin; Spitalerstr. 12, D-20095 Hamburg

ISBN 3-489-52416-0 · Printed in Germany
Gesamtwerk: ISBN 3-489-52116-1

Das Werk ist urheberrechtlich geschützt. Die dadurch begründeten Rechte, insbesondere die der Übersetzung, des Nachdrucks, des Vortrages, der Entnahme von Abbildungen, der Funksendung, der Mikroverfilmung oder der Vervielfältigung auf anderen Wegen und der Speicherung in Datenverarbeitungsanlagen, bleiben, auch bei nur auszugsweiser Verwertung, vorbehalten. Eine Vervielfältigung dieses Werkes oder von Teilen dieses Werkes ist auch im Einzelfall nur in den Grenzen der gesetzlichen Bestimmungen des Urheberrechtsgesetzes der Bundesrepublik Deutschland vom 9. September 1965 in der Fassung vom 24. Juni 1985 zulässig. Sie ist grundsätzlich vergütungspflichtig. Zuwiderhandlungen unterliegen den Strafbestimmungen des Urheberrechtsgesetzes.
Die Wiedergabe von Gebrauchsnamen, Handelsnamen, Warenbezeichnungen usw. in diesem Buch berechtigt auch ohne besondere Kennzeichnung nicht zu der Annahme, daß solche Namen im Sinne der Warenzeichen- und Markenschutz-Gesetzgebung als frei zu betrachten wären und daher von jedermann benutzt werden dürften.

Satz: PLS-ParayLaserSatz
Schrift: Helvetica (Satzsystem Apple IIfx/Macintosh)
Lithographie: Carl Schütte und C. Behling, D-12103 Berlin
Druck und Bindung: WB-Druck GmbH & Co Buchproduktions KG, D-87669 Rieden am Forggensee
Papier: Claudia Star pro, 90g/m$^2$, chlorfrei gebleicht, hergestellt in der Papierfabrik Hannover

# Geleitwort

Der Verlag Paul Parey hat es sich dankenswerterweise zur Aufgabe gemacht, für den praktizierenden Tierarzt innerhalb einer Fachbuchreihe über die Erkrankung von Heimtieren jeweils gesondert für jede Wirbeltierklasse einen eigenen Band herauszubringen und hierbei nicht nur die Krankheiten der Säugetiere und Vögel, sondern auch die der Reptilien und Fische zu behandeln.

Dies mag zunächst überraschen. Bedenkt man jedoch, daß nach den Erhebungen des Zoofachhandels in ca. 2 Millionen Haushalten Aquarien stehen und daß allein in der Deutschen Gesellschaft für Herpetologie und Terrarienkunde mehr als 5000 Terrarianer organisiert sind, dann wird deutlich, welchen Stellenwert diese Tiere bei uns in der Heimtierhaltung haben. Deshalb sind es heute nicht nur Kleinsäuger und Vögel, sondern auch Fische und insbesondere Reptilien, die in der Kleintierpraxis vorgestellt werden.

Mit dem Tierarzt Dr. Dietmar Jarofke und dem Biologen Dr. Jürgen Lange als Autoren konnte der Verlag Paul Parey zwei Fachleute gewinnen, die über entsprechende Erfahrung bei der Haltung und Behandlung von Reptilien verfügen.

Dr. Dietmar Jarofke ist seit über 15 Jahren für die tierärztliche Betreuung des großen Reptilienbestandes in unserem Zoo-Aquarium verantwortlich und damit einer der wenigen für Reptilien kompetenten Zootierärzte der Welt. Dr. Jürgen Lange, der zuvor langjährig als Aquarien- und Terrarienkurator in der Wilhelma Stuttgart tätig war, kam vor ebenfalls 15 Jahren als Leiter unseres Zoo-Aquariums nach Berlin, und unter seiner Verantwortung wurde das Zoo-Aquarium mit seinem großen Terrarium modernisiert und unter Berücksichtigung moderner Haltungsanforderungen umgebaut. Nicht mehr eine mehr oder weniger wahllose Artensammlung, sondern gezielte Zucht steht heute hier im Vordergrund. Entsprechend groß sind deshalb nach dem Um- und Ausbau die Zucht- und Quarantäneräume in unserem Zoo-Aquarium, umfangreich und detailliert ist heute aber auch die tiermedizinische Kontrolle und Betreuung, denn nur mit wirklich gesunden Tieren lassen sich Zuchterfolge erzielen.

Dieses Buch beruht auf der langjährigen Erfahrung beider Autoren und garantiert, daß nicht nur alle Krankheiten der Reptilien, sondern auch wichtige Fragen der Haltung behandelt werden, denn optimale Haltung ist der Grundstein für gesunde Tiere. Deshalb werden weder der Veterinär noch der Reptilienhalter bei der Beantwortung einer Frage im Stich gelassen.

Neben der Haltung sowie dem Nachweis und der Behandlung von Krankheiten der Reptilien sind auch die gesetzlichen Bestimmungen, die beim Kauf, bei der Haltung und der Behandlung von Reptilien zu beachten sind, ausführlich dargestellt, so daß der Amtsveterinär, der für die Überwachung zuständig ist, hier wertvolle Informationen finden kann.

Mit Sicherheit ist dieses Buch für den Terrarianer und insbesondere für den Kleintierpraktiker ein unentbehrliches Nachschlagewerk. Mit Absicht werden hier Haltung, Pflege, Gesundheitskontrolle und Therapie gemeinsam beschrieben, denn aus Verantwortung dem lebenden Tier gegenüber sind wir verpflichtet, es nicht nur optimal zu pflegen, sondern bei auftretender Krankheit auch umgehend und erfolgreich zu behandeln.

Berlin, im Sommer 1993

Professor Dr. Dr. h.c. Heinz-Georg Klös
Direktor des Zoologischen Gartens
und Aquariums Berlin i. R.

# Inhalt

| | Vorwort | 15 |
|---|---|---|
| | Vorbemerkung | 16 |
| 1 | Charakteristische Merkmale der Reptilien | 16 |
| 2 | Die Stellung der Reptilien im Tierreich | 16 |
| 3 | Gesetzliche Bestimmungen für die Haltung von Reptilien | 16 |

| I | **Krokodile** | 19 |
|---|---|---|
| 1 | Allgemeine Biologie | 20 |
| 1.1 | Evolution | 20 |
| 1.2 | Bauplan | 20 |
| 1.3 | Lebensraum | 21 |
| 1.4 | Gesetzliche Bestimmungen | 21 |
| 1.5 | Transponder | 22 |
| 2 | **Haltung und Fütterung** | 22 |
| 2.1 | Gehegegestaltung und -größe | 22 |
| 2.2 | Luft- und Wassertemperatur | 22 |
| 2.3 | Hygienemaßnahmen und Quarantäne | 23 |
| 2.4 | Vergesellschaftung | 23 |
| 2.5 | Fütterung | 23 |
| 2.6 | UV-Bestrahlung | 23 |
| 3 | **Geschlechtsbestimmung, Fortpflanzung und Aufzucht** | 24 |
| 3.1 | Geschlechtsbestimmung | 24 |
| 3.2 | Fortpflanzung und Zeitigungsdauer | 24 |
| 4 | **Haltungsschäden und ihre Behandlung** | 24 |
| 4.1 | Störungen im Vitaminhaushalt | 24 |
| 5 | **Handling und Narkose** | 24 |
| 5.1 | Verpacken und Transport | 24 |
| 5.2 | Fixieren der Tiere | 25 |
| 5.3 | Immobilisation | 25 |
| 6 | **Physiologische Daten** | 27 |
| 6.1 | Blutzusammensetzung | 27 |
| 6.2 | Herzschlag- und Atemfrequenz | 30 |
| 6.3 | Blutdruck | 30 |
| 6.4 | Körpertemperatur | 31 |
| 7 | **Untersuchungsmethoden** | 31 |
| 7.1 | Allgemeine äußere Untersuchung | 31 |
| 7.2 | Blutentnahme | 31 |
| 7.3 | Röntgenuntersuchung | 31 |
| 7.4 | Endoskopie | 31 |
| 7.5 | Sonographie | 32 |
| 8 | **Infektionskrankheiten** | 33 |
| 8.1 | Parasitosen | 33 |
| 8.1.1 | Ektoparasitosen | 33 |
| 8.1.2 | Endoparasitosen | 33 |
| 8.1.2.1 | Einzeller | 33 |
| 8.1.2.2 | Trematodenbefall | 33 |
| 8.1.2.3 | Helminthiasis | 34 |
| 8.1.2.4 | Paratrichosoma | 34 |
| 8.1.2.5 | Pentastomiden | 34 |
| 8.2 | Mykosen | 34 |
| 8.2.1 | Lungenmykosen | 34 |
| 8.2.2 | Hautmykosen | 35 |
| 8.3 | Bakterielle Infektionen | 35 |
| 8.3.1 | Aeromonas sp.- Infektion | 35 |
| 8.3.2 | Salmonellose | 36 |
| 8.3.3 | Pseudomonasinfektion | 36 |
| 8.3.4 | Weitere bakterielle Erreger | 36 |
| 8.4 | Virusinfektionen | 36 |
| 8.4.1 | Pockeninfektion | 36 |
| 8.4.2 | Virushepatitis/ Virusenteritis | 37 |
| 8.4.3 | Eastern Equine Encephalitis Virus-Infektion | 37 |

| | | | | | |
|---|---|---|---|---|---|
| 9 | Organkrankheiten | 37 | 2 | Haltung und Fütterung | 50 |
| 9.1 | Krankheiten der Haut | 37 | 2.1 | Landschildkröten | 50 |
| 9.2 | Krankheiten des Skelettsystems | 37 | 2.1.1 | Terrariengestaltung und -größe | 50 |
| 9.3 | Krankheiten der Verdauungsorgane | 38 | 2.1.2 | Temperatur und Relative Luftfeuchtigkeit (RLF) | 50 |
| 9.3.1 | Stomatitis ulcerosa | 38 | 2.1.3 | Hygienemaßnahmen und Quarantäne | 51 |
| 9.3.2 | Störungen des Magen-Darmtraktes | 38 | 2.1.4 | Fütterung | 51 |
| 9.3.3 | Kloakenvorfälle | 39 | 2.1.5 | UV-Licht | 49 |
| 9.3.4 | Krankheiten der Leber | 39 | 2.2 | Wasserschildkröten | 52 |
| 9.4 | Krankheiten der Atmungsorgane | 39 | 2.2.1 | Terrariengestaltung und -größe | 52 |
| 9.5 | Krankheiten der Kreislauforgane | 39 | 2.2.2 | Wasser- und Lufttemperatur | 52 |
| 9.6 | Krankheiten der Harn- und Geschlechtsorgane | 39 | 2.2.3 | Hygienemaßnahmen und Quarantäne | 52 |
| 9.6.1 | Krankheiten der Niere | 39 | 2.2.4 | Fütterung | 53 |
| 9.6.2 | Krankheiten der Geschlechtsorgane | 40 | 2.2.5 | UV-Licht | 53 |
| | | | 2.3 | Seeschildkröten | 53 |
| 9.7 | Krankheiten der Sinnesorgane | 40 | 2.3.1 | Beckengestaltung und -größe | 53 |
| 9.8 | Stoffwechselstörungen | 40 | 2.3.2 | Wassertemperatur | 53 |
| | | | 2.3.3 | Filterung | 53 |
| 10 | Intoxikationen | 40 | 2.3.4 | Hygienemaßnahmen und Quarantäne | 54 |
| 11 | Tumoren und Mißbildungen | 41 | 2.3.5 | Fütterung | 54 |
| 12 | Behandlungsmethoden und chirurgische Eingriffe | 41 | 3 | Geschlechtsbestimmung, Fortpflanzung und Aufzucht | 54 |
| 12.1 | Injektionen | 41 | 3.1 | Geschlechtsbestimmung | 54 |
| 12.2 | Chirurgische Eingriffe | 41 | 3.2 | Fortpflanzung | 55 |
| | | | 3.3 | Aufzucht | 55 |
| 13 | Töten von Krokodilen unter Berücksichtigung der gesetzlichen Bestimmungen | 42 | 4 | Haltungsschäden und ihre Behandlung | 55 |
| 14 | Literaturverzeichnis Krokodile | 43 | 4.1 | Bißverletzungen | 55 |
| | | | 4.2 | Krallen-, Schnabel- und Panzerpflege | 56 |
| | | | 4.3 | Störungen im Vitaminhaushalt | 56 |
| II | Schildkröten | 45 | 4.3.1 | Hypervitaminosen | 56 |
| 1 | Allgemeine Biologie | 47 | 4.3.2 | Hypovitaminosen | 56 |
| 1.1 | Evolution | 47 | 4.3.3 | Mangelkrankheiten durch fehlende UV-Bestrahlung | 57 |
| 1.2 | Bauplan | 48 | | | |
| 1.3 | Lebensraum | 48 | | | |
| 1.4 | Gesetzliche Bestimmungen | 49 | | | |
| 1.5 | Transponder | 49 | 5 | Handling und Narkose | 57 |

| | | | | | | |
|---|---|---|---|---|---|---|
| 5.1 | Verpacken und Transport | 57 | 8.3.2 | Grampositive Erreger | 73 | |
| 5.2 | Fixieren | 57 | 8.3.2.1 | Mykobakterien | 73 | |
| 5.3 | Immobilisation | 57 | 8.3.2.2 | Weitere grampositive Erreger | 73 | |
| 5.3.1 | Unterkühlung | 57 | 8.3.3 | Weitere Erreger | 73 | |
| 5.3.2 | Injektionsnarkose | 57 | 8.4 | Virusinfektionen | 73 | |
| 5.3.3 | Inhalationsnarkose | 58 | 8.4.1 | DNS-Viren | 73 | |
| 5.4 | Wiederbelebung bzw. Kreislaufaktivierung nach Herz- und Atemstillstand | 58 | 8.4.1.1 | Maulseuche/Pneumonievirus-Infektion | 73 | |
| 6 | **Physiologische Daten** | **59** | 8.4.1.2 | Graufleckenkrankheit (Grey-patch-Disease) | 74 | |
| 6.1 | Blutwerte | 59 | 8.4.1.3 | Virushepatitis | 74 | |
| 6.2 | Differentialblutbild | 59 | 8.4.1.4 | Iridovirus-Infektion | 74 | |
| 6.3 | Körpertemperatur | 59 | 8.4.1.5 | Papillomavirus-Infektion | 74 | |
| 6.4 | Kreislauf | 60 | 8.4.1.6 | Japanische B-Enzephalitisvirus-Infektion (JEV) | 74 | |
| 6.5 | Atmung | 60 | 8.4.1.7 | Rhinitisvirus-Infektion | 74 | |
| 7 | **Untersuchungsmethoden** | **60** | 8.4.2 | RNS-Viren | 75 | |
| 7.1 | Allgemeine äußere Untersuchungen | 60 | 8.4.2.1 | Paramyxovirus-Infektion | 75 | |
| 7.2 | Blutuntersuchung | 61 | 8.4.2.2 | Östliche Pferdeenzephalitis-Infektion (EEE) | 75 | |
| 7.3 | Kotuntersuchung | 65 | 8.4.2.3 | Westliche Pferdeenzephalitis-Infektion (WEE) | 75 | |
| 7.4 | Röntgen | 65 | 8.4.2.4 | Powassanvirus-Infektion (POW) | 75 | |
| 7.5 | Endoskopie | 66 | 8.4.2.5 | St. Louis-Enzephalitisvirus-Infektion (SLE) | 75 | |
| 7.6 | Sonographie | 66 | 8.4.2.6 | Bunyavirus-Infektion | 75 | |
| 7.7 | Kernspintomographie | 66 | | | | |
| 8 | **Infektionskrankheiten** | **67** | 9 | **Organkrankheiten** | **75** | |
| 8.1 | Parasitosen | 67 | 9.1 | Krankheiten der Haut | 75 | |
| 8.1.1 | Ektoparasitosen | 67 | 9.1.1 | Nekrobazillose der Wasserschildkröten | 76 | |
| 8.1.1.1 | Zeckenbefall | 67 | 9.1.2 | Unbekannte Hautkrankheit der Dachschildkröten (Kachuga) | 76 | |
| 8.1.1.2 | Milbenbefall | 67 | | | | |
| 8.1.1.3 | Hautmyiasis | 67 | | | | |
| 8.1.2 | Endoparasitosen | 67 | 9.1.3 | Parakeratose der Landschildkröten | 76 | |
| 8.1.2.1 | Infektionen durch Einzeller | 67 | | | | |
| 8.1.2.2 | Infektionen durch Nematoden | 69 | 9.1.4 | Panzernekrose | 76 | |
| 8.1.2.3 | Trematodenbefall | 69 | 9.2 | Krankheiten des Skelettsystems | 77 | |
| 8.1.2.4 | Zestodenbefall | 70 | | | | |
| 8.2 | Pilz- und Algenbefall | 70 | 9.2.1 | Osteodystrophia fibrosa | 77 | |
| 8.2.1 | Dermatomykosen | 70 | 9.2.2 | Osteoporose | 77 | |
| 8.2.2 | Systemmykosen | 71 | 9.2.3 | Rachitis | 77 | |
| 8.2.3 | Algenbefall | 71 | 9.2.4 | Osteomalazie | 78 | |
| 8.3 | Bakterielle Infektionen | 72 | 9.2.5 | Panzer- und Fußverletzungen | 78 | |
| 8.3.1 | Gramnegative Erreger | 72 | | | | |
| 8.3.1.1 | Salmonellen | 72 | 9.3 | Krankheiten der Verdauungsorgane | 78 | |
| 8.3.1.2 | Pseudomonas sp. und Aeromonas sp. | 72 | | | | |
| 8.3.1.3 | Weitere gramnegative Erreger | 72 | | | | |

| | | | | | |
|---|---|---|---|---|---|
| 9.3.1 | Maladaptationssyndrom | 78 | 9.8.1 | Vergrößerung der Schilddrüse | 88 |
| 9.3.2 | Streßbedingte Anorexie | 81 | | | |
| 9.3.3 | Ulzerative Stomatitis | 81 | | | |
| 9.3.4 | Gastritis chronica | 81 | 10 | **Intoxikationen** | **89** |
| 9.3.5 | Ulcus ventriculi | 81 | | | |
| 9.3.6 | Obstipation | 81 | 11 | **Tumoren und** | |
| 9.3.7 | Fremdkörper | 81 | | **Mißbildungen** | **89** |
| 9.3.8 | Enterokolitis | 82 | | | |
| 9.3.9 | Durchfälle | 82 | 12 | **Behandlungsmethoden und** | |
| 9.3.10 | Kolik | 82 | | **chirurgische Eingriffe** | **90** |
| 9.3.11 | Kloakenvorfall | 82 | 12.1 | Subkutane Injektion | 90 |
| 9.3.12 | Hepatosen | 82 | 12.2 | Intramuskuläre Injektion | 90 |
| 9.3.13 | Krankheiten der | | 12.3 | Injektion in das Coeliom | 90 |
| | Bauchspeicheldrüse | 83 | 12.4 | Intravenöse Injektion | 90 |
| 9.4 | Krankheiten der | | 12.5 | Behandlung von | |
| | Atmungsorgane | 83 | | Frakturen | 90 |
| 9.4.1 | Rhinitis | 83 | 12.5.1 | Frakturen des Panzers | 90 |
| 9.4.2 | Chronische Erkrankung | | 12.5.2 | Frakturen der Extremitäten | 91 |
| | des oberen | | 12.5.3 | Frakturen der Kiefer | 91 |
| | Respirationstraktes | 83 | 12.6 | Coeliotomie | 91 |
| 9.4.3 | Pneumonien | 83 | 12.7 | Kloakenvorfall | 93 |
| 9.4.3.1 | Unspezifische bakterielle Pneumonie | 85 | 13 | **Töten unter Berücksichtigung der gesetzlichen** | |
| 9.4.3.2 | Spezifische Pneumonie | 85 | | **Bestimmungen** | **93** |
| 9.4.3.3 | Viruspneumonie | 85 | | | |
| 9.4.3.4 | Parasitenbedingte Pneumonie | 85 | 14 | **Literaturverzeichnis Schildkröten** | **94** |
| 9.5 | Krankheiten der Kreislauforgane | 85 | | | |
| 9.6 | Krankheiten der Harn- und Geschlechtsorgane | 85 | **III** | **Echsen** | **98** |
| | | | **1** | **Allgemeine Biologie** | **100** |
| 9.6.1 | Nierenerkrankungen | 85 | 1.1 | Evolution | 100 |
| 9.6.2 | Gicht | 86 | 1.2 | Bauplan | 100 |
| 9.6.3 | Blasenerkrankungen | 86 | 1.3 | Giftechsen | 100 |
| 9.6.4 | Krankheiten der weiblichen Geschlechtsorgane | 86 | 1.3.1 | Zusammensetzung und Wirkung des Giftes | 101 |
| 9.6.5 | Legenot | 86 | 1.3.2 | Antiserum | 101 |
| 9.6.6 | Störungen der männlichen Geschlechtsorgane | 86 | 1.4 | Lebensraum | 101 |
| | | | 1.5 | Gesetzliche Bestimmungen | 101 |
| 9.7 | Erkrankungen der Sinnesorgane | 87 | 1.6 | Transponder | 102 |
| 9.7.1 | Krankheiten der Augen | 88 | **2** | **Haltung und Fütterung** | **102** |
| 9.7.1.1 | Augenerkrankungen bei Wasserschildkröten | 88 | 2.1 | Terrariengestaltung und -größe | 102 |
| 9.7.1.2 | Konjunktivitis | 88 | 2.2 | Temperatur und Luftfeuchtigkeit | 103 |
| 9.7.1.3 | Katarakt | 88 | | | |
| 9.7.2 | Krankheiten der Ohren | 88 | 2.3 | Hygienemaßnahmen und Quarantäne | 103 |
| 9.8 | Krankheiten der endokrinen Drüsen | 88 | 2.4 | Vergesellschaftung | 104 |

| | | | | | |
|---|---|---|---|---|---|
| 2.5 | UV-Bestrahlung | 104 | 7.2.2 | Herzpunktion | 112 |
| 2.6 | Fütterung | 104 | 7.2.3 | Blutentnahme aus den Zehennägeln | 113 |
| 2.7 | Zwangsfütterung | 105 | 7.3 | Kotuntersuchung | 113 |
| **3** | **Geschlechtsbestimmung, Fortpflanzung und Aufzucht** | **106** | 7.4 | Röntgenuntersuchung | 114 |
| | | | 7.5 | Endoskopie | 115 |
| | | | 7.6 | Sonographie | 116 |
| 3.1 | Geschlechtsbestimmung | 106 | 7.7 | Auskultation | 116 |
| 3.2 | Fortpflanzung | 106 | 7.8 | Elektrokardiogramm | 116 |
| 3.3 | Aufzucht | 106 | | | |
| | | | **8** | **Infektionskrankheiten** | **116** |
| **4** | **Haltungsschäden und ihre Behandlung** | **107** | 8.1 | Parasitosen | 116 |
| | | | 8.1.1 | Ektoparasitosen | 116 |
| 4.1 | Haut, Häutung und Häutungsschwierigkeiten | 107 | 8.1.1.1 | Milbenbefall | 116 |
| | | | 8.1.1.2 | Zeckenbefall | 117 |
| 4.2 | Krallenpflege | 108 | 8.1.2 | Endoparasitosen | 117 |
| 4.3 | Exsikkosen | 108 | 8.1.2.1 | Einzeller | 117 |
| 4.4 | Durch Vergesellschaftung verursachte Störungen | 108 | 8.1.2.1.1 | Amöbiasis | 117 |
| | | | 8.1.2.1.2 | Malaria | 117 |
| 4.5 | Störungen im Vitaminhaushalt | 108 | 8.1.2.1.3 | Monocercomonas-Infektion | 117 |
| 4.5.1 | Hypervitaminosen | 108 | 8.1.2.1.4 | Kokzidiose | 118 |
| 4.5.2 | Hypovitaminosen | 108 | 8.1.2.1.5 | Besnoitia-Infektion | 118 |
| 4.6 | Mangelkrankheiten durch fehlendes UV-Licht | 109 | 8.1.2.1.6 | Nematodenbefall | 118 |
| | | | 8.1.2.1.7 | Zestodenbefall | 119 |
| 4.7 | Verletzungen des Verdauungstraktes durch Futtertiere | 109 | 8.2 | Mykosen | 119 |
| | | | 8.2.1 | Dermatomykosen | 119 |
| 4.8 | Verletzungen der Atmungsorgane bei Zwangsfütterung | 109 | 8.2.2 | Systemmykosen | 120 |
| | | | 8.3 | Bakterielle Infektionen | 120 |
| | | | 8.3.1 | Gramnegative Bakterien | 120 |
| | | | 8.3.1.1 | Pseudomonas und Aeromonas | 120 |
| **5** | **Handling und Narkose** | **109** | 8.3.1.2 | Salmonellen | 121 |
| 5.1 | Verpacken und Transport | 109 | 8.3.1.3 | Escherichia coli-Infektion | 121 |
| 5.2 | Fixieren | 110 | 8.3.1.4 | Weitere gramnegative Bakterien | 121 |
| 5.3 | Immobilisation | 110 | | | |
| 5.3.1 | Injektionsnarkose | 110 | 8.3.2 | Grampositive Bakterien | 122 |
| 5.3.2 | Inhalationsnarkose | 110 | 8.3.3 | Chlamydien | 122 |
| | | | 8.4 | Virusinfektionen | 122 |
| **6** | **Physiologische Daten** | **111** | 8.4.1 | DNS-Viren | 122 |
| 6.1 | Blutwerte | 111 | 8.4.2 | RNS-Viren | 122 |
| 6.2 | Körpertemperatur | 112 | | | |
| 6.3 | Kreislauf | 112 | **9** | **Organkrankheiten** | **123** |
| | | | 9.1 | Krankheiten der Haut | 123 |
| **7** | **Untersuchungsmethoden** | **112** | 9.1.1 | Dysecdysis | 123 |
| 7.1 | Allgemeine äußere Untersuchung | 112 | 9.1.2 | Dermatitis | 123 |
| | | | 9.1.3 | Hautknoten | 123 |
| 7.2 | Blutuntersuchung | 112 | 9.1.4 | Hautbläschen | 123 |
| 7.2.1 | Blutentnahme aus der Vena coccygealis ventralis | 112 | 9.1.5 | Abszesse | 124 |

| | | | | | |
|---|---|---|---|---|---|
| 9.1.6 | Entzündungen der Femoraldrüsen .............. 124 | | 12 | Behandlungsmethoden und chirurgische Eingriffe ........ 129 | |
| 9.1.7 | Progressive digitale Nekrose ............................ 124 | | 12.1 | Injektionen ......................... 129 | |
| 9.2 | Krankheiten des Skelettsystems .................... 124 | | 12.2 | Chirurgische Eingriffe .......... 129 | |
| 9.2.1 | Gelenke ............................. 125 | | 12.3 | Frakturen ............................ 130 | |
| 9.2.2 | Zehenverluste .................... 125 | | 13 | Töten unter Berücksichtigung der gesetzlichen Bestimmungen .................. 130 | |
| 9.3 | Krankheiten der Verdauungsorgane ............. 125 | | | | |
| 9.3.1 | Maulfäule oder Stomatitis ulcerosa ............................ 125 | | 14 | Literaturverzeichnis Echsen ............................ 130 | |
| 9.3.2 | Maladaptationssyndrom ...... 125 | | IV | Schlangen ........................ 132 | |
| 9.3.3 | Zungenbeinfraktur .............. 125 | | 1 | Allgemeine Biologie .......... 134 | |
| 9.3.4 | Krankheiten des Magen-Darmtraktes ....................... 125 | | 1.1 | Evolution ............................ 134 | |
| | | | 1.2 | Bauplan .............................. 134 | |
| 9.3.5 | Kloakenvorfälle ................... 126 | | 1.2.1 | Riesenschlangen ................ 135 | |
| 9.3.6 | Krankheiten der Leber ........ 126 | | 1.2.2 | Nattern ............................... 135 | |
| 9.4 | Krankheiten der Atmungsorgane .................. 126 | | 1.2.3 | Giftnattern und Seeschlangen .................... 135 | |
| 9.4.1 | Pneumonien ....................... 126 | | 1.2.4 | Ottern ................................. 135 | |
| 9.4.2 | Parasitenbedingte Störungen der Atmungsorgane ............. 126 | | 1.2.5 | Grubenottern ...................... 136 | |
| 9.4.3 | Fremdkörper in den Atmungsorganen ................ 126 | | 1.3 | Giftschlangen ..................... 136 | |
| | | | 1.3.1 | Zusammensetzung und Wirkung der Gifte ................ 136 | |
| 9.5 | Krankheiten der Kreislauforgane .................. 126 | | 1.3.2 | Antiseren ............................ 136 | |
| 9.6 | Krankheiten der Harn- und Geschlechtsorgane ............. 127 | | 1.4 | Gesetzliche Bestimmungen ..................... 137 | |
| 9.6.1 | Nierenkrankheiten ............... 127 | | 1.5 | Transponder ....................... 137 | |
| 9.6.2 | Nierengicht ......................... 127 | | 2 | Haltung und Fütterung ...... 138 | |
| 9.6.3 | Krankheiten der Harnblase ........................... 127 | | 2.1 | Kleinere, ungiftige Schlangenarten .................. 138 | |
| 9.6.4 | Störungen der weiblichen Geschlechtsorgane ............. 127 | | 2.1.1 | Terrariengestaltung und -größe ................................. 138 | |
| 9.6.4.1 | Legenot ............................. 127 | | 2.1.2 | Temperatur und Relative Luftfeuchtigkeit ................... 138 | |
| 9.6.5 | Krankheiten der männlichen Geschlechtsorgane ............. 128 | | 2.1.3 | Hygienemaßnahmen und Quarantäne ........................ 138 | |
| 9.7 | Krankheiten der Sinnesorgane ..................... 128 | | 2.1.4 | UV-Bestrahlung .................. 139 | |
| 9.7.1 | Krankheiten der Augen ....... 128 | | 2.1.5 | Fütterung ............................ 139 | |
| 9.7.2 | Krankheiten des Nervensystems ................... 128 | | 2.1.6 | Zwangsfütterung ................ 139 | |
| | | | 2.2 | Riesenschlangen ................ 140 | |
| 10 | Intoxikationen .................. 129 | | 2.2.1 | Terrariengestaltung und -größe ................................. 140 | |
| 11 | Tumoren und Mißbildungen ................... 129 | | 2.2.2 | Sicherheitsfragen ................ 140 | |
| | | | 2.2.3 | Fütterung ............................ 140 | |
| | | | 2.3 | Giftschlangen ..................... 140 | |

| | | | | |
|---|---|---|---|---|
| 2.3.1 | Terrariengestaltung und -größe ... 140 | | 7.5 | Endoskopie ... 153 |
| 2.3.2 | Sicherheitsfragen und Serenvorratshaltung ... 141 | | 7.6 | Tupferproben ... 153 |
| | | | 7.7 | Spülungen ... 153 |
| 2.3.3 | Fütterung ... 141 | | 7.8 | Sonographie ... 155 |
| **3** | **Geschlechtsbestimmung, Fortpflanzung und Aufzucht ... 142** | | **8** | **Infektionskrankheiten ... 155** |
| | | | 8.1 | Parasitosen ... 155 |
| | | | 8.1.1 | Ektoparasiten ... 155 |
| | | | 8.1.1.1 | Milbenbefall ... 155 |
| 3.1 | Geschlechtsbestimmung ... 142 | | 8.1.1.2 | Zeckenbefall ... 156 |
| 3.2 | Fortpflanzung ... 142 | | 8.1.2 | Endoparasitosen ... 156 |
| 3.3 | Aufzucht ... 143 | | 8.1.2.1 | Protozoen ... 156 |
| | | | 8.1.2.1.1 | Amöbiasis ... 156 |
| **4** | **Haltungsschäden und ihre Behandlung ... 143** | | 8.1.2.1.2 | Kokzidiose ... 157 |
| | | | 8.1.2.1.3 | Monocercomonas-Befall ... 158 |
| 4.1 | Haut und Häutung ... 143 | | 8.1.2.2 | Trematoden-Befall ... 158 |
| 4.1.1 | Häutungsschwierigkeiten ... 144 | | 8.1.2.3 | Zestoden-Befall ... 158 |
| 4.2 | Störungen im Vitaminhaushalt ... 144 | | 8.1.2.4 | Nematoden-Befall ... 158 |
| | | | 8.1.2.5 | Lungenwurm-Befall ... 159 |
| 4.2.1 | Hypervitaminosen ... 144 | | 8.1.2.6. | Mikrofilarien ... 159 |
| 4.2.2 | Hypovitaminosen ... 144 | | 8.2 | Mykosen ... 159 |
| | | | 8.2.1 | Dermatomykosen ... 161 |
| **5** | **Handling und Narkose ... 145** | | 8.2.2 | Systemmykosen ... 161 |
| 5.1 | Verpacken und Transport ... 145 | | 8.3 | Bakterielle Infektionen ... 161 |
| 5.2 | Fixieren ... 145 | | 8.3.1 | Gramnegative Bakterien ... 161 |
| 5.3 | Immobilisation ... 146 | | 8.3.2 | Grampositive Bakterien ... 161 |
| 5.3.1 | Injektionsnarkose ... 146 | | 8.4 | Virusinfektionen ... 161 |
| 5.3.2 | Inhalationsnarkose ... 146 | | 8.4.1 | DNS-haltige Viren ... 161 |
| 5.3.3 | Aufwachphase ... 147 | | 8.4.2 | RNS-haltige Viren ... 162 |
| **6** | **Physiologische Daten ... 147** | | **9** | **Organkrankheiten ... 163** |
| 6.1 | Blutwerte ... 147 | | 9.1 | Krankheiten der Haut ... 163 |
| 6.2 | Serumzusammensetzung ... 148 | | 9.1.1 | Dysecdysis ... 163 |
| 6.3 | Körpertemperatur ... 148 | | 9.1.2 | Dermatitis ... 163 |
| 6.4 | Kreislauf ... 148 | | 9.1.3 | Nekrotische Dermatitis ... 164 |
| | | | 9.1.4 | Abszesse ... 164 |
| **7** | **Untersuchungsmethoden ... 150** | | 9.1.5 | Bläschenkrankheit ... 164 |
| | | | 9.1.6 | Hautknoten ... 164 |
| 7.1 | Allgemeine äußere Untersuchung ... 150 | | 9.1.7 | Verbrennungen ... 164 |
| | | | 9.2 | Krankheiten des Muskel- und Skelettsystems ... 165 |
| 7.2 | Blutuntersuchung ... 150 | | | |
| 7.2.1 | Punktion der Vena coccygealis ventralis ... 150 | | 9.2.1 | Kaudales Aufrollsyndrom ... 165 |
| | | | 9.2.2 | Störungen des Skelettsystems ... 165 |
| 7.2.2 | Punktion des Herzens ... 151 | | | |
| 7.2.3 | Weitere Möglichkeiten der Blutgewinnung ... 151 | | 9.3 | Krankheiten der Verdauungsorgane ... 165 |
| | | | 9.3.1 | Erbrechen ... 165 |
| 7.3 | Kotuntersuchung ... 151 | | 9.3.2 | Maulfäule ... 165 |
| 7.4 | Röntgenuntersuchung ... 152 | | 9.3.3 | Krankheiten der Zähne ... 166 |

| | | | | |
|---|---|---|---|---|
| 9.3.4 | Krankheiten des Magen-Darmtraktes ... 166 | 12.1 | Intramuskuläre und subkutane Injektion ... 171 |
| 9.3.5 | Obstipationen ... 166 | 12.2 | Injektion in das Coeliom ... 171 |
| 9.3.6 | Kloaken- und Mastdarmvorfall ... 167 | 12.3 | Chirurgische Eingriffe ... 171 |
| 9.4 | Krankheiten der Atmungsorgane ... 167 | 12.3.1 | Operationen im Bereich der Fortpflanzungsorgane ... 172 |
| 9.4.1 | Parasitenbedingte Pneumonien ... 167 | 12.3.1.1 | Salpingotomie ... 172 |
| | | 12.3.1.2 | Vasektomie ... 172 |
| 9.4.2 | Bakteriell bedingte Pneumonien ... 167 | 12.3.1.3 | Operationen im Magen-Darmtrakt ... 172 |
| 9.4.3 | Virusbedingte Pneumonien ... 168 | 12.3.1.4 | Weitere Operationen ... 172 |
| 9.5 | Krankheiten der Kreislauforgane ... 168 | **13** | **Töten unter Berücksichtigung der gesetzlichen Bestimmungen ... 172** |
| 9.6 | Krankheiten der Harn- und Geschlechtsorgane ... 168 | **14** | **Literaturverzeichnis Schlangen ... 173** |
| 9.6.1 | Nierenkrankheiten ... 168 | | |
| 9.6.2 | Viszeralgicht ... 169 | | **Anhang ... 176** |
| 9.6.3 | Weibliche Geschlechtsorgane ... 169 | | Literaturverzeichnis Reptilien ... 176 |
| 9.6.3.1 | Legenot ... 169 | | Herpetologische Zeitschriften in alphabetischer Reihenfolge ... 178 |
| 9.6.4 | Krankheiten der männlichen Geschlechtsorgane ... 170 | | |
| 9.7 | Krankheiten der Sinnesorgane ... 170 | | Hersteller von Schlangengift-Gegenseren und die von ihnen produzierten Gegenseren ... 179 |
| 9.7.1 | Augen ... 170 | | |
| **10** | **Intoxikationen ... 170** | | Liste der in diesem Buch wiederholt genannten Medikamente ... 181 |
| **11** | **Tumoren und Mißbildungen ... 171** | | Anschriften einiger großer Terrarienhäuser ... 182 |
| **12** | **Behandlungsmethoden und chirurgische Eingriffe ... 171** | | Dosierungstabelle ... 184 |
| | | | Sachregister ... 186 |

# Vorwort

Nicht nur in Zoologischen Gärten werden heute Reptilien gezeigt, auch die Reptilienhaltung in Privathand hat in den letzten Jahren enorm an Bedeutung gewonnen. Da wir mit unserem heutigen Kenntnisstand Reptilien nicht nur langfristig pflegen, sondern sie vielfach auch züchten können, widmen sich immer mehr Menschen dem Hobby der Terraristik. Viele dieser in Menschenobhut gehaltenen Reptilienarten sind in freier Natur vom Aussterben bedroht. Damit übernehmen wir bei der Betreuung dieser Tierarten eine besondere Verantwortung für ihr Wohlergehen und ihre Zucht.

Deshalb werden auch immer häufiger in den Tierarztpraxen Reptilien bei auftretenden Krankheiten vorgestellt. Einige Tierärzte haben sich daher heute schon auf die Behandlung von Reptilienkrankheiten spezialisiert. Doch für die meisten Praktiker dürfte die Behandlung der ersten in ihrer Praxis vorgestellten Reptilien gewisse Probleme mit sich bringen, denn Reptilien sind als wechselwarme Tiere hinsichtlich ihrer Erkrankungen kaum mit Säugetieren oder mit Vögeln zu vergleichen.

Speziallitteratur über Reptilienkrankheiten und deren Behandlung gibt es immer noch sehr wenig auf dem Markt. Im deutschsprachigen Raum sind hier insbesondere die Werke von REICHENBACH-KLINKE (1977), ISENBÜGEL/FRANK (1985), IPPEN/SCHRÖDER/ELZE (1985) und GABRISCH/ZWART (1990) zu nennen. Meistens ist in der entsprechenden Fachliteratur den Reptilien aber nur ein einziges mehr oder weniger langes Kapitel gewidmet.

Es war die Idee des Verlages Paul Parey, eine Reihe kleinerer Fachbücher über jeweils eine Tiergruppe vorzulegen, damit der Tierarzt sich bei der Vorstellung eines Tieres in seiner Praxis schnell über Behandlungsmöglichkeiten und Medikamentendosierungen informieren kann.

Die beiden Autoren dieses Bandes möchten aber nicht nur dem praktischen Tierarzt ein Nachschlagewerk an die Hand geben, sondern aufgrund ihrer langjährigen Erfahrung bei der Reptilienhaltung im Zoo-Aquarium Berlin auch dem Liebhaber entsprechende Ratschläge vermitteln, damit die von ihm gepflegten Tiere möglichst gar nicht erst krank werden. Denn nur gesunde Tiere sind der Beweis für eine gute und richtige Haltung, Nachzucht ist nur mit ihnen zu erzielen.

Deshalb wird in den einzelnen Kapiteln über die verschiedenen Reptiliengruppen immer wieder auf die Grundvoraussetzungen einer vernünftigen Haltung dieser Tiere hingewiesen. Allerdings ist kein Halter davor geschützt, daß vor allem neu angekommene Tiere selbst bei bester Pflege erkranken. Der Terrarianer sollte dann nicht versuchen, die Krankheit selbst zu behandeln, sondern in jedem Fall den nächsten Tierarzt aufsuchen, denn nur er ist dafür der richtige Fachmann.

Übrigens können die allgemeinen Pflegehinweise auch dem Amtstierarzt eine wertvolle Hilfe sein, wenn er die artgerechte und der Sicherheit dienende Unterbringung von Reptilien zu beurteilen hat.

Alles in allem hoffen wir, daß dieses Buch zum besseren Verständnis der Reptilienhaltung und zu noch besseren Haltungs- und Zuchtergebnissen beitragen wird.

Mit Absicht werden in diesem Buch nur 4 der insgesamt 5 rezenten Reptilien-Ordnungen behandelt, denn Brückenechsen sind heute so streng geschützt, daß sie bestimmt nie in Privathand kommen und momentan in Deutschland auch nur im Zoo-Aquarium Berlin und im Senckenberg-Museum in Frankfurt/M. gezeigt werden. Auch Krokodile dürften wohl nicht gerade häufig privat gehalten werden, jedoch gehören sie zum festen Bestand aller Schauterrarien. Da in den entsprechenden Fachbüchern nur selten auf ihre Erkrankungen und deren Behandlung eingegangen wird, wurden sie in diesen Band integriert.

Zum Schluß möchten wir dem Verlag Paul Parey für sein Verständnis danken, daß das Zusammentragen aller Fakten mehr Zeit in Anspruch nahm als ursprünglich geplant. Unser besonderer Dank aber gilt Herrn Prof.

## Vorwort

Dr. K. DÄMMRICH von der Veterinär-Pathologie der Freien Universität Berlin, der uns sein gesamtes Bildarchiv zur Verfügung stellte, sowie den Herren Dr. H.-D. SCHRÖDER, Dr. K. EULENBERGER und Dr. H. SPÖRLE für die Durchsicht des Manuskriptes. Wertvolle Hinweise erhielten wir von Frau Dr. R. KEIL und Herrn Dr. A. KUNTZE. Für die Hinweise zur Therapie und Dosierung von Medikamenten bei Reptilien danken wir Herrn Dr. T. GÖBEL, Leiter der Fachgruppe für Exotische Tiere, Klinik und Poliklinik für Kleine Haustiere der Freien Universität Berlin.

Zoo-Aquarium Berlin,  
im Sommer 1993

Dr. D. JAROFKE  
Dr. J. LANGE

# Vorbemerkung

## 1 Charakteristische Merkmale der Reptilien

Die Kriechtiere (Klasse *Reptilia*) sind im Stammbaum der Wirbeltiere die ersten echten Landbewohner. Es sind lungenatmende Wirbeltiere mit ursprünglich zwei Paar Extremitäten mit jeweils fünf Zehen, die Krallen tragen.

Die fast drüsenfreie Haut ist von Hornschuppen oder -schildern bedeckt, welche die Verdunstung durch die Haut herabsetzen.

Der Schädel ist durch einen einfachen Condylus mit der Wirbelsäule verbunden. Der Unterkiefer besteht aus mehr als zwei Knochen. Das Unterkiefergelenk wird vom Os quadratum und Os articulare gebildet.

Die ein- oder dreispitzigen Zähne sitzen nicht nur auf den paarigen Unter- und Oberkieferknochen, sondern häufig auch auf dem Os palatinum und Os pterygoideum. Nach der Befestigung der Zähne am Kieferknochen unterscheidet man verschiedene Bezahnungstypen. Bei der pleurodonten Bezahnung der Schlangen stehen die Zähne an der Innenseite der Knochen, bei der acrodonten Bezahnung mancher Echsen sitzen sie auf dem Kieferknochen. Bei der thecodonten Bezahnung der Panzerechsen sind die Zähne in Zahnhöhlen eingebettet. Völlig zahnlos sind die rezenten Schildkröten. Der Zahnwechsel geht während des ganzen Lebens weiter, und auch die Zahnzahl kann sich mit dem Wachstum der Reptilien erhöhen.

Das Herz der Reptilien ist dreikammerig, bei den Krokodilen bereits vierkammerig. Da aber noch stets beide Arterienbögen vorhanden sind, mischen sich in der Aorta descendens sauerstoffreiches und sauerstoffarmes Blut, die Carotiden hingegen erhalten nur aus den Arterien stammendes, sauerstoffreiches Blut. Die roten Blutkörperchen besitzen noch einen Zellkern. Alle Reptilien sind in ihrer Lebensaktivität und allen Stoffwechselvorgängen von der Außentemperatur abhängig.

Reptilien sind mit wenigen Ausnahmen eierlegend. Ihre Eier sind durch eine aufgrund von Kalk- oder Aragoniteinlagerungen (SILYN-ROBERTS und SHARP, 1985) harte oder pergamentartige Schale weitgehend vor Austrocknung geschützt. Der Dotter ist groß, und der Keimling liegt ihm als Keimscheibe auf.

## 2 Die Stellung der Reptilien im Tierreich

Erstmals traten Reptilien vor 260 Millionen Jahren auf. Sie entwickelten im Erdmittelalter eine große Artenvielfalt, jedoch starben zu Beginn des Tertiärs die meisten Reptiliengruppen aus; den rezenten 5 Ordnungen stehen mindestens 20 ausgestorbene gegenüber. Rezent erhalten blieben von den *Anapsida* (ohne Schläfenfenster) lediglich etwa 220 Arten Schildkröten, von den *Archosauria* 21 Arten Panzerechsen und von den *Rhynchocephalia* 3 Arten Brückenechsen. Nur die *Lepidosauria* haben mit rund 6 000 Arten Echsen und Schlangen bis heute relativ formenreich überlebt.

Während also manche Reptiliengruppen völlig ausstarben, ging bei anderen Gruppen die Evolution weiter. So entwickelten sich im Laufe der Zeit aus der Ordnung *Therapsida* die Säugetiere und aus den ursprünglichen *Thecodontia* neben den Krokodilen später auch die Vögel.

# 3 Gesetzliche Bestimmungen für die Haltung von Reptilien

Die Reptilienhaltung unterliegt heute verschiedenen Gesetzesauflagen, die nicht nur für den Halter, sondern insbesondere für den Amtstierarzt, der die entsprechenden Kontrollen durchführen muß, von Bedeutung sind.

Die zunehmende Bedrohung zahlreicher Tierarten in ihrem Bestand durch den Menschen hat viele Regierungen veranlaßt, gesetzliche Bestimmungen zu erlassen, die dem Schutz der gefährdeten Arten dienen sollen. In Deutschland sind dies in erster Linie das Bundesnaturschutzgesetz (BNatSchG) und die heute noch deutsche, später EG-weite Artenschutzverordnung (BArtSchV), die die Haltung aller europäischen Reptilien und jener Reptilienarten regelt, die im Washingtoner Artenschutzübereinkommen bzw. in der Verordnung (EWG) Nr.2384/85 erfaßt sind. Auf die hierin erfaßten Tierarten wird bei den einzelnen Tiergruppen eingegangen.

Neben diesen Naturschutzgesetzen gibt es in Deutschland die Verordnung zum Halten gefährlicher Wildtiere. Unter diese Verordnung fallen z. B. Panzerechsen, Großwarane, Riesenschlangen und Giftschlangen, deren Haltung zusätzlich noch im Deutschen Chemikaliengesetz erfaßt ist. Für Gifttiere ist eine neue Gesetzesvorlage in Vorbereitung.

Eine gewisse Hilfestellung für die zu fordernden Normen bei der Haltung von Giftschlangen bieten die Richtlinien für die Haltung von Wildtieren (GUV 17.17) des Bundesverbandes der Unfallversicherungsträger der öffentlichen Hand e. V. Sie schreiben u. a. vor, daß Gifttiere nur in geschlossenen Räumen gehalten werden dürfen, die ein Entweichen der Tiere unmöglich machen. Außerdem ist Serum gegen Gifte der vorhandenen Gifttiere vorrätig zu halten. Dieser Serumvorrat muß jederzeit voll wirksam sein und mindestens das 1 1/2fache derjenigen Menge betragen, die für das jeweilige Gift notwendig ist.

Neben diesen dem Naturschutz und der Sicherheit dienenden Gesetzen unterliegt natürlich auch die Reptilienhaltung der Tierschutzgesetzgebung. Sie besagt im §11, daß die Erlaubnis zur Haltung und Zucht von Wildtieren, also auch von Reptilien, nur Personen erteilt werden darf, die über die entsprechenden Fachkenntnisse und Zuverlässigkeit verfügen.

Außerdem müssen alle Reptilien art- und tiergerecht gehalten werden. Die Mindestanforderungen der einzelnen Reptilienarten an Temperatur und Luftfeuchtigkeit sind aus der allgemeinen Terrarienliteratur zu entnehmen.

Als Richtlinie für die Mindestanforderungen an Terrariengröße und Wasserbeckengröße wird häufig die Tierschutzverordnung (TSchV) vom 27. 5. 81 des Schweizer Tierschutzgesetzes zugrunde gelegt. Alle in dieser Verordnung angegebenen Terrarienmaße sind Minimalnormen, unterhalb derer die Tierquälerei beginnt.

Auf die in diesem Schweizer Naturschutzgesetz erhobenen Haltungsanforderungen wird in den einzelnen Kapiteln über die verschiedenen Klassen der Reptilien ausführlich eingegangen.

# I  Krokodile

| | | |
|---|---|---|
| **1** | **Allgemeine Biologie** | **20** |
| 1.1 | Evolution | 20 |
| 1.2 | Bauplan | 20 |
| 1.3 | Lebensraum | 21 |
| 1.4 | Gesetzliche Bestimmungen | 21 |
| 1.5 | Transponder | 22 |
| **2** | **Haltung und Fütterung** | **22** |
| 2.1 | Gehegegestaltung und -größe | 22 |
| 2.2 | Luft- und Wassertemperatur | 22 |
| 2.3 | Hygienemaßnahmen und Quarantäne | 23 |
| 2.4 | Vergesellschaftung | 23 |
| 2.5 | Fütterung | 23 |
| 2.6 | UV-Bestrahlung | 23 |
| **3** | **Geschlechtsbestimmung, Fortpflanzung und Aufzucht** | **24** |
| 3.1 | Geschlechtsbestimmung | 24 |
| 3.2 | Fortpflanzung und Zeitigungsdauer | 24 |
| **4** | **Haltungsschäden und ihre Behandlung** | **24** |
| 4.1 | Störungen im Vitaminhaushalt | 24 |
| **5** | **Handling und Narkose** | **25** |
| 5.1 | Verpacken und Transport | 25 |
| 5.2 | Fixieren der Tiere | 25 |
| 5.3 | Immobilisation | 25 |
| **6** | **Physiologische Daten** | **27** |
| 6.1 | Blutzusammensetzung | 27 |
| 6.2 | Herzschlag- und Atemfrequenz | 30 |
| 6.3 | Blutdruck | 30 |
| 6.4 | Körpertemperatur | 31 |
| **7** | **Untersuchungsmethoden** | **31** |
| 7.1 | Allgemeine äußere Untersuchung | 31 |
| 7.2 | Blutentnahme | 31 |
| 7.3 | Röntgenuntersuchung | 31 |
| 7.4 | Endoskopie | 31 |
| 7.5 | Sonographie | 32 |
| **8** | **Infektionskrankheiten** | **33** |
| 8.1 | Parasitosen | 33 |
| 8.1.1 | Ektoparasitosen | 33 |
| 8.1.2 | Endoparasitosen | 33 |
| 8.1.2.1 | Einzeller | 33 |
| 8.1.2.2 | Trematodenbefall | 33 |
| 8.1.2.3 | Helminthiasis | 34 |
| 8.1.2.4 | Paratrichosoma | 34 |
| 8.1.2.5 | Pentastomiden | 34 |
| 8.2 | Mykosen | 34 |
| 8.2.1 | Lungenmykosen | 34 |
| 8.2.2 | Hautmykosen | 35 |
| 8.3 | Bakterielle Infektionen | 35 |
| 8.3.1 | Aeromonas sp.- Infektion | 35 |
| 8.3.2 | Salmonellose | 36 |
| 8.3.3 | Pseudomonasinfektion | 36 |
| 8.3.4 | Weitere bakterielle Erreger | 36 |
| 8.4 | Virusinfektionen | 36 |
| 8.4.1 | Pockeninfektion | 36 |
| 8.4.2 | Virushepatitis/ Virusenteritis | 37 |
| 8.4.3 | Eastern Equine Encephalitis Virus-Infektion | 37 |
| **9** | **Organkrankheiten** | **37** |
| 9.1 | Krankheiten der Haut | 37 |
| 9.2 | Krankheiten des Skelettsystems | 37 |
| 9.3 | Krankheiten der Verdauungsorgane | 38 |
| 9.3.1 | Stomatitis ulcerosa | 38 |
| 9.3.2 | Störungen des Magen-Darmtraktes | 38 |
| 9.3.3 | Kloakenvorfälle | 39 |
| 9.3.4 | Krankheiten der Leber | 39 |

| | | | | | | |
|---|---|---|---|---|---|---|
| 9.4 | Krankheiten der Atmungsorgane | 39 | | 11 | Tumoren und Mißbildungen | 40 |
| 9.5 | Krankheiten der Kreislauforgane | 39 | | 12 | Behandlungsmethoden und chirurgische Eingriffe | 41 |
| 9.6 | Krankheiten der Harn- und Geschlechtsorgane | 39 | | 12.1 | Injektionen | 41 |
| 9.6.1 | Krankheiten der Niere | 39 | | 12.2 | Chirurgische Eingriffe | 41 |
| 9.6.2 | Krankheiten der Geschlechtsorgane | 40 | | 13 | Töten von Krokodilen unter Berücksichtigung der gesetzlichen Bestimmungen | 42 |
| 9.7 | Krankheiten der Sinnesorgane | 40 | | | | |
| 9.8 | Stoffwechselstörungen | 40 | | 14 | Literaturverzeichnis Krokodile | 43 |
| 10 | **Intoxikationen** | 40 | | | | |

# 1 Allgemeine Biologie

## 1.1 Evolution

Von den 5 Unterordnungen der Ordnung Krokodile (*Crocodylia*) sind die Urkrokodile (*Protosuchia*), die Meereskrokodile (*Thalattosuchia*), die Altkrokodile (*Mesosuchia*) und die Schmalschnauzenkrokodile (*Sebecosuchia*) ausgestorben, und nur aus der Unterordnung Vollkrokodile (*Eusuchia*) haben 3 Familien bis heute überlebt, nämlich die Alligatoren (*Alligatoridae*), die Krokodile (*Crocodylidae*) und die Gaviale (*Gavialidae*) (WERMUTH und MERTENS, 1961). Eine etwas andere Systematik vertritt BELLAIRS (1987), der nur eine einzige Familie *Crocodylidae* mit den Unterfamilien *Crocodylinae* (Gattungen *Crocodylus* und *Osteolaemus*), *Alligatorinae* (Gattungen *Alligator*, *Caiman*, *Melanosuchus* und *Paleosuchus*) und *Gavialinae* (*Gavialis* und unter Umständen *Tomistoma*) anerkennt. Im allgemeinen wird jedoch *Tomistoma* zu den Krokodilen gerechnet.

## 1.2 Bauplan

Krokodile sind 1,5 m bis über 7 m lange Reptilien. Bei einigen Arten werden die Männchen im Durchschnitt größer als die Weibchen. Die Haut auf dem Kopf verwächst mit dem Schädel. Auf der Rumpfoberseite und dem Nacken sitzen verknöcherte Längshöckerschuppen, von denen die Hinterhauptshöcker (Postoccipitalia) und die Nackenhöcker (Nuchalia) zur Artbestimmung herangezogen werden können. An den Rumpfseiten sind die Höcker und Schilder kleiner und können ebenfalls zur Artbestimmung benutzt werden (FUCHS, 1974). Die Füße haben vorne 5, hinten 4 Zehen. Die Hinterzehen sind mit Schwimmhäuten verbunden, und am Vorderfuß tragen die 3 inneren Zehen kräftige Krallen.

Am Kopf ist der große Schnauzenteil bemerkenswert. Entsprechend der meist aquatilen Lebensweise sitzen Augen und Nasenöffnungen oben auf dem Kopf. Das Auge besitzt zusätzlich zum Ober- und Unterlid eine Nickhaut, die das Sehen unter Wasser ermöglicht.

Die durch Hautlappen verschließbaren Nasenlöcher liegen dicht beieinander auf der höckerartig erhöhten Schnauzenspitze. Die innere Nasenöffnung, die ein Hautsegel von der Mundöffnung abschließen kann, liegt weit hinten im Rachen. Vor der Schlundklappe liegt die unbewegliche Zunge. Beiderseits des Unterkieferknochens befindet sich in einer Hautfalte eine Moschusdrüse; eine weitere mündet in die Kloake. Die Drüsen spielen wahrscheinlich in der Paarungszeit eine Rolle (PETZOLD, 1982). Am knöchernen Schädel fallen auch die Nasennebenhöhlen auf, die beim Alligator besonders groß sind. Wahrscheinlich dienen sie als Resonanzorgan (WEGNER, 1958).

Im Unterschied zu den Krokodilen und Gavialen sind bei den *Alligatoridae* die Nasenlöcher durch eine Längsrinne voneinander getrennt. Unterscheidungsmerkmale gibt es auch in der Bezahnung. So paßt bei den Alligatoren der 4. Unterkieferzahn in eine seitlich geschlossene Grube des Oberkiefers, so daß er bei geschlossener Schnauze nicht sichtbar ist. Der 4. Oberkieferzahn der Alligatoren ist am kräftigsten entwickelt, während dies bei den *Crocodylidae* der 5. ist.

Die *Gavialidae* besitzen eine langausgezogene Schnauze mit gleichgroßen und gleichförmigen Zähnen.

## 1.3 Lebensraum

Abgesehen vom Leistenkrokodil (*Cr. porosus*), das im Brack- und Meerwasser vorkommt, leben Krokodile im ufernahen Süßwasser der Tropen. Nur die beiden Alligatorarten (*A. mississippiensis, A. sinensis*) kommen auch in subtropischen Gebieten vor.

Die Echten Krokodile sind in den Tropen der ganzen Welt vertreten. Alle Alligatoren sind mit Ausnahme des China-Alligators (*A. sinensis*), der im unteren Jangtsekiang lebt, in der Neuen Welt heimisch. Die Gaviale (*G. gangeticus*) stammen aus Vorder- und Hinterindien.

## 1.4 Gesetzliche Bestimmungen

Im Washingtoner Artenschutzübereinkommen von 1973, Anhang I (WA I) sind von den Alligatoren folgende Arten bzw. Unterarten erfaßt: China-Alligator (*Alligator sinensis*), Rio Apaporis-Brillenkaiman (*Caiman crocodilus apaporensis*), Breitschnauzenkaiman (*C. latirostris*) und der Mohrenkaiman (*Melanosuchus niger*). Bei den Echten Krokodilen sind dies das Spitzkrokodil (*Crocodylus acutus*), Panzerkrokodil (*Cr. cataphractus*), Orinoko-Krokodil (*Cr. intermedius*), Beulenkrokodil (*Cr. moreletii*), Nil-Krokodil (*Cr. niloticus*), Mindoro-Krokodil (*Cr. novaeguineae mindorensis*), Sumpfkrokodil (*Cr. palustris*), Leistenkrokodil (*Cr. porosus*), Rautenkrokodil (*Cr. rhombifer*), Siam-Krokodil (*Cr. siamensis*), Stumpfkrokodil (*Osteolaemus tetraspis*), Sunda-Gavial (*Tomistoma schlegelii*) und schließlich der Ganges-Gavial (*Gavialis gangeticus*) als einzige Art der Gaviale.

Alle übrigen Arten und Unterarten der Krokodile unterliegen dem Washingtoner Artenschutzübereinkommen von 1973, Anhang II (WA II).

Besondere Anforderungen an die Größe des Terrariums müssen aufgrund des Tierschutzgesetzes gestellt werden, denn außer *Osteolaemus* und *Paleosuchus* werden alle anderen Krokodilarten relativ groß. NIETZKE (1977) nennt als Mindestmaß für ein Krokodilterrarium 180 cm Länge, 90 cm Breite und 70 cm Höhe. Hinzu kommt noch ein Unterbau von etwa 70 cm Höhe für das Wasserbecken. BROCK (1965) fordert gar einen Behälter in den Maßen 250 x 140 x 125 cm und einen Unterbau von etwa 65 cm Höhe. Bei der Gehegeausgestaltung fordern beide Autoren für den Anteil von Wasser : Land ein Verhältnis von 3:1, wie es auch in Zoologischen Gärten üblich ist.

Das Schweizer Tierschutzgesetz stellt sehr viel höhere Normen auf und fordert:
bei Alligatoren, Großkrokodilen und Gavialen 4 m² Landteil pro Tier und ein Wasserbecken mit einer Fläche von 4 m² und 2 m³ Volumen,
bei großen Kaimanen:
3 m² Landteil, 3 m² Wasserfläche und 1,5 m³ Wasserinhalt,
bei Glattstirnkaiman und Stumpfkrokodil 2,5 m² Landteil, 2,5 m² Wasserfläche und 1 m³ Wasserinhalt.

Außerdem ist nach diesem Gesetz eine Gehegeunterteilung bzw. sind Absperrmöglichkeiten vorzusehen, wenn mehrere Tiere im gleichen Terrarium gehalten werden.

Selbstverständlich müssen auch die Sicherheitsauflagen für die Haltung gefährlicher Wildtiere beachtet werden, da alle Krokodilarten dem Gesetz nach zu den »gefährlichen Tieren« gerechnet werden.

## 1.5 Transponder

Transponder bieten im Gegensatz zu allen herkömmlichen Markierungen die Möglichkeit, einzelne Tiere während ihres ganzen Lebens zu identifizieren.

Durch diese Identifikation lassen sich Fehler beim Haltungs- und Zuchtmanagement vermeiden. Außerdem ermöglicht sie die individuelle Erkennung und Kontrolle aller Tiere durch Gesetz geschützter, in Menschenobhut gehaltener Reptilienarten. Um auch hier eine internationale Kooperation zu gewährleisten, muß ein international einheitliches System der Transponder-Implantate und Lesegeräte, aber auch der Körperstellen, an denen der Transponder implantiert wird, garantiert sein.

Die Captive Breeding Specialist Group (CBSG) der IUCN hat nach Prüfung aller im Handel angebotenen Systeme das Trovan/AEG Transpondersystem als einziges zugelassen. In Europa ist es von Euro I. D. (Großbüllesheimer Str. 56, D-53881 Euskirchen zu beziehen.

Auch die Körperstellen für die Implantate wurden international festgelegt, um ein schnelles Ablesen der Transponder zu gewährleisten.

Für alle Reptilien wird die linke Körperseite für das Implantat gewählt (BEHLERT, JES, 1991).

Diesen Empfehlungen der CBSG haben sich bisher 1.200 Zoos und Aquarienhäuser in 147 Ländern, die Special Survival Commission der IUCN, Cites, die EEC, Trade International angeschlossen, um nur die wichtigsten zu nennen.

Bei Abweichungen von diesem System sind damit alle anderen Markierungen problematisch und nicht ablesbar.

Bei Krokodilen wird der Transponder links am Hals vor den Nackenhöckern gesetzt.

# 2 Haltung und Fütterung

## 2.1 Gehegegestaltung und -größe

Die Größe des Terrariums richtet sich natürlich nach der Größe des zu haltenden Krokodiles. Können Jungtiere durchaus noch in normalen Terrarien gehalten werden, so müssen diese bei mittelgroßen Tieren schon relativ groß und vor allem stabil sein und bei Großkrokodilen schließlich den gesetzlichen Bestimmungen entsprechen. Stets aber soll das Maßverhältnis zwischen Wasser- und Landteil 3:1 betragen. Das Wasserbecken sollte einen Wasserablauf haben, damit das Badewasser problemfrei gewechselt werden kann, da eine mechanische Filterung auf Dauer nicht ausreicht. Bei Krokodilen, die gezüchtet werden sollen, muß das Wasserbecken eine Tiefe von mehr als 1 m haben, da die Paarung im Wasser stattfindet.

Der Untergrund des Landteiles muß so beschaffen sein, daß er leicht zu reinigen ist, denn Sauberkeit ist eine wesentliche Voraussetzung für die Haltung von Krokodilen. Dennoch sollte zumindest ein kleiner Landbereich als Kiesbett ausgebildet sein. Hier darf kein scharfkantiger Kies verwendet werden, da die Krokodile die Kiesel häufig fressen (Gastrolithen).

Falls das Krokodil bei den Reinigungsarbeiten nicht abgesperrt werden kann, sind wenigstens an zwei Seiten des Terrariums Türen oder Schiebefenster vorzusehen, damit dort gefahrlos gearbeitet werden kann. Die Verglasung sollte in VSG (=Verbundsicherheitsglas) ausgeführt sein.

## 2.2 Luft- und Wassertemperatur

Alle Krokodilarten wünschen eine Wassertemperatur von 26-28 °C und eine Land- und Lufttemperatur von 23-25 °C, mit einer Nachtabsenkung von 3-5 °C. Da die Krokodile an Land flach auf dem Boden liegen, ist eine Bodenheizung wünschenswert. Bei Mississippi- und China-Alligator (*A. mississippiensis*,

*A. sinensis*) sind saisonale Temperaturabsenkungen wünschenswert, aber nicht unbedingt erforderlich.

## 2.3 Hygienemaßnahmen und Quarantäne

Peinliche Sauberkeit ist eine der Voraussetzungen für eine gute Krokodilhaltung. Der Kot muß deshalb stets, und zwar sofort entfernt und das Wasser nach jeder Fütterung oder bei kleineren Wasserbecken wenigstens jeden zweiten Tag durch gleichwarmes Wasser ersetzt werden.

Beim Neuerwerb eines Tieres empfiehlt sich eine Quarantäne, die so lange anhalten muß, bis zwei Kotproben parasitenfrei sind.

## 2.4 Vergesellschaftung

Da Krokodile Raubtiere sind, können sie nur untereinander oder mit etwa gleichgroßen Schnapp- und Alligatorschildkröten vergesellschaftet werden. Bei der Haltung mehrerer Krokodile in einem Terrarium müssen die vergesellschafteten Tiere sich in der Größe entsprechen. Krokodile sind territorial. Deshalb kann es immer wieder zu Rangkämpfen, vor allem mit Neuankömmlingen, kommen. Um schwere Bißverletzungen zu vermeiden, sind im Terrarium entsprechend viele Nischen vorzusehen, in die sich die einzelnen Tiere zurückziehen und die sie dann als ihr Territorium betrachten können.

## 2.5 Fütterung

Die Fütterung der Krokodile sollte stets zur gleichen Zeit erfolgen, damit die Tiere sich an diese Futterzeiten gewöhnen. Krokodilbabys sollten zweimal am Tag, Tiere bis 50 cm Länge sechsmal pro Woche und erwachsene Krokodile nur noch einmal pro Woche gefüttert werden. Schon der Sauberkeit wegen sind die Futtertiere oder -stücke stets nur so groß zu wählen, daß sie sofort verschlungen werden können. Als Futtertiere kommen je nach Krokodilgröße Insekten, Fische, Tauben, Hühner, Mäuse, Ratten und Kaninchen in Frage. Auch schieres Fleisch kann ausnahmsweise verabreicht werden.

Kalk-Vitaminpräparate müssen in regelmäßigen Abständen zugegeben werden. Insbesondere Vitamin $D_3$ ist für die Verwertung des zugeführten Kalkes wichtig (BROCK, 1965).

Erwachsene Krokodile nehmen mit der Nahrung immer wieder Steine aktiv auf, die sie unter Umständen als Magensteine (Gastrolithen) zur leichteren Verdauung harter Substanzen benötigen. Da der Anteil der Magensteine bei verschiedenen Krokodil-Arten aber offensichtlich immer ungefähr 0,54% des Körpergewichtes beträgt, werden diesen Magensteinen auch hydrostatische Funktionen zugeschrieben (PETZOLD, 1982). In jedem Fall sollte im Terrarium deshalb als Untergrund kein gebrochener Kies verwendet werden, da die scharfkantigen Kieselsteinchen zu Magenverletzungen führen können.

Werden sehr viele Vögel und Säugetiere verfüttert, scheinen zumindest einige Krokodilarten die unverdaulichen Reste als Gewölle wieder abzugeben (PETZOLD, 1959).

## 2.6 UV-Bestrahlung

Der UV-B-Bereich (250-350 nm) hat eine antirachitische Wirkung, da unter seinem Einfluß im Tierkörper die Bildung von Vitamin D aus seinem Provitamin gefördert wird. Eine tägliche UV-Bestrahlung von 3-10 Minuten aus 1 m Abstand zum Tier hat hier einen positiven Effekt. Zu intensive Bestrahlungen schädigen die Hornhaut und führen zu Verbrennungen. Beim Einsatz von HQI-Brennern ist zu bedenken, daß auch sie einen Teil UV abgeben.

# 3 Geschlechtsbestimmung, Fortpflanzung und Aufzucht

## 3.1 Geschlechtsbestimmung

Eine eindeutige Geschlechtsbestimmung bei Krokodilen ist nur durch Palpieren möglich (BRAZAITIS, 1969).

Hierbei wird der Finger in die Kloake geführt, um das Fehlen oder Vorhandensein des Penis zu palpieren. Der Penis sitzt an der inneren ventralen Wandung der Kloake direkt vor der Analöffnung an. Wird bei Krokodilen ab 3 m Länge der Finger bauchwärts 6–8 cm eingeführt, so läßt sich der stets steife Krokodilpenis erfühlen.

## 3.2 Fortpflanzung und Zeitigungsdauer

Nur relativ wenige Angaben liegen über das Maturitätsalter von Krokodilen vor. PETZOLD (1982) nennt für das Siam-Krokodil 10–12 Jahre und für das Leistenkrokodil 12–15 Jahre. JOANEN und McNEASE (1987) geben für den Mississippi-Alligator unter Farmbedingungen knapp 10 Jahre und bei Freilandtieren 15 Jahre beim Männchen und 18–19 Jahre für die Weibchen an.

Die Inkubationszeit für Krokodileier liegt im allgemeinen zwischen 65–100 Tagen. Die durchschnittliche Inkubationszeit für einige Arten seien hier genannt:
Sumpfkrokodil 44–70 Tage, Gavial 60–75 Tage, Mississippi-Alligator 64–75 Tage, Siam-Krokodil 67–68 Tage, Krokodilkaiman 70–77 Tage, Nilkrokodil 70–101 Tage, Leistenkrokodil 65–114 Tage, Australien-Krokodil 65–100 Tage, Spitzkrokodil 85–107 Tage, Orinoko-Krokodil 103 Tage, Stumpfkrokodil 102–126 Tage und Glattstirn-Kaiman 115–119 Tage.

In der freien Natur betreiben viele, wenn nicht gar alle Krokodilarten Maulbrutpflege, d. h. sie helfen den Jungtieren nicht nur beim Schlupf, sondern bringen sie im Maul auch zum Wasser. Bei künstlicher Brut hat es sich deshalb als günstig erwiesen, die Eihaut anzuschlitzen, sobald die Jungtiere im Ei ihre Quaktöne hören lassen. Außerdem ist darauf hinzuweisen, daß die durchschnittliche Bruttemperatur wie bei vielen Reptilien Einfluß auf die Geschlechtsdetermination hat (FERGUSON, JOANEN, 1983).

# 4 Haltungsschäden und ihre Behandlung

Probleme bei der Haltung der Krokodile treten auf, wenn die Tiere zu kalt gehalten werden. Weiterhin führt die Haltung von Krokodilen auf rauhem Untergrund und in Anlagen mit scharfkantigen Steinen zu Verletzungen der Fußsohlen und der Bauchhaut. Die Verletzungen bilden dann Eintrittspforten für Bakterien und Pilze. Eine rechtzeitige Behandlung mit Betaisodona[R]-Salbe ist empfehlenswert. Bei Gruppenhaltungen treten immer wieder Bißverletzungen als Folge von Rangkämpfen auf, die vorwiegend nachts ausgetragen werden.

Dabei werden gelegentlich Teile der Extremitäten abgebissen. Es kommt sogar vor, daß bei solchen Auseinandersetzungen der vordere Teil des Unterkiefers verlorengeht. Die so geschädigten Tiere lernen mit einer solchen Behinderung zu leben, und da sie ohnehin das Futter abschlingen, erholen sie sich gewöhnlich nach einigen Monaten.

## 4.1 Störungen im Vitaminhaushalt

Vitamin-D-Mangel kann die Ursache von Störungen des Kalziumhaushalts sein, in deren Verlauf es zu einer Demineralisierung und Deformierung der Knochen kommen kann. Fehlernährung, wie ausschließliche Verfütterung von Muskelfleisch, führt auch zur Störung des Kalzium/Phosphorverhältnisses.

Von größter Bedeutung ist ferner das UV-Licht, das täglich mindestens zweimal eine Stunde zusätzlich eingeschaltet werden sollte, wenn der Abstand zwischen Tier und UV-Lampe weit mehr als 1 m beträgt.

Ein Vitamin-A-Mangel führte zu Nierenveränderungen bei einem Gavial (IPPEN, KONSTANTINOV, 1981).

Zu den Haltungsfehlern zählen auch andere Hypovitaminosen. Eine Hypovitaminose E entwickelt sich bei einem Überangebot an ungesättigten Fettsäuren (z. B. bei der Verfütterung von ranzigem Fisch), in dessen Folge es zu einer Steatitis kommt. Diese äußert sich im pathologischen Bild in nekrotischen Veränderungen im Fettgewebe (FRYE et al., 1973; LARSEN et al., 1983; WALLACH, HOESSLE, 1968).

Eine Hypovitaminose K, die Blutungen in der Maulschleimhaut hervorruft, kann durch Gaben von 0,5 mg/kg KM Vitamin K behoben werden.

# 5 Handling und Narkose

## 5.1 Verpacken und Transport

Krokodile müssen für den Transport stets einzeln verpackt werden. Während Krokodilbabys wie andere Reptilien in Leinensäckchen verpackt werden können, gehören größere Tiere in eine feste Transportkiste mit Atemöffnungen, die aber so klein sein müssen, daß ein Hineinfassen unmöglich ist.

Für erwachsene Krokodile haben sich flache lange Kisten am besten bewährt, deren Maße so bestimmt sind, daß sich das Krokodil in der Kiste nicht drehen kann, und deren beide Schmalseiten als Schieber ausgebildet sind. So können die Krokodile beim Einpacken mit einem Strick in die Kiste gezogen werden und beim Auspacken die Kiste auf der anderen Seite wieder verlassen, ohne daß der Pfleger gefährdet wird. Daß die Transportkiste außen angesetzte Tragegriffe haben muß, versteht sich von selbst.

## 5.2 Fixieren der Tiere

Krokodilbabys können mit schnellem Griff direkt hinter dem Kopf gegriffen werden, bei halbwüchsigen Tieren sind jedoch Kopf und Schwanz möglichst gleichzeitig zu halten. Erwachsene Tiere können nur durch Zwangsgitter fixiert oder mit einem Strick um Kopf und Schwanz an ein Gitter gezogen werden. Eventuell können Krokodile auch mit einem Strick, dessen Schlinge um Hals und einen Vorderfuß liegt, in eine oben geschilderte Transportkiste gezogen werden, die entsprechende Behandlungs- oder Beobachtungsöffnungen besitzt.

## 5.3 Immobilisation

Da wir unsere Krokodile bis zu einem Gewicht von 300 kg nach der oben beschriebenen Methode mehrfach verlustfrei umgesetzt haben und keine chirurgischen Eingriffe bei größeren Tieren nötig waren, liegen über die Immobilisation keine eigenen Erfahrungen vor, zumal Krokodile bis zu einer Länge von ca. einem Meter mit der Stockschlinge gut gefangen und mit der Hand fixiert werden können. Deshalb sei hier auf das umfangreiche Schrifttum zur Immobilisation verwiesen, in dem übrigens immer wieder auf die Schwierigkeit hingewiesen wird, das Gewicht des zu immobilisierenden Tieres richtig zu schätzen. Nachfolgend seien einige Beispiele für den Einsatz von Medikamenten zur Ruhigstellung von Krokodilen dargestellt. Es ist jedoch nicht auszuschließen, daß der Einsatz peripher angreifender Muskelrelaxantien am nicht sedierten Tier in Zukunft tierschutzrechtliche Maßregelung findet.

Abb. 1: Mit Hilfe der Revisionskiste können bei Krokodilen und großen Waranen die Krallen gekürzt und unter Lokalanästhesie kleine Eingriffe durchgeführt werden (Foto: KLEINSCHMIDT)

Ein 63 kg schwerer Sunda-Gavial konnte mit 16 Tabletten Valium[R] à 10 mg (Diazepam-Dosis 2,54 mg/kg KM), oral verabreicht, für einen Transport ruhiggestellt werden (TROBISCH, 1980). Wiederholt setzten SPIEGEL et al. (1984) Diazepam in einer Dosis von 0,37 mg/kg KM als Prämedikation ein und verabreichten anschließend 0,24 mg/kg KM Succinylcholinchlorid bei Alligatoren. JACOBSON (pers. Mitteilung) verwendet bei Alligatoren 5 mg/kg KM und 1 mg/kg KM Succinylcholinchlorid bei Krokodilen und weist darauf hin, daß wegen des möglichen Ausfalls der selbständigen Atmung Beatmungsgeräte vorhanden sein müssen. WALLACH und HOESSLE (1970) setzten bei einem 65 kg und einem 70 kg schweren Alligator jeweils 15–20 mg Immobilon[R] erfolgreich ein; SCHRADER und HALLER (1989) empfehlen für Crocodylus niloticus 0,6–1,0 mg Gallamin-Triethiodid/kg KM als Muskelrelaxans bei Geschlechtsbestimmung, für Transport und als Prämedikation zur Inhalationsnarkose. Die Bewegungsfähigkeit der Tiere ist aufgehoben, es liegt jedoch keine Analgesie vor. Bei einer Dosis von 2,54 mg/kg KM lagen die Aufwachzeiten bei bis zu 32 Stunden. Bei Verabreichung des Antagonisten Prostigmin[R] (Roche) kann man Aufwachzeiten erheblich verkürzen. WOODFORD (1972) setzte mit Erfolg Gallamin-Triethiodid bei vier etwa sechs Jahre alten 2,4–3,8 kg schweren Tieren mit einer Länge von 92,5–100 cm ein. Die Dosis lag zwischen 1,0 und 1,25 mg/kg KM. Die ersten drei Tiere erholten sich innerhalb von fünf Minuten nach der Gabe von 0,25 mg Neostigminmethylsulphat pro Tier, während dies beim vierten Tier ohne Antidot etwa 45 Minuten dauerte. Erfolgreich konnte MORGAN-DAVIES (1980) 15 Nilkrokodile mit Gallamin-Triethiodid in einer Dosis von 0,4–1,25 mg /kg KM immobilisieren. BONATH et al. (1991) setzten ebenfalls

Gallamin-Triethiodid in einer Dosis von 0,5–0,6 mg/kg KM ein und verabreichten zusätzlich gleichzeitig jedem Tier 50 I.E. Hyaluronidase. Sie untersuchten bei den ruhiggestellten Tieren das Herz-/ Kreislaufsystem sowie die Atmung. Auch Tiletamin-Zolazepam (Telazol[R]) wurde in einer Dosis von 15 mg/kg KM bei acht frischgefangenen Alligatoren eingesetzt (CLYDE, CARDEILHAC, JACOBSON, 1990), allerdings nicht sehr erfolgreich. Die Injektion selbst ist schmerzhaft, die Einleitungszeit dauert sehr lange, und die Tiere sind nur unvollständig ruhiggestellt. BONATH et al. (1991) veränderten das Mischungsverhältnis und erprobten Tiletamin (2,5–5 mg/kg KM) zusammen mit Zolazepam (2,5–5 mg/kg KM) und Acepromazin (1 mg/kg KM) bei einer Temperatur zwischen 22,2 und 31,9 °C mit gutem Erfolg. Auch Ketamin wurde erfolgreich bei Krokodilen zur Ruhigstellung eingesetzt, so bei einem 145 kg schweren Nilkrokodil in einer Dosis von 13,7 mg/kg KM zusammen mit 4,1 I.E. Hyaluronidase und Xylazin in einer Dosis von 3,45 mg/kg KM (MARHOLT, pers. Mitteilung). Zwei Sunda-Gaviale, mit einer Länge von 2,50 m und 2,90 m, wurden erfolgreich mit Ketamin in einer Dosis von 15 mg/kg KM zuzüglich 150 I.E. Kinetin[R]/Tier ruhiggestellt (KLÖPPEL, WICKER, 1990). COOPER und JACKSON (1981) empfehlen Ketamin in einer Dosis von 25-75 mg/kg KM. Dabei weisen sie ausdrücklich darauf hin, daß die Gaben von mehr als 100 mg/kg KM für Alligatoren gefährlich sind! Ähnlich dosierte auch STUHRBERG (1991) mit gutem Erfolg bei einem 12 kg schweren Brillenkaiman (*Caiman crocodilus*). Das Tier erhielt für drei Behandlungen jeweils 30-55 mg/kg KM Ketamin zusammen jeweils mit 50 und weiteren 150 I.E. Hylase und einer Nachdosierung von jeweils 10 mg/kg KM.

Der Einsatz von Atracuriumbesilat (Tracrium[R]) in einer Dosis von 15 mg/kg KM mit einer 15 Minuten später folgenden Gabe von 0,4 mg/kg KM Diazepam ist nicht unproblematisch, da die so ruhiggestellten Krokodile teilweise die Fähigkeit verlieren, selbständig zu atmen, und so müssen in jedem Fall Geräte zur Beatmung der Tiere bereitstehen (CLYDE, CARDEILHAC, JACOBSON, 1990). Für fünf Alligatoren (*Alligator mississippiensis*) mit einem Gewicht zwischen 50 und 75 kg KM setzten WALLACH und HOESSLE (1970) jeweils 20 mg M-99 ein. Eine weitergehende Zusammenstellung von Publikationen über die Immobilisation geben LOVERIDGE und BLAKE (1972) und LOVERIDGE (1979). Es soll nicht unerwähnt bleiben, daß mit Hilfe einer geringgradigen Temperatursenkung für kurze Zeit die Aktivität der Tiere gemindert werden kann und nach einer Hypothermie z. B. bei einer Temperatur von 7 °C über zwei Stunden die Krokodile nach einer Lokalanästhesie chirurgisch behandelt werden können.

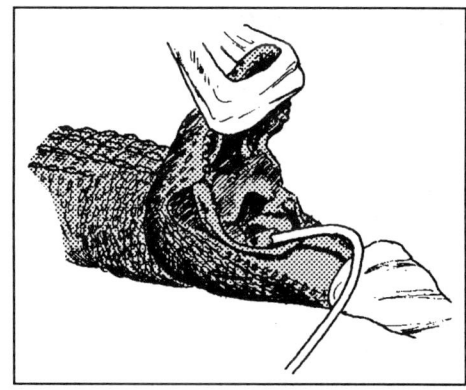

Abb. 2: Lage des Tracheotubus beim Krokodil

# 6 Physiologische Daten

## 6.1 Blutwerte

Die Angaben über die Blutzusammensetzung stammen aus einer Anzahl von Publikationen mit unterschiedlichen Blutwerten und ergeben kein einheitliches Bild. Trotzdem seien sie hier genannt. Die Serumwerte werden nicht nur durch die Blutentnahmetechnik beeinflußt, sondern auch die Umgebungstemperaturen sind von Bedeutung. Auch altersabhängige Unterschiede ermittelte man an 250 Rautenkrokodilen. Im Fall der ein- bis zweijährigen Tiere lagen die Proteinwerte bei 0,53 g/l, die der Glukose bei 4,09 mmol/l. Bei den drei- bis fünfjährigen lagen sie bei 0,61 g/l bzw. 3,36 mmol/l (CASTELLANUS, 1979).

Tab. 1: Klinisch-chemische und haematologische Werte von *Crocodylus niloticus* nach FOGGIN (1987)

|  | Normalwerte | Zwergwuchs |
|---|---|---|
| Hämoglobin (mmol/l) | 4,6 (4,0–5,4) | 2,4 |
| Hämatokrit (l/l) | 0,22 (0,13–0,27) | 0,13 |
| Gesamtprotein (g/l) | 53 (46–85) | 42 |
| Albumin (g/l) | 19 (15–23) | 15 |
| Globulin (g/l) | 31 (22–39) | 30 |
| Glukose (mmol/l) | 4,53 (3,39–6,51) | 4,06 |
| Kalzium (mmol/l) | 2,62 (2,15–3,44) | 2,54 |
| Phosphor (mmol/l) | 0,97 (0,42–1,45) | 0,87 |
| Harnsäure (mmol/l) | 0,24 (0,08–0,45) | — |
| AST (U/l) | 16,6 (6,7–22,7) | 42,7 |
| ALT (U/l) | 13,1 (9,0–20,4) | 34,8 |

Tab. 2: Blutwerte von *Crocodylus porosus* nach CANFIELD (1985)

Werte für 4 Individuen

|  | Nr. 1 | Nr. 2 | Nr. 3 | Nr. 4 |
|---|---|---|---|---|
| Hämatokrit (l/l) | 0.22 | 0.21 | 0.20 | 0.20 |
| Gesamteiweiß (g/l) | 70 | 56 | 48 | 59 |
| Erythrozyten (T/l) | 0.93 | 0.86 | 0.92 | 0.98 |
| Hämoglobin (mmol/l) | 4,2 | 3,9 | 3,8 | 4,8 |
| Gesamtleukozyten (G/l) | 39.6 | 44.2 | 41.2 | 41.8 |
| Thrombozyten (%) | 85 | 94.8 | 95 | 72.2 |
| Lymphozyten (%) | 9 | 2.4 | 0.6 | 5.4 |
| Monozyten (%) | 1.5 | 0 | 0.4 | 3.0 |
| Granulozyten Typ I (%) | 2 | 1.6 | 2.2 | 14 |
| Typ II (%) | 0.8 | 0.4 | 0 | 0.4 |
| Typ III (%) | 1.2 | 0 | 1.2 | 4.8 |
| Ungeklärt (%) | 0.5 | 0.8 | 0.6 | 0.2 |

Physiologische Daten

Tab. 3: Blutwerte für *Crocodylus johnsoni* nach CANFIELD (1985)

Werte für 4 Individuen

|  | Nr. 1 | Nr. 2 | Nr. 3 | Nr. 4 |
|---|---|---|---|---|
| Hämatokrit (l/l) | 0.18 | 0.20 | 0.21 | 0.20 |
| Gesamteiweiß (g/l) | 69 | 68 | 33 | 66 |
| Erythrozyten (T/l) | 0.71 | 0.89 | 0.93 | 0.82 |
| Hämoglobin (mmol/l) | 3,5 | 4,3 | 4,6 | 4,2 |
| Gesamtleukozyten (G/l) | 39.2 | 26.4 | 34.6 | 48.8 |
| Thrombozyten (%) | 87.7 | 84.5 | 79 | 76.5 |
| Lymphozyten (%) | 5 | 5.5 | 4 | 8.5 |
| Monozyten (%) | 2.2 | 4.5 | 11 | 2.8 |
| Granulozyten Typ I (%) | 3 | 3.5 | 4.0 | 8.6 |
| Typ II (%) | 0.5 | 0 | 0.4 | 0.4 |
| Typ III (%) | 0.8 | 1.5 | 1.2 | 2.8 |
| Ungeklärt (%) | 0.8 | 0.5 | 0.4 | 0.4 |

Tab. 4: Hämatologische Werte für junge gesunde Alligatoren nach MATEO et al. (1984)

|  | Durchschnitt | SD* |
|---|---|---|
| Erythrozyten (x $10^5$/mm$^3$) | 3.84 + 8.7 | |
| Leukozyten (x $10^3$/mm$^3$) | 6.4 | ± 2.9 |
| Differentialblutbild Leukozyten (%) | | |
| Heterophile | 54.7 | ± 47.5 |
| Eosinophile | 10.4 | ± 6.0 |
| Basophile | 12.7 | ± 16.8 |
| Lymphozyten | 23.9 | ± 4.9 |
| Monozyten | 0.7 | ± 0.5 |
| Thrombozyten (x $10^3$/mm$^3$) | 23.0 | ± 7.0 |

* SD = Standardabweichung

Tab. 5: Blutzelldurchmesser im peripheren Blut beim Alligator nach MATEO et al. (1984)

| Blutkörperchen | Durchmesser (nm) | | Kerndurchmesser (nm) | |
|---|---|---|---|---|
|  | Durchschnitt | SD* | Durchschnitt | SD* |
| Heterophile | 17.3 ± | 1.2 | 7.0 ± | 0.02 |
| Eosinophile | 14.9 ± | 1.9 | 7.3 ± | 0.9 |
| Basophile | 12.8 ± | 1.3 | 7.7 ± | 0.6 |
| Lymphozyten | 10.7 ± | 1.6 | 9.6 ± | 5.7 |
| Monozyten | 14.3 ± | 1.9 | 7.1 ± | 0.03 |
| Erythrozyten | 20.3 ± | 1.6 | 4.9 ± | 1.0 |
| Thrombozyten | 14.3 ± | 3.0 | 8.0 ± | 0.8 |

*SD = Standardabweichung

Tab. 6: Serumanalysen mit Hilfe der Elektrophorese nach RIDER und BARTEL (1967)

| Serumkomponente | Beweglichkeit $(10^{-5}$ cm$^2$ /V sec$)^{-1}$ | | |
|---|---|---|---|
| | Caiman crocodilus | C. acutus | A. mississipp. |
| | 7 Messungen | 1 Messung | 9 Messungen |
| Präalbumin ? | 7.19 ± 0.31 | — | — |
| Albumin | 6.35 ± 0.18 | 7.92 | 7.69 ± 0.34 |
| $\alpha_1$ Globulin | 5.89 ± 0.26 | 5.29 | 5.54 ± 0.28 |
| $\alpha_2$ Globulin | 4.27 ± 0.29 | 4.30 | 4.41 ± 0.24 |
| $\beta_1$ Globulin | 3.37 ± 0.25 | 2.91 | 3.58 ± 0.28 |
| $\beta_2$ Globulin | 2.12 ± 0.14 | — | 2.10 ± 0.14 |
| $\gamma$ Globulin | 0.60 ± 0.09 | 0.46 | 0.51 ± 0.11 |

Tab. 7: Plasma-Elektrolyte nach FRYE (1981)

| | Alligator mississippiensis | Crocodylus acutus |
|---|---|---|
| pH | 7.48 | |
| Na (mmol/l) | 141 | 149 |
| K (mmol/l) | 3.8 | 7.9 |
| Ca (mmol/l) | 2.6 | 3.4 |
| Mg (mmol/l) | 1.5 | 1.9 |
| Cl (mmol/l) | 112 | 117 |
| HCO$_3$ (mmol/l) | 20 | 115 |

Tab. 8: Serumwerte von Nilkrokodilen (ALEMU, NDEBELE, 1990)

| | | | |
|---|---|---|---|
| ALT (U/l) | 61.80 | ± | 24,30 |
| AST (U/l) | 57.90 | ± | 38.90 |
| LDH (U/l) | 946,80 | ± | 220,90 |
| ALP (U/l) | 35,10 | ± | 7,90 |
| CPK (U/l) | 281,70 | ± | 196,70 |
| Glukose (mmol/l) | 6,6 | ± | 3,0 |
| Cholesterin (mmol/l) | 4,6 | ± | 0,8 |
| Kreatinin (mmol/l) | 32,8 | ± | 18,60 |
| Harnsäure (mmol/l) | 4,8 | ± | 2,43 |
| Gesamteiweiß (g/l) | 47,6 | ± | 10,5 |
| Kalzium (mmol/l) | 2,8 | ± | 0,3 |
| Phosphor (mmol/l) | 0,93 | ± | 0,05 |
| Chlorid (mmol/l) | 116,3 | ± | 3,8 |
| Natrium (mmol/l) | 142,4 | ± | 9,8 |
| Kalium (mmol/l) | 4,7 | ± | 0,3 |
| Magnesium (mmol/l) | 1.03 | ± | 0,1 |

Mit der Elektrophorese läßt sich gut die Eiweißverteilung darstellen (RIDER, BARTEL, 1967; BARIL, 1961).

Die Pherogramme der Serumelektrophorese von Krokodilen unterscheiden sich deutlich von der Eiweißverteilung der Säugetiere aufgrund eines anderen Albumin-/Globulinverhältnisses. Selbst Kaimane, Krokodile und Alligatoren unterscheiden sich darin voneinander.

## 6.2 Herzschlag- und Atemfrequenz

Über das Herz-/Kreislaufsystem liegen viele Untersuchungen vor. Aufschlußreich sind die Langzeituntersuchungen. Das Herz schlägt bei einem ungestörten Kaiman in einem isolierten Raum 14mal bei 1,6 Atemzügen pro Minute, während beim Alligator 12 Herzschläge mit 0,6 Atemzügen ermittelt wurden. In Gegenwart des Menschen verdreifachten sich die Werte (HUGGINS et al., 1969). Weiterhin beeinflussen die Raum- und Wassertemperaturen sowie die Tageszeit die Herz- und Atemfrequenz.

## 6.3 Blutdruck

Für den systolischen Druck wurden für junge immobilisierte Alligatoren 25 mm und für den diastolischen Druck 15 mm Hg gemessen (AKERS, 1966).

## 6.4 Körpertemperatur

Mittels Telemetrie ermittelte man in einem Langzeitversuch die Körper- und die Vorzugstemperatur bei *Crocodylus johnsoni* und *Cr. porosus* in einer größeren Freianlage in Australien (JOHNSON, TANNER, 1976). Die Werte für *Cr. johnsoni* schwankten zwischen 25 und 36 °C; die Vorzugstemperatur lag zwischen 31,3 und 32,5 °C. Für *Cr. porosus* ermittelte man einen Temperaturbereich von 25,9–35,5 °C; das Mittel der Vorzugstemperatur lag zwischen 32,0 und 33,1 °C. Für den Alligator fanden COLBERT, COWLES und BOGERT (1946) Werte von 32–35 °C, während COTT (1961) bei frischerlegten *Cr. niloticus* rektale Werte zwischen 23 und 29 °C ermittelte. Die Körpertemperatur ist bei Krokodilen kein Hilfsmittel für die Beurteilung des Gesundheitszustandes.

# 7 Untersuchungsmethoden

## 7.1 Allgemeine äußere Untersuchung

Krokodile werden selten in den Behandlungsräumen einer Praxis vorgestellt. In der Regel muß der Tierarzt die Tiere bei Schaustellern oder, allerdings in abnehmendem Maße, bei Privathaltern aufsuchen. Tiere bis zu einer Länge von einem Meter können gegriffen werden, so können die Hautoberfläche, Augen sowie Nasen- und Kloakenöffnungen untersucht werden. Bei dieser Handhabung verdreifacht sich die Herzfrequenz sowie die Atmung des Tieres. Verschärfte Atemgeräusche weisen hier schon auf eine Pneumonie hin. Wichtig ist eine gründliche Untersuchung der Maulhöhle, um bakterielle oder Pilz-Infektionen zu erkennen. Einer Probenentnahme und entsprechenden Untersuchung folgt dann die gezielte Behandlung.

## 7.2 Blutentnahme

Die Blutentnahme bei jungen Krokodilen erfolgt durch Herzpunktion, bei größeren Tieren aus der Vena jugularis oder aus der Vena coccygealis ventralis. Man verwendet die Vena coccygealis ventralis, die auf der Medianfläche der Schwanzwirbel ventral verläuft. Unter Schonung der Schuppen geht man am Ende des ersten Schwanzdrittels, von der Kloake gerechnet, mit einer Nadel im spitzen Winkel hinter einer Schuppe in der Medianen durch die Haut. Anschließend führt man die Nadel im Winkel von 45–60 Grad bis zum Knochen vor, zieht die Nadel kurz zurück und befindet sich dann im Gefäß. Eine weitere Methode ermöglicht die Blutentnahme aus der inneren Jugularvene. Dazu erfolgt der Einstich unmittelbar kraniomedial der ersten kleinen Schuppe hinter dem Occiput. Hier liegt das Gefäß leicht lateral direkt neben dem Dornfortsatz zwischen dem ersten und zweiten Halswirbel (OLSON, 1975; JACOBSON, 1984).

Kleinste Blutmengen erhält man nach starkem Kürzen der Zehennägel.

## 7.3 Röntgenuntersuchung

Bei Störung der Nahrungsaufnahme sind Röntgenaufnahmen aufschlußreich, jedoch gehören Steine, die auf diese Weise festgestellt werden, zu den normalen Bestandteilen des Mageninhalts. Sie dienen der Aufbereitung der Nahrung. Mit Hilfe von Röntgenaufnahmen lassen sich jedoch leicht Knochenveränderungen und Mißbildungen sowie eine Osteodystrophie erkennen (s. Abb. 3).

## 7.4 Endoskopie

Eine Endoskopie am immobilisierten Tier ist möglich und konnte zur Diagnose und Vorbereitung bei einer Fremdkörperoperation eingesetzt werden (LUMEIJ, HAPPE, 1985).

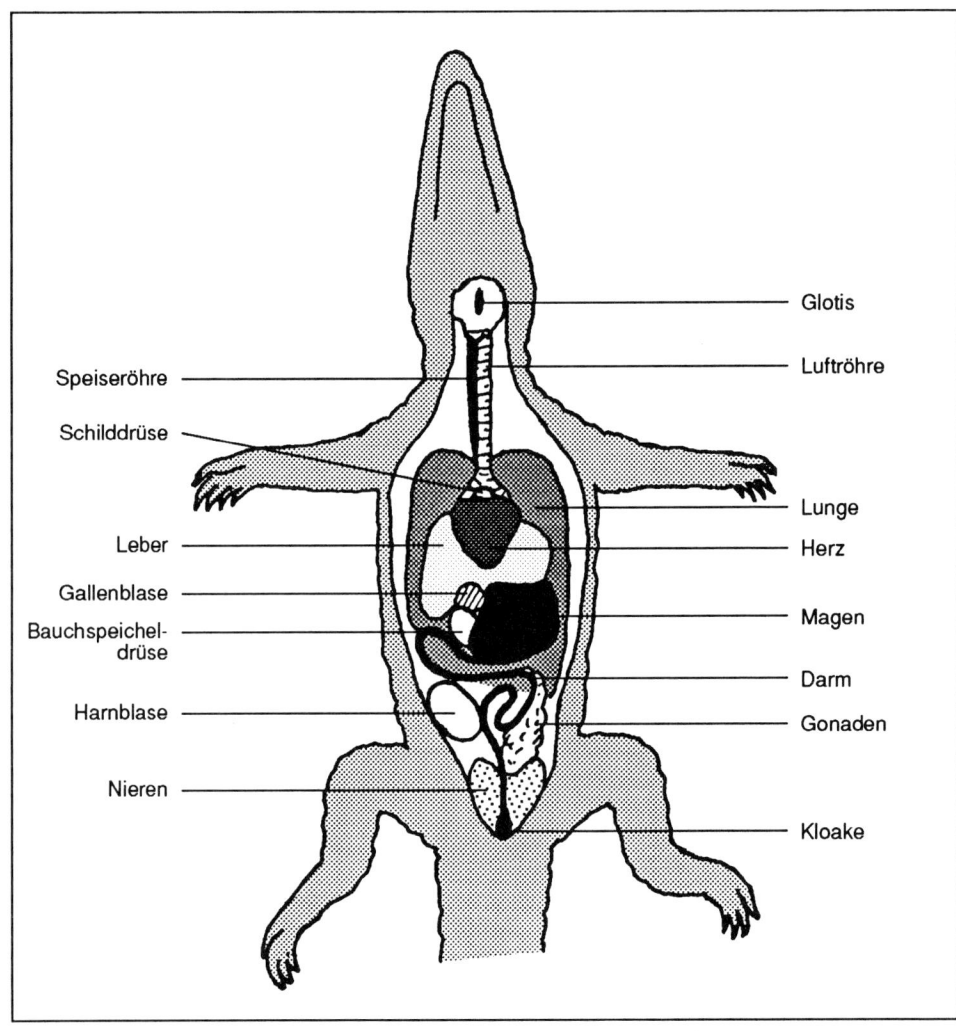

Abb. 3: Anatomie des Krokodils

## 7.5 Sonographie

Diese Technik gewinnt in zunehmendem Maße an Bedeutung und erleichtert die Lokalisation der Einstichstelle vor einer Herzpunktion.

# 8 Infektionskrankheiten

## 8.1 Parasitosen

### 8.1.1 Ektoparasitosen

Im Gegensatz zu den übrigen Reptilien leiden Krokodile außer an Blutegeln kaum an Ektoparasiten. Der häufigste Ektoparasit ist *Placobdella multilineata* (Hirudinea) (FORRESTER, SAWYER, 1974). Dieser Erreger wird in der Maulhöhle und auf der Körperoberfläche, vor allem unter dem Unterkiefer und in den Achselhöhlen, gefunden. Der Befall führt zu einer Eosinophilie, die noch bis zu 10 Wochen nach dem Absammeln der Parasiten beobachtet wird (GLASMAN, HOLBROOK, BENNETT, 1979).

### 8.1.2 Endoparasitosen

Endoparasiten haben bei Krokodilen, im Gegensatz zu anderen Reptilien, ebenfalls keine große Bedeutung. Nur bis zu 12 % der untersuchten Krokodile in Zoologischen Gärten zeigten einen entsprechenden Befall.

#### 8.1.2.1 Einzeller

■ **Haemogregarinen**
Wenig bekannt sind die Auswirkungen der Blutparasiten. Gefunden wurden fünf verschiedene Species von *Haemogregarina* in den Erythrozyten der Krokodile, Kaimane und Alligatoren (HAZEN et al., 1978; KHAN et al., 1980).

■ **Kokzidien**
*Ursache/Erreger*: Zu den *Calyptospora* (*Goussia*-ähnlich) gehörende Kokzidien bei Krokodilen (FOGGIN, 1987) und Eimeriidae (*Eimeria paraguayensis, Isospora jacarei*) bei Kaimanen (AQUINO-SHUSTER, DUSZYNSKI, 1989).
*Symptome*: Keine typischen Anzeichen. Kokzidien werden vorwiegend bei Kümmerern gefunden, bzw. sie führen zu verlangsamtem Wachstum.
*Befallene Organe*: Vorwiegend sind Dünndarmabschnitte befallen. *Goussia*, in der sporulierten Form, findet man in der roten Milzpulpa. Gelegentlich sind auch die Gallengänge, die Gallenblase und sogar die Leber von Kokzidien befallen.
*Pathogenität*: Bei Farmhaltungen ist dies eine der verlustreichsten Erkrankungen, in Zoologischen Gärten spielt sie kaum eine Rolle.
*Untersuchungsmethoden*: Im Kot können die Erreger nachgewiesen werden. Da die Oozyten im Kot nicht zu jeder Zeit zu finden sind, ist oft ein histopathologischer Nachweis nötig.
*Therapie*: Gaben von Sulfaclozin (Esb$_3$® 30%, TAD, Pharmazeutisches Werk) werden an drei aufeinanderfolgenden Tagen als 3%ige Lösung in einer Dosis von 5 ml/kg KM mit einer Magensonde verabreicht (FOGGIN, 1987). Gleichzeitig sind Desinfektionsmaßnahmen empfehlenswert.

#### 8.1.2.2 Trematodenbefall
*Ursache/Erreger*: Durch *Acanthostomum loosi vigueras* wurde eine akute Trematodeninfektion in einer Krokodilfarm ausgelöst.
*Pathogenität*: Es erkrankten *Crocodylus acutus* und *Cr. rhombifer* bis zu einem Alter von einem Jahr mit einer hohen Mortalitätsrate. Trematoden wurden vor allem in den Nieren junger Krokodile gefunden (LADDS, SIMS, 1990).
*Therapie*: Oxyniclosamid in einer Dosis von 50–100 mg/kg KM werden nach Angaben in der Literatur oral gegeben. Nach 40 Tagen wird die Behandlung wiederholt (SARDINAS et al., 1979).
Folgende Trematoden werden bei freilebenden Alligatoren gefunden: *Polycotyle ornata, Acanthostomum coronarium, Archaeodiplostomum acetabulatum* und *Pseudocrocodilicola americaniense*. So fanden HAZEN et al. (1978) bei 42% der untersuchten Tiere *P. americaniense* und bei 33% der Alligatoren *A. acetabulatum*.

### 8.1.2.3 Helminthiasis

*Ursache/Erreger:* Von den Helminthen sind vor allem *Dujardiascaris waltoni* und *Multicaecum tenuicolle* auf den Krokodilfarmen von großer Bedeutung. Vermutlich werden die Larvenstadien von *Dujardiascaris* durch Futterfische auf die Tiere übertragen. Bis zu 93% der Tiere auf den Krokodilfarmen sind infiziert (CHERRY, AGER, 1982; FOGGIN, 1987).

*Befallene Organe:* In der Regel findet man im Magen bis zu zehn dieser Parasiten. Es werden aber auch Massenansammlungen in den Darmabschnitten gefunden.

*Pathogenität:* Von Verlusten ist nichts bekannt.

*Untersuchungsmethoden:* Die Eier lassen sich mühelos im Kot nachweisen, und mit der Flotationstechnik wurden bis zu 150000 Eier in einem Gramm ermittelt.

*Therapie:* Gaben von Fenbendazol (Panacur[R], Hoechst) in einer Dosierung von 20 mg/kg KM an zwei aufeinanderfolgenden Tagen werden oral verabreicht.

### 8.1.2.4 Paratrichosoma

*Ursache/Erreger:* Die wandernden Nematoden *Paratrichosoma crocodilus* graben Zickzack-Gänge durch die Haut und legen ihre Eier in der Nähe des Stratum corneum ab. Beobachtet wurde dieser Parasit bislang bei *Crocodylus johnstoni, Cr. intermedius, Cr. moreletii, Cr. niloticus, Cr. porosus* und *Cr. novaeguineae*. In einzelnen Fällen waren bis zu 20% des Bestandes befallen. Krokodile mit diesen Hautveränderungen waren wesentlich leichter als die nicht infizierten Altersgenossen.

Diese Nematoden sind in Zoologischen Gärten bedeutungslos, jedoch führt der Parasit durch die Zerstörung der Haut zu erheblichen wirtschaftlichen Verlusten in der Lederindustrie (FOGGIN, 1987; ASHFORD, MULLER, 1978; MONTAGUE, 1984; FOREYT, LEATHER, 1985).

### 8.1.2.5 Pentastomiden

*Ursache/Erreger:* Pentastomiden sind in Florida beim *Alligator mississippiensis* häufig zu beobachten, und zwar sowohl bei freilebenden als auch bei Farmtieren. Als Erreger der Sebekiose wurden *Sebekia oxycephala* und *Sebekia mississippiensis* bei 27% der juvenilen Alligatoren nachgewiesen. In europäischen Haltungen haben die Pentastomiden keine Bedeutung (BOYCE, 1985; BOYCE et al., 1984; MORELAND et al., 1989; OVERSTREET et al., 1985).

*Symptome:* Juvenile Tiere magern ab und zeigen respiratorische Störungen, die auch zum Tode führen können.

*Befallene Organe: Sebekia sp.* findet man ausschließlich in der Lunge juveniler Alligatoren.

*Pathogenität:* Die Erreger können bei starkem Befall den Tod des Wirtstieres verursachen.

*Untersuchungsmethoden:* Der Befall der Alligatoren kann nur durch die Sektion und anschließenden Erregernachweis ermittelt werden.

*Therapie:* Eine Behandlung ist bislang nicht möglich. Eine Diätfütterung und eine Temperaturerhöhung auf 31 °C können zur Einschränkung weiterer Verluste des Bestandes empfohlen werden.

*Prophylaxe:* Da die Nymphenstadien der Erreger durch Fische übertragen werden, sollten diese vor der Verfütterung mindestens 72 Stunden bei minus 10 °C gelagert werden.

## 8.2 Mykosen

Pilze findet man gelegentlich bei Krokodilen. Im Vordergrund stehen die Lungenmykosen, daneben Mykosen der Haut; manchmal sind weitere Organe mitbefallen.

### 8.2.1 Lungenmykosen

*Ursache/Erreger:* Als Folge von Streßauswirkungen, so auch bei falscher Haltung in zu kleinen Anlagen und bei Vitaminmangel, können sich Lungenmykosen entwickeln, die durch folgende Erreger ausgelöst werden: *Aspergillus fumigatus, A. austus, Beauveria bassiana, Paecilomyces lilacinus, P. farinosus, Fusarium moniliforme, Cephalosporium sp., Mucor sp.* und *Metharhizium anisopliae* (FRELIER et al., 1985; FROMTLING et al., 1979; JACOBSON, 1989; JASMIN et al., 1968; MASLEN et al., 1988; TREVINO, 1972).

*Symptome*: Die Krokodile zeigen kein typisches Krankheitsbild.

*Befallene Organe*: Es werden fast ausschließlich die Lungen befallen, gelegentlich die Nieren und seltener weitere Organe.

*Pathogenität*: Da die Mykose erst bei einer Sektion festgestellt wird, sind oft schon weitere Tiere infiziert, ohne Anzeichen einer Erkrankung zu zeigen. So berichten SILBERMANN, BLUE und MAHAFFEY (1977), daß eine dreiwöchige Vernachlässigung der Beckenreinigung in einer Gruppenhaltung von 32 Tieren in einem kleinen Becken zur Ausbreitung einer Mukor-Mykose führte, in deren Verlauf vier Tiere nach respiratorischen Störungen starben.

*Untersuchungsmethoden*: Oft ist das Lungengewebe so deutlich verändert, daß dies bereits makroskopisch auf eine Mykose hinweist. Histopathologisch zeigen sich dann im Lungengewebe Granulome. Diesem Befund folgt ein gezielter Pilznachweis.

*Therapie und Prophylaxe*: Verbesserung der Haltungsbedingungen, insbesondere Reduzierung der Krokodile in dieser Anlage, Isolierung geschwächter und infizierter Tiere sowie Verbesserung der hygienischen Bedingungen.

### 8.2.2 Hautmykosen

*Ursache/Erreger*: Als Folge eines Überbesatzes oder anderer Stressoren kann sich eine Hautmykose bei rangniederen Tieren bzw. Kümmerern manifestieren. Als Erreger konnte man *Trichosporon sp.* und *Fusarium sp.* nachweisen (KUTTIN et al., 1978; LADZIANSKA et al., 1989). *Aspergillus sp.*, einen ubiquitären Pilz, konnte FRYE (1991) bei drei Alligatoren (*Alligator mississippiensis*) nachweisen. *Aspergillus sp.*, *Rhizopus sp.* und *Mucor sp.* lösten bei einem Spitzkrokodil (*Crocodylus acutus*) nekrotische hyperplastische Plaquebildung unter den Schildern aus (JASMIN, CAROLL, BAUCOM, 1968).

*Symptome*: Veränderungen der äußeren Haut sowie der Maulschleimhaut.

*Befallene Organe*: Äußere Haut, Maul- und Magenschleimhaut.

*Untersuchungsmethoden*: Kulturelle Untersuchungen am Biopsiematerial durch Einsatz von Sabouraud-Glukose-Agar (Difco, SDA), Sabouraud-Glukose-Bouillon (Difco, SDB) und auf Czapek-Dox-Agar (Difco), inkubiert bei 28 °C. Histologische Schnitte zeigen nach HE-Färbung PAS sowie nach Silberfärbungen die Pilzelemente.

*Therapie*: Lokale Behandlung mit einer Suspension von Chloramphenicol und Amphotericin B. Verbesserung der Haltungsbedingungen einschließlich der UV-Bestrahlung. Den Befall mit *Penicillium sp.* konnte FRYE (1991) erfolgreich lokal mit Polyvidon-Jod-Lösung behandeln (Betaisodona[R] Mundipharma).

## 8.3 Bakterielle Infektionen

Bakterielle Infektionen werden vorwiegend bei juvenilen Krokodilen diagnostiziert und in den unterschiedlichsten Organen in generalisierter Form gefunden. Die Erreger können keiner bestimmten Krankheit zugeordnet werden. Deshalb seien sie hier in der Reihenfolge der Häufigkeit genannt:

### 8.3.1 Aeromonas sp.- Infektion

Nachdem bei neun Alligatoren, für die keine andere Todesursache zu ermitteln war, als Erreger ihrer schweren Erkrankung *Aeromonas hydrophila* festgestellt worden war, untersuchten GORDEN et al. (1979) in fünf Beständen insgesamt 123 Alligatoren und fanden bei 70 % der Tiere in Gewebeproben der inneren Organe und bei 85% der Alligatoren in Abstrichen aus der Maulhöhle *Aeromonas hydrophila*. GORDON et al. (1979) glauben, daß dieser ubiquitäre Keim allein noch keine klinische Erkrankung auslöst, sondern erst dann, wenn Streßfaktoren wie Einfangen, Handhabungen oder Temperaturstörungen hinzukommen und die Widerstandsfähigkeit der befallenen Tiere herabsetzen. Bei 40 % von 126 untersuchten Krokodilen konnten SCHRÖDER und IPPEN (1977) *Aeromonas sp.* nachweisen.

## 8.3.2 Salmonellose

Die folgenden Erreger wurden bei den Krokodilen wiederholt nachgewiesen: *Salmonella spec., S. choleraesuis, S. singapore.*
Bei Schlachtungen von Farmkrokodilen konnten bei ca. 20 % dieser Tiere, auf einer Farm sogar bei bis zu 81 % der Krokodile, Salmonellen nachgewiesen werden (MANOLIS et al., 1991). Ein Nilkrokodil starb nach zweitägigem blutigen Durchfall trotz antibiotischer Behandlung an einer Salmonellose. Aus dem Intestinum, der Leber und der Lunge konnte *Salmonella choleraesuis* isoliert werden (OCHOLI, ENURAH, 1989). Nach massenhaften Verlusten durch Salmonellen auf einer Krokodilfarm konnte man die Tiere nach viermaligen intramuskulären Kanamycingaben von jeweils 20 mg/kg KM alle 48 Stunden und anschließender Vakzinierung sowie mit oraler Gabe von Oxytetracyclin in einer Dosis von 75 mg/kg KM mit dem Futter erfolgreich behandeln (HUCHZERMEYER, 1991).

## 8.3.3 Pseudomonasinfektion

Bei 7 % von 126 untersuchten Krokodilen aus verschiedenen Beständen konnten IPPEN und SCHRÖDER (1977) *Pseudomonas sp.* nachweisen.

## 8.3.4 Weitere bakterielle Erreger

Von verschiedenen Autoren wurden weitere Erreger nachgewiesen, die hier nur aufgezählt werden: *Streptococcus sp., Escherichia coli, Pasteurella multocida* (MAINSTER et al., 1972), *Staphylococcus sp., Erysipelothrix rhusiopathiae* (JASMIN, BAUCON, 1967), *Morganella morgani, Citrobacter freundii, Enterobacter spec., Klebsiella oxytoca, Serratia marcescens, Proteus sp.* (CHAKRABORTY et al., 1988), *Mycobacterium sp.* und *Dermatophilus congolensis* (NOVAK, SEIGEL, 1986).

## 8.4 Virusinfektionen

Schlechte Haltungsbedingungen und Stress für die Tiere können Ursache für den Ausbruch von Viruskrankheiten sein.

### 8.4.1 Pockeninfektion

*Ursache/Erreger*: Das Pockenvirus ist etwa 200 - 300 nm groß und damit kleiner als das bei Vögeln und Säugetieren gefundene.

*Symptome*: Hautläsionen findet man vor allem am Kopf im Bereich um die Augen, an den Nasenöffnungen und um das Maul, weiterhin an der ventralen Halsseite, den Extremitäten, der Bauchseite und am Schwanzansatz (HORNER, 1989; HUCHZERMEYER et al., 1991; JACOBSON et al., 1979; JACOBSON, 1989; PANDEY et al., 1990; VETESI et al., 1981).

*Befallene Organe*: Ausschließlich Veränderungen der Haut. Die inneren Organe sind nicht verändert. Die beobachteten Hautläsionen haben einen Durchmesser von 2 - 3 mm.

*Pathogenität*: Bei besonderem Streß bricht diese Erkrankung in der Regel bei Jährlingen aus. Bis zu 40 % dieser Altersgruppe zeigen 21 Tage nach der Infektion Veränderungen der Haut. Die Mortalitätsrate liegt bei 27 %, während Tiere über zwei Jahre nicht erkranken.

*Untersuchungsmethoden*: Im Biopsiematerial können in den Epithelzellen große eosinophile Einschlüsse im Zytoplasma festgestellt werden. Der Virusnachweis erfolgt mit dem Elektronenmikroskop.

*Therapie*: Die Tiere gesunden auch ohne Behandlung. Hygienische Maßnahmen stehen im Vordergrund. Lokal wird zur Unterdrückung einer Sekundärinfektion Chloramphenicolspray eingesetzt. Da die Nahrungsaufnahme durch den Streß der Behandlung für einige Zeit eingestellt wird, muß in jedem Einzelfall geprüft werden, ob ein derartiger Aufwand sinnvoll ist, zumal einige Tiere trotz der Hautveränderungen weiterfressen und eine Infektion so besser überstehen. HORNER (1989) beschreibt den Einsatz einer selbstentwickelten Vakzine, nach deren Einsatz die Hautläsionen schneller abheilten.

*Prophylaxe*: Verbesserungen der Haltungsbedingungen und Streßvermeidung.

## 8.4.2 Virushepatitis/ Virusenteritis

*Ursache/Erreger*: Zwei verschiedene Viren mit unterschiedlichen Krankheitsbildern, die durch einen Virustyp, einen Adenovirus-ähnlichen Erreger, hervorgerufen werden (JACOBSON, GARDINER, FOGGIN, 1984). Oft findet man gleichzeitig Kokzidien im Darm.

*Symptome*: Keine spezifischen Symptome. Die Krankheit bricht fast ausschließlich bei Kümmerern aus, die dann vorwiegend in den Wintermonaten auf den Farmen moribund aufgefunden werden.

*Befallene Organe*: Die Leber ist rot gefleckt, die Darmwand geschwollen und der Darm gefüllt. Bei der hepatischen Form der Erkrankung zeigt die histologische Untersuchung nekrotische Veränderungen und Entzündungen der Leber (FOGGIN, 1987).

*Untersuchungsmethoden*: Nachweis der Einschlußkörperchen im Dünndarm und in der Leber.

*Therapie*: Um die Sekundärinfektion zu unterdrücken, wird Oxytetracyclin in einer Dosis von 25 mg/kg KM im Futterbrei mit der Schlundsonde an drei aufeinanderfolgenden Tagen verabreicht. Gleichzeitig sind die Anlagen gründlich zu desinfizieren.

*Prophylaxe*: Verbesserung der Haltungsbedingungen, Isolierung der Kümmerer.

## 8.4.3 Eastern Equine Encephalitis Virus-Infektion

Bei einem Alligator konnte die Empfänglichkeit für diesen Erreger durch den Nachweis von neutralisierenden Antikörpern festgestellt werden (JACOBSON, 1989; KARSTAD, 1961). Bei drei innerhalb kurzer Zeit im Berliner Zoo-Aquarium gestorbenen Krokodilen fand man außer Veränderungen des Gehirns (Meningoencephalitis non purpulenta mit ausgeprägter Malazie) keine weiteren Ursachen für den plötzlichen Tod der Tiere, und so wurde ein entsprechender Virusverdacht ausgesprochen.

# 9 Organkrankheiten

## 9.1 Krankheiten der Haut

In erster Linie entstehen Hautveränderungen bei Auseinandersetzungen der Krokodile, so vor allem bei Rangkämpfen adulter Männchen. Weiterhin können rauhe Betonböden sowie scharfkantige Steine auf den Anlagen der Krokodile zu Verletzungen der Fußsohlen und auch des Bauchpanzers führen. Diese Verletzungen stellen Eintrittspforten für Bakterien und Pilze dar. In einzelnen Fällen lösen solche Verletzungen sogar Tumorbildung an der Hautoberfläche aus. Werden Hautveränderungen mit eitrigen bzw. nekrotischen Veränderungen vorgestellt, ist eine Probenentnahme für ein Antibiogramm sowie für einen Pilznachweis empfehlenswert. Nach einer solchen Entnahme fand man unter anderem *Trichophyton sp.* Die gereinigten bzw. entsprechend behandelten Hautpartien werden mit Betaisodona[R]- und mit Parkesteron[R]-Salbe abgedeckt. Hautveränderungen, die durch Pocken ausgelöst werden: siehe im Kapitel »Viren«.

## 9.2 Krankheiten des Skelettsystems

Die Osteodystrophia fibrosa als Folge von Haltungsfehlern ist eine bedeutende Störung in Privathaltungen und kommt hauptsächlich bei jungen Tieren vor. Sie stellt eine stoffwechselabhängige Systemerkrankung des Skeletts mit ungenügender Mineralisation dar. Vor allem infolge ausschließlicher Verfütterung von Muskelfleisch, die aufgrund des ungünstigen Kalzium-Phosphorverhältnisses zum sekundären Hyperparathyreoidismus führt, tritt sie auf. Daneben kommen noch Vitamin-$D_3$-Mangel und fehlendes UV-Licht als Ursache in Frage. Die Zähne können glasig werden. Die Kiefer (Gummikiefer) lassen sich extrem verformen (HUCHZERMEYER, 1986). Im Anfangsstadium lassen sich diese Stoffwechselstörungen durch Futterumstellungen, ausreichende Zufütterung von Kalzium und Injektionen von Vitamin $D_3$ sowie Kalzium beeinflussen. Im Spätstadium, häufig verbunden mit Deformationen des Schädels, ist nur noch die Euthanasie zu empfehlen.

Als Folge von Beißereien bei Rangkämpfen kommt es gelegentlich zu Frakturen des Kiefers. Die Krokodile lernen es, mit einem verkürzten Unterkiefer Nahrung aufzunehmen, und erholen sich bald.

Gelegentlich werden Veränderungen der Gelenke aufgrund von Harnsäureablagerungen (Gelenkgicht s. Tafel 1) oder Infektionen beobachtet (HEARD et al., 1988; FRANK, 1965).

## 9.3 Krankheiten der Verdauungsorgane

### 9.3.1 Stomatitis ulcerosa

Seltener als bei den übrigen 3 Reptilienordnungen, die in diesem Buch behandelt werden, findet man die Mundfäule oder Stomatitis ulcerosa bei Krokodilen (s. Tafel 1). Häufig wird vor allem bei adulten Tieren diese Erkrankung übersehen und erst bei der Sektion festgestellt. FOGGIN (1987) ermittelte *Aeromonas sp.* als Erreger. Entsprechend der Ausbildung der Zahnalveolen bei Krokodilen können diese Infektionen zur ausgeprägten Panostitis der Kieferknochen führen (DÄMMRICH, 1985).

*Therapie*: Einpinseln der gesamten Maulhöhle mit einer wässerigen Chinosol[R]-Lösung (Riedel-de Haën AG) in einer Konzentration von 1 : 1000. Gleichzeitig erhalten die Tiere 5 mg/kg KM Enrofloxacin (Baytril[R,] Bayer) verbunden mit Multivitamingaben.

### 9.3.2 Störungen des Magen-Darmtraktes

Fütterungsfehler sowie Fremdkörperaufnahme sind die häufigsten Ursachen für Erkrankungen der Verdauungsorgane. So kann die ausschließliche Verfütterung von Fellträgern, also Meerschweinchen, an fischfressende Krokodile zu einer Bezoarbildung im Magen und durch Verschluß des Magenausganges zum Exitus führen (ROGERS, WINDSOR, 1982). Es kommt jedoch bei Krokodilen nicht nur zur Bezoarbildung, sondern auch zum Ausstoßen von Gewöllen (PETZOLD, 1959), wie es z. B. auch im Zoo-Aquarium Berlin beobachtet werden konnte. Die Krokodile zeigten einen krampfartigen Zustand, und mit einem rülpserartigen Geräusch wurden diese Gewölle ausgestoßen. Bei einem vielseitigen Nahrungsangebot und Fleisch mit nur geringen Anteilen von Fellträgern unterbleibt die Bildung von Gewöllen. Einige Krokodilarten ernähren sich hauptsächlich von Fischen. Eine ausschließliche Verfütterung von Fisch kann allerdings aufgrund des hohen Anteils an ungesättigten Fettsäuren, vor allem in Haltungen bei Temperaturen unter 25 °C, eine Steatitis auslösen. Erkrankte Tiere zeigen keine spezifischen Symptome. Bei der Sektion werden gelbbraune Veränderungen im Fettgewebe gefunden, die sich histologisch als granulomatöse Steatitis mit Fettnekrosen darstellen. Für die Entwicklung dieser Veränderungen wird neben der Aufnahme großer Mengen ungesättigter Fettsäuren ein Vitamin-E-Mangel verantwortlich gemacht (WALLACH, HOESSLE, 1968; LARSEN et al., 1983). Wird ausschließlich Muskelfleisch verfüttert, führt das auf Dauer zu Störungen insbesondere des Kalzium/Phosphorverhältnisses. Die Folgen sind Mißbildungen während des Knochenwachstums, vornehmlich die Ausbildung einer Osteodystrophie (sekundärer Hypoparathyreoidismus).

Auch die Fremdkörperaufnahme darf bei Krokodilen nicht unterschätzt werden. Dabei muß man berücksichtigen, daß die Krokodile Steine sowohl als Ballast aufnehmen als auch zur mechanischen Aufbereitung der Nahrung, da diese ohne zu kauen abgeschluckt wird (PLEUKER, 1969). In Schausammlungen findet man neben den obligaten Steinen weitere Fremdkörper wie Gummibälle und vor allem in den letzten Jahren in zunehmendem Maße Münzen, die zum einen die Magenschleimhaut der Krokodile mechanisch reizen und zum anderen die Tiere zusätzlich durch den Gehalt an Kupfer und Zink vergiften (Abb. 43). Bei Nahrungsverweigerung als Folge eines Fremdkörpers gibt die Röntgenuntersuchung Aufschluß. Mittels Fiberglasendoskop, durch die Maulhöhle eingeführt, ist die Münzentnahme aus dem Magen möglich. Andere Fremdkörper können chirurgisch durch Öffnung der Bauchdecke sowie des Magens entfernt werden. Gastroenteritiden sind unauffällig und werden meist erst bei der Sektion festgestellt (SINHA et al., 1987; SINHA et al., 1988).

### 9.3.3 Kloakenvorfälle

In einzelnen Fällen werden Kloakenvorfälle beobachtet, die nach dem Reponieren mit einer Tabaksbeutelnaht behoben werden können (MOHANTY et al., 1980; NAYLOR, 1990).

### 9.3.4 Krankheiten der Leber

Obwohl man bei 43 % von 79 untersuchten Krokodilen pathologische Veränderungen der Leber feststellte, konnten diese Organbefunde keinen spezifischen Krankheiten zugeordnet werden (BOSCH, FRANK, 1983).

## 9.4 Krankheiten der Atmungsorgane

Erkrankungen der Atmungsorgane werden durch Pilzinfektionen (s. Mykosen) und Parasiten (s. dort) sowie vor allem durch Bakterien hervorgerufen, die dann schwere und oft zum Tode führende Pneumonien auslösen.

## 9.5 Krankheiten der Kreislauforgane

Erkrankungen der Kreislauforgane sind selten. Einen Zusammenbruch des Kreislaufs kann man bei Untertemperatur sowie bei einer Überhitzung der Gehege- bzw. Wassertemperatur beobachten. Bei Temperaturen über 40 °C können irreversible Schädigungen an den parenchymatösen Organen wie der Leber und den Nieren eintreten.

## 9.6 Krankheiten der Harn- und Geschlechtsorgane

### 9.6.1 Krankheiten der Niere

Eine Nierenfunktionsstörung kann zur Viszeralgicht führen, die beim Menschen schon lange bekannt ist und seltener bei Säugetieren, jedoch häufiger bei Vögeln sowie in einigen Fällen bei Krokodilen beobachtet wird (Abb.44). Bei 7,6 % von 79 untersuchten Krokodilen wurde Nierengicht nachgewiesen (BOSCH, FRANK, 1983). Vor dem Tode zeigten einzelne Tiere Lähmungserscheinungen, die dann bei der Sektion als Gelenk- und Viszeralgicht diagnostiziert wurden. Im Vordergrund stehen die Veränderungen der inneren Organe. Bei der Öffnung der Leibeshöhle findet man trockene, kalkige Beläge auf Leber, Lunge, Milz und Niere. Der Herzmuskel ist mit einem 1 mm dicken kalkigweißen Belag überzogen. Mit der Histamin-Silbermethode nach GOMORI können die eingelagerten Urate nachgewiesen werden. Die Uratdepots sind in der Niere am auffälligsten. Im mikroskopischen Bild fällt auf, daß die Glomeruli frei von Urateinlagerungen sind. Dagegen findet man im Epithel der Tubuli contorti auf bestimmten Bezirken Harnsäureablagerungen.
Manche Tubuli sind stark erweitert und mit granulierten Uraten ausgefüllt. Die Uratablagerungen finden sich in der Leber, auf den Knorpelüberzügen der Gelenkköpfe und auch in der Synovialflüssigkeit der Gelenke (FRANK, 1965).

## 9.6.2 Krankheiten der Geschlechtsorgane

Selten beobachtet man eine Eileiterentzündung. Sie ist meist mit einer Peritonitis verbunden und wird erst bei der Sektion gefunden (McDonald, Taylor, 1988).

## 9.7 Krankheiten der Sinnesorgane

Veränderungen in diesem Bereich werden eigentlich nur an den Augen beobachtet.

Das obere Augenlid enthält ein knöchernes Glied und kann kraftvoll geschlossen werden. Außerdem ist das dritte Augenlid sehr transparent und wird über die Augenoberfläche gezogen, während die Lider offen bleiben. Dies alles erschwert eine Augenuntersuchung erheblich. Bei auf zu engem Raum gehaltenen Tieren auf Krokodilfarmen fand man Kornea-Perforationen, Verletzungen des Ziliarkörpers, Katarakte sowie sekundäre Infektionen nach Traumen (Millichamp et al., 1983). Weiterhin findet man Augenentzündungen, die epizootisch auftreten können. Frischgeschlüpfte Tiere bis zu einem Alter von einem Jahr zeigen diese Anfälligkeit. Im frühen Stadium verklebt seröse Flüssigkeit bzw. Eiter die Augenlider. Im fortgeschrittenen Stadium sammelt sich käsiges Exsudat im Konjunktivalsack. Die Nickhaut und Kornea sind entzündlich verändert, und das ganze Auge ist geschwollen. Häufig überzieht eine generalisierte Dermatitis die Haut des Kopfbereichs. Die Tiere haben Probleme mit der Nahrungsaufnahme und weigern sich, in das Wasser zu gehen. Dehydrierung und Abmagerung zusammen mit anderen infektiösen Prozessen führen schließlich zum Tode. Als Erreger konnte man in diesem Zusammenhang *Streptococcus sp.* und *Aeromonas sp.* nachweisen. Mittels Elektronenmikroskop fand man ferner Erreger, die den Rickettsien sehr ähneln. Eine Behandlung erfolgt mit Chloramphenicol und Substitution von Vitamin A (Foggin, 1987).

## 9.8 Stoffwechselstörungen

**Hypoglykämischer Schock**
Vor allem bei sehr kleinen und halbwüchsigen Tieren kann es unter ungünstigen Haltungsbedingungen zum hypoglykämischen Schock kommen. Typische Zeichen sind Mydriasis der Pupillen und Tremor. Die gleichen klinischen Symptome können auch durch Insulingabe ausgelöst werden. Die Erkrankung trat vor allem im Winterhalbjahr, vorwiegend jedoch im Monat Oktober im Zoo von St. Louis auf, in dem der Zuckerspiegel im Blutserum ohnehin auf die Hälfte des ursprünglichen Wertes, also auf 2,78 mmol/l, gesunken ist. Ausgelöst wird diese Krankheit durch verminderte Nahrungsaufnahme und durch Streß (innerhalb der Gruppe oder infolge von Eingriffen des Menschen). Nach Gaben von Kalziumglukonat erholen sich die Tiere innerhalb von drei Tagen (Wallach, Hoessle, 1967).

# 10 Intoxikationen

Vergiftungen werden bei Krokodilen in der Regel entweder gar nicht oder zu spät erkannt. Man fand zwar eine Zunahme an chlorierten Kohlenwasserstoffen in den Gewebeproben von Alligatoren in Florida, jedoch gibt es bislang noch keine Erfahrungen, welche Konzentration für die Tiere toxisch ist. Die gemessenen Werte waren, besonders bei den älteren Tieren, sehr hoch, da es zu einer Akkumulation von Giftstoffen im Gewebe kommt (Delany et al., 1985). Auch eine Zunahme von Schwermetallen in den Gewebeproben ist zu beobachten. Besonders hoch waren die Werte für Quecksilber (0,61 ppm). In den Eiern der Alligatoren nahmen die Schwermetalle Blei und Quecksilber während des Zeitraumes von 1972–1980 zu, die Werte für Kadmium gingen zurück (Stoneburner,

KUSHLAN, 1984). Schwermetallvergiftungen konnte man auch in Zoologischen Gärten beobachten (COOK et al., 1989). Zunächst war es mehr ein Zufallsbefund, als während der Wundversorgung eines Sunda-Gavials das aus der Schwanzvene gewonnene Blut einen Bleigehalt von 147 µg/dl erbrachte. Bei anschließenden Untersuchungen der anderen Krokodile fand man dann Werte bis zu 247 µg/kg. Dennoch wies kein Tier Anzeichen einer Bleivergiftung auf. Als Ursache des hohen Bleigehaltes im Blut der Krokodile ist vermutlich die Verwendung von Tauben als Futtertiere anzusehen; entsprechende Untersuchungen ergaben Befunde von bis zu 544 ppm Bleigehalt in den Taubenknochen.

Eine Zinkvergiftung fand man bei der Untersuchung eines Kubakrokodils, das 12 Tage die Nahrungsaufnahme verweigert und einen erheblichen Gewichtsverlust gezeigt hatte. Das aus der Schwanzvene gewonnene Blut wies einen Serumspiegel von 45,3 ppm auf, der für Säugetiere bereits hochtoxisch ist. Im Röntgenbild des Magens sah man Münzen. Mit einem Fiberglasendoskop wurden die Münzen entfernt und Ceftazidim in einer Dosis von 20 mg/kg KM alle 72 Stunden verabreicht; in sieben Behandlungen wurde Ceftazidim intramuskulär gegeben. Zusätzlich erhielt das Krokodil alle 48 Stunden Kalzium-EDTA in einer Dosis von 40 mg/kg KM (sechs Behandlungen).

Nach 12 Tagen besserte sich der Zustand des Tieres. Der Serum-Zinkspiegel lag nach 18 Tagen bei 30,7 ppm und nach 39 Tagen bei 4,88 ppm. Eine Nahrungsaufnahme erfolgte erst 24 Tage nach der Entnahme der Münzen (COOK et al., 1989).

## 11 Tumoren und Mißbildungen

Mißbildungen werden vor allem bei frischgeschlüpften Krokodilen beobachtet. Wir konnten in den ersten Lebenstagen überzählige Zehen amputieren, ohne daß es später noch zu erkennen war. Als Folge von Bißverletzungen treten gelegentlich Hauttumoren auf, die chirurgisch behandelt werden können. Ein unerkannt gebliebenes polyzystisches Ovar-Mesotheliom führte zum Tode eines Spitzkrokodils (OBALDIA et al., 1990).

## 12 Behandlungsmethoden und chirurgische Eingriffe

### 12.1 Injektionen

Für die intramuskuläre Injektion eignen sich sowohl die Vorder- und Hinterextremitäten als auch der Schwanzansatz. Bei sehr großen Tieren eignen sich diese Stellen auch für den Einsatz der Distanzinjektionssysteme. Auch die Kaumuskulatur kann bei großen Tieren gewählt werden. Intracoeliomale Gaben sind ebenfalls möglich, jedoch bei größeren Tieren, wegen deren Gefährlichkeit, nicht unproblematisch. Operationen können am immobilisierten Tier unter Halothan- oder Isofluran-Inhalationsnarkose durchgeführt werden.

### 12.2 Chirurgische Eingriffe

Chirurgische Eingriffe wurden bislang nur in einigen Fällen durchgeführt. So kann man mühelos überzählige Zehen frischgeschlüpfter Jungtiere und kleine Tumoren bei halbwüchsigen Tieren unter Lokalanästhesie entfernen.

Bei größeren Tieren sind Tumorexzisionen erst nach einer Immobilisation möglich (ENSLEY et al., 1979). Die operative Entfernung eines Granuloms aus der Maulhöhle beschreibt RUSSO (1979). Über die chirurgische Behandlung eines beidseitigen subkonjunktivalen Lipoms bei einem Alligator berichten WALDE und NIEBAUER (1978). In diesem Fall erfolgte die Operation nach einer Hypothermie unter Lokalanästhesie mit 0,5 %iger Xylocain$^R$-Lösung. Über die erfolgreiche Entfernung eines Melanosarkoms am Auge eines Alligators berichten GOSLAWSKI und PIETRAK (1989). Störungen als Folgen von Fremdkörperaufnahmen konnte man in einigen Fällen durch chirurgische Maßnahmen, also Eröffnung der Bauchdecke und des Magens, erfolgreich behandeln (CROCE, 1989; HARTMAN, 1976; LUMEIJ, HAPPE, 1985; PLEUGER, 1950). Bei derartigen Eingriffen ist besonders darauf zu achten, daß die Bauchdecke gut verschlossen bzw. mit einem Kleber wasserdicht abgedeckt wird. Operierte Krokodile sind für etwa 10 Tage trocken zu halten; nur der Kopfbereich wird täglich mit frischem Wasser besprüht. Kloakenvorfälle lassen sich nach dem Reponieren mit einer Tabaksbeutelnaht beheben (MOHANTY et al., 1980; NAYLOR, 1990).

## 13 Töten von Krokodilen unter Berücksichtigung der gesetzlichen Bestimmungen

Nach der Immobilisation mit einem der oben angegebenen Präparate kann T 61 (Hoechst) intramuskulär, besser jedoch intrakardial oder intrapulmonal verabreicht werden. Größere Krokodile kann man mit dem Gewehr durch Kopf- oder Genickschuß töten, wobei für Tiere über drei Meter Länge ein Kleinkalibergewehr nicht ausreicht. Es ist empfehlenswert, die reflexlosen Tiere zu dekapitieren, sofern dies einer späteren Untersuchung oder anderen Verwendung des Tierkörpers nicht entgegensteht.

## 14 Literaturverzeichnis Krokodile

Publikationen, die auch andere Reptilienordnungen betreffen, siehe »Literaturverzeichnis Reptilien«

AKERS, T. K., 1966: Some circulatory characteristics of *Alligator mississippiensis*. Copeia **3**, 522–555.
ALEMU, P. & B. NDEBELE, 1990: Baseline clinical chemistry values of the farm Nile crocodile. Abstr. 6. Inter. Conf. Wildl. Dis. Berlin. 3.
AQUINO-SHUSTER, A. L. & D. W. DUSZYNSKI, 1989: Coccidian parasites (Apicomplexa: Eimeriidae) from two species of caimans, *Caiman yacare* Daudin & *Caiman latirostris* Daudin (Alligatoridae) from Paraguay. J. Parasitol. **75**, 348–352.
ASHFORD, R. W. & R. MULLER, 1978: *Paratrichosoma crocodilus* gen. sp. (Nematoda: Trichosomoididae) from the skin of the New Guinea crocodile. J. Helminth. **52**, 215–219.
BARIL, E. F. et al., 1961: Electrophoretic analysis of young alligator serum. Science **133**, 278–279.
BELLAIRS, A. d'A., 1987: The Crocodilia. In: WEBB et al. (Eds.): Wildlife Management: Crocodiles and Alligators. Chipping Norton: Surrey Beatty & Sons Pty
BONATH, K. H. et al., 1991: Medicamentous immobilisation of Nile crocodile by means of muscle relaxation, with reference to some cardiovascular and respiratory parameters. Verh. ber. Inter. Symp. Erkrank. Zoo- und Wildtiere **33**, 191–194.
BOYCE, W. M., 1985: The prevalence of *Sebekia mississippiensis* (Pentastomida) in American alligators (*Alligator mississippiensis*) in North Florida and experimental infection of paratenic hosts. Proc. Helminthol. Soc. Wash. **52**, 278–282.

BOYCE, W. M. et al., 1984: Sebekiosis in captive alligator hatchlings. J. Am. Vet. Med. Assoc. **185**, 1419–1420.
BRAZAITIS, P. I., 1969: The determination of sex in living crocodilians. Brit. J. Herpetol. **4**, 54–58.
BROCK, J., 1965: Krokodile. Alfred Kernen Verlag, Stuttgart.
CANFIELD, J. P., 1985: Characterization of the blood cells of Australian crocodiles (*Crocodylus porosus* Schneider and *C. johnsoni* Krefft). Zbl. Vet. Med. C Anat. Histol. Embryol. **14**, 269–288.
CASTELLANUS, H., 1979: Zur Hämatologie des Kubanischen Rautenkrokodils. Zool. Garten N. F. **49**, 69–74.
CHAKRABORTY, T., D. K. BASAK & B. K. MAJUNDER, 1988: Septicaemia in crocodile due to *Proteus sp*. Indian J. Vet. Pathol. **12**, 72–73.
CHERRY, R. H. & A. L. AGER, 1982: Parasites of American alligators (*Alligator mississippiensis*) in South Florida J. Parasitol. **68**, 509–510.
CLYDE, V. L., P. T. CARDEILHAC & E. R. JACOBSON, 1990: Chemical restraint of American alligators (*Alligator mississippiensis*) with atracurium and tiletamine-zolazepam. Proceed. Am. Assoc. Zoo Vet. **288**.
COLBERT, E. H., R. B. COWLES & C. M. BOGERT, 1946: Temperature tolerance in the American alligator and their bearing on the habits, evolution and extinction of the dinosaurs. Bull. Am. Mus. nat. Hist. **86**, 329–373.
COOK, R. A., J. BEHLER & P. BRAZAITIS, 1989: Elevated heavy metal concentrations in captive crocodilians - two cases. Proceed. Am. Assoc. Zoo Vet. **151**.
COTT, H. B., 1961: Scientific results of an enquiry into the ecology and economic status of the Nile crocodile (*Crocodylus niloticus*) in Uganda and Northern Rhodesia. Trans. zool. Soc. London **29**, 211–356.

CROCE, A., 1989: Gastrotomy in a young crocodile for the removal of foreign bodies. Scienza Veterinariae Biologia Animale **8**, 9–11.

DELANY, M. F., J. U. BELL & S. F. SUNDLOF, 1985: Concentrations of contaminants in muscle of the American alligator in Florida. J. Wildl. Dis. **24**, 62–66.

ENSLEY, P. K. et al., 1979: Excision of bilateral digital masses from an American alligator. J. Am. Vet. Med. Assoc. **175**, 978–981.

FERGUSON, M. W. & T. JOANEN, 1983: Temperature-dependent sex determination in *Alligator mississippiensis*. J. Zool. Lond. **200**, 143–177.

FOGGIN, C. M., 1987: Diseases and disease control on crocodile farms in Zimbabwe. In: Wildlife Management: Crocodiles and Alligators, 351–362. WEBB et al. (Eds.): Chipping Norton: Surrey Beatty & Sons Pty.

FOREYT, W. J. & C. W. LEATHERS, 1985: *Trichoderma sp.* infection in the alligator (*Alligator mississippiensis*). J. Herpetol. **19**, 530–531.

FORRESTER, D. J. & R. T. SAWYER, 1974: *Placobdella multilineata* (*Hirudinea*) from the American alligator in Florida. J. Parasitol. **60**, 673.

FRANK, W., 1965: »Gelenk- und Viszeralgicht« bei Panzerechsen (*Tomistoma schlegelii* und *Gavialis gangeticus*) (*Reptilia, Crocodilia*). Acta Trop. **22**, 217–234.

FRELIER, P. F. et al., 1985: Mycotic pneumonia caused by *Fusarium moniliforme* in an alligator. Sabouraudia **23**, 399–402.

FROMTLING, R. A. et al., 1979: Fatal mycotic pulmonary disease of captive American alligators. Vet. Pathol. **16**, 428–431.

FROMTLING, R. A. et al., 1979: Fatal *Beauveria bassiana* infection in a captive American alligator. J. Am. Vet. Med. Assoc. **175**, 934–936.

FRYE, F. L., 1991: Penicillium dermatitis in three American alligators (*Alligator mississippiensis*). Proceed Inter. Colloqu. Pathol. and Medicine of Reptiles and Amphibians **4**, 70–74.

FRYE, F. L., S. H. SCHELLING & C. BERKELEY, 1973: Steatitis in a caiman. Vet. Med. Small Anim. Clin. **68**, 143–145.

FUCHS, K., 1974: Die Krokodilhaut. Darmstadt: Eduard Ruether.

GARDINER, C. H. et al., 1986: Sporulated coccidian oocysts resembling *Goussia labbe*, 1986 in the viscera of Nile crocodiles. J. Wildl. Dis. **22**, 575–577.

GLASSMAN, A. B., T. W. HOLBROOK & C. E. BENNETT, 1979: Correlation of leech infestation and eosinophilia in alligators. J. Parasit. **65**, 323–324.

GORDEN, R. W. et al., 1979: Isolation of *Aeromonas hydrophila* from the American alligator (*Alligator mississippiensis*). J. Wildl. Dis. **15**, 235–237.

GOSLAWSKI, R. W. & M. PIETRAK, 1989: Surgical removal of a tumour from an eye of an American alligator (*Alligator mississippiensis*). Verh. ber. Inter Symp. Erkrank. Zoo Wildtiere **31**, 305–308.

HARTMAN, R. A., 1976: Gastrotomy for removal of foreign bodies in a crocodile. Vet. Med. Small Anim. Clin. **71**, 1096–1097.

HAZEN, T. C. et al., 1978: The parasite fauna of the American alligator (*Alligator mississippiensis*) in South Carolina. J. Wildl. Dis. **14**, 435–439.

HEARD, D. J. et al., 1988: Bacteremia and septic arthritis in a West African dwarf crocodile. J. Am. Vet. Med. Assoc. **192**, 1453–1454.

HORNER, R. F., 1989: Poxvirus in farmed Nile crocodiles. Vet. Rec. **122**, 459–462.

HUCHZERMEYER, F. W., 1986: Osteomalacia in young captive crocodiles (*Crocodylus niloticus*). J. S. Afr. Vet. Assoc. **57**, 167–168.

HUCHZERMEYER, K. D. A., 1991: Treatment and control of an outbreak of salmonellosis in hatchling Nile crocodiles (*Crocodylus niloticus*). J. S. Afr. Vet. Assoc. **62**, 23–25.

HUCHZERMEYER, F. W., K. D. A. HUCHZERMEYER & J. F. PUTTERILL, 1991: Observation on a field outbreak of pox virus infection in young Nile crocodiles (*Crocodylus niloticus*). J. South Afr. Vet. Assoc. **62**, 27–29.

HUGGINS, S. E., H. E. HOFF & P. V. PENA, 1969: Heart and respiratory rates in crocodilian reptiles under condition of minimal stimulation. Physiol. Zool. **42**, 320–333.

IDOWU, A. L. & J. F. AKINRINMADE, 1988: Xylaxine anaesthesia in captive Nile crocodiles (*Crocodylus niloticus*). Trop. Vet. **4**, 139–142.

IPPEN, R. & A. KONSTANTINOV, 1981: Durch Vitamin A-Mangel bedingte Nierenveränderungen bei einem Ganges-Gavial (*Gavialis gangeticus*) Verh. ber. Inter. Symp. Erkrank. Zootiere **13**, 127–131.

JACKSON, O. F., 1985: Crocodiles. in: Manual of exotic pets. COOPER et al. (Eds.)Brit. Small Anim. Vet. Assoc. 161–164.

JACOBSON, E. R., 1984: Immobilization, blood sampling, necropsy techniques and diseases of crocodilians: A review. J. Zoo Anim. Med. **15**, 38–45.

JACOBSON, E. R., 1989: Diseases of crocodilians: A review. Proceed. Am. Assoc. Zoo Vet. 143–147.

JACOBSON, E. R., C. H. GARDINER & C. M. FOGGIN, 1984: Adenovirus-like infection in two Nile crocodiles. J. Am. Vet. Med. Assoc. **185**, 1421–1422.

JACOBSON, E. R. et al., 1979: Poxlike skin lesions in captive caimans. J. Am. Vet. Med. Assoc. **175**, 937–940.

JACOBSON, E. R. et al., 1988: Serum concentration and disposition kinetics of gentamicin and amikacin in juvenile American alligators. J. Zoo Anim. Med., **19**, 188–194.

JASMIN, A. M. & J. BAUCOM, 1967: *Erysipelothrix insidiosa* infections in the caiman (*Caiman crocodilus*) and the American crocodile (*Crocodylus acutus*). Am. J. Vet. Clin. Pathol. **1**, 173–177.

JASMIN, A. M., J. M. CARROL & J. M. BAUCOM, 1968: Pulmonary aspergillosis of the American alligator (*Alligator mississippiensis*). Am. J. Vet. Clin. Pathol. **2**, 91.

JOANEN, T. & L. MCNEASE, 1987: Alligator farming research in Louisiana, USA. In: WEBB et al. (Eds.). Wildlife Management: Crocodiles and Alligators. Chipping Norton: Surrey Beatty & Sons Pty.

JOHNSON, C. L. & C. TANNER, 1976: Thermoregulation in crocodilians-II. A telemetric study of body temperature in the Australian crocodiles, *Crocodylus johnsoni* and *Crocodylus porosus*. Comp. Biochem. Physiol. **53**, 143–146.

KHAN, R. A. et al., 1980: A Haemogregarina from the American alligator. J. Parasitol. **66**, 324–328.

KLÖPPEL, G. & R. WICKER, 1990: Narkose bei 1,1 Sunda-Gavial (*Tomistoma schlegelii*). Verh. ber. Inter. Symp. Erkrank. Zoo- und Wildtiere **32**, 315–316.

KUTTIN, E. S. et al., 1978: Mykosen bei Krokodilen. Mykosen **21**, 39–48.

LADDS, P. W. & L. D. SIMS, 1990: Diseases of young captive crocodiles in Papua New Guinea. Aust. Vet. J. **67**, 323–330.

LADZIANSKA, K. et al., 1989: Isolation of *Trichosporon cutaneum* from caimans. Veterinarstvi **39**, 454–455.

LANGE, O., 1980: Erfolgreiche Zucht von Nilkrokodilen (*Crocodylus niloticus*) und Spitzkrokodilen (*Crocodylus acutus*) im Zoo Berlin. Bongo (Berlin) **4**, 75–76.

LARSEN, R. E. et al., 1983: Steatitis and fat necrosis in captive alligators. J. Am. Vet. Med. Assoc. **183**, 1202–1204.

LOVERIDGE, J. P., 1979: The immobilization and anesthesia of crocodilians. Inter. Zoo Yb. **19**, 103–112.

LOVERIDGE, J. P. & D. K. BLAKE, 1972: Techniques in the immobilization and handling of the Nile crocodile, *Crocodylus niloticus*. Arnoldia **5**, 1–14.

LUMEIJ, J. T. & R. P. HAPPE, 1985: Endoscopic diagnosis and removal of gastric foreign bodies in a caiman (*Caiman crocodilus crocodilus*). Veterinary Quarterly **7**, 234–236.

MAINSTER, M. E. et al., 1972: Treatment of multiple cases of *Pasteurella multocida* and staphylococcal pneumonia in *Alligator mississippiensis* on a herd basis. Proceed. Am. Assoc. Zoo Vet. 33–36.

MANOLIS, S. C. et al., 1991: Salmonella in captive crocodiles *Crocodylus johnstoni* and *Crocodylus porosus*. Aust. Vet. J. **68**, 102–105.

MARHOLD, D., 1990: Pers. Mitteilung.

MASLEN, M. J. et al., 1988: Systematic mycotic disease of captive crocodile hatchling (*Crocodylus porosus*) caused by *Paecilomyces lilacinus*. J. Med. Vet. Mycol. **26**, 219–225.

MATEO, M. R., E. D. ROBERTS & F. M. ENRIGHT, 1984: Morphologic, cytochemical, and functional studies of peripheral blood cells of young healthy American alligators (*Alligator mississippiensis*). Am. J. Vet. Res. **45**, 1046–1053.

MCDONALD, M. M. & H. W. TAYLOR 1988: Egg yolk serositis in an American alligator. J. Wildl. Dis. **24**, 700–702.

MOHANTY, J. et al., 1980: Prolapse of the genitale including prolapse of cloaca in male gharial (*Gavialis gangeticus*). Indian Vet. J. **57**, 347–349.

Montague, J. J., 1984: Abnormalities and injuries in New Guinea freshwater crocodiles (*Crocodylus novaeguineae*). J. Herpetol. **18**, 201–204.

Moreland, A. F., D. J. Forrester & M. F. Delany, 1989: *Sebekia mississippiensis*; Pentastomida from juvenile American alligators in North Central Florida, USA. Proc. Helminthol. Soc. Wash. **56**, 42–43.

Morgan-Davies, A. M., 1980: Immobilization of the Nile crocodile (*Crocodylus niloticus*) with gallamine triethiodide. J. Zoo. Anim. Med. **11**, 85–87.

Naylor, L., 1990: Treatment of cloacal prolapse on the estuarine crocodile. Mem. Queensl. Mus. **29**, 449–452.

Novak, S. S. & R. A. Seigel, 1986: Gram-negative septicemia in American alligators (*Alligator mississippiensis*). J. Wildl. Dis. **22**, 484–487.

Obaldia, N. et al., 1990: Polycystic ovarian mesothelioma in an American crocodile (*Crocodylus acutus*). J. Zoo Wildl. Med. **21**, 231–233.

Ocholi, R. A. & L. U. Enurah, 1989: Salmonellosis in a captive crocodile (*Crocodylus niloticus*) due to *Salmonella choleraesuis*. J. Zoo Wildl. Med. **20**, 377–378.

Overstreet, R. M., J. T. Self & K. A. Vliet, 1985: The pentastomid *Sebekia mississippiensis* sp. n. in the American alligator and other hosts. Proceed. Helminthol. Soc. Wash. **52**, 266–277.

Pandey, G. S. et al., 1990: Poxvirus infection in Nile crocodiles (*Crocodylus niloticus*). Vet. Sci. **39**, 171–176.

Peters, D. K. & P. T. Cardeilhac, 1989: Bacterial diseases and performance of farm raised alligator hatchlings. Proceed. Inter. Colloqu. Pathol. Reptiles and Amphibians **3**, 39–40.

Petzold, H. G., 1959: Gewöllbildung bei Krokodilen. Zool. Anz. **163**, 76–82.

Petzold, H. G., 1982: Aufgaben und Probleme der Tiergärtnerei bei der Erforschung der Lebensäußerungen der Niederen Amnioten (Reptilien). Milu **5**, 485–785.

Pleuger, C. A., 1950: Gastrotomy in a crocodile. A case report. J. Am. Vet. Med. Assoc. **117**, 297–299.

Pleuker, M., 1969: Active acquisition of stomach stones in the American alligator (*Alligator mississippiensis* Daudin). Brit. J. Herpetol. **4**, 103–104.

Raethel, H. S., 1992: persönliche Mitteilung.

Rider, J. & A. H. Bartel, 1967: Electrophoretic analysis of young caiman and crocodile serum. Comp. Biochem. Physiol. **20**, 1005–1008.

Rogers, E. P. S. & R. S. Windsor, 1982: Gastric impaction in captive crocodiles (*Crocodylus niloticus*). J. S. Afr. Vet. Assoc. **53**, 254.

Russo, E. A., 1979: Removal of a granuloma from the mouth of a mugger crocodile. J. Am. Vet. Med. Assoc. **175**, 976–978.

Sardinas, G. et al., 1979: Assessment and results of the application of antiparasitic treatment in crocodiles affected by an acute trematode infestation. Vsemirnyj Vet.Kongr. Moskva **21**, 18.

Schrader, S. K. & R. D. Haller, 1989: Immobilisierung von *Crocodylus niloticus* mit Gallamin-Triethiodid, ein Arbeitsbericht. Verh. ber. Inter. Symp. Erkrank. Zoo- und Wildtiere **31**, 171–174.

Silbermann, M., J. Blue & E. Mahaffey, 1977: Phymycoses resulting in the death of crocodilians in a common pool. Proceed. Am. Assoc. Zoo Vet. 100–101.

Silyn-Roberts, H. & Sharp, R. M., 1985: Preferred orientation of calcite and aragonite in the reptilian eggshells. Proc. R. Soc. London, B **225**, 445–455.

Sinha, R. P., B. Roy & S. P. Chaudhary, 1987: Gastroenteritis in a crocodile (*Crocodylus palustris*). Indian Vet. J. **64**, 69–70.

Sinha, R.P. et al., 1988: An outbreak of *Escherichia coli* enteritis in crocodiles. Indian J. Anim. Sci. **58**, 338–340.

Spiegel, R. A. et al., 1984: Diazepam succinylcholine chloride for restraint of the American alligator. J. Am. Vet. Med. Assoc. **185**, 1335–1336.

Stoneburner, D. L. & J. A. Kushlan, 1984: Heavy metal burdens in American crocodile eggs from Florida Bay, Florida, USA. J. Herpetol. **18**, 192–193.

Stuhrberg, E., 1991: Schwanzoperation bei einem Brillenkaiman (*Caiman crocodilus*). Zoo Rostock. Jahresbericht **9**, 29–33.

Trevino, G. S., 1972: *Cephalosporiosis* in three caimans. J. Wildl. Dis. **8**, 384–388.

Trobisch, D., 1980: Erfolgreiche Ruhigstellung eines Sundagavials (*Tomistoma schlegelii*) mit Valium. Salamandra **16**, 59–60.

Vetesi, F. et al., 1981: Pockenartiger Ausschlag bei Kaimanen (*Caiman sp*.) Verh. ber. Inter. Symp. Erkrank. Zootiere **23**, 359–364.

Walde, I. & G. W. Niebauer, 1978: Beidseitiges subkonjunktivales Lipom bei einem Alligator (*Alligator mississippiensis*). Kleintier-Prax. **23**, 351–354.

Wallach, J. D. & C. Hoessle, 1968: Steatitis in captive crocodilians. J. Am. Vet. Med. Assoc. **153**, 845–847.

Wallach, J. D. & C. Hoessle, 1970: M-99 as an immobilizing agent in poikilothermes. Vet. Med. Small Anim. Clin. **65** 163–167.

Wallach, J. D. et al., 1967: Hypoglycemic shock in captive alligators. J. Am. Vet. Med. Assoc. **151**, 893–896.

Webb, G. J. W., S. C. Manolis & P. J. Whitehead, 1987: Wildlife Management: Crocodiles and Alligators. Chipping Norton: Surrey Beatty & Sons Pty.

Wegner, R., 1958: Die Nebenhöhle der Nase bei den Krokodilen. Wiss. Z. Ernst Moritz Arndt-Univ. Greifswald, VII, math. nat. Reihe **1/2**, 1–39.

Whitaker, R., 1987: Management of crocodiles in India. In: Webb, G. J. W. et al. (Eds.): Wildlife Management: Crocodiles and Alligators. Chipping Norton: Surrey Beatty & Sons Pty.

Woodford, M. H., 1972: The use of gallamine triethiodide as a chemical immobilizing agent for the Nile crocodile (*Crocodylus niloticus*). East. Afr. Wildl. J. **10**, 67–70.

Tafel 1

Stomatitis ulcerosa bei einem Krokodil (Foto: DÄMMRICH)

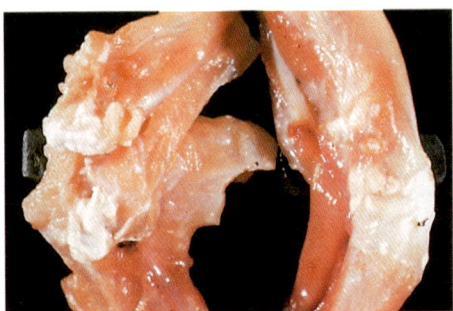
Gelenkgicht bei einem Mohrenkaiman, *Melanosuchus niger* (Foto: DÄMMRICH)

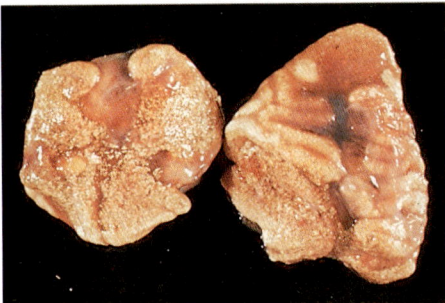
Urikose der Niere eines Mohrenkaimans, *Melanosuchus niger* (Foto: DÄMMRICH)

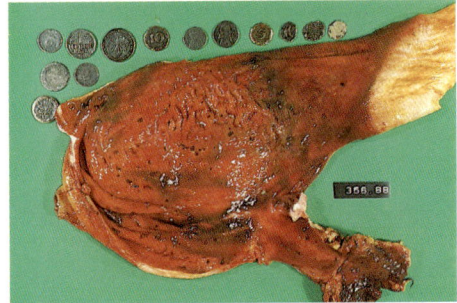
Gastritis ulcerosa durch Fremdkörper bei einem Mississippi-Alligator, *Alligator mississippiensis* (Foto: DÄMMRICH)

Pseudomonas-Abszeß bei einer Vierzehen-Landschildkröte, *Testudo horsfieldii* (Foto: EULENBERGER)

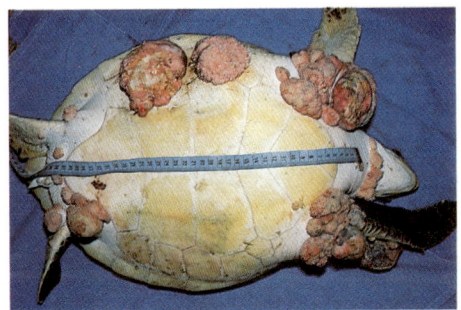
Fibropapillome bei einer Suppenschildkröte, *Chelonia mydas* (Foto: JACOBSEN)

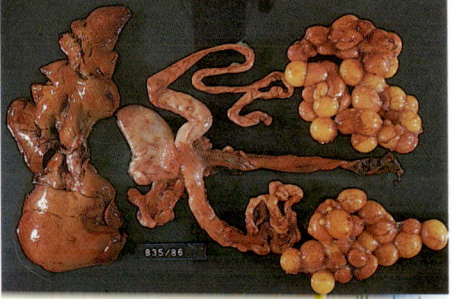
Legenot und Ooretention bei einer Brasilianischen Waldschildkröte, *Testudo denticulata* (Foto: DÄMMRICH)

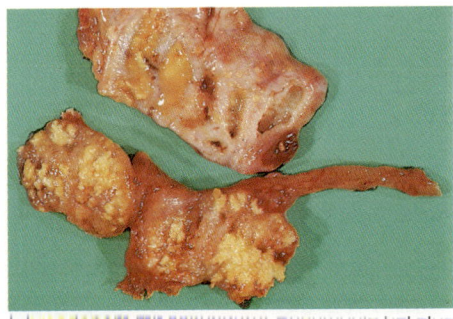
Fibroadenom mit sekundärer Pneumonie bei einer Vierzehen-Landschildkröte, *Testudo horsfieldii* (Foto: DÄMMRICH)

Tafel 2

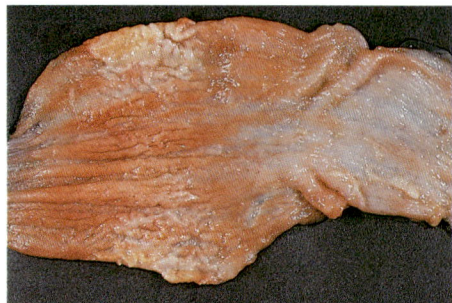

Verkalkung der Magenschleimhaut bei einer Fransenschildkröte, *Chelus fimbriatus* (Foto: DÄMMRICH)

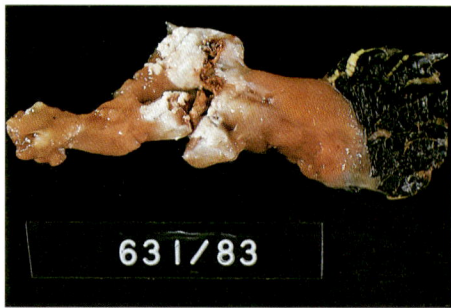

Arthritis urica bei einer Rotwangen-Schmuckschildkröte, *Pseudemys scripta elegans* (Foto: DÄMMRICH)

Osteodystrophia fibrosa bei einer Rotwangen-Schmuckschildkröte, *Pseudemys scripta elegans* (Foto: DÄMMRICH)

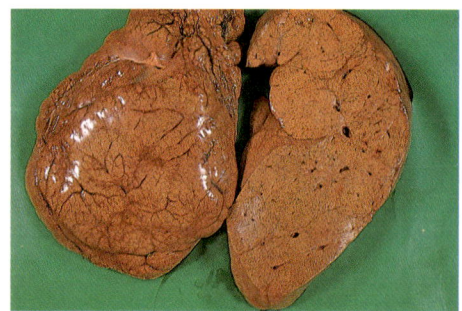

Fettleber bei einer Galapagosschildkröte, *Testudo elephantopus* (Foto: DÄMMRICH)

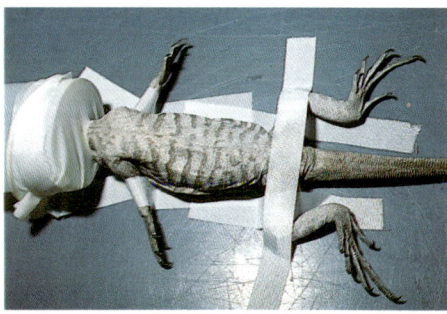

Maskennarkose bei einem Felsenleguan, *Petrosaurus sp.* (Foto: SCHILDGER)

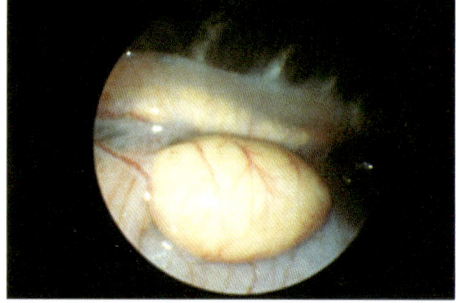

Endoskopische Aufnahme eines Hodens einer Tannenzapfenechse, *Trachydosaurus rugosus* (Foto: SCHILDGER)

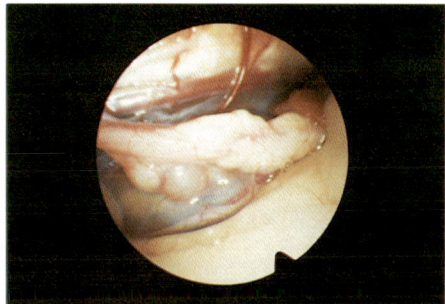

Endoskopische Aufnahme des Eileiters und Ovars eines Dumerils Warans, *Varanus dumerilii* (Foto: SCHILDGER)

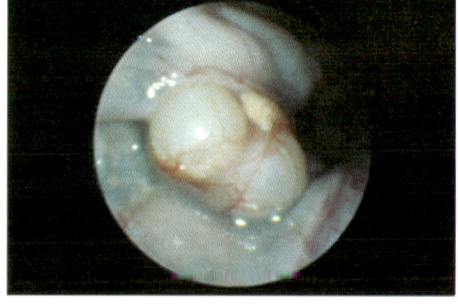

Endoskopische Aufnahme des Ovars einer Tannenzapfenechse, *Trachydosaurus rugosus* (Foto: SCHILDGER)

Tafel 3

Filarien im Kehlsack eines Riesenchämeleons, *Chameleo oustaleti* (Foto: DÄMMRICH)

Massiver Zeckenbefall bei einem Nilwaran, *Varanus niloticus* (Foto: IPPEN)

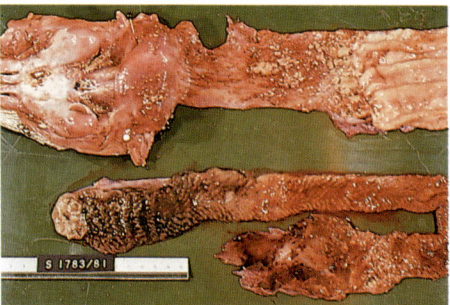

Stomatitis und Oesophagitis bei einem Bindenwaran, *Varanus salvator* (Foto: DÄMMRICH)

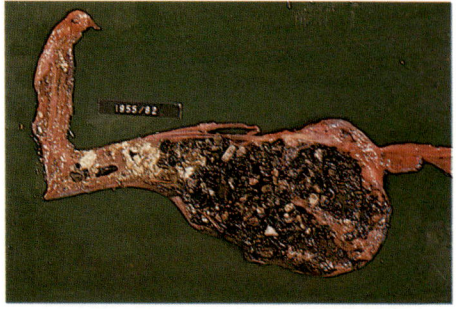

Fremdkörperkoprostase bei einem Wirtelschwanzleguan, *Cyclura sp.* (Foto: DÄMMRICH)

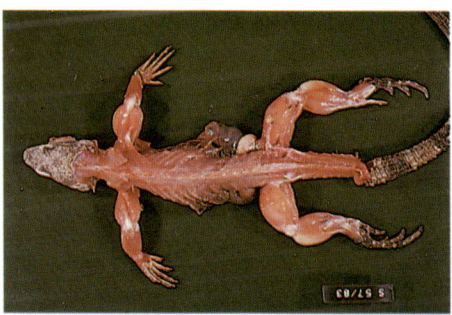

Osteodystrophia fibrosa bei einem Schwarzleguan, *Ctenosaura sp.* (Foto: DÄMMRICH)

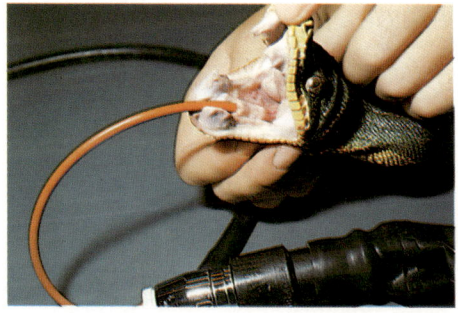

Intubation für eine Inhalationsnarkose bei einer Grünen Hundskopfboa, *Corallus caninus* (Foto: SCHILDGER)

Eröffneter Wurmknoten bei einem Königspython, *Python regius* (Foto: EULENBERGER)

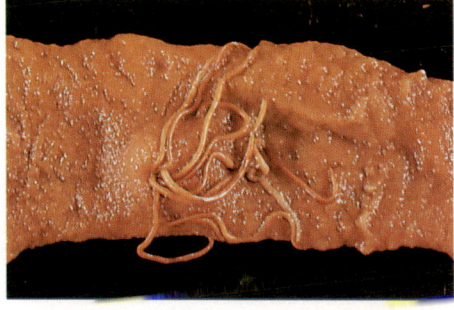

Massiver Askaridenbefall bei einem Python, *Python sp.* (Foto: DÄMMRICH)

## Tafel 4

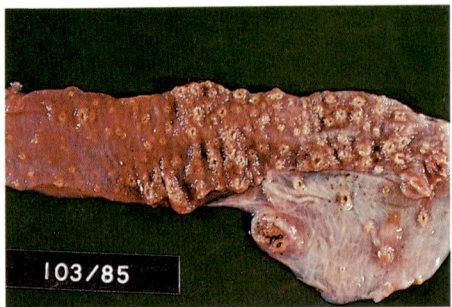

Askaridose bei einem Netzpython, *Python reticulatus* (Foto: DÄMMRICH)

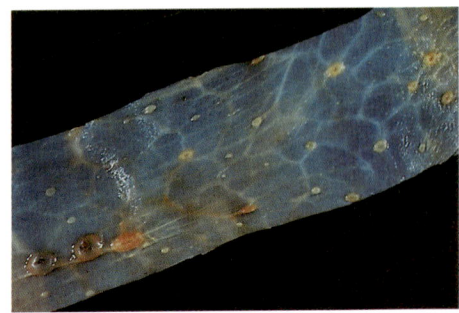

Darmnematodenknötchen bei einer Abgottschlange, *Boa c. constrictor* (Foto: DÄMMRICH)

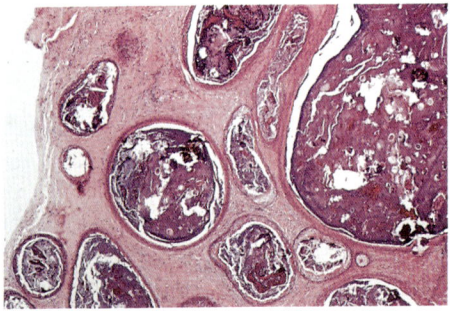

Nematodenknötchen im histologischen Schnitt in der Darmwand bei einem Tigerpython, *Python molurus* (Foto: DÄMMRICH)

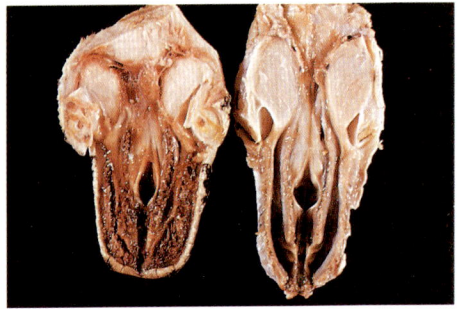

Stomatitis infectiosa bei einer Boa, *Boa sp.* (Foto: DÄMMRICH)

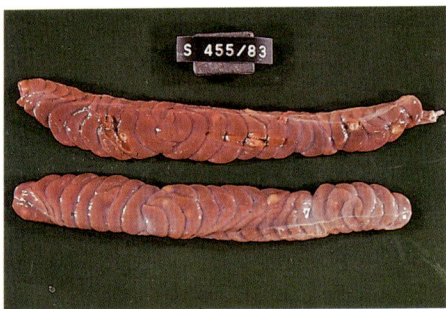

Granulome und Abszesse bei einem Tigerpython, *Python molurus* (Foto: DÄMMRICH)

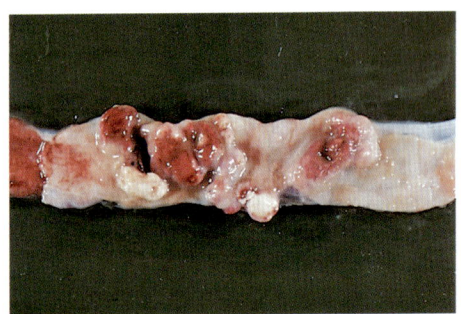

Multiple Abszesse in der Darmwand bei einem Netzpython, *Python reticulatus* (Foto: DÄMMRICH)

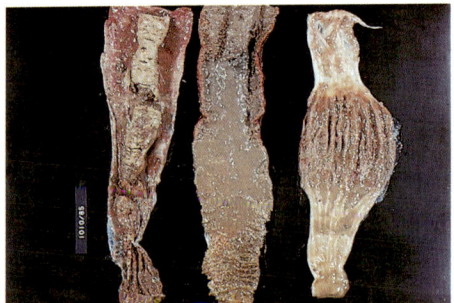

Gastroenteritis bei einem Tigerpython, *Python molurus* (Foto: DÄMMRICH)

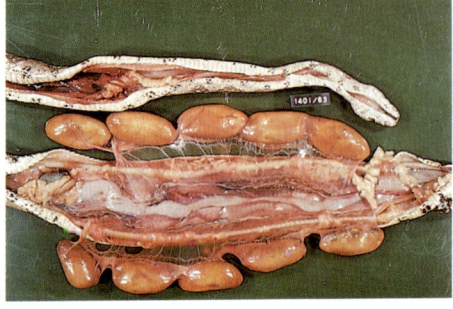

Fettgewebsnekrose bei einer Boa, *Boa sp.* (Foto: DÄMMRICH)

# II Schildkröten

| | | |
|---|---|---|
| 1 | **Allgemeine Biologie** | 47 |
| 1.1 | Evolution | 47 |
| 1.2 | Bauplan | 48 |
| 1.3 | Lebensraum | 48 |
| 1.4 | Gesetzliche Bestimmungen | 49 |
| 1.5 | Transponder | 49 |
| 2 | **Haltung und Fütterung** | 50 |
| 2.1 | Landschildkröten | 50 |
| 2.1.1 | Terrariengestaltung und -größe | 50 |
| 2.1.2 | Temperatur und Relative Luftfeuchtigkeit (RLF) | 50 |
| 2.1.3 | Hygienemaßnahmen und Quarantäne | 51 |
| 2.1.4 | Fütterung | 51 |
| 2.1.5 | UV-Licht | 51 |
| 2.2 | Wasserschildkröten | 52 |
| 2.2.1 | Terrariengestaltung und -größe | 52 |
| 2.2.2 | Wasser- und Lufttemperatur | 52 |
| 2.2.3 | Hygienemaßnahmen und Quarantäne | 52 |
| 2.2.4 | Fütterung | 53 |
| 2.2.5 | UV-Licht | 53 |
| 2.3 | Seeschildkröten | 53 |
| 2.3.1 | Beckengestaltung und -größe | 53 |
| 2.3.2 | Wassertemperatur | 53 |
| 2.3.3 | Filterung | 53 |
| 2.3.4 | Hygienemaßnahmen und Quarantäne | 54 |
| 2.3.5 | Fütterung | 54 |
| 3 | **Geschlechtsbestimmung, Fortpflanzung und Aufzucht** | 54 |
| 3.1 | Geschlechtsbestimmung | 54 |
| 3.2 | Fortpflanzung | 55 |
| 3.3 | Aufzucht | 55 |
| 4 | **Haltungsschäden und ihre Behandlung** | 55 |
| 4.1 | Bißverletzungen | 55 |
| 4.2 | Krallen-, Schnabel- und Panzerpflege | 56 |
| 4.3 | Störungen im Vitaminhaushalt | 56 |
| 4.3.1 | Hypervitaminosen | 56 |
| 4.3.2 | Hypovitaminosen | 56 |
| 4.3.3 | Mangelkrankheiten durch fehlende UV-Bestrahlung | 57 |
| 5 | **Handling und Narkose** | 57 |
| 5.1 | Verpacken und Transport | 57 |
| 5.2 | Fixieren | 57 |
| 5.3 | Immobilisation | 57 |
| 5.3.1 | Unterkühlung | 57 |
| 5.3.2 | Injektionsnarkose | 57 |
| 5.3.3 | Inhalationsnarkose | 58 |
| 5.4 | Wiederbelebung bzw. Kreislaufaktivierung nach Herz- und Atemstillstand | 58 |
| 6 | **Physiologische Daten** | 59 |
| 6.1 | Blutwerte | 59 |
| 6.2 | Differentialblutbild | 59 |
| 6.3 | Körpertemperatur | 59 |
| 6.4 | Kreislauf | 60 |
| 6.5 | Atmung | 60 |
| 7 | **Untersuchungsmethoden** | 60 |
| 7.1 | Allgemeine äußere Untersuchungen | 60 |
| 7.2 | Blutuntersuchung | 61 |
| 7.3 | Kotuntersuchung | 65 |
| 7.4 | Röntgen | 65 |
| 7.5 | Endoskopie | 66 |
| 7.6 | Sonographie | 66 |
| 7.7 | Kernspintomographie | 66 |
| 8 | **Infektionskrankheiten** | 67 |
| 8.1 | Parasitosen | 67 |
| 8.1.1 | Ektoparasitosen | 67 |
| 8.1.1.1 | Zeckenbefall | 67 |
| 8.1.1.2 | Milbenbefall | 67 |
| 8.1.1.3 | Hautmyiasis | 67 |

| | | | | | |
|---|---|---|---|---|---|
| 8.1.2 | Endoparasitosen | 67 | 9.1.2 | Unbekannte Hautkrankheit der Dachschildkröten | 76 |
| 8.1.2.1 | Infektionen durch Einzeller | 67 | | | |
| 8.1.2.2 | Infektionen durch Nematoden | 69 | 9.1.3 | Parakeratose der Landschildkröten | 76 |
| 8.1.2.3 | Trematodenbefall | 69 | 9.1.4 | Panzernekrose | 76 |
| 8.1.2.4 | Zestodenbefall | 70 | 9.2 | Krankheiten des Skelettsystems | 77 |
| 8.2 | Pilz- und Algenbefall | 70 | | | |
| 8.2.1 | Dermatomykosen | 70 | 9.2.1 | Osteodystrophia fibrosa | 77 |
| 8.2.2 | Systemmykosen | 71 | 9.2.2 | Osteoporose | 77 |
| 8.2.3 | Algenbefall | 71 | 9.2.3 | Rachitis | 77 |
| 8.3 | Bakterielle Infektionen | 72 | 9.2.4 | Osteomalazie | 78 |
| 8.3.1 | Gramnegative Erreger | 72 | 9.2.5 | Panzer-und Fußverletzungen | 78 |
| 8.3.1.1 | Salmonellen | 72 | | | |
| 8.3.1.2 | Pseudomonas sp. und Aeromonas sp. | 72 | 9.3 | Krankheiten der Verdauungsorgane | 78 |
| 8.3.1.3 | Weitere gramnegative Erreger | 72 | 9.3.1 | Maladaptationssyndrom | 78 |
| | | | 9.3.2 | Streßbedingte Anorexie | 81 |
| 8.3.2 | Grampositive Erreger | 73 | 9.3.3 | Ulzerative Stomatitis | 81 |
| 8.3.2.1 | Mykobakterien | 73 | 9.3.4 | Gastritis chronica | 81 |
| 8.3.2.2 | Weitere grampositive Erreger | 73 | 9.3.5 | Ulcus ventriculi | 81 |
| | | | 9.3.6 | Obstipation | 81 |
| 8.3.3 | Weitere Erreger | 73 | 9.3.7 | Fremdkörper | 81 |
| 8.4 | Virusinfektionen | 73 | 9.3.8 | Enterokolitis | 82 |
| 8.4.1 | DNS-Viren | 73 | 9.3.9 | Durchfälle | 82 |
| 8.4.1.1 | Maulseuche/Pneumonievirus-Infektion | 73 | 9.3.10 | Kolik | 82 |
| | | | 9.3.11 | Kloakenvorfall | 82 |
| 8.4.1.2 | Graufleckenkrankheit (Grey-patch-Disease) | 74 | 9.3.12 | Hepatosen | 82 |
| | | | 9.3.13 | Krankheiten der Bauchspeicheldrüse | 83 |
| 8.4.1.3 | Virushepatitis | 74 | | | |
| 8.4.1.4 | Iridovirus-Infektion | 74 | 9.4 | Krankheiten der Atmungsorgane | 83 |
| 8.4.1.5 | Papillomavirus-Infektion | 74 | | | |
| 8.4.1.6 | Japanische B-Enzephalitisvirus-Infektion (JEV) | 74 | 9.4.1 | Rhinitis | 83 |
| | | | 9.4.2 | Chronische Erkrankung des oberen Respirationstraktes | 83 |
| 8.4.1.7 | Rhinitisvirus-Infektion | 74 | | | |
| 8.4.2 | RNS-Viren | 75 | 9.4.3 | Pneumonien | 83 |
| 8.4.2.1 | Paramyxovirus-Infektion | 75 | 9.4.3.1 | Unspezifische bakterielle Pneumonie | 85 |
| 8.4.2.2 | Östliche Pferdeenzephalitis-Infektion (EEE) | 75 | | | |
| | | | 9.4.3.2 | Spezifische Pneumonie | 85 |
| 8.4.2.3 | Westliche Pferdeenzephalitis-Infektion (WEE) | 75 | 9.4.3.3 | Viruspneumonie | 85 |
| | | | 9.4.3.4 | Parasitenbedingte Pneumonie | 85 |
| 8.4.2.4 | Powassanvirus-Infektion (POW) | 75 | | | |
| | | | 9.5 | Krankheiten der Kreislauforgane | 85 |
| 8.4.2.5 | St. Louis-Enzephalitisvirus-Infektion (SLE) | 75 | | | |
| | | | 9.6 | Krankheiten der Harn- und Geschlechtsorgane | 85 |
| 8.4.2.6 | Bunyavirus-Infektion | 75 | | | |
| | | | 9.6.1 | Nierenerkrankungen | 85 |
| **9** | **Organkrankheiten** | **75** | 9.6.2 | Gicht | 86 |
| 9.1 | Krankheiten der Haut | 75 | 9.6.3 | Blasenerkrankungen | 86 |
| 9.1.1 | Nekrobazillose der Wasserschildkröten | 76 | 9.6.4 | Krankheiten der weiblichen Geschlechtsorgane | 86 |

| | | | | |
|---|---|---|---|---|
| 9.6.5 | Legenot ............ 86 | 12 | Behandlungsmethoden und chirurgische Eingriffe ....... 90 |
| 9.6.6 | Störungen der männlichen Geschlechtsorgane ......... 86 | 12.1 | Subkutane Injektion ............ 90 |
| 9.7 | Erkrankungen der Sinnesorgane ............ 87 | 12.2 | Intramuskuläre Injektion ....... 90 |
| | | 12.3 | Injektion in das Coeliom ....... 90 |
| 9.7.1 | Krankheiten der Augen ....... 88 | 12.4 | Intravenöse Injektion ........... 90 |
| 9.7.1.1 | Augenerkrankungen bei Wasserschildkröten ............ 88 | 12.5 | Behandlung von Frakturen ............ 90 |
| 9.7.1.2 | Konjunktivitis ....................... 88 | 12.5.1 | Frakturen des Panzers ....... 90 |
| 9.7.1.3 | Katarakt ............. 88 | 12.5.2 | Frakturen der Extremitäten .. 91 |
| 9.7.2 | Krankheiten der Ohren ........ 88 | 12.5.3 | Frakturen der Kiefer ........... 91 |
| 9.8 | Krankheiten der endokrinen Drüsen ............ 88 | 12.6 | Coeliotomie ............ 91 |
| | | 12.7 | Kloakenvorfall ............ 93 |
| 9.8.1 | Vergrößerung der Schilddrüse ............ 88 | 13 | Töten unter Berücksichtigung der gesetzlichen Bestimmungen ............ 93 |
| 10 | Intoxikationen ............ 89 | | |
| 11 | Tumoren und Mißbildungen ............ 89 | 14 | Literaturverzeichnis Schildkröten ............ 94 |

# 1 Allgemeine Biologie

## 1.1 Evolution

Über den stammesgeschichtlichen Ursprung der Schildkröten gibt es unter den Wissenschaftlern bis heute keine völlige Klarheit. Fest steht nur, daß sowohl die Scheinschildkröten (*Eunotosauria*) als auch die Pflasterzahn-Saurier (*Placodontia*) Parallelentwicklungen zu den Schildkröten darstellen.

Die stark verbreiterten Rippen der *Eunotosauria* führten zunächst zu der Vermutung, hier handele es sich um den Ursprung des Schildkrötenpanzers und die Scheinschildkröten könnten damit als Urschildkröten betrachtet werden. Nach heutiger Erkenntnis haben bei den Echten Schildkröten jedoch Hautknochen die Panzerplatten gebildet, und die Rippen sind lediglich mit diesen Hautknochen-Platten verschmolzen. Die Scheinschildkröten sind damit eine parallel zu den Echten Schildkröten entstandene Gruppe, die frühzeitig wieder ausstarb.

Die *Placodontia* ähnelten äußerlich den heutigen Seeschildkröten außerordentlich und lebten auch wie diese im flachen Meer. So besaßen sie paddelförmige Extremitäten und einen schildkrötenähnlichen Kopf, aber auch große flache Zähne auf den Kieferknochen und dem Munddach. Vor allem wegen dieser Bezahnung gelten die *Placodontia* heute als selbständiger Reptilienzweig, der nur eine Konvergenz zu den Schildkröten darstellt.

Die Trias-Schildkröten (*Proganochelydia*) sind zwar bereits Schildkröten, jedoch nicht die Stammform der rezenten Echten Schildkröten, sondern eine ausgestorbene Unterordnung innerhalb der Schildkröten. Im allgemeinen werden die Schildkröten heute in 2 Unterordnungen, nämlich die ausgestorbenen *Proganochelydia* (Trias-Schildkröten) und die *Casichelydia* (Echte Schildkröten) untergliedert. Diese wiederum werden in die *Cryptodira* (Halsberger) und *Pleurodira* (Halswender) unterteilt.

Die *Cryptodira* haben sich bis in unsere Zeit zu einem großen Formenreichtum entwickelt. Bei einigen wie etwa den Süßwasser-Schildkröten (*Emydidae*) dürfte die evolutive Entwicklung auch heute noch nicht abgeschlossen sein.

Zu den *Cryptodira* zählen nach OBST (1985) die rezenten Überfamilien *Chelonioidea* (Meeresschildkröten), *Chelydroidea* (Alligatorschildkröten), *Trionychoidea* (Weichschildkröten) und *Testudinoidea* (Landschildkröten) mit z. T. bis zu 7 Familien.

Die *Pleurodira* waren in der Evolution offensichtlich nicht so erfolgreich und wahrscheinlich stets an das Leben im Süßwasser angepaßt. Die beiden rezenten Familien der Pelomedusen-Schildkröten (*Pelomedusidae*) und Schlangenhals-Schildkröten (*Chelidae*) sind erst aus der oberen Kreide und dem Tertiär bekannt.

## 1.2 Bauplan

Innerhalb der Reptilien nehmen Schildkröten wegen ihres Panzers, in den sie sich bei Gefahr zurückziehen können, eine Sonderstellung ein. Bei den Dosen- und Klappschildkröten ist der Bauchpanzer durch eine oder zwei häutige Quernähte beweglich, so daß die Bauchpanzerhälften nach oben geklappt werden können und so der Panzer den eingezogenen Körper fest umschließt.

Der feste knöcherne Schildkrötenpanzer besteht aus Hautknochenplatten, die mit den Rippen verwachsen sind. Dieser Knochenpanzer dient gleichzeitig als Auflage für die Hornschilde, deren Form und Grenzen im allgemeinen nicht mit denjenigen der Knochenplatten übereinstimmen. Die Hornschilder entsprechen den üblichen Schuppen der Reptilienhaut. Ihre Anordnung ist ebenso wie die der Knochenschilder artcharakteristisch. Oft bleibt der Hornpanzer trotz Reduktion des Knochenpanzers vollständig erhalten (Meeresschildkröten, Spaltenschildkröte). Die Weichschildkröten des Süßwassers und die marinen Lederschildkröten haben die Hornschilder vollständig und den Knochenpanzer weitgehend reduziert.

Nur auf den ersten Blick bietet der Panzer den Schildkröten viele Vorteile, in der Evolution aber hat er sich wohl nicht besonders bewährt. So bedeutet bei den Süßwasser- und Meeresschildkröten ein kräftiger Knochenpanzer nur unnötiges Gewicht. Deshalb ist der knöcherne Rückenpanzer bei den Meeresschildkröten auf einige knöcherne Streben zurückgebildet, und auch ihr Bauchpanzer zeigt genauso wie bei den Weichschildkröten Knochenlücken.

In der Regel besteht der knöcherne Rückenpanzer (Carapax) aus 8 paarigen großen Rippenplatten, die sich nicht direkt berühren, sondern durch 8 kleine Wirbelplatten getrennt sind. Am Anfang der Wirbelplatten steht eine Nackenplatte, und am Körperende schließen sich 1–2 Steißplatten und eine Schwanzplatte an. Der Carapax wird von 11 Randplatten eingefaßt, von denen die mittleren die Brücke zum Bauchpanzer (Plastron) bilden. Der Bauchpanzer besteht aus 4 Plattenpaaren und einem runden Knochen (Entoplastron) zwischen den beiden vorderen Platten.

Auch der Schädel zeigt viele für die Ordnung charakteristische Merkmale. Besonders auffallend ist das Fehlen der Zähne und die Ausbildung eines Hornschnabels. Durch seine Ausbuchtung bietet der Schädel Ansatz für mächtige Kiefermuskeln (Mm. abductores mandibulae). Auffallend sind außerdem die völlige Reduzierung des Nasale und das Zusammentreffen der Pterygoidea am Hirnschädelboden.

Immer sind 8 Zervikalwirbel vorhanden, sie können jedoch unterschiedlich lang sein. In ihrer Beweglichkeit sind sie durch die Form und Länge der Zygapophysen bestimmt. Deshalb können die Halsberger, deren Zygapophysen weit voneinander getrennt sind, ihren Hals S-förmig einziehen, die Halswender, deren Zygapophysen dicht beieinander liegen, ihren Hals jedoch nur seitlich dem Körper anlegen.

Die Gliedmaßen stehen in enger Beziehung zur Lebensweise und sind entsprechend umgeformt. Bei den Landschildkröten sind Krallen und Schuppen kräftig entwickelt. Ihre Vorderfüße sind zu Grabschaufeln und die Hinterfüße zu säulenförmigen Standbeinen umgeformt. Sumpfschildkröten besitzen krallenbewehrte, beschuppte und universell einsetzbare Füße mit mäßig ausgebildeten Schwimmhäuten. Bei den Weichschildkröten sind die Krallen und Schuppen reduziert und dafür die Schwimmhäute stark ausgebildet. Bei den Meeresschildkröten sind die Krallen stark reduziert, und geschwommen wird vor allem mit den paddelförmigen Vorderfüßen.

## 1.3 Lebensraum

Schildkröten haben die unterschiedlichsten Lebensräume erobert und sind mit Ausnahme der Antarktis auf allen Kontinenten zu finden. Von den *Pleurodira* sind die Schlangenhalsschildkröten insbesondere für die australische Fauna charakteristisch. Einige Arten leben auch noch in Südamerika. Die zweite Familie der *Pleurodira*, die Pelomedusen-Schildkröten, leben als Sumpfschildkröten in Afrika und als Wasserschildkröten in Südamerika und Madagaskar. Es ergibt sich hier ähnlich wie bei den Boas und Leguanen eine Übereinstimmung zwischen beiden Faunengebieten. Von den *Cryptodira* sind Sumpfschildkröten besonders artenreich in Nordamerika und Südostasien vertreten. Landschildkröten hingegen haben eine große Artenvielfalt besonders auf dem afrikanischen Kontinent erreicht. Weichschildkröten leben in der afrikanischen und orientalischen Faunenregion und Seeschildkröten gar kosmopolitisch in allen wärmeren Meeresgebieten.

Trotz insgesamt nicht sehr großer Artenzahl haben Schildkröten in der Evolution viele Sonderanpassungen erfahren, die ihnen die Eroberung auch extremer Lebensräume gestattet.

## 1.4 Gesetzliche Bestimmungen

Bei der Schildkrötenhaltung sind einige gesetzliche Bestimmungen zu beachten. Es sind dies die Verordnung (EWG) Nr.2384/85 mit dem darin veröffentlichten Washingtoner Artenschutzübereinkommen, die Bundesartenschutzverordnung und das Tierschutzgesetz.

Im WA I sind folgende Arten erfaßt: Batagur-Schildkröte (*Batagur baska*), Strahlen-Dreikielschildkröte (*Geoclemys hamiltonii*), Indische Dachschildkröte (*Kachuga t.tecta*),

Dreikiel-Erdschildkröte (*Melanochelys tricarinata*), Hinterindische Pfauenaugen-Sumpfschildkröte (*Morenia ocellata*), Wasser-Dosenschildkröte (*Terrapene coahuila*), Galapagos-Riesenschildkröte (*Geochelone elephantopus*), Strahlenschildkröte (*G. radiata*), Madagassische Schnabelbrustschildkröte (*G. yniphora*), Mexikanische Gopherschildkröte (*Gopherus flavomarginatus*), Geometrische Landschildkröte (*Psammobates geometricus*), Indische Klappen-Weichschildkröte (*Lissemys p. punctata*), Schwarze Weichschildkröte (*Trionyx ater*), Ganges-Weichschildkröte (*T. gangeticus*), Pfauenaugen-Weichschildkröte (*T. hurum*), Dunkle Weichschildkröte (*T.nigricans*), alle Meeresschildkröten (*Cheloniidae*), Lederschildkröte (*Dermochelys coriacea*), und die Falsche Spitzkopf-Schildkröte (*Pseudemydura umbrina*). Im Anhang II stehen die Tabasco-Schildkröte (*Dermatemys mawii*), Mühlenberg-Schildkröte (*Clemmys muhlenbergi*), Madagaskar-Schienenschildkröte (*Erymnochelys madagascariensis*), Dumerils Schienenschildkröte (*Peltocephalus dumeriliana*), alle Schienenschildkröten der Gattung *Podocnemis* und alle Landschildkröten (*Testudinidae*).

Durch die BArtSchV sind alle europäischen Reptilien und damit auch die Schildkröten geschützt, also insbesondere die europäischen Landschildkröten (*Testudo graeca, T.hermanni, T.marginata*), die europäischen Sumpfschildkröten (*Emys orbicularis*) und die europäischen Wasserschildkröten (*Mauremys caspica, M. leprosa*).

Das Tierschutzgesetz verlangt die artgerechte Haltung. Da die einzelnen Schildkrötenarten aus völlig unterschiedlichen Lebensräumen stammen, erfordert ihre artgerechte Haltung entsprechende Sachkenntnis. Hinsichtlich der Beckengröße macht das Schweizer Tierschutzgesetz nur für die Riesen-, Sporen- und Seeschildkröten Angaben. Für Riesenschildkröten werden pro Tier 10 $m^2$ Landfläche und 2 $m^2$ für jedes weitere Tier sowie ein Badebecken gefordert. Bei Sporenschildkröten sind hier 8 $m^2$ Landfläche und für Seeschildkröten 2 $m^3$ Wasserbecken pro Tier genannt. Für erwachsene Seeschildkröten muß dies aber als erheblich zu klein bezeichnet werden.

DOLLINGER (1978) nennt als optimale Becken- und Gehegegröße für Seeschildkröten 6 m³ pro Tier und für Riesenschildkröten pro Tier 100 m² Außengehege und 24 m² Innengehege.

## 1.5 Transponder

Bei Schildkröten werden die Transponder (siehe Kap. IV, 1.5) vorne am linken Oberarm parallel zum Oberarmknochen gesetzt.

# 2 Haltung und Fütterung

## 2.1 Landschildkröten

### 2.1.1 Terrariengestaltung und -größe

Die Größe und Gestaltung eines Schildkrötenterrariums hängt nicht nur von der Größe der Tiere, sondern auch von deren Vorzugs- und Aktivitätstemperaturen ab. Während nicht besonders wärmeempfindliche Schildkrötenarten auch im Freilandterrarium gehalten werden können, ist die Freilandhaltung für tropische Arten nur an wenigen Sommertagen möglich.

Jungschildkröten mit einer Panzerlänge von 3–4 cm haben nur ein geringes Raumbedürfnis, adulte geschlechtsreife Tiere beanspruchen dagegen einen ihrer Größe und Aktivität entsprechenden Raum. NIETZKE (1984) fordert für eine Schildkröte mit einer Carapaxlänge von 20 cm einen Raum von 0,1 m³ und CAMPBELL und BUSACK (1979) für die Laborhaltung 0,5–0,85 m² pro Tier. In der Terraristik jedoch wird für Landschildkröten im allgemeinen ein Terrarium mit den Maßen 100 x 60 x 60 cm vorgeschlagen (MÜLLER, 1987). Dabei sollte die Hälfte der Schmalseiten und der Abdeckung ein Lüftungsgitter besitzen. Das Terrarium sollte einen flachen Wasserteil (möglichst mit Abfluß) zum Baden haben. Unter dem Bodengrund und dem Wasserbecken sollten Heizkabel liegen, die in Beton eingebettet sein müssen, damit sie die Schildkröten nicht ausgraben und zerbeißen können.

Bei Freilandhaltung sind pro Tier mindestens 2 m² Grundfläche vorzusehen. Außerdem sollte den Schildkröten ein Badebecken und für kalte Sommertage eine beheizte Schutzhütte zur Verfügung stehen.

### 2.1.2 Temperatur und Relative Luftfeuchtigkeit (RLF)

Die artspezifischen Vorzugs- und Aktivitätstemperaturen, die aber leider nicht für alle Arten bekannt sind, stellen Eckwerte bei der Schildkrötenhaltung dar. Aber selbst innerhalb einer Art können die Temperaturansprüche je nach Herkunft des Tieres variieren. Auch der Feuchtigkeitsbedarf der einzelnen Schildkrötenarten ist zu beachten, denn Schildkröten aus tropischen Regenwäldern haben naturgemäß ein höheres Feuchtigkeitsbedürfnis als solche aus trockenen Gebieten.

Hinsichtlich der artspezifischen Vorzugstemperatur und der gewünschten Luftfeuchtigkeit muß wegen der Vielzahl der Arten unterschiedlichster Herkunft auf die Spezialliteratur verwiesen werden. Zahlreiche Angaben zur Haltungstemperatur einzelner Arten und erforderlichen Luftfeuchtigkeit machen MÜLLER (1987), NIETZKE (1977), PIES-SCHULZ-HOFEN (1992) und ZIMMERMANN (1983).

Mit dem Temperaturbedürfnis der Schildkröten hängt auch die Frage nach der Überwinterung eng zusammen.

Wenngleich viele Arten, die in freier Natur eine Winterruhe haben, im Terrarium notfalls auch ohne Winterruhe auskommen, steigert eine richtig durchgeführte Überwinterung ihre Aktivität erheblich.

Bei der kalten Überwinterung ist der Stoffwechsel keineswegs unterbrochen, sondern nur herabgesetzt. Es wird zwar kein Futter aufgenommen, aber die Atmung funktioniert weiter. Saubere Luft und eine gewisse Luftfeuchtigkeit sind deshalb besonders wichtig. Als Substrat wählt man eine dicke Schicht aus Sphagnum und Laub, die leicht angefeuchtet wird, aber nicht naß sein darf. Wegen starker Staubentwicklung darf in keinem Fall Torf verwendet werden. Für die Überwinterung sollte die Raumtemperatur niemals unter +1 °C sinken und 6 °C nicht übersteigen.

Bereits 8 Tage vor der Überwinterung dürfen die Schildkröten nicht mehr gefüttert werden und sollten dreimal in lauwarmem Wasser gebadet werden, damit sich ihr Darm entleert. Das letzte Bad sollte 24 Stunden vor Beginn der Überführung in die Überwinterungskiste stattfinden. Dabei ist zu berücksichtigen, daß Schildkröten während der Überwinterung bis zu 50 % des Körpergewichtes verlieren. Relativ leichte Tiere werden im Winter weiterhin gefüttert.

Die Temperatur im Überwinterungsraum muß dann langsam abgekühlt werden. Jungtiere läßt man je nach Größe nur 4–10 Wochen, erwachsene Tiere hingegen 5 Monate (November–März) schlafen. Liegen die Temperaturen bei der Überwinterung bei durchschnittlich 10 °C, verlieren die Tiere stark an Gewicht, bei Durchschnittstemperaturen von 5–8 °C sind sie im Frühjahr jedoch fast genauso schwer wie im Herbst (ADRIAN, 1986).

Bei etwa 15 °C Raumtemperatur sollten die Schildkröten wieder ausgewintert werden. Sie müssen dann sofort 10–15 Minuten in lauwarmem Wasser gebadet werden und können 2–3 Tage später erstmals wieder Futter aufnehmen.

### 2.1.3 Hygienemaßnahmen und Quarantäne

Die meisten Erkrankungen treten nicht bei langjährig gepflegten Schildkröten, sondern bei frisch erworbenen oder importierten Tieren auf, bei denen die Krankheiten erst durch den Streß beim Fang, Transport und der Umgewöhnung in eine völlig neue Umwelt ausgelöst werden. Neu angekommene Tiere sollten deshalb möglichst schnell ein ihrem natürlichen Biotop entsprechendes Klima und Terrarium erhalten.

Da Schildkröten aber auch latente Träger der Amöbiasis sein können, dürfen frisch gekaufte oder gefangene Schildkröten niemals zu bereits länger eingewöhnten Reptilien gesetzt werden, sondern werden für mindestens 8–12 Wochen in Quarantäne einzeln gehalten. Während der Quarantäne müssen mehrfach in Abständen Kotproben auf Würmer und Amöben untersucht werden. Erst wenn mindestens zwei Kotproben negativ sind und die Quarantänezeit abgelaufen ist sowie bei Normalverhalten der Schildkröten, regelmäßiger Futteraufnahme und Kotabgabe, können sie zu länger gepflegten Tieren gesetzt werden. Während der Quarantäne müssen selbstverständlich das Terrarium und alles Gerät peinlich sauber gehalten und die Geräte je nach Material heiß überbrüht oder desinfiziert werden.

Später ist im Terrarium vor allem das Badebecken peinlich sauber zu halten, das Wasser zu filtern und mehrfach zu wechseln. Auch ein verschmutztes und zu nasses Bodensubstrat kann zur Keimzelle für Krankheiten (Pilze, Parasiten) werden.

### 2.1.4 Fütterung

Das Futter für Landschildkröten sollte möglichst abwechslungsreich sein und alle wichtigen Grundnährstoffe für die Tiere enthalten. Landschildkröten erhalten Löwenzahn, Luzerne, ungespritzten Salat, Bohnen, alle Arten von Früchten (Steinobst vorher entsteinen) und Bananen. Zwischendurch sollte auch tierisches Futter wie Regenwürmer, feingeschnittenes Rinderherz und Rinderleber angeboten werden. Auch gekochter Reis und Hunde- bzw. Katzendosenfutter werden gefressen.

### 2.1.5 UV-Licht

Werden Landschildkröten das ganze Jahr über im Zimmer gehalten, ist eine zusätzliche UV-Bestrahlung erforderlich. Bei UV-Mangel kann es zur Panzererweichung kommen. Die Dauer der Bestrahlung hängt vom Abstand zwischen Tier und UV-Lampe und deren Stärke ab. Die heute zur Terrarienbeleuchtung vielfach benutzten Truelite[R]-Röhren und HQI-Strahler geben zwar permanent einen geringen UV-Anteil ab, dennoch ist vor allem für junge Schildkröten eine zusätzliche UV-Bestrahlung angeraten. Im allgemeinen wird eine UV-Bestrahlung von wöchentlich zweimal 5 Minuten empfohlen (ADRIAN, 1986), im Zoo-Aquarium Berlin jedoch werden alle Reptilien, also auch die Schildkröten, täglich zweimal für 30 Minuten bestrahlt. Allerdings hängen die UV-Strahler 150–200 cm über dem Terrarienboden, so daß keine Verbrennungen eintreten können.

## 2.2 Wasserschildkröten

### 2.2.1 Terrariengestaltung und -größe

Ein Aquaterrarium für Sumpf- und Wasserschildkröten sollte etwa 130 cm lang, 70 cm breit und 70 cm hoch sein. Der Wasserteil sollte mindestens 2/3 der Terrarienfläche betragen und 40–60 cm tief sein und das Ufer wie in der Natur langsam ansteigen, damit die Schildkröten auch im Flachwasser liegen und leicht an Land klettern können. Rauhe Betonflächen sind im Terrarium zu vermeiden, da viele Schildkröten, zumindest die Jungtiere, einen weichen Bauchpanzer besitzen. Während manche Arten (z. B. die Alligator-Schildkröte) sich im freien Wasser nicht wohlfühlen und Versteckmöglichkeiten unter Wurzeln oder überhängenden Pflanzen wünschen, ist für die Neuguinea-Weichschildkröte (*Carettochelys*) viel Schwimmraum erforderlich. Für die Weichschildkröten muß im Wasserbecken ein Bodengrund aus Sand oder Kies benutzt werden. Bei allen anderen Schildkrötenarten sollte auf jeglichen Bodengrund im Wasserbecken verzichtet werden, um die stets notwendige Reinigung nicht unnötig zu erschweren.

Das Wasser sollte über einen relativ großen Filter gefiltert werden. Da Schildkröten viel Schmutz machen, muß die Filterpumpe leistungsstark sein. Im Vergleich zu einem Aquarium rechnet man für ein Schildkrötenbecken etwa mit der dreifachen Pumpen- und Filterleistung. Beträgt der Wasseranteil des Aquaterrariums z. B. 250 l, so müssen Filter und Filterpumpe auf 750 l ausgelegt sein. Aber selbst bei ständiger Filterung des Wassers ist mindestens alle 10–14 Tage ein Wasserwechsel zu empfehlen. Der Filter entfernt nämlich auch bei guter Leistung nicht die als Stoffwechselprodukte entstandenen und im Wasser gelösten Nitrate und Nitrite, die in hoher Konzentration giftig sind und Anlaß vieler Organerkrankungen sein können, die man meist an den Veränderungen der Augen erkennt.

### 2.2.2 Wasser- und Lufttemperatur

Am günstigsten ist es, wenn Luft- und Wassertemperatur ungefähr gleich hoch sind. Ist die Lufttemperatur erheblich niedriger als die Wassertemperatur, können sich die Schildkröten erkälten, wenn sie das Wasser verlassen. Die größte Aktivität erreichen alle Sumpf- und Wasserschildkröten bei Wassertemperaturen von 25–30 °C.

Nicht nur die europäischen Sumpfschildkröten, sondern auch manche nordamerikanische Arten, insbesondere die häufig gehaltenen Schmuckschildkröten, haben in der Natur eine Winterruhe. Im Terrarium können und sollten Schmuckschildkröten ab einer Größe von 10 cm überwintert werden. Wie Landschildkröten müssen auch die Schmuckschildkröten eine Woche vor Beginn der Überwinterung fasten. Dann setzt man die Tiere in einen Behälter, in dem man die Wassertemperatur langsam auf 8–10 °C senkt. Bei kleinen Behältern sollte man nach einigen Wochen einen teilweisen Wasserwechsel vornehmen und das verbrauchte Wasser durch neues Wasser mit gleicher Temperatur ersetzen.

### 2.2.3 Hygienemaßnahmen und Quarantäne

Bei Wasserschildkröten, die einen sehr hohen Stoffwechsel haben und den Kot im Wasser absetzen, andererseits aber in diesem Wasser leben, ist Hygiene bei der Haltung naturgemäß besonders wichtig. Da sich trotz Filterung ein häufigerer Wasserwechsel kaum vermeiden läßt, ist ein Bodenablauf im Wasserbecken vorteilhaft.

Neu eingetroffene Sumpf- und Wasserschildkröten sollten zur Quarantäne möglichst sterile Glasbehälter erhalten, in die Glasscheiben als Inseln abgehängt werden, wie von SACHSSE (1974) dargestellt.

### 2.2.4 Fütterung

Grundsätzlich ist bei jeder Fütterung darauf zu achten, daß das angebotene Futter in wenigen Minuten aufgefressen wird. Neben Frostgarnelen, die viel Kalk, aber auch Ballaststoffe enthalten, können feingeschnittenes Rinderherz, geschnittener Fisch, Insekten, Regenwürmer, Nackt- und Gehäuseschnecken sowie lebende Süßwasserfische verfüttert werden. Dazwischen sollten auch Löwenzahn, Spinat, Wasserpflanzen, Bananen und wenig Salat angeboten werden. Schildkrötenbabys können zusätzlich auch Wasserflöhe erhalten. Auf jeden Fall benötigen sie wegen ihres schnellen Wachstums viel tierisches Eiweiß, Vitamine und Mineralien. Deshalb müssen sie häufiger und besonders abwechslungsreich gefüttert werden. Vielfach wird für Wasserschildkröten auch Gelatinefutter empfohlen, dessen Zubereitung aber nur bei der Pflege von vielen Tieren lohnt. Das Schildkröten-Aspik nach PAULER besteht aus:

1 l fettarme Milch
5 Eier
1 kg ungespritzte Karotten
1 kg Tintenfisch
1 kg magerer, ungeschuppter Fisch
0,5 kg Garnelen
0,5 kg Rinderherz
4 Supradyn$^R$-Kapseln
1 TL Meeralgenmehl (z. B. Algosan)
2 l Wasser und
600-800 g Gelatine.

### 2.2.5 UV-Licht

Besonders wichtig, insbesondere für junge Schildkröten, ist die Möglichkeit zum Sonnenbaden im ungefilterten Sonnenlicht. Hierzu kann man den Schildkrötenbehälter nach draußen stellen oder, wenn dies nicht möglich ist, die Schildkröten ein- bis zweimal pro Woche für ca. 5 Minuten mit UV-Licht bestrahlen. Fehlt dieses UV-Licht, kann es zu Panzererweichungen kommen. Ist der Abstand zum UV-Strahler zu gering oder ist die Bestrahlungsdauer zu lang, kommt es zu Trübungen der Augenhornhaut.

## 2.3 Seeschildkröten

### 2.3.1 Beckengestaltung und -größe

Seeschildkröten sind pelagische Tiere der warmen und tropischen Meere, die das Wasser nur zur Eiablage an bestimmten Legeplätzen verlassen. Sie können im Binnenland nur in hochqualitativem Seewasser und nur in großen Becken gehalten werden. Wegen ihrer Größe erfordern erwachsene Tiere viel Schwimmraum. Beckengrößen von 2 m$^2$ Wasseroberfläche und 2 m$^3$ Volumen, wie sie das Schweizer Tierschutzgesetz pro Tier fordert, gelten heute ebenso wie die von DOLLINGER (1978) genannten Beckengrößen (4 m$^2$ Oberfläche und 6 m$^3$ Inhalt) als zu klein. Nach heutigen Erkenntnissen benötigt man für die Seeschildkrötenhaltung Becken mit einer Wasseroberfläche von etwa 10 m$^2$ und einem Volumen von ca. 15–20 m$^3$. Besonders geeignet sind Rundumbecken.

### 2.3.2 Wassertemperatur

Da alle Seeschildkröten aus warmen bis tropischen Meeren stammen, sind für ihre Haltung Wassertemperaturen zwischen 22 und 26 °C erforderlich.

### 2.3.3 Filterung

Seeschildkröten haben einen hohen Stoffwechsel. Deshalb ist eine entsprechend starke Filterung erforderlich. Hier können die aus der Schauaquaristik bekannten Riesel-, Kammer- und Druckfilter einzeln oder in Kombination eingesetzt werden. Trotz guter Filterung ist in gewissen Abständen ein teilweiser Wasserwechsel notwendig, um den pH-Wert stabil zu halten.

Die Seitenwände des Beckens dürfen nicht zu rauh sein, damit sich der Panzer im Vorbeischwimmen nicht abschabt. Silikonfugen und Fugenbänder im Becken selbst sind abzudecken, da sie sonst von den Schildkröten herausgezogen und gefressen werden.

### 2.3.4 Hygienemaßnahmen und Quarantäne

Wegen des hohen Stoffwechsels der Seeschildkröten müssen Futterreste und Kot regelmäßig vom Boden abgesaugt werden.

Neu eingetroffene Seeschildkröten sollten wie alle Reptilien anfangs einzeln gehalten werden, um sie auf ihren Gesundheitszustand und ihr Freßverhalten zu untersuchen.

### 2.3.5 Fütterung

Die meisten Seeschildkröten fressen tierische Kost und können mit Tintenfisch, Stinten und Wittlingen gefüttert werden. Im Hinblick auf die Wasserverschmutzung sind Dorsche wegen ihres weichen Fleisches und Heringe wegen ihres Fettgehaltes als Futter nicht geeignet. Suppenschildkröten nehmen auch gerne pflanzliche Kost. Ihnen können Algen oder Spinat gegeben werden. Auf Salat sollte man wegen der Wasserverschmutzung verzichten.

## 3 Geschlechtsbestimmung, Fortpflanzung und Aufzucht

### 3.1 Geschlechtsbestimmung

In den meisten Fällen kann man männliche und weibliche Tiere gut voneinander unterscheiden. In der Regel ist das Plastron der weiblichen Schildkröten flacher ausgebildet. Bei den Männchen ist das Plastron konkav und dient der besseren Positionierung bei der Paarung. Der Schwanz der Weibchen ist weniger stark entwickelt und auch wesentlich kürzer. Die Kloake liegt beim Männchen etwas weiter kaudal. Einige Schildkröten zeigen eine dimorphe Geschlechtsausbildung. So haben z. B. die männlichen Gopherschildkröten gut entwickelte Drüsen am Unterkiefer, die der Reviermarkierung dienen, und einen längeren Gular-Sporn. Für männliche Klappschildkröten (*Kinosternon*) sind der größere Kopf und die vergrößerten, schräggestellten gerieften Schuppen an der Innenseite der Hinterbeine charakteristisch. Bei der Carolina-Dosenschildkröte ist die Iris der Augen beim Männchen rot, beim Weibchen gelborange gefärbt. Bei den Schmuckschildkröten haben die Männchen an der Vorderhand wesentlich längere Zehennägel. Bei größeren Schildkröten kann man mit einem Finger in der Kloake den Penis ertasten. Für die Geschlechtsbestimmung der Riesenschildkröten empfiehlt es sich, den Bereich der Schwanzwurzel mit einem Lokalanästhetikum zu umspritzen. Anschließend kann eine mittelgroße Hand vorsichtig in die Kloake eingeführt und der Penis unschwer ertastet werden (RÜEDI et al., 1981). Eine weitere Methode der Geschlechtsbestimmung ist die Endoskopie. Die traubenförmigen Eierstöcke reichen weit in das Abdomen, die runden Hoden liegen weiter kaudal und etwas kranial der Nieren. Die Endoskopie dient nicht nur der Geschlechtsbestimmung, sondern auch der Beurteilung der inneren Organe und bietet ferner die Möglichkeit, künstliche Besamungen durchzuführen (WOOD et al., 1983).

Seit der Entwicklung verschiedener Blutentnahmetechniken kann man auch die Bluthormonanalysen zur Geschlechtsbestimmung einsetzen (RÜEDI et al., 1981). Mit Hilfe einer quantitativen Untersuchungsmethode bestimmt man den Testosteron- und den Östradiolspiegel im Blut (Radio-Immunassay). Die Testosteronwerte der adulten Männchen lagen über 2,3 ng/ml Blut, die der Weibchen unter 1,5 ng/ml. Die entsprechenden Östradiolwerte der Männchen lagen unter 7,5 pg/ml, während sie bei den Weibchen über 57,5 pg/ml lagen. Deshalb sollte man neben dem Testosteron- auch den Östradiolgehalt im Blut bestimmen. Diese Werte werden durch Haltungsart, Fütterung, jahreszeitlich bedingte sexuell inaktive Phasen und durch die soziale Rangordnung innerhalb einer Gruppe beeinflußt. OWENS et al. (1978) entwickelten ein Verfahren, mit dessen Hilfe sie bei juvenilen Suppenschildkröten das Geschlecht bestimmen konnten. Gemessen wird zwar nur der Testosteronspiegel. Sie injizierten den Schildkröten das bovine follikelstimulierende Hormon (FSH) und erreichten so eine Erhöhung des Testosteronspiegels, der jetzt besser gemessen werden konnte.

## 3.2 Fortpflanzung

Das Maturitätsalter der Schildkröten ist zumindest bei einigen Arten von der Länge des Plastrons abhängig. Je nach Wachstumsrate tritt damit die Geschlechtsreife früher oder später ein. Bei *Kinosternon*-Arten scheinen die Männchen vor den Weibchen geschlechtsreif zu werden (PETZOLD, 1982). So sind bei den Schmuckschildkröten die Männchen mit einer Plastronlänge von 9–10 cm (nach 2–5 Jahren) geschlechtsreif, die Weibchen aber erst mit einer Plastronlänge von 15–18 cm (3–8 Jahre). Riesenschildkröten sind mit 20–25 Jahren geschlechtsreif.

Die Ermittlung der Tragzeit bis zur Eiablage ist bei Schildkröten relativ schwierig. Bei einzelnen Arten können auch eine Ei-Diapause oder eine *Amphigonia retardata* Ursache einer längeren Tragzeit sein. So legte eine Schnappschildkröte mindestens 7 Monate nach der letzten Kopulation befruchtete Eier, so daß hier eine *Amphigonia retardata* zu vermuten ist (LEHMANN, 1966). Ähnliches gilt auch für Diamant-Schildkröten (*Malaclemys*), Dosen-Schildkröten (*Terrapene*) und Suppenschildkröten (*Chelonia*) (PETZOLD, 1982). Für die Europäische Sumpfschildkröte (*Emys orbicularis*) ist die Keimruhe bewiesen.

Bei den nordamerikanischen Schildkröten ist nachgewiesen, daß größere Weibchen mehr, aber kleinere Eier legen als kleine Weibchen derselben Art. Dies gilt auch für Seeschildkröten, die mit 200 Eiern pro Gelege wohl die größten Gelege produzieren.

## 3.3 Aufzucht

Die Inkubationszeiten sind heute für die meisten Schildkrötenarten bekannt. Die längste Inkubationszeit ist von der Pantherschildkröte (*Geochelone pardalis*) mit 378–384 Tagen bekannt. Griechische Landschildkröten (*Testudo hermanni*) haben eine Inkubationszeit von 47–70 Tagen, Maurische Landschildkröten (*Testudo graeca*) von 58–82 Tagen und die häufig gehaltenen Schmuckschildkröten (*Pseudemys scripta elegans*) von 60–80 Tagen.

Sollen die Eier in einem Brutbehälter künstlich erbrütet werden, so werden sie am Nistplatz vorsichtig freigelegt und mit einem Bleistift markiert, denn im Brutbehälter muß das Ei in derselben Lage auf das Substrat gebettet werden, wie es in der Niststelle lag. Möglicherweise hat nämlich der Keimling bereits einige Entwicklungsstadien durchlaufen und ist in einer bestimmten Lage fixiert. Würde das Ei im Brutbehälter jetzt in eine andere Lage gebracht, würde der Embryo voraussichtlich absterben.

Die Bruttemperatur sollte bei 28–30 °C und die Luftfeuchtigkeit bei ca. 80 % liegen. Das Substrat muß stets feucht, darf aber nicht naß sein. Als Substrat am besten geeignet ist Vermiculite$^R$, aber auch Kies und ein Moos-Sand-Gemisch können benutzt werden.

# 4 Haltungsschäden und ihre Behandlung

## 4.1 Bißverletzungen

Gelegentlich werden Verletzungen durch Hundebisse vorgestellt. Hier ist eine gründliche Reinigung, oft mit Auffrischen der Wunden, nötig. Anschließend folgt eine antibiotische Versorgung, die konsequent über einen längeren Zeitraum fortgeführt werden muß.

Bißverletzungen beobachten wir auch bei Seeschildkröten durch Artgenossen bei Haltungen in Menschenobhut. Hier müssen gelegentlich die Wunden chirurgisch versorgt werden. Anschließend bleiben die Patienten außerhalb des Aquariums, müssen aber täglich mit frischem Wasser besprüht werden.

## 4.2 Krallen-, Schnabel- und Panzerpflege

Das Kürzen von Krallen ist vor allem bei älteren und weniger aktiven Schildkröten nötig. Dabei sollte das Horn scheibchenweise abgetragen werden, um unnötige Nachblutungen zu vermeiden. Mögliche Blutungen stillt man mit Lotagen<sup>R</sup> (Essex, München) oder mit einem Thermokauter.

Bei stark abgemagerten Tieren aus Privathand kann man immer wieder überlange Hornscheiden des Schnabels, sogenannte Papageienschnäbel, beobachten. Die Schildkröten sind aufgrund der mechanischen Störung nicht mehr in der Lage, Nahrung aufzunehmen. Vorsichtiges Kürzen mit einer gebogenen Schere oder Abschleifen schafft schnell Abhilfe.

Das Einölen des Panzers, nicht aber der Haut, ist alle ein bis zwei Wochen mit Oliven- oder Babyöl sinnvoll.

## 4.3 Störungen im Vitaminhaushalt

Durch unsachgemäße Supplementierung des Futters mit Vitaminen und Kalzium kommt es bei Schildkröten durch Vitamin- und Mineralstoffmangel immer wieder zu Störungen.

### 4.3.1 Hypervitaminosen

Überdosis von Vitamin A führt zu einer Parakeratose. Bei dieser Krankheit kommt es zur Ablösung der Epidermis der Schildkröte zunächst im Hals- und Kloakenbereich. Im weiteren Krankheitsverlauf dehnt sich die Wundfläche immer weiter aus (ISENBÜGEL, 1981; KUNTZE, 1981; METTLER et al., 1982). Bei Untersuchungen, bei denen fett- und wasserlösliches Vitamin A an Schildkröten geprüft wurde, stellte sich heraus, daß vor allem das wasserlösliche Vitamin A eine hohe Vitamin-A-Konzentration in der Leber und damit Hautschäden verursachte (PALMER, RÜBEL, METTLER, 1984).

Überdosis von Vitamin $D_3$ führt zu Kalkablagerungen in Gefäßen und verschiedenen Darmabschnitten, vor allem zu einer Mineralisierung der Dünndarmschleimhaut und der Harnblase. Die Schildkröten werden lethargisch und verweigern die Nahrung. Bei der histologischen Untersuchung der verendeten Tiere findet man dann eine metastatische Mineralisierung des Dünndarms sowie Kalkablagerungen in der glatten Muskulatur der Magenwand, in den Arterien und den Nieren (BARTEN, 1982).

### 4.3.2 Hypovitaminosen

Vitamin-D-Mangel führt vor allem zu Störungen im Skelettaufbau (s. Osteoporose, Rachitis, Osteomalazie).

Vitamin-A-Mangel ist die Ursache für Lidödeme der Wasserschildkröten. Bei gleichzeitiger Inappetenz kommt es zu einem Gewichtsverlust. Dabei kann es zu einer Metaplasie der Epithelien der Bindehaut und der Tränendrüse kommen. Desquamierte Keratinmassen verkleben häufig die Augenlider. Bei regelmäßigen Multivitamingaben ist eine Heilung nach zwei bis drei Wochen möglich. Schildkröten, die die Nahrung verweigern, erhalten einen Vitaminstoß von 100 000 I.E. Vitamin A für 1kg KM. Diese Behandlung kann nach 6 Wochen wiederholt werden (PHILLIPS, 1986; GABRISCH, ZWART, 1990).

Vitamin-B-Mangel wird vor allem bei Schildkröten beobachtet, die mit Fisch gefüttert werden, bei dem durch Thiaminase das Vitamin $B_1$ zerstört ist. Vitamin-B-Mangel wird bei Anämien, Paralysen der Hinterhand und bei Anorexien vermutet (MURPHY, COLLINS, 1989).

In der Literatur wird kein Vitamin-C-Mangel beschrieben. Jedoch empfehlen manche Autoren Vitamin-C-Gaben als Begleittherapie bei Infektionen, vor allem aber bei der ulzerösen Stomatitis.

Vitamin-E-Mangel entsteht unter Umständen in Verbindung mit der Verfütterung von

Fischen und Lebertran. Der hohe Anteil mehrfach ungesättigter Fettsäuren kann eine Steatitis auslösen, bei der vor allem Nekrosen im Fettgewebe gefunden werden (METLER, HAUSER, 1979). Durch die Oxydation und Polymerisation von Fetten entsteht das Ceroid, ein Pigment, welches regelmäßig bei Tieren mit Steatitis beobachtet wird.

### 4.3.3 Mangelkrankheiten durch fehlende UV-Bestrahlung

Bei UV-Mangel kommt es auch bei Schildkröten zu Knochen- und insbesondere Panzererweichungen.

## 5 Handling und Narkose

### 5.1 Verpacken und Transport

Transportiert werden die meisten Schildkröten in entsprechend kräftigen Kisten mit Atemöffnungen. Der Boden und die Seitenwände sollten mit Schaumstoff ausgekleidet werden, damit die Tiere beim Transport nicht hin und her rutschen. Das gilt insbesondere für kleinere Tiere, für die außerdem eine leichte Schaumstoffabdeckung vorzusehen ist.

Weichschildkröten werden zusätzlich in feuchte Säcke gepackt.

### 5.2 Fixieren

Fixiert werden können viele Schildkröten nur, wenn sie auf dem Rücken liegen.

Vor allem die bissigen Weich-, See- und Wasserschildkröten sollten immer nur am Rand des hinteren Panzerabschnittes gehalten werden, damit die Tiere nicht beißen und kratzen können. Kleinere Alligator- und Schnappschildkröten können auch am Schwanz gegriffen werden.

### 5.3 Immobilisation

#### 5.3.1 Unterkühlung

Das Unterkühlen ist das älteste Verfahren der Ruhigstellung, läßt sich aber aus Tierschutzgründen heute nicht mehr verantworten und wird von uns abgelehnt.

#### 5.3.2 Injektionsnarkose

Für die Injektionsnarkose wird zur Zeit fast ausschließlich Ketamin (Vetalar$^R$, Ketanest$^R$, Anästhesin$^R$) in einer Dosis von 20–80 mg/kg KM eingesetzt. Kleinere Arten benötigen höhere Dosierungen, während größere Schildkröten empfindlicher reagieren und deshalb geringere Mengen des Präparates erhalten. WOOD, CRITCHLEY und WOOD (1982) immobilisierten 11 Suppenschildkröten (Chelonia mydas) mit einem Gewicht von 6–151 kg KM erfolgreich mit Ketamin in einer Dosis von 38–71 mg/kg KM. Für die Immobilisation hat sich eine Kombination von Xylazin und Ketamin bewährt. In der Mischspritze erhalten die Schildkröten 50 mg/kg KM Ketamin mit 2 mg/kg KM Xylazin (Rompun$^R$, Bayer). Um eine optimale Anflutung der Narkose zu erreichen, ist der Patient bei seiner Vorzugstemperatur zu halten. Dann entnimmt man die Schildkröte kurz ihrer vertrauten Umgebung oder dem Transportbehälter, in dem sie vorher mindestens 24 Stunden gehalten wurde. Notfalls wird der Patient in eine Tierklinik aufgenommen, nach 24 Stunden aus einem nun vertrauten Behältnis genommen und die Narkose eingeleitet. Erreicht man mit der ersten Injektion nicht die erwünschte Ruhigstellung, so sollte man ein- bis höchstens zweimal jeweils mit maximal einem Drittel der Initialdosis nachdosieren. Erreicht man dann keine geeignete Immobilisation, ist es sinnvoller, die Immobilisation abzubrechen und nach mehreren Tagen mit einer erhöhten Dosis zu wiederholen. Die Schwierigkeit, die geeignete Dosis von Ketamin für eine Immobilisation zu finden, führte zu erfolgversprechenden Versuchen, bei denen eine bessere Immobilisation mit der Kombination von Ketamin in einer Dosis von 20 bzw. 40 mg/kg KM zusammen mit Midazolam in einer Dosis von 2 mg/kg KM erfolgte (BIENZLE, BOYD, 1992).

### 5.3.3 Inhalationsnarkose

Für die Inhalationsnarkose sollte man Halothan oder besser noch das etwas kostspieligere und weniger lebertoxische Isofluran einsetzen (HOCHLEITNER, 1991). Die Gabe von 20 mg/kg KM Ketamin vor einer Inhalationsnarkose ist sinnvoll. Für größere Tiere eignet sich die Intubationsnarkose im geschlossenen System. Jedoch muß die Narkose bei sehr großen und wehrhaften Schildkröten oft zunächst in einem geschlossenen Behälter oder mit einer Kopfmaske eingeleitet werden. Dabei ist zu berücksichtigen, daß Schildkröten bis zu 20 Minuten die Atmung unterbrechen können und dann durch verkürzte Atempausen eine schnelle Narkoseanflutung zeigen. HOCHLEITNER (1991) nutzt zur Einleitung einer Narkose mit Isofluran eine Maske in Form einer 20 ml Spritze. Nach der Muskelerschlaffung wird ein Narkoseschlauch in das Maul geführt und 5 Vol% Isofluran bei einem Sauerstoffdurchfluß von zwei bis drei Litern/Minute gegeben. Obwohl auch Landschildkröten anfangs den Atem für ein bis zwei Minuten anhielten, trat nach wenigen Atemzügen sehr schnell eine Erschlaffung der Muskulatur ein. Die Aufwachzeit war unabhängig von der Länge der Narkose und dauerte etwa fünf bis zehn, in einem Extremfall maximal 40 Minuten (HOCHLEITNER, 1991).

Isofluran kann nur im geschlossenen System gegeben werden. Wird in Einzelfällen eine Inhalationsnarkose z. B. zum Schneiden der Zehen und des Schnabels bei Dosenschildkröten benötigt, kann in einem Glasgefäß oder einer Plastiktüte ein Schwamm mit Halothan getränkt und so die Schildkröte unter Sichtkontrolle und ohne weitere Hilfsmittel immobilisiert werden.

Für die Beurteilung der Narkosetiefe s. schematische Darstellung nach BONATH (1985).

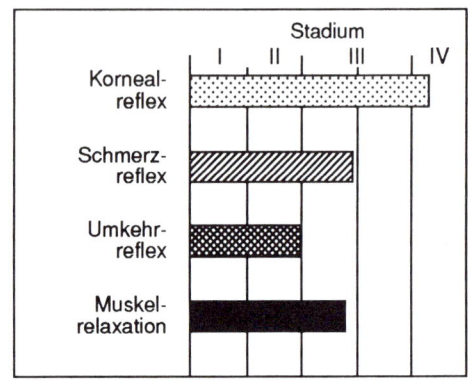

Abb. 4:   Narkosestadien der Schildkröten (modifiziert nach BONATH 1985)

**Stadium I = oberflächliche Sedierung**
Bei den Schildkröten fallen der Kopf und die Gliedmaßen allmählich aus dem Panzer hervor. Die Tiere zeigen unphysiologische Gliedmaßenhaltung und Ataxien. In Rückenlage sind noch Korrekturbewegungen wahrnehmbar.
**Stadium II = tiefe Sedierung**
Bei den Schildkröten ist der Schmerzreflex verzögert, der Rückziehreflex verzögert bis stark eingeschränkt. In Rückenlage sind noch träge Korrekturbewegungen erkennbar. Die Muskeln relaxieren in zunehmendem Maße.
**Stadium III = Toleranzstadium oder chirurgisches Stadium**
Die Schildkröten zeigen keinen Schmerz-, Rückzieh- und Umkehrreflex. Alle Gliedmaßen und der Kopf sind vorgefallen. Alle Muskeln sind relaxiert.
**Stadium IV = irreversibles Stadium**

## 5.4   Wiederbelebung bzw. Kreislaufaktivierung nach Herz- und Atemstillstand

Nach der Immobilisation werden Reptilien bei einer Temperatur von 24–27 °C gehalten. Höhere Temperaturen führen zu einem höheren Sauerstoffbedarf und dadurch zu einer Hypoxie. Im Gegensatz zu Säugetieren können Reptilien einen Herz- und Atemstillstand besser überstehen. Neben der Beatmung mit Sauerstoff werden auch Atembewegungen mit den Vorderextremitäten empfohlen (ADEST, JARCHOW, BRYDOLF, 1988). Dazu zieht man die Füße der in Normalhaltung befindliche Schildkröte nach oben etwas heraus und drückt sie zweimal pro Minute wieder in den Axillarraum.

# 6 Physiologische Daten

## 6.1 Blutwerte

Die Blutwerte der Schildkröten variieren innerhalb eines Jahres. Außerdem haben weitere Faktoren wie Trächtigkeit, Blutentnahmetechnik und Immobilisation einen Einfluß auf die Werte. Weiterhin ist zu berücksichtigen, daß in den einzelnen Instituten unterschiedliche Meßeinrichtungen verwendet werden. Um die Werte besser vergleichen zu können, wurden Angaben einzelner Publikationen mit anderen Maßeinheiten auf SI-Einheiten umgerechnet.

Tab. 9: Blutnormalwerte von 17 Griechischen Landschildkröten (GÖBEL, SPÖRLE, 1992)

| Parameter | Einheit | Werte |
|---|---|---|
| Gesamtprotein | g/l | 31–54 |
| Kalzium | mmol/l | 2,72–3,49 |
| Phosphor | mmol/l | 1,7–3,3 |
| Harnstoff | mmol/l | 0,35–1,62 |
| Kreatinin | µmol/l | < –26,5 |
| AST | U/l | 19–103 |
| LDH | U/l | 161–473 |
| GGT | U/l | < –10 |
| ALP | U/l | 196–425 |
| Glukose | mmol/l | 2.0–5,5 |
| Kalium | mmol/l | 4,56–5,01 |
| Natrium | mmol/l | 130–144 |
| Chlorid | mmol/l | 96–115 |
| Hämatokrit | l/l | 0,24–0,35 |

## 6.2 Differentialblutbild

Für das Blutbild liegt eine Reihe von Publikationen vor, die sich aufgrund unterschiedlicher Untersuchungsverfahren schlecht miteinander vergleichen lassen. Erschwerend wirkt sich aus, daß die Erythrozyten und Thrombozyten der Reptilien im Gegensatz zu denen der Säugetiere kernhaltig sind und daß damit die Bestimmung der Leukozytenzahl mit den herkömmlichen Methoden nicht möglich ist. Die Auswertung eines Differentialblutbildes setzt entsprechende Erfahrung voraus (GÖBEL, SPÖRLE, 1992).

Tab. 10: Normalblutwerte für Gopherschildkröten (ROSSKOPF, 1982)

| N = 300 | | |
|---|---|---|
| Erythrozyten | (x $10^6$/mm$^3$) | 1,2–3,0 |
| Leukozyten | (x $10^3$/mm$^3$) | 3–8 |
| Hämatokrit | (l/l) | 0,23–0,37 |
| Differentialblutbild | (%) | |
| Neutrophile | | 0–3 |
| Heterophile | | 35–60 |
| Lymphozyten | | 25–60 |
| Monozyten | | 0–4 |
| Eosinophile | | 0–4 |
| Basophile | | 2–15 |

## 6.3 Körpertemperatur

Die Vorzugstemperatur ist die Temperatur, die eine Schildkröte in ihrer aktiven Phase (nicht während des Winterschlafes) innerhalb eines Raumes selbst wählt und bei der eine optimale Energieverwertung erfolgt. Die

Vorzugstemperatur von Landschildkröten liegt zwischen 25 und 29 °C. Die in der Kloake gemessene Körpertemperatur liegt geringgradig darunter und ist kein Hilfsmittel für die Beurteilung des Gesundheitszustandes. Das Herz schlägt bei höheren Temperaturen schneller und bei niedrigen langsamer (ELS, ERASMUS, WINTER, 1988). Es konnte in einer Untersuchung bewiesen werden, daß nach einer Injektion von lebenden *Aeromonas hydrophila* bei Carolina-Dosenschildkröten (*Terrapene carolina*) und Zierschildkröten (*Chrysemys picta*) die Körpertemperatur um 4,6 °C erhöht wurde (MONAGAS, GATTEN, 1983). Im Gegensatz zu den Landschildkröten liegt die Körpertemperatur der Meeresschildkröten immer über der Temperatur des Wassers, in dem sie sich befinden (STANDORA, SPOTILA, FOLEY, 1982). In die Pektoralmuskulatur implantierte Meßelemente und die durch Telemetrie übermittelten Werte ergaben Temperaturen, die für inaktive Tiere 1–2 °C und für aktive Suppenschildkröten (*Chelonia mydas*) 7 °C über der Umgebungstemperatur lagen.

## 6.4 Kreislauf

Bislang liegen keine geeigneten Untersuchungen vor, die für die Beurteilung des Gesundheitszustandes einer Schildkröte herangezogen werden können. Die Herzfrequenz ist abhängig von der Außentemperatur. Bei höheren Außentemperaturen liegt die Herzfrequenz entsprechend höher (ELS, ERASMUS, WINTER, 1988). Es ist nicht einfach, die Herztöne zu hören. Am besten ist dies zwischen Hals und Vorderbein möglich.

Tab. 11: Schildkröten-Herzfrequenzen (COOK, WESTROM, 1979)

| Art | Herzschlagfrequenz |
|---|---|
| Zierschildkröte | 34/min |
| Schmuckschildkröte | 40/min |
| Galapagosschildkröte | 25/min |

## 6.5 Atmung

Die Zahl der Atemzüge schwankt bei den einzelnen Arten beträchtlich. Eine Griechische Landschildkröte macht in ihrer aktiven Zeit, also außerhalb des Winterschlafes, 4–6 Atemzüge. Meeresschildkröten tauchen nur alle 20 Minuten auf, um Luft zu holen. Das ist bei einer Inhalationsnarkose zu berücksichtigen. Für die Beurteilung des Gesundheitszustandes einer Schildkröte hat die Atemfrequenz keine Bedeutung.

# 7 Untersuchungsmethoden

## 7.1 Allgemeine äußere Untersuchungen

Untersuchung der Hautoberfläche auf Veränderungen und das Vorhandensein von Ektoparasiten (häufig findet man Milben, gelegentlich Zecken). Bei Hautveränderungen empfiehlt sich die Entnahme eines Hautgeschabsels für die bakteriologische und mykologische Untersuchung. Die Zehennägel sollen keine Überlänge aufweisen, der Schnabel darf keine verlängerten Hornscheiden bilden, da diese oft ein Grund der Nahrungsverweigerung sind.

Die Prüfung des Gewichtes und ein Vergleich mit entsprechenden Altersgenossen gibt Aufschluß über den Stand der Entwicklung.

Die Untersuchung des Panzers auf seine Festigkeit. Oft zeigen sich hier durch falsche Ernährung Verformungen und/oder mangelnde Festigkeit. Bei einem ausgewachsenen Tier ist der Panzer (Bauchpanzer = Plastron; Rückenpanzer = Carapax) fest und unbeweglich. Dosenschildkröten besitzen jedoch im Plastron ein Scharnier im kranialen und ein weiteres im kaudalen Bereich, so daß sie sich ganz innerhalb des Panzers verbergen

# Untersuchungsmethoden

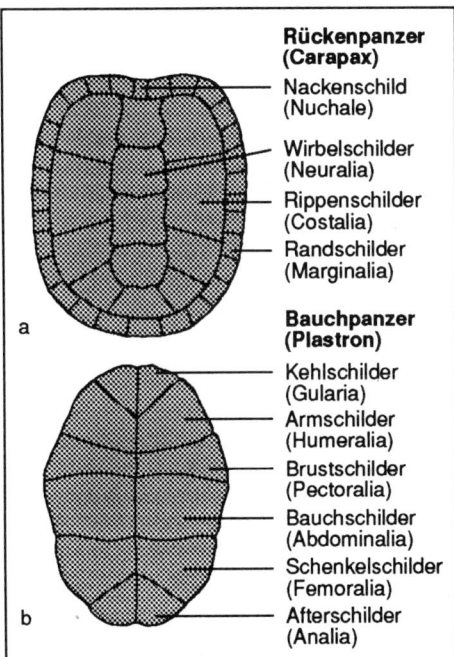

Rückenpanzer (Carapax)
- Nackenschild (Nuchale)
- Wirbelschilder (Neuralia)
- Rippenschilder (Costalia)
- Randschilder (Marginalia)

Bauchpanzer (Plastron)
- Kehlschilder (Gularia)
- Armschilder (Humeralia)
- Brustschilder (Pectoralia)
- Bauchschilder (Abdominalia)
- Schenkelschilder (Femoralia)
- Afterschilder (Analia)

Abb. 5: Schildkrötenpanzer

können. Die Hornschilder müssen auf der knöchernen Grundlage fest verankert sein und dürfen keine Risse oder Beschädigungen aufweisen (die Hornschilder sind nicht immer mit den Knochenschildern identisch). Den Lederschildkröten fehlen die Hornschilder. Dafür tragen diese Tiere eine glatte, lederartige Haut.

Der knöcherne Anteil des Panzers besteht nur aus kleinen Knochentäfelchen, die in die dicke Haut eingebettet sind. Den Weichschildkröten fehlen ebenfalls die Hornschilder; Rücken- und Bauchpanzer sind von einer dicken Haut bedeckt.

Die Augen dürfen nicht verklebt sein und weder klaren noch trüben Ausfluß aufweisen. Die Augenlider sollen keine Schwellung zeigen. Veränderungen der Augen oder Augenlider sind in der Regel kein Anzeichen einer Primärerkrankung, sondern meist eine Folge einer anderen Gesundheitsstörung!

Die Nasenöffnungen und die Maulschleimhaut müssen frei von Belägen oder Ausfluß sein. Schaumbläschen an den Nasenlöchern oder an der Maulhöhle können ein Hinweis auf Pneumonie sein. Mit Hilfe von Rachentupfern lassen sich Proben entnehmen und dann Bakterien nachweisen. So konnte GÖBEL (1990) bei zehn klinisch gesunden Landschildkröten mit 40 Rachentupfern 179 Bakterienstämme in Reinkulturen isolieren! Untersuchungen mit Rachen- und Kloakentupfern sind also unerläßlich, wenn man eine Schildkröte als möglichen Salmonellenträger, beispielsweise für die Ausstellung eines Gesundheitsattestes, überprüfen will. Auch bei negativen Salmonellenbefunden darf eine Salmonellenfreiheit nicht bescheinigt werden, sondern bestenfalls, daß keine Salmonellen nachgewiesen werden konnten!

Verhaltensänderungen im Bewegungsablauf können oft nur vom Besitzer beobachtet werden. Oft sind die Schildkröten bei einer Erkrankung träge, der Kopf wird dann nicht reflektorisch zurückgezogen. Wasser- und Meeresschildkröten zeigen möglicherweise eine anomale Schwimmhaltung oder treiben an der Oberfläche (z. B. bei Pneumonien). Eine Schieflage wird auch nach Fremdkörperaufnahme, z. B. eines größeren Steines, beobachtet.

Auf Geräuschentwicklung achten. Abgesehen davon, daß einzelne Schildkröten in für sie unangenehmen Situationen fauchen können, hört man gesunde Tiere nicht atmen. Geräusche bei der Atmung, manchmal auch rasselnde Laute können beispielsweise ein Hinweis auf eine Pneumonie sein.

## 7.2 Blutuntersuchung

Die Gewinnung des Blutes ist wesentlich schwieriger als bei Haussäugetieren. Stauen der Gefäße ist nicht möglich. Außerdem sind die Venen weder sichtbar noch zu palpieren. In den letzten Jahren entwickelte man einige Verfahren der Blutentnahme, die jedoch Geduld und Geschick erfordern. Da das Blut der Schildkröten sehr schnell gerinnt, sollten die Punktionskanüle und die entsprechende Spritze heparinisiert sein. Dies gilt insbesondere für englumige Kanülen.

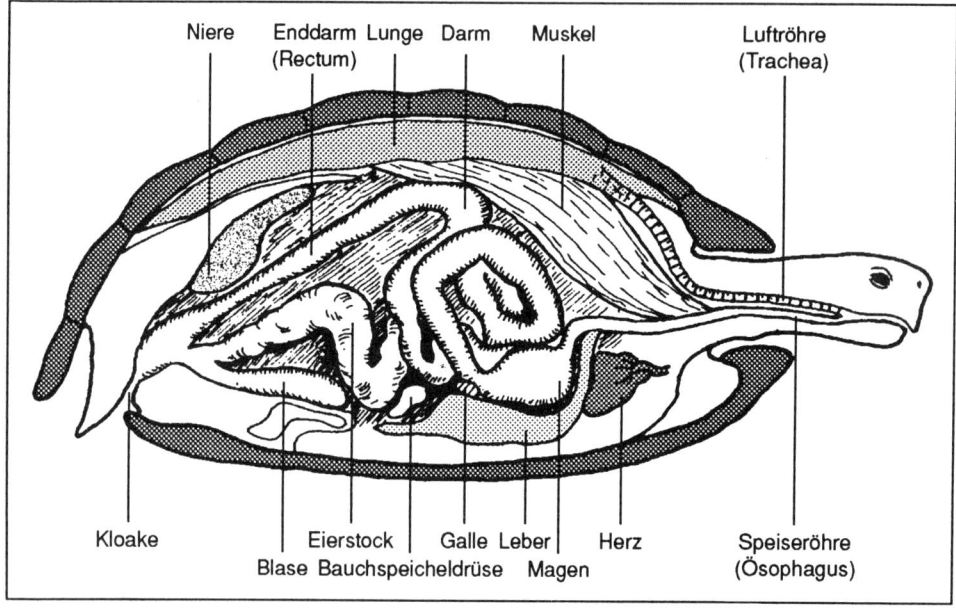

Abb. 6: Anatomie einer Schildkröte (modifiziert nach HACKBART 1985)

**Möglichkeiten der Blutgewinnung:**

1. Nach starkem Kürzen der Zehennägel erhält man Blutstropfen, die für einige Untersuchungen ausreichen. Anschließend wird die Blutung mit einigen Tropfen Lotagen[R] oder einem Thermokauter gestillt.

2. Aus der Vena coccygealis superior, die dorsolateral der Schwanzwirbel verläuft, läßt sich wegen des längeren Schwanzes bei den männlichen Tieren besser Blut entnehmen als bei den weiblichen. Nach gründlicher Desinfektion der zu punktierenden Haut sticht man in die Mitte des Schwanzes eine bis zu 1,8 mm starke Nadel im Winkel von 45 Grad durch die Haut und weiter bis zum Knochen. Dicht über diesem Knochen befindet sich das zu punktierende Gefäß, und mit ein wenig Geduld und vorsichtigem Bewegen der Nadel erhält man das Blut (s. Abb. 8).

3. Die Punktion der Vena ulnaris des Plexus axillaris erfordert noch mehr Feingefühl. Dazu wird die Schildkröte an einer Tischkante so fixiert, daß das zu punktierende Vorderbein frei herabhängt. In der Gelenkbeuge des Handwurzelgelenkes fühlt man unter der Haut eine Sehne. Nach gründlicher Desinfektion dieses Bereichs sticht man zwischen der knöchernen Begrenzung des Handwurzelgelenkes und der Sehne im Winkel von 45 Grad durch die Haut. Dabei zeigt die Nadelspitze in Richtung des gegenüberliegenden Hinterbeines. Nach vorsichtigem Manipulieren erhält man in der Regel das Blut. Gelegentlich trifft man mit der Nadel das neben der Vene verlaufende Lymphgefäß. Hier sollte man die Blutentnahme an dieser Extremität sofort abbrechen und den Vorgang am anderen Vorderbein wiederholen. Lymphe im Blut würde die Werte der Blutuntersuchung verfälschen!

4. Bei der Punktion der Vena jugularis wird die Schildkröte gut auf dem Tisch fixiert. Jetzt streckt man den Kopf des Tieres und sticht nach gründlicher Desinfektion hinter dem Ohr am oberen Rand des Trommel-

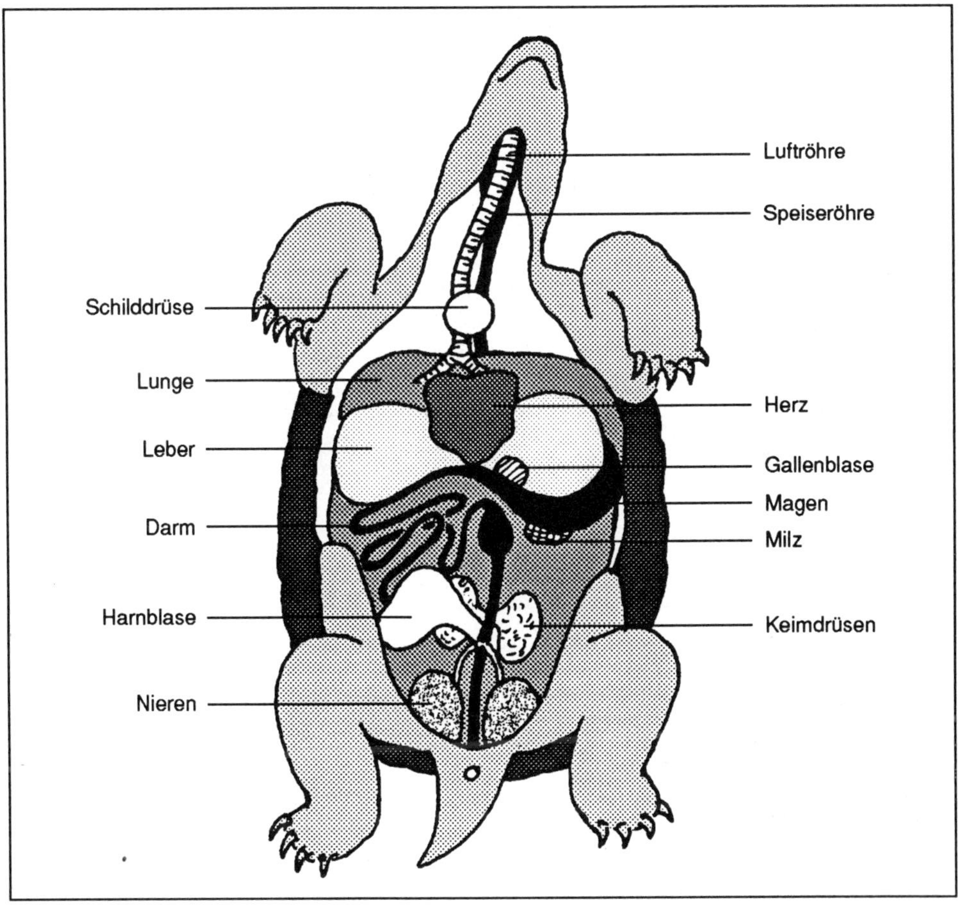

# Untersuchungsmethoden

Abb. 7: Anatomie einer Schildkröte (modifiziert nach IPPEN/LIEBMAN aus IPPEN/SCHRÖDER/ ELZE 1985)

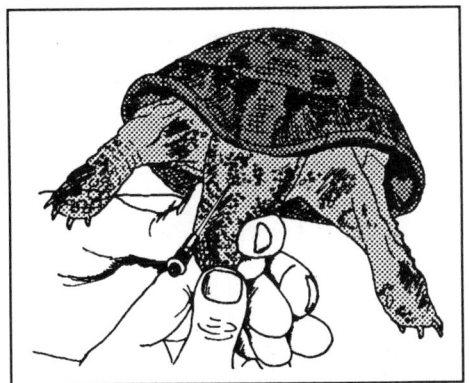

Abb. 8: Blutentnahme durch Punktion der Vena coccygealis superior männlicher Schildkröten

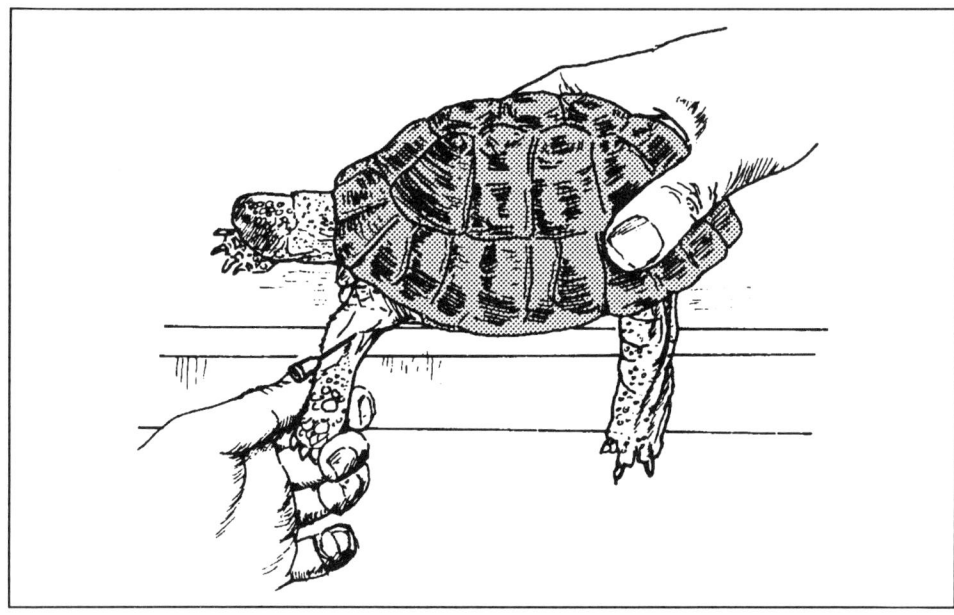

Abb. 9: Blutentnahme durch Punktion der Vena ulnaris

fells die Nadel im Winkel von 45 Grad von kranial in Richtung Panzer, bis Blut aus der Kanüle tritt. Vorsicht ist geboten, wenn man die benachbarte Arterie ansticht. Eine Blutstillung in diesem Bereich ist durch längere Kompression möglich.

5. Die Blutentnahme durch Herzpunktion ist ebenfalls möglich. Obwohl wir diese unterschiedlichen Techniken ablehnen, da solche Eingriffe die Schildkröten sehr belasten, stellen wir die einzelnen Verfahren hier vor, da diese zumindest zum Töten von Schildkröten eingesetzt werden können. Mehrere Autoren empfehlen, nach entsprechender Reinigung des Plastrons ein Loch in die Medianlinie zwischen Brust- und Bauchschild zu bohren und anschließend mit einer Kanüle das Herz zu punktieren (RÜEDI et al., 1981; GABRISCH, ZWART, 1990). Eine weitere Möglichkeit der Herzpunktion beschreiben STEPHENS und CREEKMOORE (1983). Mit einer langen Nadel gehen sie bei dem sich in Rückenlage befindenden Tier nach gründlicher Desinfektion vor dem Hinterbein durch die Haut und führen die Nadel in Richtung Herz. In mehr als 200 Fällen konnten sie so erfolgreich Blut gewinnen. Eine dritte, jedoch etwas umständliche und risikoreiche Methode der Herzpunktion beschreiben WISSDORF, BEYER und FEHR (1989). Man fixiert die Schildkröte in Rückenlage, geht mit einer langen Nadel am Hals entlang zwischen Carapax und Plastron etwas schräg in Richtung Mittellinie und trifft dort, wo Bauch- und Brustschild zusammentreffen, genau das Herz. Wir setzen diese Methode zum Euthanasieren ein.

6. Die Punktion des Femoralplexus wird für kleine Schildkröten beschrieben (RICHTER et al., 1977). Dazu sticht man auf der Innenseite des Hinterschenkels kaudolateral in Richtung Femurkopf.

Abb. 10: Blutentnahme durch Punktion der Vena jugularis

## 7.3 Kotuntersuchung

Die Bedeutung der Kotuntersuchung wird meistens unterschätzt. Erst wenn zwei Kotuntersuchungen im Abstand von vier Wochen parasitologisch einwandfrei sind, dürfen Schildkröten aus der Quarantäne in den übrigen Bestand übernommen werden. Ist ein enger Kontakt mit Kindern zu erwarten, empfiehlt es sich, Proben zur bakteriologischen Untersuchung auf Salmonellen einzusenden.

Hat die Schildkröte lange Zeit keinen Kot abgesetzt, helfen oft schon warme Bäder. Gelingt es dennoch nicht, kann man notfalls mit einem Watteträger eine Tupferprobe aus der Kloake entnehmen.

Falls die tierärztliche Praxis entsprechend eingerichtet ist, empfehlen sich folgende Untersuchungsverfahren:
1. Frischpräparat (durch Zugabe Lugolscher Lösung lassen sich Protozoen leichter differenzieren)
2. Flotationsverfahren (zum Nachweis von Kokzidienoozysten, Bandwurmeiern und Nematodeneiern)
3. Sedimentationsverfahren
4. Larvenauswanderungsverfahren.

## 7.4 Röntgen

Mit Hilfe von Röntgenaufnahmen kann man viele Krankheiten diagnostizieren oder auch ausschließen. In vielen Fällen lassen sich Schildkröten ohne Immobilisation röntgen. Das Tier wird zunächst in Rückenlage und dann durch eine schnelle Drehung in die aufrechte Position gebracht. So bleibt der Patient für 3–5 Sekunden regungslos in dieser Position liegen, und eine Röntgenaufnahme ist möglich. Klebt man die Schildkröte mit einem breiten Klebeband auf einen festen Schaumgummi- oder einen Holzblock, können von dem Patienten in den verschiedensten Lagen Röntgenaufnahmen angefertigt werden. Ein wichtiges Hilfsmittel für die Beurteilung der Aufnahmen ist der Atlas der Röntgendiagnostik bei Heimtieren (RÜBEL, ISENBÜGEL, WOLVEKAMP, 1991). Die Aufnahme erfolgt in drei Projektionsebenen, im dorsoventralen, laterolateralen und kraniokaudalen Strahlengang.
1. Aufnahmen im dorsoventralen Strahlengang eignen sich für die Beurteilung einer möglichen Panzerfraktur, einer Osteodystrophia fibrosa generalisata, einer mykotischen Osteolyse, einer möglichen Enteritis aufgrund gasiger Auftreibung, einer Gastritis, einer Verstopfung einschließlich Fremdkörperaufnahme. Von

besonderer Bedeutung sind dorsoventrale Aufnahmen für die Beurteilung einer Trächtigkeit und der klinischen Differentialdiagnose zwischen Legenot und Blasensteinen.
2. Der laterolaterale Strahlengang eignet sich für die Beurteilung einer möglichen Rachitis und kann nach Eingabe von Bariumsulfatsuspension neben dem dorsoventralen Strahlengang auch für die Darstellung des Magen-Darmtraktes herangezogen werden (HOLT, OLDHAM, 1978).
3. Der kraniokaudale Strahlengang eignet sich vor allem für die Beurteilung der Lunge, die sonst durch andere Bauchorgane teilweise verdeckt wird. So ist das Erkennen eines Flüssigkeitsspiegels u. U. ein Hinweis für eine Pneumonie mit Sekretansammlung. Eine wolkenartige Verschattung der Lungenfelder kann ein Zeichen einer mykotischen Pneumonie sein. Für die Darstellung des Magen-Darmtraktes ist die Eingabe von Bariumsulfat in einer Verdünnung von 1:1 oder besser Gastrografin[R] (Schering) möglich. JACKSON und FASAL (1981) erzielten bei einer 1,2 kg schweren Schildkröte einen Doppelkontrast, indem sie nach der Verabreichung von 2 ml Gastrografin[R] noch 18 ml Luft über die Magensonde einleiteten.

## 7.5 Endoskopie

Um im Coeliom der Schildkröte Untersuchungen vornehmen zu können, sollte der Patient zunächst je nach Größe 7 bis 14 Tage fasten. Man bringt die Schildkröte in Rückenlage. Den kaudalen Teil der Schildkröte hebt man im Winkel von 60 Grad zur Tischoberfläche an. Die Inguinalgegend vor den Hinterfüßen wird gründlich gereinigt und ein Lokalanästhetikum in den Hautabschnitt injiziert. Nach einer kleinen Inzision kann man mit einem 8 mm Trokar in das Coeliom hineingehen und mit gefilterter Luft, die über eine Kanüle eingeleitet wird, die Sicht in diesem Raum verbessern. SCHILDGER und WICKER (1992) verbringen die Schildkröte nach einer Gabe von Ketamin in einer Dosis von 25–75 mg/kg KM in die rechte Seitenlage und lassen sich die linke Hintergliedmaße nach kaudal ziehen. In der Mitte der Kniebucht erfolgt, parallel zum Plastron, ein 4–6 mm langer Hautschnitt. Anschließend erfolgt eine stumpfe Perforation mit einer Pinzette, während zwischen den Pinzettenschenkeln das Endoskop sowie eine Verreskanüle für die Gasinsufflation eingeführt wird. Der $CO_2$-Druck sollte 10 mm HG betragen. Auf diese Weise lassen sich die Bauchhöhlenorgane, insbesondere die Geschlechtsorgane und die Blase, gut untersuchen (RÜEDI, 1981; RÜEDI et al., 1981).

## 7.6 Sonographie

Dieses Verfahren gewinnt ständig an Bedeutung und eignet sich ebenfalls für die Untersuchung der inneren Organe der Schildkröte, insbesondere der Geschlechtsorgane. Man bringt die Schildkröte in Rückenlage und positioniert den Scanner in der Inguinalgegend kranial der Hinterfüße. Die Ultraschallwellen (3,5 MHz, 5,0 MHz oder 7,5 MHz) durchdringen nicht den Knochen oder stärkere Hornschichten, sondern nur die Weichteile (ROSTAL et al., 1990; ROBECK et al., 1990). Aufgrund der besonderen Anatomie der Schildkröte gibt es hier drei akustische Fenster. Das mediastinale (Strahlengang bei leicht zur Seite geneigtem Kopf der Schildkröte von kranial in Richtung Körperhöhle gerichtet) sowie die axillaren akustischen Fenster ermöglichen eine gute Sicht auf das Herz und die Leber, während das inguinale akustische Fenster für die Beurteilung von Nieren, Gonaden, Harnblase sowie des Intestinums geeignet ist (PENNINCK et al., 1991). Die Bauchspeicheldrüse und die Milz konnten auf diese Weise nicht dargestellt werden. Mit Erfolg setzte man die Sonographie bei Meeresschildkröten zur Untersuchung der Morphologie der Ovarien ein. Die Vorteile dieses Verfahrens sind beachtlich. Man kommt ohne Immobilisation aus und vermeidet die Infektionsrisiken der Endoskopie.

## 7.7 Kernspintomographie

Die Magnetresonanz oder Kernspintomographie (Computertomographie) ist ein neues Verfahren aus der Humanmedizin, das sich hervorragend für die Beurteilung von Veränderungen der Lunge, der Nieren, der Eileiter, der Gelenke und der Ovarien bei freier Wahl der Bildebene eignet. Aufgrund des hohen Kostenaufwandes wird dieses Verfahren zur Zeit nur für vereinzelte Untersuchungen angezeigt sein. Die Patienten müssen dabei allerdings sediert sein (KUONI, RÜBEL, 1991). Ein besonderer Vorteil des Verfahrens liegt darin, daß dabei keine ionisierenden Strahlen eingesetzt werden, die immer eine besondere Belastung für den Patienten darstellen. Für Untersuchungen am Knochen ist die Kernspintomographie nur begrenzt einsetzbar. Erfahrungen liegen vor mit Geräten von Philips (Gyroscan S 15) und von Siemens (Magnetom 1.0 T). Die Spin-Echo-Sequenzen betragen SE mit TR 300 bis 500 ms und TE von 10 bis 15 ms für T1-Gewichtung und mit TR 2000 ms und TE 90 bis 100 ms für T2-Gewichtung.

Den Einsatz des Computertomographen für die Diagnose von Krankheiten bei Schildkröten beschreiben ebenfalls BOURDEAUX, DELISE und DEVAUCHELLE (1992).

# 8 Infektionskrankheiten

## 8.1 Parasitosen

### 8.1.1 Ektoparasitosen

#### 8.1.1.1 Zeckenbefall
Bei Landschildkröten kann man gelegentlich Zecken beobachten. Beträufeln mit Äther, Alkohol oder Öl führt zum Abfallen des Parasiten. Zecken, die sich nicht von selbst lösen, werden nach kurzer Einwirkungszeit entfernt.

#### 8.1.1.2 Milbenbefall
Milben haben bei Schildkröten keine große Bedeutung, und nur gelegentlich kommt es zum Befall mit diesen Parasiten. Die zur Familie der *Cloacaridae* gehörenden Milben haben stark zurückgebildete Beine und parasitieren unter der dünnen Mukosaschicht in der Kloakenregion (COOPER, JACKSON, 1981).

#### 8.1.1.3 Hautmyiasis
Die Fleischfliegen können ihre Eier in der Region der Kloake ablegen. Die sich entwickelnden Larven parasitieren dort und führen zu großflächigen Wunden. Nach dem Absammeln der Maden und täglichen Bädern werden diese Wunden mit einer Lebertran- oder Antibiotikasalbe abgedeckt (GRAHAM-JONES, 1961).

### 8.1.2 Endoparasitosen

In der Regel findet man bei Kotuntersuchungen der Schildkröten Parasiteneier. Jedoch lassen selbst 10 - 14 malige Kotuntersuchungen anhand der Eizahl keine Rückschlüsse auf die Wurmbürde zu. Verwurmte Tiere scheiden zwar mehr Eier aus, doch können einzelne Kotproben frei von Parasiteneiern sein (CLAUSEN, 1981). Dieser Autor weist auf Unverträglichkeitserscheinungen mit Rotfärbung des Harns bzw. mehrtägiger Somnolenz bei therapeutisch wirkungslosen Dosierungen von Citarin$^R$-L und Ivermectin hin.

#### 8.1.2.1 Infektionen durch Einzeller
■ Hexamiteninfektion
*Ursache/Erreger*: Über Wasser oder über Futter kann *Hexamita parva* eingeschleppt werden. Wasser- wie auch Landschildkröten sind für diesen Erreger empfänglich (ZWART, TRUYENS, 1975). Die Parasiten nisten sich in Organen ein, die mit dem Verdauungstrakt in Verbindung stehen: Leber, Darm, vor allem aber Nieren. Klinisch läßt sich der Erreger selbst nicht nachweisen, jedoch wird der Harn trüb, und seine griesigen Anteile kann man unter dem Mikroskop erkennen. Sie sind ein Hinweis auf eine mögliche Hexamiteninfektion. Die Tiere magern ab, sind apathisch,

und nach mehreren Wochen tritt der Tod ein.

*Pathologische Veränderungen*: Bei der stark vergrößerten Niere sind die Nierentubuli, die die Erreger enthalten, so stark erweitert, daß sie mit bloßem Auge sichtbar sind.

*Therapie*: Die übrigen Tiere des Terrariums werden mit Dimetridazol (Emtryl$^R$, Rhone Merieux) in einer Dosis von 40 mg/kg KM per os über sieben Tage oder in Dauerbädern 14 Tage lang (400 mg/l Wasser) behandelt. Bei zentralnervösen Erscheinungen ist die Behandlung abzubrechen. Weiterhin kann Ronidazol (Duodegran$^R$, MSD-AGVET) in einer Dosis von 10 mg/kg KM per os acht Tage lang eingesetzt werden.

### ■ Amöbenruhr

*Ursache/Erreger:* Durch *Entamoeba invadens* hervorgerufene schwere Enteritis, die sich im Terrarium schnell ausbreiten kann. Schildkröten können über einen langen Zeitraum diesen Erreger ausscheiden, ohne selbst zu erkranken, gelten jedoch als Gefahrenquelle für Echsen und Schlangen, die wesentlich empfindlicher reagieren. Trotzdem wird eine Amöbiasis bei 3 % der Sektionen von Schildkröten gefunden (IPPEN, 1992).

*Diagnose*: In der Regel zeigen die befallenen Schildkröten keine klinischen Symptome. Diese Infektion wird erst bei der Sektion eines Tieres festgestellt. Nach solch einem Befund müssen bei den übrigen Tieren des Terrariums Kotuntersuchungen auf Amöben eingeleitet werden. Der Amöbennachweis gelingt nur in frischem Kot. Dazu legt man ein stecknadelkopfgroßes Kotstückchen mit Lugolscher Lösung verrührt auf einen Objektträger, um vornehmlich Zysten nachzuweisen (FRANK, SACHSSE, WINKELSTRÄTER, 1976; JACOBSON, CLUBB, NAPOLITANO, 1981). Ist dies nicht möglich, setzen wir ein Anreicherungsverfahren, und zwar die Merthiolate-Iodine-Formaldehyde-Concentration (M.I.F.C.) ein (Rezept s. Kapitel Schlangen). Eine weitere Möglichkeit zum Bestimmen einer Amöbeninfektion ist das Immunofluoreszensverfahren, bei dem ein Titer ab 1 : 16 als positiv gewertet wird (FRANK, SIGMUND, 1976).

*Therapie*: Nach dem Verlust eines Tieres wird unverzüglich mit Kotuntersuchungen der übrigen Tiere desselben Terrariums und mit einer prophylaktischen Therapie begonnen. Dazu erhalten die Schildkröten Metronidazol (Clont$^R$, Bayer) in einer Dosis von 75 mg/kg KM fünf Tage lang oder Ronidazol (Duodegran$^R$, MSD-AGVET). Man löst 10 g des Duodegran$^R$-Pulvers in 100 ml Wasser und gibt den Tieren 1 ml/kg KM per os acht Tage lang. Bei Nahrungsverweigerung zerkleinert man das Medikament in einem Mörser, gibt Rinderserum (Boviserin$^R$, Hoechst) dazu und verabreicht das Gemisch mit einer Sonde, bei kleinen Schildkröten z. B. mit einem Harnröhrenkatheter für Rüden. Neben der Behandlung müssen gleichzeitig Terrarium und Gerätschaften gründlich desinfiziert werden.

### ■ Balantidiumbefall

*Ursache/Erreger*: Gelegentlich lösen diese Ziliaten Störungen im Magen-Darmtrakt aus, die auch zum Tode führen können.

*Therapie*: Eine Behandlung erfolgt mit Metronidazol (Flagyl$^R$, Rhône-Poulenc) in einer Dosis von 160 mg/kg KM an vier aufeinanderfolgenden Tagen. Zur Behandlung eignet sich auch Paromomycin (Humatin$^R$, Parke-Davis).

### ■ Kokzidien-Infektion

*Ursache/Erreger*: Eine Reihe von unterschiedlichen Arten parasitieren in Schildkröten. Kokzidien in der Leber, der Gallenblase und in den Nieren werden meist nur bei der Sektion gefunden. Im Blutausstrich kann man u. U. *Haemogregarina sp.* nachweisen, über deren Pathogenität wenig bekannt ist. Kokzidien (*Isospora sp., Eimeria sp.*), die im Dünndarm parasitieren, können blutigen Kot verursachen. Selbst bei Suppenschildkröten (*Chelonia mydas*) werden Kokzidien gefunden (LEIBOWITZ, REBELL, BOUCHER, 1978).

*Therapie*: Kokzidien in den Nieren, der Leber und Gallenblase lassen sich nicht therapieren. Kokzidien des Magen-Darmtraktes, die sich im Kot nachweisen lassen, bekämpft man oral mit Sulfaclozin (Esb$_3$$^R$, 30 % TAD, Pharmazeutisches Werk) in einer Dosis von 40 mg/kg KM über fünf bis sieben Tage oder Sulfadimethoxin in einer Dosis von 15 mg/kg KM über fünf bis sechs Tage. Wir konnten bei Schildkröten Kokzidien erfolgreich mit Formosulfathiazol (Socatyl$^R$, Asid) bekämpfen, indem wir alle Tiere des Terrariums Salatblätter mit Socatyl R-Paste fressen ließen.

### 8.1.2.2 Infektionen durch Nematoden

■ **Oxyurenbefall**

*Ursache/Erreger:* Oxyuren können fast in jeder Schildkröte nachgewiesen werden. Die dickschaligen Eier lassen sich gut erkennen. Oxyuren sind wirtspezifisch, und folgende Formen wurden beschrieben: *Tachygonetria sp., Oxyuris sp., Mehdiella sp., Macracis sp., Alaeuris sp., Atractis sp.* Die Infektion erfolgt per os. Nur ein massenhafter Befall führt zu Schädigungen des Wirtstieres. Die etwa 1,6–8 mm langen Parasiten, die vorwiegend den Endabschnitt des Darmes besiedeln, schaffen Eintrittspforten für Bakterien durch Schädigung der Darmschleimhaut.

*Therapie:* Das Mittel der Wahl ist Pyrviniumembonat (Molevac R, Parke-Davis). Die Schildkröten erhalten 1 ml/kg KM. Dabei ist zu berücksichtigen, daß es zu starker Rotverfärbung des Kotes durch das Medikament kommt. Weiterhin dezimieren Thiabendazol, Mebendazol und Fenbendazol die Oxyuren im Wirtstier.

■ **Askaridenbefall**

*Ursache/Erreger:* In Schildkröten parasitieren vor allem Arten aus der Gattung *Angusticaecum* und *Krefftascaris*. Sie haben eine Länge von acht bis 12 cm. Bei geringer »Wurmbürde« gelten sie als harmlose Parasiten. Bei massenhaftem Auftreten führen sie zu einer Blockade im Darmbereich und können durch Schädigung der Darmschleimhaut Eintrittspforten für andere Infektionserreger schaffen. Die Diagnose erfolgt durch den Nachweis der ungefurchten oder wenig gefurchten dickschaligen, runden bis ovalen Eier aus dem Kot.

*Therapie:* Für die Behandlung wird Piperazin (Piperazin R, Bela Pharm u. Co KG) in einer Dosis von 250 mg/kg KM empfohlen (KUNTZE, 1992).

### 8.1.2.3 Trematodenbefall

*Ursache/Erreger:* Trematoden treten gelegentlich bei Schildkröten auf. Sie wurden bisher in 15 verschiedenen Arten nachgewiesen, von denen Vertreter der Gattung *Haementeria* häufiger auftraten. Bei der Schnappschildkröte fand man *Actinobdella annectens* (REICHENBACH-KLINKE, 1977). Trematoden schädigen den Wirt nicht nur durch Blutentzug in der Lunge und im Magen-Darmtrakt, sondern gelten auch als Überträger des Blutparasiten *Haemogregarina nicoriae*. Da viele Trematoden zur Fortpflanzung ein bis zwei Zwischenwirte benötigen, ist eine Ausbreitung unter Tieren des Terrariums kaum möglich.

*Diagnose:* Da diese Parasiten kein spezifisches Krankheitsbild hervorrufen, werden sie entweder erst bei der Sektion oder bei einer Kotuntersuchung gefunden. Die für sie

Abb. 11: Oxyuren-Ei von einer Sporenschildkröte, *Geochelone sulcata* (Foto: TSCHERNER)

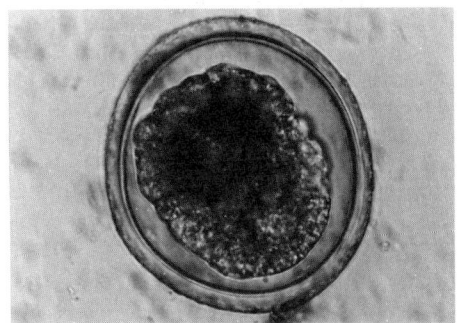

Abb. 12: Ascariden-Ei von einer Strahlenschildkröte, *Testudo radiata* (Foto: TSCHERNER)

typischen gedeckelten Eier lassen sich leicht erkennen.
*Therapie*: Zur Therapie eignet sich die orale Gabe von Praziquantel (Droncit^R, Bayer) in einer Dosis von 5 mg/kg KM.

### 8.1.2.4 Zestodenbefall

*Ursache/Erreger*: Bei Schildkröten findet man neben der zu den *Cestodaria* (unsegmentierte Bandwürmer) gehörenden *Austramphiline elongata* vor allem Vertreter der *Eucestoda* (gegliederte Bandwürmer).
*Diagnose*: Die Tiere zeigen keine typischen Symptome. Starke Abmagerung kann Anlaß für Kotuntersuchungen sein. Hier findet man Bandwurmeier oder abgegangene Proglottiden.
*Therapie*: Die Tiere erhalten per os Praziquantel (Droncit^R, Bayer in einer Dosis von 3–5 mg/kg KM. Medikamentenunverträglichkeit: Vorsicht ist bei der Parasitenbekämpfung mit Ivermectin geboten. Nach intramuskulärer Gabe von Ivermectin in einer Dosis von 0,4 mg/kg KM starben drei von vier Schildkröten unter zentralnervösen Störungen. Eine Dosis von 0,05 mg/kg KM wurde toleriert, zeigte jedoch nicht die volle Wirkung (TEARE, BUSH, 1983).

## 8.2 Pilz- und Algenbefall

Die Verluste durch Pilze und Algen sind nicht unerheblich. So werden bei Sektionen in 3–6 % der Fälle diese Erreger als Todesursache bei Schildkröten angesehen. Während die Mykosen der Haut und des Panzers gut zu erkennen sind, entziehen sich die Veränderungen der inneren Organe der Beobachtung. Man stellt sie erst bei der Sektion fest und kann dann lediglich die noch lebenden Tiere des Terrariums behandeln und die Haltungsbedingungen verbessern. Pilze werden aufgrund einiger Merkmale unterteilt in:
a) Dermatophyten (langsam wachsend, Cycloheximid-resistent, Ursache oberflächlicher Hautmykosen).
b) Schimmelpilze (schnellwachsend, in der Regel Cycloheximid-empfindlich, Ursache von Systemmykosen sowie sekundärer Hautmykosen)
c) Hefepilze (zell- und koloniemorphologisch überwiegend Ursache von Systemmykosen).

### 8.2.1 Dermatomykosen

Mykosen der Haut und des Panzers entstehen nach Herabsetzung der Widerstandskraft der Tiere durch falsche Haltung, Parasitosen und vor allem durch Bakterien. Oft ist ein ungeeigneter pH-Wert von 7,2–7,4 Ursache der Ausbreitung einer Mykose. Bei Neutralisation des Wassers verschwinden diese Störungen (MANCHESTER, 1982). Wunden oder Verbrennungen durch ungeeignete Strahler bilden häufig die Eintrittspforten für Pilze. Das klinische Erscheinungsbild der Dermatomykosen ist vielfältig. Auf der Haut, aber vor allem auf der Hornschicht des Panzers zeigen sich weißgraue, samtartige Beläge, die sich bis zu Nekrosen entwickeln können. Dabei kommt es zur Loslösung einzelner Hornschilder, gelegentlich zur Deformation des Panzers, vor allem aber zu osteolytischen Prozessen der unter den Hornschildern liegenden Knochen. Seltener beobachtet man eine Granulombildung (wie z. B. im Maulwinkel einer Seychellen-Schildkröte) (BLAZEK et al., 1968). Als Erreger der Dermatomykosen werden vor allem *Candida albicans* und *Aspergillus sp.* nachgewiesen. Weiterhin findet man *Trichosporon elegans, Trichosporon cutaneum,* Saprolegniaceen, *Geotrichum candidum, Fusarium sp., Mucor sp., Saprolegnia sp., Dermatiaceae sp.* und *Basidiobolus ranarum* (ZWART, SCHRÖDER, 1985). Bei einer Dosenschildkröte isolierte man *Scolecobasidium humicola* (WEITZMAN, ROSENTAL, SHUPACK, 1985).
*Therapie*: Bei rechtzeitiger Therapie kann man gegen Mykosen erfolgreich sein. Eine Behandlung erfolgt im Tauchbad einer Malachitgrünlösung 0,15 mg/l Wasser zwei bis drei Tage lang jeweils einmal täglich 15 Minuten. GABRISCH und ZWART (1990) empfehlen lauwarme Bäder in einer Kaliumpermanganatlösung. Die Vorratslösung wird mit 1 g $KMnO_4$ auf 100 ml Wasser angesetzt. Davon wird für das tägliche warme Wasserbad

1 ml in 1 l Wasser gegeben und die Schildkröte darin 20 Minuten gebadet. Nach dem Bad werden die veränderten Haut- oder Panzerteile mit Parkesteron$^R$ oder Panolog$^R$ sowie Canesten$^R$-Creme (Bayer) abgedeckt. Bei tiefgreifenden Prozessen, wie osteolytischen oder nekrotischen Veränderungen, müssen die veränderten Gewebeteile radikal entfernt und die Wundflächen mit Betaisodona$^R$-Salbe (Mundipharma) abgedeckt werden (FRYE, 1981). Über einen verlustreichen Fall nach einer Infektion mit *Mucormycosis sp.* und weiteren Sekundärinfektionen bei juvenilen Weichschildkröten mit einer Carapaxlänge von 3,7–4,2 cm berichten JACOBSON, CALDERWOOD und CLUBB (1980). Mit täglich drei 15minütigen Bädern in Malachitgrün (0,15 mg/ 1 l Wasser) konnten die Verluste gesenkt werden. Bei einigen Tieren löste die Behandlung eine milde Form von Konjunktivitis aus. Für den Erfolg der Behandlung ist es entscheidend, daß die Haltungsbedingungen, vor allem die Hygiene, verbessert werden. Bei osteolytischen Prozessen ist die Behandlung sehr langwierig, und in vielen Fällen ist eine Euthanasie unvermeidlich.

### 8.2.2 Systemmykosen

Der Verlust von Schildkröten durch Pilzbefall ist erheblich. Bei den Veränderungen der inneren Organe stehen die Infektionen der Lunge durch *Aspergillus fumigatus* an erster Stelle. Die anatomisch einfache Reptilienlunge bietet den inhalierten Pilzsporen gute Ausbreitungsmöglichkeiten. Für die Entwicklung einer Systemmykose spielen viele Faktoren eine Rolle. Ungeeignete Haltungsbedingungen, lange antibiotische Behandlung sowie Vitaminmangel können Mykosen auslösen. Da bei Lungenmykosen keine typischen klinischen Erscheinungen auftreten und sie im Röntgenbild nicht festgestellt werden können, beobachtet man diese Krankheit fast ausschließlich erst bei Sektionen. Nach HUNT (1957) findet man in 3 % der Todesfälle von Schildkröten Lungenmykosen als Todesursache. Dabei sind Wasser- und Landschildkröten gleichermaßen betroffen. Wesentlich seltener als *Aspergillus fumigatus* findet man *A. amstelodami,*

*Beauveria bassiana, Geotrichum candidum, Sporotrichium sp., Cladisporium sp., Paecilomyces fumosaroseus* und *P. lilacinus* (HEARD et al., 1986). PAGE et al. (1986) ermittelten bei einer Pantherschildkröte *Acremonium sp.* und *Chetomium.*

In vielen Fällen sind weitere Erreger, u. a. *Salmonella sp.*, an der Infektion beteiligt (JACOBSON et al., 1979). Wenn auch in der Regel die Mykose auf Lunge und Trachea beschränkt bleibt und zum Tode führt, kommt es doch gelegentlich zu einer Generalisation mit Beteiligung von Leber, Milz, Schilddrüse und Bauchspeicheldrüse. Aus der Leber einer Landschildkröte isolierte man *Paecilomyces lilacinus* (HEARD et al., 1986). Oft findet man in der Leber und Lunge Pilzgranulome. Den saprophytischen Ständerpilz *Basidiobolus ranarum* fand man aber ausschließlich im Intestinum von verschiedenen Schildkröten (NICKERSON, HUTCHISON, 1971). Bei Darmveränderungen konnten IPPEN und SCHRÖDER (1977) *Mucor sp.* feststellen. MEISTER (1984) beobachtete in der Darmwand einer Seychellen-Schildkröte Pilzhyphen von *Monosporium apiospermum.* Als nach einer Enteritis bei der Sektion einer Rotwangenschildkröte *Candida tropicalis* ermittelt wurde, konnte man im Kot einer weiteren Schmuckschildkröte aus der gleichen Anlage den gleichen Erreger und zusätzlich *Candida parapsilosis* feststellen. Der Patient erhielt zehn Tage lang Natamycin (Mycopharm, Delft, Niederlande) in einer Dosis von 3 mg/kg KM (ZWART, BUITELAAR, 1980).

Dieselben Autoren behandelten eine Griechische Landschildkröte, die ebenfalls *Candida tropicalis* im Kot ausschied und Atmungsprobleme zeigte, mit einer Mixtur von Nystatin, Neomycin und Triamcinolon (Panolog$^R$, Albrecht) über drei Wochen oral mit einer Dosis von 0,2–0,3 ml. Als Stimulans injizierten sie am Beginn der Behandlung einmal 0,25 mg/ kg KM Apomorphin, das bei Reptilien nicht emetisch wirkt. Beide Tiere erholten sich wieder und schieden keine Pilze mehr aus.

### 8.2.3 Algenbefall

Algen sind Komensalen der Schildkröten und werden von einigen Autoren auch als Symbionten bezeichnet, da sie zur Tarnung im ursprünglichen Habitat beitragen. Durch verschmutztes Wasser kann es aber zu vermehrtem Algenwachstum kommen, das vor allem auf *Chelydridae* und *Kinosternidae* schädigende Einflüsse ausübt. Bei jungen Schildkröten findet man aufgrund der größeren Aktivität und des noch sehr glatten Panzers seltener Algen. Haften an Schildkröten vermehrt Algen, so kommt es zu einer Zerstörung der Hornschicht und später zu einer Beschädigung der darunterliegenden Knochen. Panzerveränderungen, hervorgerufen durch *Basicladia chelonium* und *B. crassa*, wurden bei Klappschildkröten beschrieben (HULSE, 1975). FRYE (1981) beobachtete Panzerläsionen, die durch *Prototheca sp.* verursacht wurden. Bei übermäßigem Algenwachstum sind zunächst die Haut und vor allem der Panzer mit einer harten Bürste gründlich zu reinigen und anschließend mit einer Jodlösung oder 1%igen Kupfersulfatlösung zu behandeln.

## 8.3 Bakterielle Infektionen

Schildkröten beherbergen eine Vielzahl von Bakterien, die sich unter Streßbedingungen im Wirtstier vermehren und es schädigen können. Wie oben erwähnt, konnten aus 40 Rachentupfern von zehn klinisch gesunden Schildkröten 179 Bakterienkulturen isoliert werden (GÖBEL, 1990), vor allem gramnegative Stäbchen. Die Erstellung eines Antibiogramms ist für eine gezielte Behandlung bakteriell bedingter Infektionen von großer Bedeutung.

### 8.3.1 Gramnegative Erreger

#### 8.3.1.1 Salmonellen

Klinisch gesunde Schildkröten als mögliche Träger von Salmonellen inkl. *Arizona* (JACKSON, JACKSON, 1971; PRUKSARAJ, 1967) gelten als Überträger von Zoonosen. Wie Untersuchungen aus den USA bestätigen, sind gerade Kinder durch solche Reptilien gefährdet (ALTMANN et al., 1972). Vor leichtfertigen Gesundheitsbescheinigungen muß also gewarnt werden. Bereits in der Quarantäne sollten jeweils im Abstand von 14 Tagen dreimal hintereinander Tupferproben aus dem Rachenraum und aus der Kloake entnommen und auf Salmonellen untersucht werden. Dabei kann bescheinigt werden, daß bei diesen Untersuchungen keine Salmonellen gefunden wurden. Salmonellenfreiheit sollte niemals attestiert werden. Schildkröten zeigen bei einer Infektion mit Salmonellen meist keine klinischen Erscheinungen. Veränderungen werden bestenfalls bei einer Sektion nachgewiesen. Deshalb weist BURKE (1979) auf die Gefährdung der Menschen, insbesondere der Kinder, hin und fordert geeignete Maßnahmen zur Verhinderung einer Salmonellenübertragung.

#### 8.3.1.2 Pseudomonas sp. und Aeromonas sp.

Beide gramnegativen Keime findet man häufig bei Abstrichen von geschwächten Schildkröten, oft einzeln, gelegentlich gemeinsam, vor allem aber in Abszessen. Diesen Erregern sind keine spezifischen klinischen Befunde zuzuordnen. Da sie ubiquitär vorkommen, erfolgt eine Behandlung nur, wenn ihnen klinische Veränderungen zugeschrieben werden können. Gleichzeitig sollte man das Wasser ansäuern (6 ml HCl auf 1 Liter Wasser). Außerdem sind die Anlagen und Ruheplätze der Schildkröten gründlich zu reinigen und zu desinfizieren.

#### 8.3.1.3 Weitere gramnegative Erreger

Bei Schildkröten findet man u. a. folgende gramnegative Erreger: *Klebsiella pneumoniae, Escherichia coli, Moraxella sp., Morganella morgani, Citrobacter, Edwardsiella, Neisseria, Serratia, Sphaerophorus* und *Fusobacterium*. Bei Erkrankungen des Respirationstraktes und Läsionen in diesem Bereich konnten SNIPES, BIBERSTEIN und FOWLER (1980) *Pasteurella sp.* bei Gopherschildkröten nachweisen. Sechs von 21 an *Flavobacterium meningosopticum* erkrankten Höcker-Schmuckschildkröten starben trotz

Behandlung nach 23 Tagen (JACOBSON et al., 1989).

## 8.3.2 Grampositive Erreger

### 8.3.2.1 Mykobakterien

Land-, Wasser- und Meeresschildkröten sind für diesen Erreger empfänglich, der in vielen Arten auftritt (HELDSTAB, RÜEDI, 1977; SCHILDGER et al., 1991). Da keine spezifischen klinischen Erscheinungen hervorgerufen werden, wird diese Erkrankung erst bei der Sektion festgestellt. In acht von 485 sezierten Schildkröten (= 1,7 %) konnten IPPEN und SCHRÖDER (1977) Mykobakterien nachweisen. Die Autoren sehen eine alimentäre Infektion als wahrscheinlich an, obwohl der Primärherd bei den ausschließlich generalisiert verlaufenden Tuberkuloseerkrankungen nicht mehr zu bestimmen war.

Sumpfschildkröten, die zusammen mit Zierfischen gehalten wurden, haben sich möglicherweise bei diesen Fischen infiziert (SPÖRLE, WEISS, 1992). Nach BROWNSTEIN (1978, 1984) sind bei Schildkröten vor allem die Lungen von tuberkulösen Infektionen betroffen. Da eine Therapie bislang nicht möglich ist, sollte beim Erkennen einer Infektion unverzüglich mit der Desinfektion begonnen werden. Tiere, die mit den Patienten in Kontakt standen, sind zu isolieren, zu beobachten und unter Umständen zu euthanasieren.

### 8.3.2.2 Weitere grampositive Erreger

Streptokokken findet man vor allem in geschädigten Schleimhäuten und Hautwunden. Häufig wird dieser Erreger im Respirationstrakt nachgewiesen. Weitere grampositive Keime sind Staphylokokken (*Staphylococcus aureus*), Mikrokokken und aerobe Kokken (besonders häufig bei Pleuropneumonien und Eiterungsprozessen). Seltener findet man *Erysipelothrix sp.*, *Listeria sp.* (BOTZLER et al., 1973), *Clostridium sp.* und *Actinobacillus sp.*, Erreger, die sowohl bei Pneumonien als auch bei klinisch gesunden Tieren in Nasen- und Maulabstrichen nachgewiesen wurden.

### 8.3.3 Weitere Erreger

*Coxiella burnetii* fand man in den Nieren (YADAV, SETHI, 1979) von Dachschildkröten (*Kachuga*). Erstmals konnten Chlamydien bei Reptilien isoliert werden. Im Winterhalbjahr 1990/91 führten diese Erreger zu hohen Verlusten bei jungen Suppenschildkröten (*Chelonia mydas*). Die klinischen Zeichen waren Lethargie, Anorexie und Probleme beim Schwimmen. Bei der Sektion zeigten sich multifokale weiße Flecken auf dem Herzen. Weiterhin fand man Enteritiden, Nephritiden, Hepatitiden und Splenitis (JACOBSON, HOMER, SCHERBA, 1992).

## 8.4 Virus-Infektionen

In den letzten Jahren hat die Häufigkeit von Publikationen über Viruserkrankungen der Reptilien zugenommen, was auf die verbesserten Verfahren des Erregernachweises sowie auf die wachsende Zahl von Untersuchungen zurückzuführen ist, zumal Tierärzte und Tierhalter immer häufiger verendete Reptilien zur Untersuchung einsenden.

### 8.4.1 DNS-Viren

#### 8.4.1.1 Maulseuche/Pneumonievirus-Infektion

*Ursache/Erreger:* Herpesviren (wahrscheinlich in zwei unterschiedlichen Formen). Sie können in einer hochkontagiösen Form auftreten (MÜLLER, SACHSSE, ZANGGER, 1990).

*Symptome:* Konjunktivitis, Symptome einer Pneumonie sowie Unvermögen, Nahrung aufzunehmen (JACOBSON, GASKIN, WAHLQUIST, 1982, 1986).

*Befallene Organe:* Es zeigen sich nekrotische Läsionen an der Zunge, an der Trachea und in den Lungen. Viruspartikel können in Zungen- und Tracheaepithelzellen nachgewiesen werden. Es erkranken sowohl Land- als auch Wasserschildkröten (JACOBSON et al., 1985; JACOBSON et al., 1986; BRAUNE, GEISS, THIEL, 1989). Bei den Landschildkröten ist vor allem die Maulschleimhaut durch diphtheroide

Beläge verändert, bei Wasserschildkröten die Glottis, die Trachea und das Lungengewebe.
*Pathogenität*: hohe Pathogenität; bei Wasserschildkröten bis zu 38 % (JACOBSON et al., 1986), bei Landschildkröten bis zu 50% (LANGE et al., 1989), in einem weiteren Fall bis zu 100 % (BRAUNE, GEISS, THIEL, 1989) Mortalitätsrate.
*Untersuchungsmethoden*: Sektion, am lebenden Tier im Zungenabklatschpräparat in der HE- und in der Giemsa-Färbung desquamierte Epithelzellen mit nukleären Einschlußkörpern
*Therapie* und *Prophylaxe*: unbekannt.

### 8.4.1.2 Graufleckenkrankheit (Grey-patch-Disease)
*Ursache/Erreger*: Herpesvirus-ähnliche Partikel.
*Symptome*: Pusteln oder graue Flecken auf der Epidermis bei Suppenschildkröten (REBELL, RYWLIN, HAINES, 1975).
*Befallene Organe*: Hyperkeratose der Haut.
*Pathogenität*: Innerhalb von zwei bis drei Wochen erkranken nahezu alle jungen Meeresschildkröten einer Gruppe, von denen 5–20 % sterben.

### 8.4.1.3 Virushepatitis
*Ursache/Erreger*: Herpesviren (FRYE, OSHIRO, DUTRA, 1977; COX, RAPLEY, BARKER, 1980).
*Symptome*: unspezifisch.
*Befallene Organe*: Die Leber ist graubraun verfärbt, Nekroseherde finden sich in Leber und Lunge; zahlreiche intranukleäre Einschlußkörperchen sind in den Hepatozyten und im Epithel der Atmungsorgane zu finden.

### 8.4.1.4 Iridovirus-Infektion
*Ursache/Erreger*: Iridoviren; das hexagonale Virus hat eine Größe von 140–160 nm (MÜLLER, ZANGGER, DENZER, 1988; HELDSTAB, BESTETTI, 1982).
*Symptome*: Verweigerung der Nahrungsaufnahme, purulente Rhinitis, Konjunktivitis, Stomatitis ulcerosa, Pneumonie, Ödembildung, negative Schwimmprobe der Lunge.
*Befallene Organe*: Die Leber ist rotgelbgrau verfärbt, im Parenchym findet man viele kleine graue Punkte. Das Dickdarm- und Dünndarmlumen enthält wenig gelben Schleim. Die Schleimhaut des Dünndarms ist dunkelgelb. Die Milz zeigt auf der Schnittfläche weiße Punkte. Pharynx und Larynx sind mit purulent-fibrinösem Material stenosiert. Die übrigen Organe sind unverändert. Bei der histologischen Untersuchung findet man in der Leber kleine irreguläre nekrotische Punkte.
*Prophylaxe* und *Therapie* sind unbekannt

### 8.4.1.5 Papillomavirus-Infektion
*Ursache/Erreger*: Ein zur Familie der Papovaviridae gehörendes Papillomavirus (JACOBSON et al., 1982; JACOBSON et al., 1988).
*Symptome*: Schildkröten zeigen keine spezifischen Symptome.
*Befallene Organe*: Es kommt ausschließlich zur Veränderung der Haut. Papillome können sich bis zu einer Größe von 10 cm im Durchmesser entwickeln.
*Pathogenität*: Schildkröten scheinen von diesen Hautveränderungen kaum beeinträchtigt zu werden, selbst ihr Größenwachstum entspricht dem von gesunden Tieren.
*Therapie*: unbekannt.

### 8.4.1.6 Japanische B-Enzephalitisvirus-Infektion (JEV)
SHORTRIDGE et al. (1975) wiesen bei 66 der 75 untersuchten Chinesischen Dreiklauen-Weichschildkröten serologisch Antikörper nach.

### 8.4.1.7 Rhinitisvirus-Infektion
*Ursache/Erreger*: Sendaiviren (JACKSON, NEEDHAM, 1983).
*Klinische Symptome*: Eine Rhinitis dauert Monate und tritt oft in Verbindung mit einer Pneumonie auf. Während dieser Krankheit magern viele Schildkröten ab (JACKSON, NEEDHAM, 1983).

## 8.4.2 RNS-Viren

### 8.4.2.1 Paramyxovirus-Infektion

*Ursache/Erreger*: Die Paramyxoviren können eine verlustreiche Epidemie unter Landschildkröten auslösen.

*Klinische Symptome*: Die Schildkröten zeigen Apathie, Anorexie und Kachexie. Typisch ist vor allem eine Dermatitis. In schweren Fällen kommt es dabei zu großflächigen Hautläsionen mit teilweiser Ablösung der Epidermis.
Bei einigen Tieren bilden sich Panzernekrosen, eine fibrinöse und erosive Glossitis, oft verbunden mit mukopurulentem Augenausfluß (ZANGGER, MÜLLER und PAGAN, 1991).

*Befallene Organe*: Vor allem sind die Hornschicht des Panzers und in Einzelfällen die Zunge befallen. Histologisch ist die Dermatitis charakterisiert durch Para- und Hyperkeratose, Akanthose und Spongiose. Bakterielle und/oder mykotische Sekundärinfektionen führen zu purulenten Epidermisnekrosen.

*Pathogenität*: Streß durch Transport oder massenhafte Haltung auf zu engem Raum sowie hoher Parasitenbefall können eine Epidemie auslösen.

*Therapie*: In Ermangelung geeigneter Therapiemöglichkeiten stehen Verbesserungen der Tiertransporte sowie Quarantänemaßnahmen im Vordergrund.

### 8.4.2.2 Östliche Pferdeenzephalitis-Infektion (EEE)

Schildkröten sind für EEE-Viren empfänglich; über Erkrankungen ist nichts bekannt (GOLDFIELD, SUSSMAN, 1964; KARSTAD, 1961; SMITH, ANDERSON, 1980).

### 8.4.2.3 Westliche Pferdeenzephalitis-Infektion (WEE)

Nachweis der Antikörper sowie Virusisolierung durch GOLDFIELD, SUSSMAN (1964) sowie BOWEN (1977).

### 8.4.2.4 Powassanvirus-Infektion (POW)

Serologischer Nachweis der Antikörper durch WHITNEY et al. (1968).

### 8.4.2.5 St. Louis Enzephalitisvirus-Infektion (SLE)

Der Nachweis von Antikörpern im Serum gelang WHITNEY et al. (1968) bei Zierschildkröten und Schnappschildkröten.

### 8.4.2.6 Bunyavirus-Infektion

Serologischer Nachweis der Antikörper durch WHITNEY et al. (1968).

# 9 Organkrankheiten

## 9.1 Krankheiten der Haut

Schildkröten haben eine feste, widerstandsfähige äußere Haut. Als Folge von mechanischen Schädigungen, wie Verbrennungen durch zu tief hängende Wärmestrahler, Quetschungen oder Bißverletzungen durch Artgenossen sowie durch Hunde in der Wohnung oder durch im Garten frei umherlaufende Tiere, können Infektionserreger eindringen und sich manifestieren. Sogar Pilzsporen können in die so geschädigte Haut eindringen und Pilzgranulome bilden (FRYE, DUTRA, 1974).

Bei Meeresschildkröten (*Chelonia mydas*) führen die Verletzungen als Folge von Beißereien zu ulzerativen Dermatitiden. Bei 61 von 104 sezierten Meeresschildkröten, die von einer Farm stammten, stellte man ulzerative Dermatitis fest (GLAZEBROOK, CAMPBELL, 1990). Bei den juvenilen Tieren waren 88 % befallen.

*Therapie*: Nach gründlicher Reinigung mit Betaisodona[R]-Lösung (Mundipharma), gegebenenfalls Ausräumen des Abszeßinhalts mit einem scharfen Löffel, decken wir die Wunde mit Parkesteron$^R$-Salbe ab. Im weiteren Heilungsverlauf verwenden wir Lebertran- oder ähnliche Heilsalben. Sind die Verletzungen tiefer und setzen sich die eitrigen Prozesse fort, sind die Wunden täglich mit Leukase$^R$-Kegel oder Leukase$^R$-Salbe (Smith Kline Beecham) zu versorgen.

### 9.1.1 Nekrobazillose der Wasserschildkröten

Erkrankungen der Haut durch Strepto- und Staphylokokken, Sporenbildner und *Escherichia freundii* werden ausschließlich bei Wasserschildkröten beobachtet, breiten sich bei Tieren sowohl in freier Wildbahn als auch bei solchen in Menschenobhut aus. Obwohl *Fusobacterium necrophorum* nicht nachgewiesen wurde, führten die Autoren SEELENTAG und LEHMANN (1972) aufgrund der nekrotischen Prozesse den etwas irreführenden Namen »Nekrobazillose« ein. Die ulzerativen Prozesse beginnen am Kopf und an den Füßen und setzen sich auf den Hornplatten des Panzers (Carapax und Plastron) weiter fort (GABRISCH, 1990). Sekundärinfektionen führen dann zum Tode der erkrankten Tiere. Eine *Behandlung* erfolgt mit Supronal$^R$ lokal (SEELENTAG und LEHMANN, 1972). Gleichzeitig sind die Aquarien mit Sagrotan$^R$ in einer Konzentration von 4 % und einer Einwirkungszeit von vier Stunden gründlich zu desinfizieren.

### 9.1.2 Unbekannte Hautkrankheit der Dachschildkröten (*Kachuga*)

*Ursache/Erreger*: unbekannt. Nach den ersten Anzeichen einer Erkrankung kommt es innerhalb von zwei bis drei Wochen zum Tode des Patienten (GABRISCH, ZWART, 1990). Diese Krankheit wird in Ermangelung eines spezifischen Erregernachweises auch als *Kachuga*-Hautkrankheit bezeichnet.
*Symptome*: Zunächst beobachtet man einen weißen Belag auf der Haut einer oder mehrerer Extremitäten. Dieser vom Nagelbett ausgehende Belag breitet sich ständig aus und führt zum Ablösen der Krallen, die blutige Zehenknochen hinterlassen. Jetzt beginnen Allgemeinstörungen mit Apathie und Freßunlust. Gelegentlich lösen sich Hornteile des Schnabels.
*Therapie*: unbekannt.

### 9.1.3 Parakeratose der Landschildkröten

*Ursache/Erreger*: Diese Erkrankung beruht vermutlich auf Haltungsfehlern und ist Folge einer Überdosis von Vitamin A, die oft bei frischimportierten Tieren intramuskulär gegeben wird.
*Symptome*: Flächenhafte Epithelablösungen, die am Halsbereich und an der Kloake beginnen und sich dann weiter über den Körper fortziehen. Die Hornschichten wie Schnabel, Krallen und Panzer bleiben unversehrt (GABRISCH, 1990).
*Therapie*: Die Patienten erhalten subkutan Infusionen, die Wunden werden nach Bädern in Betaisodona$^R$-Lösung (Mundipharma) mit antibiotischen Salben abgedeckt.

### 9.1.4 Panzernekrose

*Ursache/Erreger*: Nach mechanischer Schädigung des Panzers treten Infektionserreger ein. Neben *Escherichia freundii* und *Pseudomonas sp.* gilt vor allem *Beneckea chitinovora* (syn: *Bacillus chitinovorus*) als Wegbereiter für diese Erkrankung. In Untersuchungen konnte man zeigen, daß Tiere ohne Panzerschäden sich in Wasser, das mit *Bacillus chitinovorus* kontaminiert war, nicht infizierten. Nach Beschädigung des Panzers kommt es zu Infektionen. Im weiteren Krankheitsverlauf kommt es zu einer Unterminierung der Hornschilder, die dann teilweise abfallen. Die nekrotischen Prozesse setzen sich in den darunterliegenden Knochen fort. Es erkranken Landschildkröten (JACKSON, 1978), vor allem aber Wasserschildkröten (WALLACH, 1975; FRYE, GILLESPIE, FOWLER, 1984).
*Therapie*: Hier hilft nur eine radikale Me-

thode. Das gesamte nekrotische Material ist abzutragen und die Wunde mit Betaisodona[R]-Lösung (Mundipharma) gründlich zu reinigen. Die abgetrocknete Wunde deckt man später täglich mit antimykotisch/antibakteriell wirkenden Salben ab (Panolog[R], Albrecht). Wasserschildkröten bleiben in dieser Zeit an Land. Kommt es zu einer Verzögerung der Wundheilung, ist es empfehlenswert, aus dem Wundbereich eine Probe zu entnehmen und nach einem Antibiogramm gezielt zu behandeln. In sehr schweren Fällen sind aus Tierschutzgründen solche Tiere zu euthanasieren.

## 9.2 Krankheiten des Skelettsystems

Störungen oder Erkrankungen des Knochengewebes findet man vor allem bei Kümmerern oder bei Tieren, die nicht artgerecht gehalten werden. Für eine optimale Kalziumversorgung ermittelten KASS, ULLREY und TRAPP (1982) Futter mit einem Kalziumgehalt von 2 % und einem Anteil von 1,2 % Phosphor (Trockenbasis).

### 9.2.1 Osteodystrophia fibrosa

Ist das Kalzium/Phosphorverhältnis im Tier als Folge ausschließlicher Verfütterung von Fleisch oder Nierenschäden gestört, kann es zu einer Osteofibrose kommen. Sie wird vorwiegend bei aquatilen Schildkröten beobachtet und ist eine fütterungsbedingte Störung.

Wenn das Kalzium/Phosphorverhältnis nicht ausgeglichen ist, entwickelt sich eine Überaktivität der Nebenschilddrüsen. Dies führt zur Resorption des ossifizierten Knochens. Die befallenen Knochen werden länger, weicher und verformbar. Frakturen sind die Folge. Die Platten des Panzers werden dicker und weicher. Nierenstörungen führen gleichfalls zu Hypokalzämie mit sekundärem Hyperparathyreodismus.

*Therapie*: Regelmäßige orale Gaben von Vitaminen (Multi-Bio-Weyx-In[R], Veyx) und Kalzium (Frubiase[R] Calcium forte T, Boehringer Ingelheim).

### 9.2.2 Osteoporose

Im Gegensatz zu dieser Erkrankung beim Menschen ist die Osteoporose bei Schildkröten nicht hormonell bedingt. Sie ist ein Eiweißmangel-Syndrom, das sich nach Inaition, z. B. aufgrund überlangen Schnabels, oder bei eiweißarmer Fütterung, einstellt. Gelegentlich findet man auch Verformungen der Wirbelkörper. Relativ stark, bei 1 % des Bestandes, war die Kyphose unter den Suppenschildkröten in den Gewässern vor Indonesien verbreitet (RHODIN, PRITCHARD, MITTERMEIER, 1984).

*Therapie*: Ausreichende Eiweiß- und Energiezufuhr und regelmäßige orale Gaben von Vitaminen (Multi-Bio-Weyx-In[R],Veyx) und Kalzium (Frubiase[R] Calcium forte T, Biotherax).

### 9.2.3 Rachitis

Aufgrund mangelhafter Vitamin-$D_3$-Versorgung und ungenügender UV-Bestrahlung kommt es zu einer Ossifikationsstörung, die sich durch mangelhaften Einbau von Mineralstoffen in das normal gebildete Knochengerüst äußert. Dadurch werden die Knochen weich und elastisch. Der Panzer wird weich und damit deformierbar (aufgebogene bizarre Ränder des Carapax oder Verkrüppelungen einzelner Schilder). Im fortgeschrittenen Stadium wird die sonst scharfe Trennungslinie (»Brücke«) zwischen Plastron und Carapax hefekuchenartig auseinandergetrieben (KUNTZE, 1981). Rachitis wird nur bei jungen bzw. heranwachsenden Tieren beobachtet. Es kann sogar zu einer Kombination von Rachitis und Osteodystrophia fibrosa bei Schildkröten kommen (HAUSER, METTLER, HONEGGER, 1977).

*Therapie:* Mit regelmäßigen oralen Gaben von Kalzium (Frubiase[R] Calcium forte T Trinkampullen, Boehringer Ingelheim) kombiniert mit Vitamingaben und entsprechendem UV-Licht lassen sich die Mängelschäden beheben, jedoch bleiben die Panzerdeformierungen zeitlebens erhalten.

## 9.2.4 Osteomalazie

Hier ist eine Knochenerweichung aufgrund sekundärer Ossifikationsstörungen und damit ebenfalls ein mangelhafter Einbau von Mineralstoffen in das Knochengewebe entstanden. Die Erkrankung tritt bei adulten Tieren auf.

*Therapie*: Bei allen vier Störungen im Skelettsystem ist das Nahrungsangebot zu überprüfen und entsprechend zu verändern. Das Vitamin-$D_3$-Angebot muß kontrolliert werden. Gleichzeitig ist UV-Bestrahlung einzusetzen. Es ist aber zu bedenken, daß die UV-Lampe nur 1000 Stunden lang UV-Strahlen aussendet, jedoch für unser Auge in ihrer Funktion unverändert bleibt. Neben Kalziumzitrat erhalten die Tiere Osspulvit[R], (Madaus, Köln). Für eine schnelle Verbesserung des Kalzium-Haushaltes eignet sich vor allem die orale tägliche Gabe von Kalziumglukonat (Frubiase[R] Calcium T Trinkampulle, Biotherax).

## 9.2.5 Panzer- und Fußverletzungen

Schildkröten, die frei in der Wohnung herumlaufen, können vom Halter unabsichtlich getreten oder in Türen eingeklemmt werden. Auch Stürze von Balkonen mehrstöckiger Häuser führen zu schweren Verletzungen. Durch Röntgenaufnahmen lassen sich die Schäden feststellen, meist Risse der äußeren Hornschichten, aber auch weiterreichende Schädigungen bis in die Knochenplatten des Panzers.

*Therapie*: siehe Behandlungsmethoden und chirurgische Eingriffe.

## 9.3 Krankheiten der Verdauungsorgane

Neben den überlangen Schnäbeln, die die Nahrungsaufnahme behindern, findet man bei Schildkröten gelegentlich Stomatitiden mit diphtheroiden Belägen auf der Zunge sowie auf dem harten Gaumen (HOLT, COOPER, 1976), bei Meeresschildkröten ulzerative Stomatitiden (GLAZEBROOK, CAMPBELL, 1990).

Störungen des Verdauungstraktes sind sehr vielfältig und können mit dem von KUDRAVCEV (1986) entwickelten und von GABRISCH (1991) modifizierten Verfahren gut eingegrenzt werden (s. Schema 1 und 2).

## 9.3.1 Maladaptationssyndrom

Durch mangelnde Fähigkeit der Schildkröte, sich auf veränderte exogene Faktoren einzustellen, kommt es gelegentlich zu Störungen im Bereich des Verdauungstraktes. Die Ursachen sind vielfältig und lassen sich oft nicht klären. Störungen treten auf:
1. Nach dem Erwachen aus dem Winterschlaf. Die hibernierenden Schildkröten bauen während des Winterschlafs zunächst die Fettreserven ab, später zehren sie vom körpereigenen Eiweiß. Aufgrund der starken Dehydrierung und der stoffwechselbedingten Eiweiß-Abbauprodukte kommt es zu einer Anorexie. Bei der Blutuntersuchung findet man erhöhte Harnstoff- und Proteinwerte, während die Glukosekonzentration abgenommen hat (LAWRENCE, 1987).
2. Bei Frischimporten.
3. Bei suboptimalen Haltungsbedingungen. In diesen drei Fällen sollte man eine Basistherapie einleiten. Dazu verabreichen wir den Patienten ein orales Anthelminthikum. Bei Nahrungsverweigerung geben wir gleichzeitig mit einer Sonde bzw. einem Harnkatheter für Rüden Rinderserum

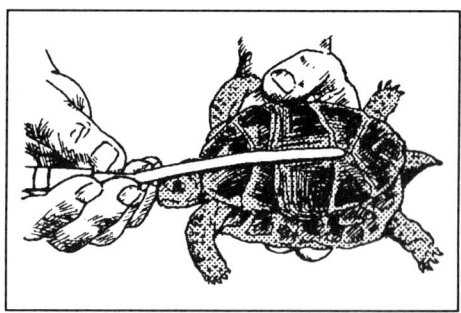

Abb. 13: Zwangsernährung bei Schildkröten mittels einer Sonde

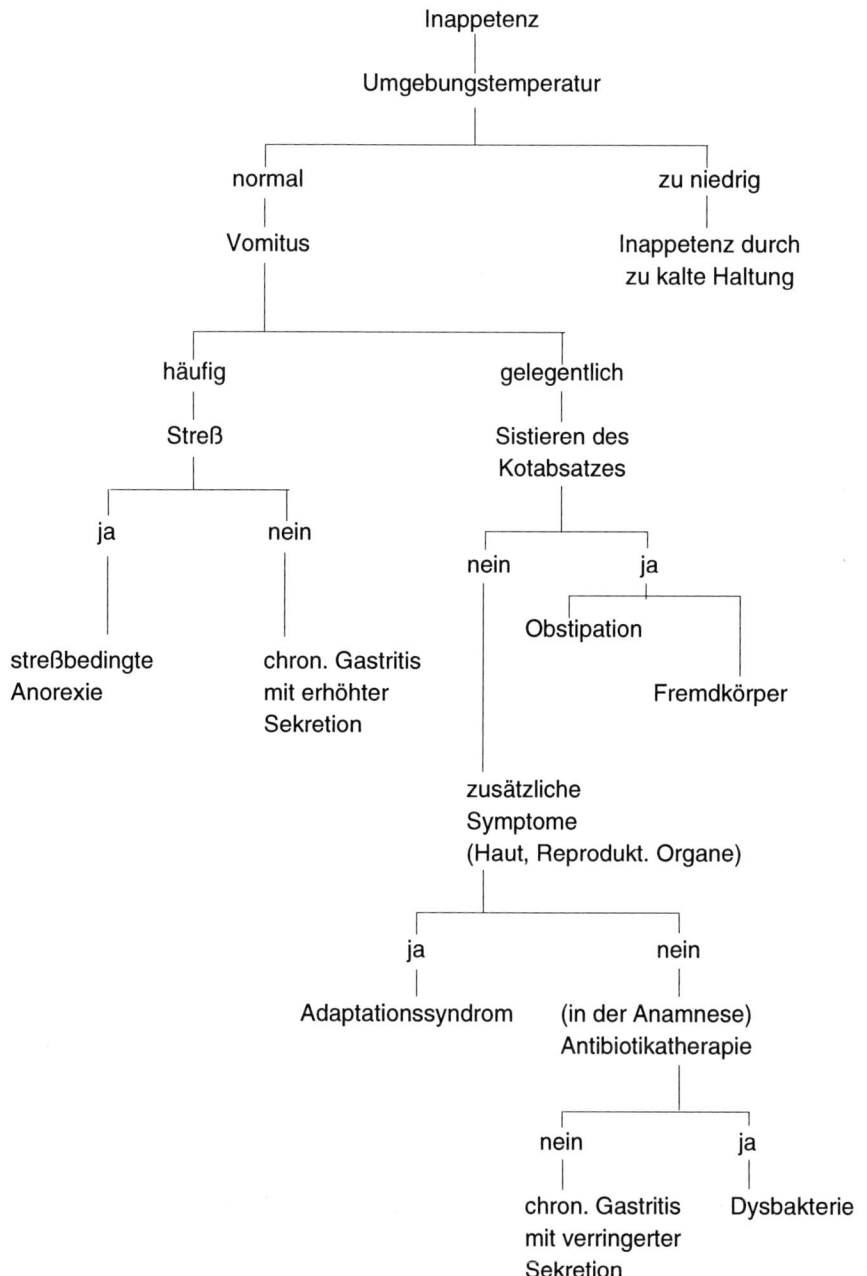

Schema 1: Diagnostischer Algorithmus zur Klärung des Syndroms Inappetenz und (gelegentlich) Vomitus

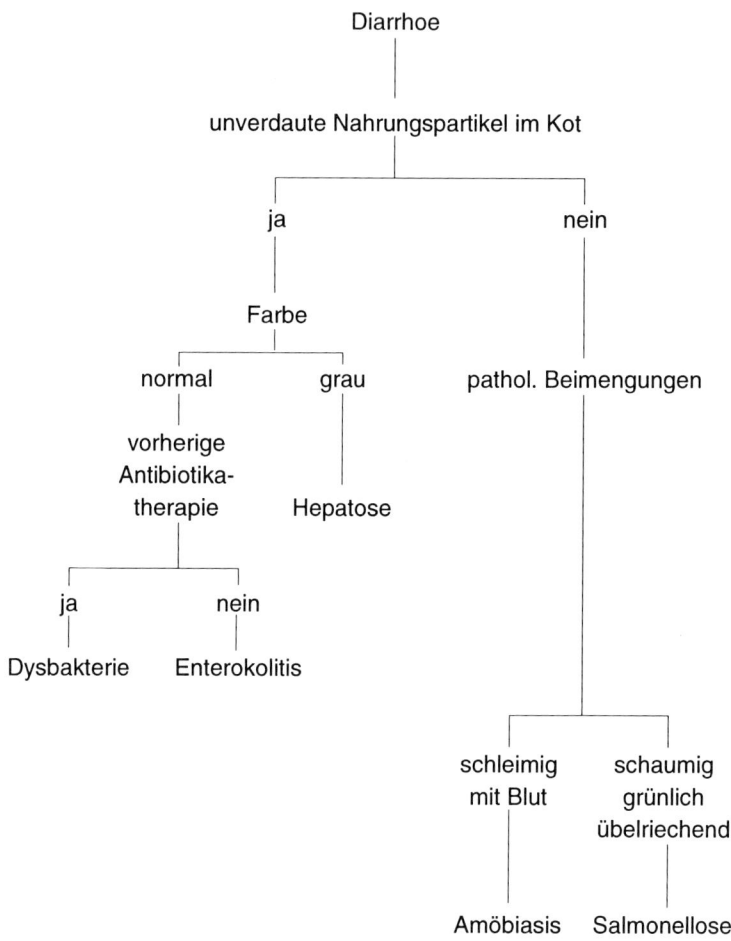

Schema 2:   Diagnostischer Algorithmus zur Klärung von Durchfall

(Boviserin$^R$, Hoechst) in einer Dosis von 2 ml/100 g KM. Zusätzlich erhalten die Schildkröten das Vitaminpräparat (Crescin$^R$-forte, Pitman-Moore) in einer Dosis von 0,3 ml/1 kg KM. Abgemagerte und exsikkotische Patienten erhalten RingerLösung (bis zu 35 ml/kg KM innerhalb von 24 Stunden s.c.) sowie Elektrolyt- und Glukoselösungen oral oder parenteral (streng subkutan oder intraperitoneal). Daneben müssen die Haltungsbedingungen überprüft und entsprechend verbessert werden. Gleichzeitig erfolgt eine Temperaturerhöhung auf 29 °C, und es ist bei der jeweiligen Schildkrötenart für entsprechende Luftfeuchtigkeit zu sorgen. Tägliche warme Bäder und warme Kloakenspülungen helfen mit, den Verdauungstrakt anzuregen. In kleinen Portionen bieten wir Nahrung an oder geben einmal wöchentlich mit der Magensonde Boviserin[R], ein Rinderserum, (Hoechst) (HARPER, 1986). Patienten, die nach dem Winterschlaf trotz dieser Behandlung noch keinen Appetit zeigen, leiden oft weiterhin unter den Stoffwechselprodukten, die der Körper noch nicht vollständig ausgeschieden hat. Hier empfiehlt sich die Gabe des Diuretikums Furosemid (Lasix[R]-Tabletten, Hoechst) in einer Dosis von 10 mg/kg KM und zum Abbau der Harnsäure im Körper der Schildkröte die orale Verabreichung von Allopurinol (Allopurinol-ratiopharm[R]-Tabletten, Ratiopharm, Blaubeuren; Uripurinol[R]-Tabletten, Azupharma) in einer Dosis von 25 mg/kg KM mehrere Tage lang (KEIL, 1992). Oft sind die Stoffwechsel-Abbauprodukte in der Harnblase gelagert und können nicht ausgeschieden werden. Abhilfe schaffen hier ein chirurgisches Vorgehen und das Ausräumen des Blaseninhaltes. Dies ist ohne Beschädigung des Panzers dorsokranial der Hinterfüße möglich (KEIL, 1992).

### 9.3.2 Streßbedingte Anorexie

Diese streßbedingte Nahrungsverweigerung läßt sich am schlechtesten beheben. Verbesserung der Haltungsbedingungen setzt viel Erfahrung des Halters voraus. Manchmal ist Einzelhaltung, meist aber Gruppenhaltung vorteilhafter. Oft kann die Gabe von Vitamin-B-Komplex oder Rinderserum (Boviserin[R], Hoechst) den Appetit anregen.

### 9.3.3 Ulzerative Stomatitis

Die ulzerative Stomatitis wird vor allem bei Meeresschildkröten beobachtet. Insbesondere sind juvenile Tiere betroffen. Bei 20–40 % der sezierten Meeresschildkröten wurde diese Erkrankung festgestellt (GLAZEBROOK, CAMPBELL, 1990). Gelegentlich findet man auch bei Landschildkröten eine Stomatitis.
*Ursache*: Von der Zunge und der Gaumenschleimhaut lassen sich grampositive Kokken und gramnegative Bakterien sowie Aktinobazillen nachweisen.
Zur *Therapie* eignen sich Tetracycline (oral und parenteral) sowie die Gabe von Vitamin-B-Komplex (HOLT, COOPER, 1976).

### 9.3.4 Gastritis chronica

Oft werden chronische Gastritiden durch Pilze hervorgerufen und erst bei der Sektion gefunden. Häufig sind der Erkrankung Inappetenz und Erbrechen vorangegangen. Bei 50 % der gestorbenen Schildkröten, die zu Lebzeiten Vomitus gezeigt hatten, wurden mykotische Ulzera gefunden (ZWART, SCHRÖDER, 1985). Der Nachweis dieser Mykose ist sehr schwer zu führen.
*Therapie*: In Verdachtsfällen kann Panolog[R]-Salbe oral in einer Dosis von 0,2–0,3 ml/kg KM gegeben werden. Chronische Gastritiden, hervorgerufen durch Kalkinkrustationen in der Magenschleimhaut, kann man therapeutisch nicht mehr beeinflussen (s. auch Pilzbefall).

### 9.3.5 Ulcus ventriculi

Bei Suppenschildkröten (*Chelonia mydas*) findet man gelegentlich Magengeschwüre, die durch wandernde Larven von *Anisakis sp.* hervorgerufen werden. Auch in den folgenden Darmabschnitten treten oft diese Parasiten auf. Sie lösen dort eine Enteritis aus (GLAZEBROOK, CAMPBELL, 1990; BURKE, RODGERS, 1982).

### 9.3.6 Obstipation

Neben der Aufnahme von Fremdkörpern oder übermäßig viel Sand (RAPHAEL, 1980) kann es auch durch Anschoppung von trockenem Darminhalt oder faserigem Material zu einer Obstipation kommen. Obstipationen werden z. T. auch durch Endoparasiten verursacht.
*Therapie*: Empfohlen werden warme Bäder bis 36 °C, Klistiere mit Paraffinöl. In einem hartnäckigen Fall wurde das Parasympathomimetikum Carbachol (Lentin[R], Merck) 2 mg für eine Galapagosschildkröte eingesetzt, die später Kot mit Staniolpapier absetzte (EULENBERGER, 1977).

### 9.3.7 Fremdkörper

Fremdkörper sind sehr häufig Ursache von Verstopfungen. Vor allem Meeresschildkröten neigen dazu, alles für sie Erreichbare zu untersuchen und aufzunehmen, sogar Silikon und andere Dichtungsmittel schlucken sie ab. Selbst die Passage eines Infusionsgerätes überlebte eine Echte Karettschildkröte. Nach dem Verlust des über dem Becken hängenden Gerätes und dem ersten Ausscheiden eines Plastikschlauches erhielt das Tier große Mengen Blattalgen (Caulerpa prolifera) als Schleimlieferant (SCHALLER, WISTUBA, 1987). Im Rahmen einer Literaturzusammenstellung über die Krankheiten der Schildkröten wird unter anderem auch die Aufnahme von Fremdkörpern bei Schildkröten beschrieben (RECKLIES, 1989), so von Sand, Granitsplittern, einem Luftballon, Metallschrauben und anderem mehr. In einzelnen Fällen ließen sich Fremdkörper in der Röntgenaufnahme darstellen (HOLT, OLDHAM, 1978). Bei einer 1,5 kg schweren Griechischen Landschildkröte konnte eine 2 cm große Stahlkugel chirurgisch entfernt und der geöffnete Panzer anschließend mit einer DCP-Platte verschlossen werden (KILIAN, WERNER, 1986).

### 9.3.8 Enterokolitis

Die durch Bakterien hervorgerufene Enteritis bzw. Enterokolitis, überwiegend Folge von Schädigung der Darmmukosa durch Parasiten, wird leider oft erst bei der Sektion festgestellt. Das sollte Anlaß sein, den übrigen Tieren des Terrariums Doxycyclin (Vibravenös[R], Pfizer) in einer Dosis von 50 mg/kg KM zu verabreichen. Nachbehandlung nach 48 Stunden mit der halben Dosis. Weitere Nachbehandlungen erfolgen alle 96 Stunden.

Erfolglos blieb eine Behandlung einer verminösen Kolitis, hervorgerufen durch Nematoden der Familie Atractidae (Genus Proatractis), trotz Verabreichung von Piperazin und Fenbendazol. Es starben von 16 Schildkröten 11 (RIDEOUT et al., 1987).

### 9.3.9 Durchfälle

Wir unterscheiden fütterungs- und infektionsbedingte Durchfallerkrankungen. Bei den infektionsbedingten Krankheitserscheinungen kann nach einer Kotuntersuchung gezielt gegen Pilzbefall, Parasiten oder Bakterien vorgegangen werden. Schwierig ist es, wenn kein Erreger gefunden wird. Hier erfolgt dann eine Futterumstellung, und so konnten wir langanhaltenden Durchfall durch Entzug von Obst und Gaben von faserreichen Gräsern beheben.

### 9.3.10 Kolik

Gelegentlich werden durch Zwangsfütterungen tympanische Koliken ausgelöst (JACKSON, LAWRENCE, 1985). Die gasgefüllten Darmteile lassen sich im dorsoventralen und im laterolateralen Strahlengang nachweisen. Um die Darmmotilität anzuregen, werden Metoclopramid (Paspertin[R]) in einer Dosis von 2–6 mg/kg KM und zur Entleerung des Darminhaltes Dantron in einer Dosis von 2,5 ml = 100 mg/kg KM empfohlen.

### 9.3.11 Kloakenvorfall

Enteritiden wie auch Obstipationen können durch Pressen ein Heraustreten des Mastdarmes bzw. der Kloake hervorrufen. Auch aufgenommener Sand, auf dem die Schildkröten gehalten werden, kann zu mechanischen Reizungen der Darmschleimhaut und damit zu Umfangsvermehrungen sowie zum Prolaps führen (ENSLEY, 1981). Differentialdiagnostisch muß auch an einen Penisvorfall gedacht werden. Sofern keine Verletzung vorliegt, läßt er sich mit etwas Geduld gut reponieren. In die Kloake wird etwas Supronal[R] mit der Pipette gegeben, ein Tupfer auf die Kloake und darüber der Schwanz gelegt, der bei männlichen Tieren länger ist, und mit einem breiten Klebeband alles am Panzer gut fixiert. Gleichzeitig erhalten die Schildkröten oral etwas Paraffinöl. Je nach Nahrungsangebot ist der Klebestreifen nach wenigen Tagen zu entfernen. Nur in seltenen Fällen ist eine Tabaksbeutelnaht notwendig. Dabei muß vor allem in den folgenden Tagen darauf geachtet werden, daß der Kotabsatz möglich ist.

### 9.3.12 Hepatosen

Die Lebererkrankungen sind schwer zu diagnostizieren. Neue Verfahren, wie vergleichende Blut- und endoskopische Untersuchungen, werden dies in Zukunft erleichtern. Vergiftungen und Fehlernährung führen zur Fettleber. Dabei sind die Pestizid-Intoxikationen am weitesten verbreitet. Weiterhin bewirken bakterielle, mykotische und parasitäre Infektionen Hepatitiden. Stoffwechselerkrankungen wie Gicht, Arteriosklerose und Hämosiderose wirken sich ebenfalls leberschädigend aus (WILL, 1975).

### 9.3.13 Krankheiten der Bauchspeicheldrüse

In einigen Fällen wird über das Auftreten von Diabetes mellitus bei Schildkröten berichtet. Die betroffenen Tiere sind lethargisch, und ihre Blutzuckerwerte liegen bei 33,30 mmol/l, also weit über den Normalwerten von 3,33–6,9 mmol/l. Ursachen sind meist therapeutisch nicht beeinflußbare Veränderungen der Bauchspeicheldrüse (LOOMIS, 1989).

## 9.4 Krankheiten der Atmungsorgane

Bei Schildkröten führen Erkrankungen des Respirationstraktes in 31 % der Fälle zum Tode und dürfen deshalb nicht unterschätzt werden. Mit Hilfe des diagnostischen Untersuchungsschemas nach KUDRAVCEV (1986), modifiziert nach GABRISCH (1991), kann die Krankheitsursache eingegrenzt werden (s. Schema 3).

### 9.4.1 Rhinitis

Ständiger Nasenausfluß geht meist auf eine Rhinitis zurück. Diese Störung kann mit und ohne Beteiligung der Lunge auftreten. Man unterscheidet mehrere Formen:
1. Rhinitis als Folge einer Sinusitis. Diese tritt oft einseitig, manchmal auch beidseitig auf. Der zunächst dünnflüssige Nasenausfluß wird später dickflüssig. Nach Strecken des Kopfes und Öffnen des Maules drückt man mit einem Finger auf das Gaumendach und gleichzeitig auf die äußere Nase. Dabei tritt dicke, muköse Flüssigkeit aus den Nasenlöchern. Bei länger andauernden Prozessen können noch Sekundärinfektionen hinzukommen. Das benachbarte Auge ist dann geschlossen und weist einen eitrigen Ausfluß auf (JACKSON, LAWRENCE, 1985).
*Therapie:* Für die Behandlung werden Antibiotika und Kortisone empfohlen.
2. Rhinitis als Folge von Speichelfluß. Die hinteren Nasengänge sind zur Maulhöhle hin offen. Dadurch können Flüssigkeiten aus der Maulhöhle und aus dem Ösophagus in die Nasenlöcher fließen (JACKSON, LAWRENCE, 1985).
*Therapie*: Gaben von Atropinsulfat in einer Dosis von 50 mg/kg KM werden empfohlen.
3. Obstruktive Rhinitis ist eine Folge der ulzerativen Stomatitis bei Meeresschildkröten. Die Erreger (*Pseudomonas sp., Aeromonas hydrophila* und *Flavobacterium sp.*) breiten sich aus und führen zu einer Verstopfung der Nasengänge (GLAZEBROOK, CAMPBELL, 1990).
4. Virusbedingte Rhinitis. Diese Rhinitis tritt immer beidseitig auf und ist die Folge einer Virusinfektion. Bislang wurden dabei Irido- und Sendaiviren festgestellt.
*Therapie*: Eine spezifische Therapie ist unbekannt. Es sollten in jedem Fall Sekundärinfektionen durch Tetracycline oder andere Antibiotika unterdrückt werden.

### 9.4.2 Chronische Erkrankung des oberen Respirationstraktes

Bei der chronischen Erkrankung des oberen Respirationstraktes findet man häufig Läsionen und Ulzerationen in diesem Bereich. Im Mukosaepithel und in den benachbarten Drüsen finden sich Infiltrate von Histiozyten und Lymphozyten. Die Werte für SAST und Cholesterol sind bei erkrankten Tieren höher als bei gesunden, während die Hämoglobinwerte niedriger sind. Bei allen erkrankten Tieren konnte in der Nasenschleimhaut *Pasteurella testudinis*, bei einigen *Mycoplasma sp.* nachgewiesen werden (JACOBSON et al., 1991). Der Kliniker kann diese Erkrankung nicht von einer Rhinitis unterscheiden.

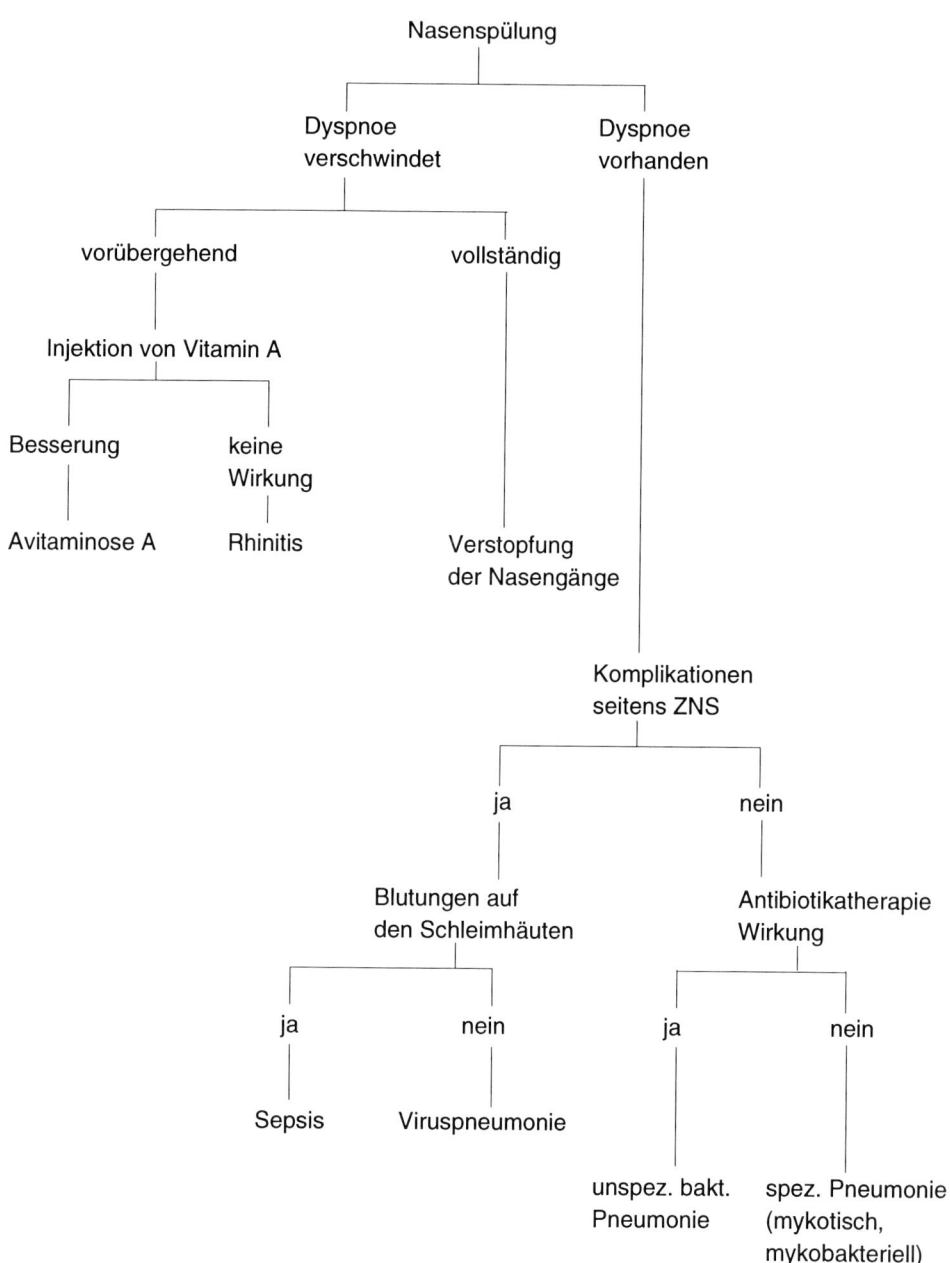

Schema 3: Diagnostischer Algorithmus des Syndroms Dyspnoe

## 9.4.3 Pneumonien

Sehr hoch ist die Verlustrate bei Schildkröten durch Pneumonien, da diese oft nicht oder zu spät diagnostiziert werden. Man unterscheidet mehrere Formen.

### 9.4.3.1 Unspezifische bakterielle Pneumonie

Diese Form ist am häufigsten. Die Erreger sind vor allem *Pseudomonas sp.*, *Aeromonas sp.*, Streptokokken und Staphylokokken. Auch *Morganella morgani*, *Acinetobacter sp.* und *Serratia marcescens* werden nachgewiesen (EVANS, 1983). Bei den davon befallenen Tieren sind oft Atemgeräusche hörbar. Wasser- und Meeresschildkröten zeigen eine schiefe Körperlage im Wasser oder treiben an der Oberfläche. In jedem Fall sollte ein Antibiogramm angesetzt, jedoch unverzüglich die Behandlung mit einem Breitspektrum-Antibiotikum eingeleitet werden. Später erfolgt eine Weiterbehandlung mit dem aus dem Antibiogramm ermittelten Präparat. Gleichzeitig erhöht man die Temperatur auf 30–35 °C und sorgt dafür, daß keine Zugluft entsteht. Falls die Schildkröten bereits einige Zeit die Nahrung verweigern, sollte man sie künstlich ernähren.

### 9.4.3.2 Spezifische Pneumonie

Diese durch Mykosen oder Mykobakterien hervorgerufene Erkrankung ist klinisch kaum festzustellen und wird fast immer erst bei der Sektion ermittelt. Für die Entwicklung einer Lungenmykose ist eine Reihe von Faktoren nötig, so daß nicht in jedem Fall mit der Gefährdung des übrigen Terrarienbestandes gerechnet werden muß. Ganz anders verhält es sich bei einer Erkrankung, die durch Mykobakterien hervorgerufen wird. Diese Erreger können z. B. bei einer Gemeinschaftshaltung durch Fische eingeschleppt werden (SPÖRLE, WEISS, 1992). *Mycobacterium chelonae* und *M. marinum* können auch beim Menschen granulomatöse Veränderungen hervorrufen, *Mycobacterium xenopi* sogar die Lunge befallen. Aus diesem Grund wird von einer *Therapie* abgesehen. Bei wertvollen Tieren sollte nur unter kontrollierten Bedingungen eine weitere Haltung erfolgen (SCHILDGER et al., 1991).

### 9.4.3.3 Viruspneumonie

Diese Pneumonie wird durch Herpes-, Irido- oder Sendaiviren hervorgerufen (s. Viruskrankheiten). Dabei konnten neben Herpesviren auch *Pasteurella testudinis* nachgewiesen werden (PETTAN et al., 1991).

Es gibt keine spezifische *Therapie* gegen diese Erreger. Ziel der Behandlung kann deshalb nur die Unterdrückung der Sekundärinfektion durch Antibiotika sein.

### 9.4.3.4 Parasitenbedingte Pneumonie

Lungenwürmer und Trematoden können zu Schädigungen der Lunge beim Wirtstier führen. Der Nachweis erfolgt durch die Eier im Maulschleim (FRANK, 1985). So fand man Trematoden bei Schnappschildkröten, Klappschildkröten und Schmuckschildkröten.

## 9.5 Krankheiten der Kreislauforgane

Veränderungen des Herzens kann man in der Regel erst bei der Sektion feststellen, so z. B. einen Thrombus im Herzen als Folge einer Infektion mit *Vibrio damsela*, einem Erreger, der vorwiegend bei Krebsen und Fischen gefunden wird (OBENDORF, CARLSON, MCMANUS, 1987).

## 9.6 Krankheiten der Harn- und Geschlechtsorgane

### 9.6.1 Nierenerkrankungen

Als Folge von Nierenstörungen (Nephritis, Glomerulonephritis) bilden sich gelegentlich Ödeme an den Extremitäten und im Halsbereich. Eine Ödembildung im Halsbereich läßt bei eingezogenem Kopf der Schildkröte einen wulstartigen Kragen erscheinen. Nierenkrankheiten werden häufig bei Sektionen gefunden, sind jedoch klinisch oft nicht zu diagnostizieren. Störungen der Nieren können durch Bakterien, durch Parasiten wie z. B. den Flagellaten *Hexamita parva*, durch Vitamin-A- Mangel oder durch Störungen der Harnsäureexkretion (siehe Gicht) verursacht werden. Bei Verdacht auf eine Nierenstörung empfiehlt sich eine Blutuntersuchung.

Tab. 12: Klinisch-chemische Serumwerte nach JACKSON, LAWRENCE (1985)

|  |  | Normalwerte | Nephritis |
|---|---|---|---|
| AST | (U/l) | 10–100 | 166–300 |
| LDH | (U/l) | 25–250 | 800–< |
| Harnsäure | (mmol/l) | 0,13–0,52 | 1,8–2,7 |
| Harnstoff | (mmol/l) | 0,35–10,0 | 18,0–20,0 |

## 9.6.2 Gicht

Die Gicht ist eine Störung im Harnsäurestoffwechsel und wird bei Schildkröten weniger als bei anderen Reptilien beobachtet. Häufig ist eine Exsikkose die Ursache. Es kommt dabei zur Ablagerung von harnsauren Salzen in den Gelenken. Oft sind die Nierentubuli nicht mehr in der Lage, die Harnsäure auszuschwemmen. Das bewirkt einen Anstieg der Harnsäurekonzentration im Serum und schließlich Uratablagerungen in den inneren Organen. Diese Form wird deshalb als Viszeralgicht bezeichnet. Die Erkrankung ist auf Nephritiden durch nephrotoxische Substanzen zurückzuführen, beispielsweise auf hohe Dosen von Gentamicin. Die durch Vitamin-A-Mangel bedingte Hyperkeratose des Tubulusepithels führt durch rein mechanische Einengung der harnableitenden Wege durch Uratmassen zum Erscheinungsbild einer Gicht. Bei den Blutuntersuchungen ist dann der Harnsäuregehalt im Serum deutlich erhöht (FRYE, DUTRA, 1976).

## 9.6.3 Blasenkrankheiten

Im Vordergrund der Blasenerkrankungen stehen Blasensteine, die sich im Röntgenbild gut darstellen lassen. Eine Reihe von erfolgreichen Operationen wird beschrieben. FRYE (1972) entfernte so bei einer Gopherschildkröte einen 206 g schweren Stein, der aus Uraten und Magnesium bestand, die konzentrisch angeordnet waren.

## 9.6.4 Krankheiten der weiblichen Geschlechtsorgane

Mit dem Endoskop lassen sich gut die paarigen Eierstöcke mit ihrer traubenähnlichen Oberfläche untersuchen. Die Eierstöcke reichen weit in das Abdomen hinein. Komplikationen in Form der unten beschriebenen Legenot gibt es immer wieder als Folge einer suboptimalen Haltung. Eine granulomatöse Oophoritis, bei der *Citrobacter sp.* isoliert wurde, beobachtete KAUFMANN (1968) bei einer Schmuckschildkröte.

## 9.6.5 Legenot

Unter dem Begriff Legenot versteht man einen Zustand, in dem sich die fertig ausgebildeten Eier bereits im Legedarm befinden und sich klinische Veränderungen bei dem Tier zeigen. Legenot bei Schildkröten führt sehr oft zu Störungen des Wohlbefindens und häufig auch zum Tode. Auch solitär gehaltene Weibchen können nach Jahren unveränderter Haltung vollausgebildete Eier zeitigen. Die Ursachen der Legenot, die übrigens bei Landschildkröten wesentlich häufiger als bei Wasserschildkröten auftritt, sind vielfältig. Der hohe Kalziumbedarf, der für die Eischalenbildung nötig ist, wird in vielen Fällen nicht durch das Futter gedeckt. Gleichzeitig kommt es oft zu einen Vitamin-$D_3$-Mangel. Weiterhin beobachtet man oft mangelnde Gleitfähigkeit der Eier im Eileiter. Anomalien der Eier können ein weiterer Grund der Legenot sein (FRYE, 1976). Auch psychische Faktoren dürfen nicht unterschätzt werden. Schlechte Eiablagebedingungen wie meist zu niedrige Temperaturen, ungeeignetes Ablagesubstrat bzw. ungeeigneter Eiablageplatz können die Ablage verzögern. Die Vitalität der Eier bleibt aber vier Wochen im Eileiter erhalten (WICKER,

1984). Als erstes Anzeichen für Legenot zeigen die Schildkröten Unruhe, vermutlich durch Suche nach einem geeigneten Eiablageplatz, über einen längeren Zeitraum, später beginnen sie zu pressen, stellen die Nahrungsaufnahme ein und werden apathisch. In einzelnen Fällen sind der Halsbereich und die Extremitäten ödematös geschwollen. Vielen Tierhaltern entgehen diese Veränderungen. Da diese Tiere oft zu spät vorgestellt werden, ist die Diagnose erschwert. Für Schweratmigkeit mit offenem Maul und 12 Atemzügen pro Minute war Legenot die Ursache, wobei es schon nach Verabreichung von 1 I.E. Oxytocin zur Eiablage und nach kurzer Zeit zu 4 Atemzügen pro Minute kam. Die Beobachtung des Verhaltens der Schildkröten durch den Besitzer ist meist der Schlüssel zum Erfolg. Um den Verdacht einer Legenot zu prüfen, wird zunächst die Schildkröte vertikal mit dem Kopf nach oben gehalten, so daß die inneren Organe nach kaudal verlagert werden. Jetzt kann man oft schon in den Beinausschnitten vor den Hinterfüßen mit den Fingern die Eier ertasten. Für die genaue Diagnosestellung ist eine Röntgenaufnahme mit dorsoventralem Strahlengang unerläßlich. So lassen sich die Eier gut darstellen. Differentialdiagnostisch muß man auch an Blasensteine, Fremdkörper oder an eine Koprostase denken, die gelegentlich bei Schildkröten beobachtet werden. Grundsätzlich muß bei solchen Störungen vor einem Eingriff eine Röntgenaufnahme angefertigt werden. Die Homogenität und der Verkalkungsgrad der Eier sind für die Beurteilung einer Legenot von Bedeutung. Vorzeitige wie auch verspätete Eingriffe können für den Patienten fatale Folgen haben. Bei fertig entwickelten und mit einer Kalkschale versehenen Eiern sollte man 14 Tage nach ihrer ersten Feststellung die Eiablage mit Oxytocin einleiten. Sind die Eier unbeschädigt und nicht übergroß, erhalten die Landschildkröten 5 I.E., Wasserschildkröten 10–15, notfalls auch 20 I.E. Oxytocin und 2 ml/kg KM Calcium-Sandoz[R]-Injektionslösung 10 % s.c. SCHILDGER und WICKER (1987) empfehlen für Landschildkröten bei Legenot die einmalige Gabe von 4 I. E./kg KM Oxytocin, verbunden mit einer Verabreichung von Kalzium in einer Dosis von 50 mg/kg KM. Umfangreiche Untersuchungen an 150 Fällen von Legenot bei Reptilien haben ergeben, daß Vasotocin (Sigma Chemical, ein Medikament, das in der Bundesrepublik Deutschland noch nicht im Handel ist) wesentlich effektiver war als die Gabe von Oxytocin (LLOYD, 1990). Zusätzlich werden die Schildkröten mit Legenot in einen ihnen vertrauten, abgedunkelten Raum mit einer Temperatur von 30 °C oder in warme Wasserbäder von 30–33 °C gesetzt. Bei Wasserschildkröten wird die Wassertemperatur ebenfalls auf 30–33 °C erhöht. In der Regel erfolgt die Eiablage in den nächsten Stunden. Bei übergroßen oder abgestorbenen sowie beschädigten oder deformierten Eiern kann die Eiablage auf diese Weise allerdings nicht ausgelöst werden. So konnte ein übergroßes Ei, das sich vor dem Beckeneingang befand, mit einer langen Nadel angestochen und der Ei-Inhalt mit einer Spritze abgesaugt werden. Das kollabierte Ei wurde am nächsten Tag, weitere drei Eier in den folgenden Tagen abgelegt (ROSSKOPF, WOERPEL, 1983). Auch eine Adhäsion der Eier an der Uterusmukosa oder Mißbildungen des Eileiters verhindern die Eiablage. In all diesen Fällen ist ein chirurgisches Vorgehen zu empfehlen, solange es der Zustand des Tieres zuläßt. Bei wiederholter Legenot ist zu prüfen, ob eine Ovariohysterektomie sinnvoll ist (Operationstechnik s. chirurgische Eingriffe).

### 9.6.6 Störungen der männlichen Geschlechtsorgane

Die Hoden der Schildkröten sind rund und liegen kranial der Nieren, der rechte Hoden gewöhnlich etwas weiter kranial als der linke. Im Vergleich zu den weiblichen Geschlechtsorganen befinden sich die Hoden im Bereich des Coelioms weiter kaudal (RÜEDI, 1981). Ungeklärt ist, warum das männliche Begattungsorgan so oft vorfällt oder herausgestülpt wird und so zu einer Paraphimose führt. Besonders bei im Wasser schwimmenden Tieren beißen Artgenossen in das farblich auffallende Organ und verletzen es. In der Regel läßt sich der Penis mit etwas Geduld reponieren. Eine angelegte Tabaksbeutelnaht kann nach einigen Tagen wieder entfernt werden. Läßt sich der Penis nicht mehr reponieren oder ist er sehr stark verletzt, empfiehlt sich eine Amputation, die von den Schildkröten problemlos vertragen wird.

## 9.7 Krankheiten der Sinnesorgane

Abgesehen von zentralnervösen Störungen infolge von Intoxikation beobachteten wir bei Schildkröten bislang nur Erkrankungen der Augen und Ohren.

### 9.7.1 Krankheiten der Augen

Bei einer Vielzahl von Erkrankungen der Schildkröten sind die Augen mit betroffen. Wird die eigentliche Krankheitsursache übersehen, ist eine Augenbehandlung sinnlos.

#### 9.7.1.1 Augenerkrankungen bei Wasserschildkröten

Häufig findet man bei Wasserschildkröten Störungen im Bereich der Augen. Die Augenlider sind geschwollen und teilweise verklebt. Später kann man in diesem Bereich eine gelblichweiße, käsige Masse entfernen. Die Schildkröten erblinden, verweigern die Nahrung und sterben nach längerem Siechtum. Ursache ist eine Störung der Harderschen Drüse, die in der Augenhöhle liegt (MEBS, 1965; HIME, 1972). Diese Drüse hat eine nierenähnliche Funktion und sorgt für die Ausscheidung größerer Mengen von Kochsalz.

Schildkröten, die zu kalt gehalten werden und als Folge dieser Unterkühlung Symptome einer vollständigen Erblindung zeigen, sollte man trotzdem nicht leichtfertig euthanasieren, da nach Verabreichung von Vitamin A sich gelegentlich die Patienten erholen.

*Therapie*: Man fixiert zwischen Daumen und Zeigefinger den Kopf der Schildkröte, entfernt zunächst mit einem stumpfen Glasstäbchen die käsigen Beläge, spült sorgfältig mit Borwasser und versorgt das Auge mit öligen Augensalben (Cortison, Chloramphenicol und Vitamin A). Gleichzeitig erhalten die Schildkröten 1000 mg/kg KM Vitamin A parenteral.

#### 9.7.1.2 Konjunktivitis

Diese Störung wird am häufigsten beobachtet. Die Augenlider, die Konjunktiven und der Lidsack sind entzündet. Die Erreger sind Strepto- und Staphylokokken. Sie lassen sich in der Regel mit chloramphenicol- oder tetracyclinhaltigen Salben erfolgreich bekämpfen. Nach einer Verletzung des Augapfels kann es zu einer Entzündung des gesamten Bulbus kommen (Panophthalmie). Die antibiotische Behandlung erfolgt lokal und systemisch. Spricht die Therapie nicht an, kann eine Bulbusexstirpation erforderlich sein (LEONARD, SHIELDS, 1970).

Eine durch Trauma hervorgerufene Korneaverletzung wurde mit einer Seidennaht geschlossen und täglich dreimal mit Terramycin^R (Pfizer) versorgt. Einige Wochen nach Entfernen der Fäden war die Kornea wieder klar (NORTHWAY, 1970).

#### 9.7.1.3 Katarakt

Ungeklärt sind die Erscheinungen der vollständigen Linsentrübung. Die Tiere sind nicht mehr in der Lage, das Futter zu finden, und müssen aus der Hand gefüttert werden (JACKSON, LAWRENCE, 1985).

### 9.7.2 Krankheiten der Ohren

Selten findet man eine Otitis externa oder eine Otitis media. Eingedrungene Keime führen zur Abszeßbildung. Durch Spaltung der Abszesse und durch entsprechende Versorgung klingen die Beschwerden ab.

## 9.8 Krankheiten der endokrinen Drüsen

### 9.8.1 Vergrößerung der Schilddrüse

Für gelegentlich bei Schildkröten auftretende Umfangsvermehrungen der Schilddrüse werden Haltungsfehler verantwortlich gemacht.

Solche Vergrößerungen sind oft im Halsbereich deutlich sichtbar. Ursachen im Jodstoffwechsel können Jodmangel im Nahrungsangebot als auch die Verfütterung von nitrathaltigen Futterpflanzen wie Lattich, Kohl oder Spinat sein. Vor allem Riesenschildkröten scheinen empfindlich auf einen Jodmangel zu reagieren (MEISTER, 1984; ZWART, 1977). Zur Prophylaxe wird eine Jodierung des Trinkwassers empfohlen. Dazu wird Vorratslösung (200 mg Kaliumjodid/Liter Wasser) angesetzt und davon jeweils 1ml/1 Liter Trinkwasser gegeben (GABRISCH, ZWART, 1990).

## 10  Intoxikationen

Schildkröten sind sehr empfindlich gegen Pflanzenschutzmittel und Insektizide. Deshalb muß man in Räumen mit Terrarien bei einer Schabenbekämpfung besondere Vorsicht walten lassen. Kommt es trotzdem zu einer Vergiftung, sollte man beim Eintreten von zentralnervösen Erscheinungen die Schildkröte leicht sedieren. Wurde das Gift durch die Haut resorbiert, empfiehlt sich ein Bad in einer salzigen Lösung; bei oraler Aufnahme sind Laxantia wie Paraffinöl hilfreich (COOPER, JACKSON, 1981). Zur Aufrechterhaltung der Nierenfunktion eignen sich subkutane Infusionen.

Nach Verwendung des Lösungsmittels Dichlormethan bei der Reparatur eines Wasserbeckens starben drei große Meeresschildkröten an einer degenerativen Leberverfettung und einer zentrolobulären Siderose der Sternzellen (SCHLÜTER et al., 1986). Über die starke Zunahme an chlorierten Kohlenwasserstoffen (PCB) im Fettgewebe von Schnappschildkröten im Flußlauf des Mississippi unterhalb von Großstädten bis zum 50fachen Wert im Vergleich zu den Untersuchungen, die oberhalb der Großstädte durchgeführt wurden, berichten HELWIG und HORA (1983). Dagegen fand man sehr niedrige PCB-Werte bei Meeresschildkröten wie der pflanzenfressenden Unechten Karett- und der Suppenschildkröte (McKIM, JOHNSON, 1983).

Vergiftungen durch Pflanzen sind selten. Es berichten jedoch FRYE und DETRICH (1976) über eine Schildkröte mit Intoxikation durch Aufnahme von Teilen einer Azalee. Sie stellten Atemdepressionen und Salivation fest und konnten das Tier durch Magenspülungen und Gaben von Kalziumglukonat, Atropinsulfat, Ringer-Lactat-Lösung sowie Furosemid heilen.

Intoxikationen werden auch durch Medikamente hervorgerufen. Vorsicht ist bei Gentamicin geboten. Todesfälle gab es bei Behandlungen, bei denen dieses Präparat bei Temperaturen von über 28 °C verabreicht wurde (WIESNER, 1984).

In einer Untersuchung erwies sich Ivermectin in einer Konzentration von 0,4 mg/kg KM bei Schildkröten als tödliche Dosis. Eine Behandlung ist mit 0,05 mg/kg KM möglich und darf frühestens nach 7 Tagen nachdosiert werden. Jedoch zeigte eine Leopardschildkröte bereits bei einer Dosis von 0,025 mg/kg KM eine leichte Parese. Trotz wiederholter Behandlung werden nicht alle adulten Nematoden eliminiert, wie es sich bei späteren Sektionen herausstellte (TEARE, BUSH, 1983).

## 11  Tumoren und Mißbildungen

Recht selten findet man bei Schildkröten Tumoren. Hier muß dann jeweils im einzelnen das operative Vorgehen geklärt werden. Wir konnten so einen Mastdarmtumor, der sich als Mastdarmprolaps äußerte, bei einer Unechten Karettschildkröte erfolgreich operieren. Wiederholtes Auftreten von Mastdarm- und Penisprolaps trotz entsprechender Behandlung wurde durch einen ständig wachsenden Lebertumor bei einer Riesenschildkröte ausgelöst. Ein Tumor aus dem Kloakenbereich (Plattenzellkarzinom) konnte bei einer Seychellen-Riesenschildkröte erfolgreich operiert werden (EULENBERGER, 1992).

## 12 Behandlungsmethoden und chirurgische Eingriffe

### 12.1 Subkutane Injektion

Die Medikamente werden den Reptilien vorzugsweise subkutan gegeben. Bei Schildkröten eignet sich dazu besonders der Bereich um die Kniefalte. Eine subkutane Injektion ist im Halsbereich möglich, jedoch können hier gelegentlich die Gefäße in Mitleidenschaft gezogen werden.

### 12.2 Intramuskuläre Injektion

Für eine intramuskuläre Injektion eignet sich die Muskulatur der Hinter- und Vorderextremitäten. Bei der Bestimmung des Gewichtes ist selbstverständlich der Panzer mit einbezogen, da er wie jedes andere Organ gut durchblutet ist.

### 12.3 Injektion in das Coeliom

Den Zugang für eine Injektion in das Coeliom findet man kranial vor den Hinterfüßen und sticht in kraniolaterolateraler Richtung auf das diagonal gegenüberliegende Vorderbein zu. Die Stichrichtung verläuft parallel zum Plastron im ventralen Winkel des Hinterbeinausschnittes.

### 12.4 Intravenöse Injektion

Eine intravenöse Injektion ist nicht einfach. Am besten eignet sich die Vena jugularis. Dazu wird eine Verweilkanüle in diesem Bereich angelegt und das Medikament langsam injiziert.

### 12.5 Behandlung von Frakturen

Als Folgen von Unfällen werden gelegentlich Frakturen beobachtet. Sofern es sich nicht um einen offenen Bruch handelt, kann mit Spontanheilung gerechnet werden. Offene Brüche müssen entsprechend geschient, geschraubt oder genagelt werden. Die Heilungsprozesse dauern länger als bei den Säugetieren. Deshalb müssen Nägel und Hemicerclagen dort etwas länger verbleiben. Je nach Knochenschädigung bleiben die Fremdkörper (Draht, Schrauben oder Nägel) 3 bis 12 Monate in der Schildkröte. Eine Entfernung dieser Materialien erfolgt erst nach einer Röntgenkontrollaufnahme. Bei hibernierenden Schildkröten muß während des Heilungsprozesses auf einen Winterschlaf verzichtet werden.

Nach knochenchirurgischen Eingriffen werden die Schildkröten für 10 Tage unter ein Antibiotikum gestellt.

#### 12.5.1 Frakturen des Panzers

Panzerfrakturen lassen sich durch Röntgenaufnahmen feststellen; diese sind oft mit Rissen der Hornschicht verbunden. Nach gründlicher Reinigung, gegebenenfalls nach einem Auffrischen der Wunden, durchbohrt man die Horn- und Knochenschicht beiderseits des Knochenrisses und sorgt mit einer Drahtcerclage für einen festen Halt. Die Drähte können nach drei bis vier Monaten entfernt werden. In vielen Fällen eignen sich heute selbsthärtende Kunststoffe, in denen zur besseren Fixierung eine Lage Kunststoff- bzw. Glasfasern verarbeitet werden (FRYE, 1973; CARRICK, REDDACLIFFE, 1980; ROSSKOPF, WOERPEL, 1981).

### 12.5.2 Frakturen der Extremitäten

Nach einer Immobilisation lassen sich Frakturen der Extremitäten durch entsprechendes Schienen beheben. Bei einer 45 kg schweren Seychellen-Riesenschildkröte konnte nach Immobilisation eine Humerusfraktur mit einer Sechs-Loch-Kompressionsplatte und 4,5 mm Schrauben in Nähe des Ellenbogengelenkes erfolgreich behandelt werden.

### 12.5.3 Frakturen der Kiefer

Unter- wie auch Oberkieferfrakturen werden gelegentlich nach Stürzen von ungesicherten Balkons beobachtet. Die beidseitige Mandibulafraktur einer Geierschildkröte konnte mittels einer Platte in jedem Ramus operiert werden, nachdem die Fixierung mit Stiften nicht ausgereicht hatte (KUEHN, 1972). Auch ein Zweikomponenten-Epoxydkleber (Araldit Rapid[R], Ciba-Geigy) eignet sich für eine Stabilisierung z. B. des Unterkiefers. Vorteilhaft dabei ist, daß dieser nicht heiß wird (HÄFELI, RYTZ, 1991). Dieselben Autoren fertigten eine Unterkieferteilprothese nach einer Unterkieferspitzennekrose mit einem 1 mm starken Kirschnernagel, den sie durch beide Unterkieferhälften bohrten. Anschließend legten sie eine doppelte Drahtcerclage als Konturvorlage. Mit einer Zweikomponenten-Dentalpaste (Miradapt[R] TMR, Johnson & Johnson) wurde das Unterkieferteil modelliert. Da dieser Kunststoff schlecht auf Horn haftet, erfolgte die Befestigung an den bestehenden Unterkieferhornleisten mit Histoacryl[R]. Etwas leichter ist die Behandlung einer Mandibulasymphysenfraktur, die mit einer doppelten Hemicerclage mit 2–0 Draht durch die Bohrlöcher der frakturnahen Unterkieferteile behoben wird (HÄFELI, RYTZ, 1991). Eine Drahtcerclage wird in der Regel nach drei Monaten entfernt. Jedoch zeigt die Mandibularsymphysenfraktur aufgrund der kleinen aufeinandertreffenden Knochenteile eine schlechte Heilungstendenz (KUNTZE, 1992).

## 12.6 Coeliotomie

Die Coeliotomie der Reptilien entspricht der Laparotomie der Säugetiere. Es wird jedoch von der Mehrzahl der Chirurgen die Heilungstendenz der Knochen im Plastron unterschätzt. Eine vollständige Regenerierung der Knochen erfolgt erst nach 1–2 Jahren. Die Coeliotomie dient vor allem der Behebung der Legenot, weiterhin der Entfernung von Blasensteinen, Fremdkörpern sowie der Geschlechtsbestimmung. Eine Vielzahl von Publikationen liegt hierzu vor. Meist handelt es sich jedoch um Legenot als Folge zu großer oder beschädigter Eier (FRYE, SCHUCHMAN, 1974). Als Beispiel einer Coeliotomie sei hier die operative Entnahme der Eier bei einer Schildkröte mit Legenot dargestellt. Die immobilisierte Schildkröte wird in Rückenlage gebracht und auf einem Styropor-Vakuumkissen fixiert. Anhand der Röntgenaufnahme legt man die Größe des Operationsfeldes fest und markiert die Schnittlinien auf dem Plastron. Nach gründlicher Reinigung und Desinfektion des Bereiches werden auf jeder Seite der geplanten Schnittlinien mit einem Mikrospiralbohrer (Durchmesser von 1,0 mm) Löcher durch das Plastron gebohrt. Diese Löcher benötigt man später für die Hemicerclage des herausgenommenen Panzerteils. Während des Bohrens erfolgt eine Kühlung des Bohrkopfes mit Elektrolytlösung. Nun wird mittels einer oszillierenden Säge oder Diamantsäge (Größe Nr. 0 mit einem Durchmesser von 2,2 cm) und fortwährender Kühlung mit Elektrolytlösung das Plastron durchsägt. Wegen möglicher Durchtrennung der Bauchvenen und der damit verbundenen Blutungen ist das Plastron sehr vorsichtig herauszupräparieren. Die Gefahr, die Serosa zu verletzen, ist relativ gering, da diese, wie auch die Abdominalorgane, deutlich vom Plastron abgesetzt ist. Nach der vollständigen Durchtrennung des Plastronteiles besteht beim Herausheben die Gefahr, daß Panzer-

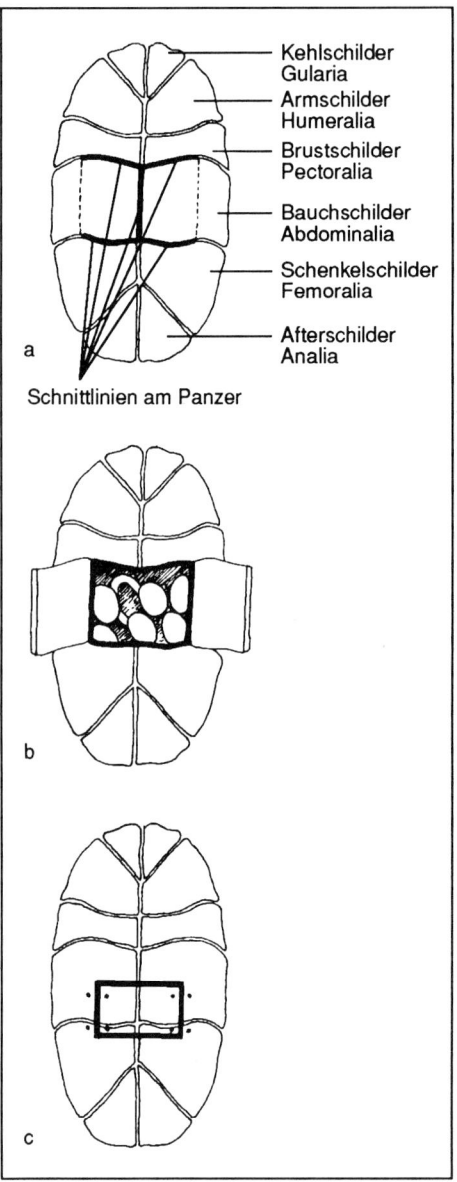

Abb. 14: Coeliotomie bei Schildkröten
Möglichkeiten der Schnittführung bei der Laparatomie a-c

teile an den Rändern abbrechen. Deshalb sollte man durch vorsichtiges Klopfen das Plastronteil in die Bauchhöhle hineindrücken, leicht verkantet herausnehmen und in 25 °C warmer Elektrolytlösung (Sterofundin[R], Braun Melsungen) zwischenlagern. SCHILDGER und HÄFELI (1989) sägen das mediane Rechteck derart, daß die Ränder schräg nach innen abfallen und am kaudalen Bereich eine Weichteilbrücke erhalten bleibt, die dann für die Zeit der Operation zurückgeklappt wird. Nach der Öffnung des Panzers ist jetzt vor allem auf die dem Plastron sehr eng anliegenden und gut gefüllten Bauchvenen zu achten, denn mediokranial des Operationsfeldes liegt die Herzspitze. Die Serosaschicht wird genau median zwischen den beiden deutlich sichtbaren Abdominalvenen eröffnet. Jetzt erfolgt die Fixierung der Serosaschicht mit Arterienklemmen. Der mit Haltezügeln versehene Eileiter läßt sich wegen der kurzen Bänder nur ein kleines Stück vorverlagern. Nach der Eröffnung des Eileiters werden die Eier vorsichtig entnommen. Ist ein Ei beschädigt, gilt besondere Vorsicht. Oft sind die Eier mit dem Eileiter verklebt oder das Gewebe des Eileiters bereits verändert. In diesem Fall ist dann die Ovariohysterektomie angezeigt (HECKHAUSEN-REINHARTZ, 1991). Gelangen geringe Spuren des Ei-Inhaltes in die Bauchhöhle, hat dies fatale Folgen für den Patienten. Nach der operativen Entnahme der Eier erfolgen der Verschluß des Eileiters in zwei Schichten sowie der Verschluß der Serosaschicht. Zuvor werden sowohl der Eileiter als auch die Bauchhöhle antibiotisch versorgt. Dann wird das zwischengelagerte Plastronteil eingesetzt und mit Stahldraht oder Drahtcerclagen befestigt. Die Bohrlöcher und der gesamte Wundspalt werden mit einer Kalziumhydroxid-Paste oder mit Histoacryl[R] N blau Gewebekleber (Ethicon) verschlossen, der innerhalb weniger Minuten nach Beträpfeln mit etwas Wasser erhärtet. Jetzt erfolgt das Abdecken des Operationsfeldes mit einem Kunstharz-Härtergemisch. Dazu werden zwei bis drei Lagen einer Glasfasermatte schichtweise aufgelegt, die das Operationsfeld vollständig abdecken. Im Falle einer Infektion der Bauchhöhlenorgane oder wenn Eidotterinhalt in die Bauchhöhle gelangen konnte, sollte nach gründlicher Reinigung und antibiotischer Versorgung eine Drainage im Inguinalbereich angelegt werden. Das gilt auch, wenn der Panzer im medialen Bereich aufgesägt wurde.

Das obengenannte Verfahren haben einige Autoren etwas modifiziert: Anstelle der Hemicerclage für die Fixierung des herausgesägten Plastronteils und der dafür notwendigen Bohrlöcher kann man vorübergehend Stahlstifte einsetzen, die dann wieder zu entfernen sind, sobald der Kunststoff ausgehärtet ist. KILIAN und WERNER (1986) verschließen übrigens den ventralen Schildkrötenpanzer mit der in der Knochenchirurgie bekannten DCP-Platte. Die Schildkröte erhält nach dem operativen Eingriff noch ein Antibiotikum und 10 ml Sterofundin[R] und sollte für die nächsten zehn Tage bei 28 °C gehalten werden. Wasserschildkröten bleiben in diesem Zeitraum an Land und werden täglich nur für eine Stunde in sauberes Wasser gebracht. Die äußerlich sichtbare Heilung dauert ca. zwei Monate, die Regeneration des Knochens etwa ein Jahr. Es ist deshalb empfehlenswert, in diesem Zeitraum optimal zu füttern und bei den hibernierenden Schildkrötenarten auf den Winterschlaf zu verzichten.

Eine andere chirurgische Methode beschreibt DAVID (1976). Er trennt den Knochen mit der oszillierenden Säge median zwischen den beiden Bauchschilden des Plastrons, anschließend zwischen Brust- und Bauchschild sowie zwischen After- und Bauchschild. Die beiden Bauchschilde werden nach außen aufgeklappt und nicht abgesetzt.

Eine weitere Technik der Laparotomie beschreibt BRANNIAN (1984). Dabei erfolgt die Coeliotomie kranial der Hinterfüße ohne Beschädigung des Panzers. Das Operationsfeld wird dorsal und kranial durch den Carapax und ventral durch das Plastron begrenzt. Das Gewebe ist hier sehr elastisch. In diesen Bereich werden normalerweise die Hinterfüße eingezogen. Ein horizontaler Hautschnitt in der Mitte zwischen Carapax und Plastron führt zu den horizontal verlau-

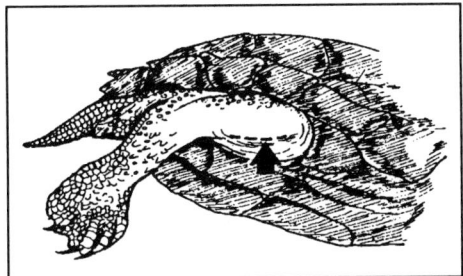

Abb. 15: Coeliotomie bei Schildkröten im Inguinalbereich (nach BRANNIAN 1984)

fenden Muskeln. Nach einer Fettschicht erreicht man den M. transversus abdominis und schließlich die Körperhöhlenmembran. Nach deren Eröffnung sind die Eileiter zugänglich. Der Autor operierte so 56 Schildkröten 14 verschiedener Arten, von denen 52 die Operation gut überstanden. Der Eingriff kann rechts wie links durchgeführt werden, jedoch bevorzugte er die linke Seite. Eine Heilung erfolgte innerhalb von 30 Tagen. Das gleiche Verfahren wurde auch von PAGE (1985) mit Erfolg eingesetzt.

## 12.7 Kloakenvorfall

Gelegentlich muß ein Kloakenvorfall operativ behandelt werden, sofern die oben beschriebenen Techniken nicht zum Abklingen des Vorfalls ausreichen. Meist genügt eine Tabaksbeutelnaht im Kloakenbereich. Unter Umständen muß ein Teil des Gewebes, insbesondere bei Riesenschildkröten, mit reseziert werden. Zum Abtragen des veränderten Gewebes benutzt ENSLEY (1981) den Thermokauter.

# 13 Töten unter Berücksichtigung der gesetzlichen Bestimmungen

Nach einer Immobilisation mit Ketamin oder Isofluran können Schildkröten mit T 61 intramuskulär oder besser mit einer langen Nadel intrakardial getötet werden. Dazu eignet sich eine Epiduralkanüle mit Mandrin, die man an der rechten Halsseite entlang auf halber Höhe zwischen Rücken und Bauchpanzer leicht schräg in Richtung auf die Mittellinie schiebt (WISSDORF, BEYER, FEHR, 1989). Der Tod ist für den Kliniker nicht sicher feststellbar. Es empfiehlt sich das Abschneiden einer Kralle im gut durchbluteten Bereich. Da auch diese Methode kein zuverlässiges Verfahren für die Beurteilung des Eintritts des Todes ist, sollte jede Schildkröte anschließend für 24–48 Stunden eingefroren werden.

# 14 Literaturverzeichnis Schildkröten

Publikationen, die auch andere Reptilienordnungen betreffen, siehe »Literaturverzeichnis Reptilien«.

ADEST., G. A., J. JARCHOW & B. BRYDOLF, 1988: A method for manual ventilation of tranquilized tortoises. Herpetol. Rev. **19**, 80.

ADRIAN, C., 1986: Unsere Landschildkröten. Franckh'sche Verlagshandlung. W. Keller & Co., Stuttgart.

ALTMANN, R. et al., 1972: Turtle-associated salmonellosis: II. The relationship of pet turtles to salmonellosis in children in New Jersey. Am. J. Epidemiol. **95**, 518–520.

BARTEN, S. L., 1982: Fatal metastatic mineralization in a redfooted tortoise. Vet. Med. Small Anim. Clin. **77**, 595–597.

BIENZLE, D. & C. J. BOYD, 1992: Sedative effects of ketamine and midazolam in snapping turtles (*Chelydra serpentina*). J. Zoo Wildlife Med. **23**, 201–204.

BOURDOUX, P., F. DELISE & P. DEVAUCHELLE, 1992: Computerized axial tomography in chelonians. Proceed. Inter. Cong. Chelonian Pathol. Gonfaron, France. **1**, 137–154.

BOWEN, G. S., 1977: Prolonged western equine encephalitis viremia in the Texas tortoise (*Gopherus berlandieri*). Am. J. Trop. Med. Hyg. **26**, 171–176.

BRANNIAN, R. E., 1984: A soft tissue laparotomy technique in turtles. J. Am. Vet. Med. Assoc. **185**, 1416–1417.

BRAUNE, S., V. GEISS & W. THIEL, 1989: Eine neue durch Herpesviren verursachte Erkrankung bei Landschildkröten. Tierärztl. Prax. **7**, 416–419.

BROWNSTEIN, D. G., 1978: Reptilian mycobacteriosis. In: Mycobacterial infections of zoo animals. R. J. MONTALI (Ed.). Smithsonian Institution Press, 265–268.

BROWNSTEIN, D. G., 1984: Mycobacteriosis. In: Diseases of Amphibians and Reptiles. HOFF/FRYE/JACOBSON. Plenum Press, New York, London, 1–24.

BULL, J. J. & R. C. VOGT, 1979: Temperature dependent sex determination in turtles. Science **206**, 1186–1188.

BURKE, J. B., 1979: Chelonian salmonellosis. Proceed. Am. Assoc. Zoo Vet. 33–34.

BURKE, J. B. & L. J. RODGERS, 1982: Gastric ulceration associated with larval nematodes (*Anisakis sp.* Type I) in pen reared green turtles (*Chelonia mydas*) from Torres Strait. Paras. J. Wildl. Dis. **18**, 41–46.

BUSH, R., 1977: Preliminary study of gentamicin in turtles. Proceed. Assoc. Am. Zoo Vet. 71–73.

CARRICK, T. & G. REDDACLIFFE, 1980: Repair of traumatic shell fractures in Australian side-necked turtles. Inter. Zoo Yb. **20**, 241–243.

CLAUSEN, J., 1981: Wurmbefall von Landschildkröten und Therapieversuche mit neueren Anthelminthika. Vet. Med. Diss., München.

COX, W., W. A. RAPLEY & J. K. BARKER, 1980: Herpesvirus-like infection in a painted turtle (*Chrysemys picta*). J. Wildl. Dis. **16**, 445–449.

CRANE, S. W. et al., 1980: Neutralisazion bone-plating repair of a fractured humerus in an Aldabra tortoise. J. Am. Vet. Med. Assoc. **177**, 945–948.

DAVID, P., 1976: Chirurgische Intervention bei einer Torsio oviducti sin. einer Griechischen Landschildkröte (*Testudo hermanni*). Kleintier-Prax. **21**, 57–59.

ELS, S., T. ERASMUS & P. E. D. WINTER, 1988: Heating and cooling rates and their effects upon heart rate in the angulate tortoise, *Chersina angulata*. S. Afr. J. Zool. **23**, 230–234.

ENSLEY, P. K., 1981: Management of cloacal lesions in Galapagos tortoise. Proceed. Am. Assoc. Zoo Vet. 14–15.

EULENBERGER, K., 1977: Zu einigen speziellen Erfahrungen bei der Behandlung von Reptilien. Verh. ber. Inter. Symp. Erkrank. Zootiere. **19**, 57–59.

EULENBERGER, K., 1992: Pers. Mitteilung.

EVANS, R. H., 1983: Chronic bacterial pneumonia in free ranging eastern box turtles (*Terrapene carolina carolina*). J. Wildl. Dis. **19**, 349–352.

FRANK, W., W. SACHSSE & K. H. WINKELSTRÄTER, 1976: Außergewöhnliche Todesfälle durch Amöbiasis bei einer Brückenechse (*Sphenodon punctatus*), bei jungen Suppenschildkröten (*Chelonia mydas*) und bei einer Unechten Karettschildkröte (*Caretta caretta*). Salamandra **12**, 120–126.

FRYE, F. L., 1972: Surgical removal of a cystic calculus from a desert tortoise. J. Am. Vet. Med. Assoc. **161**, 600–602.

FRYE, F. L., 1974: Clinical evaluation of a rapid polymerizing epoxy resin for repair of shell defects in tortoises. Vet. Med. Small Clin. **68**, 51–52.

FRYE, F. L., 1976: Multiple ova-shell anomalies as a cause for dystocia in a tortoise, *Geochelone carbonaria* (*Reptilia, Testudines*). J. Herpetol. **10**, 264–266.

FRYE, F. L. & J. F. DETRICH, 1976: Azalea intoxication in a desert tortoise. Proceed. Am. Assoc. Zoo Vet. 309–311.

FRYE, F. L. & F. R. DUTRA, 1974: Mycotic granulomata involving in the forefeet of a turtle. Vet. Med. Small Anim. Clin. **69**, 990–993.

FRYE, F. L. & F. R. DUTRA, 1976: Articular pseudogout in a turtle (*Chrysemys s. elegans*). Vet. Med. Small Anim. Clin. **71**, 655–659.

FRYE, F. L., D. S. GILLESPIE & M. E. FOWLER, 1984: Peracute necrotizing dermatitis in a softshell turtle. J. Zoo Anim. Med. **15**, 73–77.

FRYE, F. L. & S. M. SCHUCHMAN, 1974: Salpingotomy and cesarian delivery of impacted ova in a tortoise. Vet. Med. Small Anim. Clin. **69**, 454–457.

FRYE, F. L., L. S. OSHIRO & F. R. DUTRA, 1977: Herpesvirus-like infection in two pacific pond turtles. J. Am. Vet. Med. Assoc. **171**, 882–884.

GABRISCH, K., 1984: Die häufigsten Schildkrötenkrankheiten in der tierärztlichen Praxis. Prakt. Tierarzt **66**, 483–489.

GABRISCH, K., 1990: Schildkröten. Narkose und chirurgische Eingriffe bei Reptilien. In: Krankheiten der Heimtiere. GABRISCH/ZWART. Hannover: Schlütersche Verlagsanstalt.

GABRISCH, K., 1991: Die Schildkröte in der Praxis: eine Übersicht. Proceed. 16. Weltkongreß World Small Anim. Vet. Assoc., 8–15.

GLASSFORD, J. F. & K. BROWN, 1977: Treatment of egg-retention in a turtle. Vet. Med. Small Anim. Clin. **72**, 1641–1645.

GLAZEBROOK, J. S. & R. S. F. CAMPBELL, 1981: Pathological changes associated with cardiovascular trematodes (*Digenea: Spirochidea*) in a green sea turtle, *Chelonia mydas*. J. Comp. Path. **91**, 361–368.

GLAZEBROOK, J. S. & R. S. F. CAMPBELL, 1990: A survey of the diseases of marine turtles in northern Australia. I. Farmed turtles; II. Oceanarium-reared and wild turtles. Dis. aquat. Org. **9**, 83–104.

GÖBEL, T. & H. SPÖRLE, 1992: Blutentnahmetechnik und Serumnormalwerte wichtiger Parameter bei der Griechischen Landschildkröte (*Testudo hermanni hermanni*). Tierärztl. Prax. **20**, 231–234.
GOLDFIELD, M. & O. SUSSMAN, 1964: Ecologic studies of eastern equine and western equine encephalitis virus in New Jersey. Report presented at Center of Disease Control Atlanta.
GRAHAM-JONES, O., 1961: Notes on the common tortoise. Some clinical conditions affecting the north African tortoise (*Testudo graeca*). Vet. Rec. **73**, 313–321.
HÄFELI, W. & U. RYTZ, 1991: Therapiemöglichkeiten der Unterkieferfraktur bei Landschildkröten. Proceed. Inter. Colloqu. Pathol. and Medicine of Reptiles and Amphibians **4**, 251–254.
HARLESS, M. & MORLOCK, H. (Ed.), 1979: Turtles perspectives and Research. John Wiley & Sons, New York - Chichester - Brisbane - Toronto.
HARPER, R., 1986: Hibernating tortoise. Vet. Rec. **118**, 408.
HARPER, A. W., D. C. HAMMOND & W. P. HEUSCHELE, 1982: A herpesvirus-like agent associated with a pharyngeal abscess in a desert tortoise. J. Wildl. Dis. **18**, 491–494.
HARWELL, G., 1982: Esophageal foreign body in a Kemp`s ridley sea turtle. Proceed. Am. Assoc. Zoo Vet. 3.
HAUSER, B., F. METTLER & R. E. HONNEGGER, 1977: Knochenstoffwechselstörungen bei Seychellen-Riesenschildkröten (*Testudo gigantea*). Verh. ber. Inter. Symp. Erkrank. Zootiere **19**, 121–125.
HEARD, D. J. et al., 1986: Hyalohyphomycosis caused by *Paecilomyces lilacinus* in an Aldabra tortoise. J. Am. Vet. Med. Assoc. **189**, 1143–1145.
HECKHAUSEN-REINARTZ, J., 1991: Fallbericht: Ovariohysterektomie zur Behebung der Legenot bei einer Rotwangenschmuckschildkröte, *Pseudemys scripta elegans*. Kleintier-Prax. **36**, 653–655.
HELDSTAB, A. & D. RÜEDI, 1977: Spontane Kaltblüter-Tuberkulose bei Meeresschildkröten im Zoo Basel. Verh. ber. Inter. Symp. Erkrank. Zootiere **19**, 99–103.
HELDSTAB, A. & G. BESTETTI, 1982: Spontaneous viral hepatitis in a spurtailed mediterranean land tortoise (*Testudo hermanni*). J. Zoo Anim. Med. **13**, 113–120.
HELLWIG, D. & M. E. HORA, 1983: Polychlorided biphenyl, mercury, and cadmium concentrations in Minnesota snapping turtles (*Chelydra serpentina*). Bull. Environm. Contam. Toxicol. **30**, 186–190.
HIME, J. M., 1972: Eye disease in terrapins. Vet. Rec. **91**, 493.
HOLT, P. E. & J. E. COOPER, 1976: Stomatitis in the Greek tortoise (*Testudo graeca*). Vet. Rec. **98**, 156.
HOLT, P. E. & L. OLDHAM, 1978: Radiological studies of the alimentary tract in two Greek tortoises (*Testudo graeca*). Vet. Rec. **103**, 198–200.
HOLT, P. E., J. E. COOPER & J. R. NEEDHAM, 1979: Diseases of tortoise: A review of seventy cases. J. Small Anim. Pract. **20**, 269–286.
HULSE, A. C., 1975: Carapacial and plastral flora and fauna of the Sonora mud turtle (*Kinosternon sonoriense*). J. Herpetol. **10**, 341–346.
HUNT, T. J., 1957: Notes on diseases and mortality in testudines. Herpetol. **13**, 19–23.
ISENBÜGEL, E., 1981: Hautveränderungen bei Landschildkröten unbekannter Ursache. Tag. ber. 1. Arbeitstagung der Zootierärzte im deutschspr. Raum, 20–21.
JACKSON, O. F., 1978: Tortoise shell repair over two years. Vet. Rec. **102**, 284–285.
JACKSON, O. F. & M. D. FASAL, 1981: Radiology in tortoise, terrapins and turtles as an aid to diagnosis. J. Small Anim. Pract. **22**, 705–716.
JACKSON, C. G. & M. M. JACKSON, 1971: The frequency of *Salmonella* and *Arizona* microorganismus in zoo turtles. J. Wildl. Dis. **7**, 130–132.
JACKSON, O. F. & K. LAWRENCE, 1985: Chelonians. In: Manual of exotic pets, edited by COOPER, HUTCHISON, JACKSON & MAURICE. Brit. Small Anim. Vet. Assoc.
JACKSON, O. F. & J. R. NEEDHAM, 1983: Rhinitis and virus antibody titre in chelonians. J. Small Anim. Pract. **24**, 31–36.
JACOBSON, E. R., M. B. CALDERWOOD & S. CLUBB, 1980: Mucormycosis in hatchling Florida softshell turtles. J. Am. Vet. Med. Assoc. **177**, 835–837.

JACOBSON, E. R., S. CLUBB & R. L. NAPOLITANO, 1981: Amoebiasis in redfooted tortoises, *Geochelone carbonaria*. Proceed. Am. Assoc. Zoo Vet. 16–17.
JACOBSON. E. R., J. M. GASKIN & H. WAHLQUIST, 1982: Herpesvirus infection in map turtles. J. Am. Vet. Med. Assoc. **181**, 1322–1324.
JACOBSON, E. R., J. M. GASKIN & H. WAHLQUIST, 1986: Conjunctivitis, tracheitis, and pneumonia associated with herpesvirus infection in green sea turtles. J. Am. Vet. Med. Assoc. **189**, 1020–1023.
JACOBSON, E. R., B. HOMER & G. SCHERBA, 1992: Chlamydiosis in mariculture-reared green sea turtles, *Chelonia mydas*. Abstract. 1. Inter. Congr. of Chelonian Pathol., Gonfar, Frankreich. 7.
JACOBSON, E. R. et al., 1979: Mycotic pneumonia in green sea turtles (*Chelonia mydas*). J. Am. Vet. Med. Assoc. **175**, 929–933.
JACOBSON, E. R. et al., 1982: Papilloma-like virus infection in bolivian side-neck turtles. J. Am. Vet. Med. Assoc. **182**, 1325–1328.
JACOBSON, E. R. et al., 1985: Herpesvirus-like infection in Argentine tortoise. J. Am. Vet. Med. Assoc. **187**, 1227–1229.
JACOBSON, E. R. et al., 1988: Cutaneous fibropapillomas in green turtles. Proceed. Am. Assoc. Zoo Vet., 91–92.
JACOBSON, E. R. et al., 1989: *Flavobacterium meningosepticum* infection of a Barbour's map turtle (*Graptemys barbouri*). J. Zoo Wildl. Med. **20**, 474–477.
JACOBSON, E. R. et al., 1991: Chronic upper respiratory tract disease of free-ranging desert tortoises (*Xerobates agassizii*). J. Wildl. Dis. **27**, 296–316.
KASS, R. E., D. E. ULLREY & A. L. TRAPP, 1982: A study of calcium requirement of the red-eared slider turtle (*Pseudemys scripta elegans*). J. Zoo Anim. Med. **13**, 62–65.
KAUFMANN, A. F., 1968: Granulomatous oophoritis in a turtle. J. Am. Vet. Med. Assoc. **153**, 860–862.
KEIL, R., 1992: Unveröffentl. Mitteilung.
KEYMER, J. F., 1978: Diseases of chelonians - necropsy survey of tortoises. Vet. Rec. **103**, 548–552.
KILIAN, H. & H. G. WERNER, 1986: Fallbericht: Ein ungewöhnlich großer Fremdkörper bei einer Griechischen Landschildkröte (*T. hermanni*). Kleintier-Prax. **31**, 401–405.
KUDRAVCEV, S. V., 1986: Diagnosticeskie algoritmy nekotowych patologiceskich sindromov reptilijii (russ). Verh. ber. Inter. Symp. Erkrank. Zootiere **28**, 313–316.
KUEHN, G., 1977: Bilateral transverse mandibular fracture in a turtle. Proceed. Am. Assoc. Zoo Vet. 243.
KUNTZE, A., 1992: Unveröffentl. Mitteilung.
KUONI, W. & A. RÜBEL, 1991: MRI, ein neues bildgebendes diagnostisches Verfahren in der Reptilienmedizin. Proceed. Inter. Colloqu. Path. and Medicine of Reptiles and Amphibians **4**, 150–153.
LANGE, H. et al., 1989: Elektronenmikroskopischer Nachweis von Herpesviren bei einem Massensterben von Griechischen Landschildkröten (*Testudo hermanni*) und Vierzehenschildkröten (*Agionemys horsfieldi*). Tierärtl. Prax. **17**, 319–321.
LAWRENCE, K., 1987: Posthibernational anorexia in captive mediterranean tortoise (*Testudo graeca* and *T. hermanni*). Vet. Rec. **120**, 87–90.
LAWRENCE, K., G. H. PALMER & J. H. NEEDHAM, 1986: Use of carbecillin in two species of tortoise (*Testudo graeca* and *T. hermanni*). Res. Vet. Sci. **40**, 413–415.
LEHMANN, H.-D., 1966: Daten zur Fortpflanzung von *Chelydra serpentina* in Gefangenschaft. Salamandra, **2**, 1–5.
LEIBOWITZ, L., G. REBELL & G. C. BOUCHER, 1978: *Caryspora cheloniae* sp. n. - A coccideal pathogen of mariculture-reared green sea turtles (*Chelonia mydas mydas*). J. Wild. Dis. **14**, 269- 275.
LEONARD, J. L. & R. P. SHIELDS, 1970: Acid-fast granuloma in a turtle's eye. J. Am. Vet. Med. Assoc. **157**, 612–613.
LOOMIS, M. R., 1989: Diabetes mellitus in a Galapagos tortoise (*Geochelone elephantopus*). Abstract Inter. Colloqu. Pathol. of Reptiles and Amphibians **3**, 89.
MANCHESTER, D., 1982: PH factor and aquatic turtles. Anim. Keeper For. **9**, 81–82.
MCKIM, J. M. & K. L. JOHNSON, 1983: Polychlorinated biphenyls and DDE in loggerhead and green postyearling Atlantic sea turtles. Bull. Environ. Contam. Toxicol. **31**, 53–60.

MEBS, D., 1965: Zur Pathologie und Therapie einer bei Wasserschildkröten häufig auftretenden Augenerkrankung. Zool. Garten N. F. **31**, 304–309.

MEISTER, R., 1984: Beitrag zu den Erkrankungen der Riesenschildkröten. Verh. ber. Inter. Symp. Erkr. Zootiere **26**, 305–311.

METTLER, F. & B. HAUSER, 1979: Spontane „Yellow fat disease" (Steatitis) bei zwei Schmuckschildkröten. Verh. ber. Inter. Symp. Erkrank. Zootiere. **21**, 145–146.

METTLER, F. et al., 1982: Gehäuft auftretende Fälle von Parakeratose mit Epithelablösung der Haut bei Landschildkröten. Verh. ber. Inter. Symp. Erkrank. Zootiere **24**, 245–248.

MONAGAS, W. R. & R. E. GATTEN, 1983: Behavioral fever in the turtles *Terrapene carolina* and *Chrysemys picta*. J. Therm. Biol. **8**, 285–288.

MÜLLER, G., 1987: Schildkröten. Verlag Eugen Ulmer, Stuttgart.

MÜLLER, M., W. SACHSSE & N. ZANGGER, 1990: Herpesvirus-Epidemie bei der Griechischen (*Testudo hermanni*) und der Maurischen Landschildkröte (*Testudo graeca*) in der Schweiz. Schweiz. Arch. Tierheilkd. **132**, 199–203.

MÜLLER, M., N. ZANGGER & T. DENZER, 1988: Iridovirus-Epidemie bei einer Griechischen Landschildkröte (*Testudo hermanni hermanni*). Verh. ber. Inter. Symp. Erkrank. Zoo-und Wildtiere **30**, 271–274.

MURPHY, J. B. & J. T. COLLINS, 1989: A review of the diseases and treatment of captive turtles. AMS Publishing, RRZ, Lawrence, Kansas 66044.

NICKERSON, M. A. & J. A. HUTCHISON, 1971: The distribution of fungus *Basidiobulus ranarum* Eidam in fish, amphibians and reptiles. Am. Midland Naturalist **86**, 500–502.

NORTHWAY, R. B., 1970: Repair of a fractured shell and lacerated cornea in a tortoise. Vet. Med. Small Anim. Clin. **65**, 944.

OBENDORF, D. L., J. CARLSON & T. J. MCMANUS, 1987: *Vibrio damsela* infection in a stranded leatherback turtle (*Dermochelys coriacea*). J. Wildl. Dis. **23**, 666–668.

OBST, F. J., 1985: Die Welt der Schildkröten. Edition Leipzig.

OTTIS, K. & T. GERBIG, 1982: Legenot bei Landschildkröten. Diagnose, Therapie und Prophylaxe. Tierärztl. Prax. **10**, 257–260.

OWENS, D. W. et al., 1978: A technique for determining sex of immature *Chelonia mydas* using a radioimmunoassay. Herpetol. **34**, 270–273.

PAGE, C. D., 1985: Soft tissue celiotomy in an Aldabra tortoise. J. Zoo Anim. Med. **16**, 113–114.

PAGE, C. D. et al., 1986: Medical management in a debilitated leopard tortoise. Proceed. Am. Assoc. Zoo Vet. 2–6.

PALMER, D. G., A. RÜBEL & F. METTLER, 1984: Experimentell erzeugte Hautveränderungen bei Landschildkröten durch hohe parenterale Gaben von Vitamin A. Zentralbl. Vet. Med., B **31**, 625–633.

PENNINCK, D. G. et al., 1991: Ultrasonography of the California desert tortoise (*Xerobates agassizii*) Anatomy and application. Vet. Radiology **32**, 112–116.

PETTAN, K. et al., 1991: Herpes-like particles with respiratory disease in a California desert tortoise (*Xerobates agassizii*). Proceed. Am. Assoc. Zoo Vet. 157–158.

PRUKSARAJ, D., 1967: Untersuchungen über das Vorkommen von Salmonellen bei Landschildkröten der Arten *Testudo graeca* und *Testudo hermanni*. Vet. Med. Diss., Hannover.

RAPHAEL, B., 1980: Sand impaction in a Galapagos tortoise. Proceed. Am. Assoc. Zoo Vet. **67**.

REBELL, G., A. RYWLIN, H. HAINES, 1975: A herpesvirus-type agent associated with skin lesions of green sea turtles in aquaculture. Am. J. Vet. Res. **36**, 1221–1224.

RECKLIES, H., 1989: Krankheiten der Schildkröten, eine Literaturstudie. Vet. Med. Diss., Berlin.

REGENSBURGER, J., 1982: Untersuchungen über die Entwurmung von Landschildkröten mit Flubenol$^R$, Panacur$^R$ und Rintal$^R$. Vet. Med. Diss., München.

RHODIN, A. G. J., P. C. H. PRITCHARD & R. A. MITTERMEIER, 1984: The incidence of spinal deformities in marine turtles with notes on the prevalence of kyphosis in Indonesian *Chelonia mydas*. Brit. J. Herpetol. **6**, 369–373.

RICHTER, A. G., 1977: Techniques for collecting blood from Galapagos tortoise and box turtle. Vet. Med. Small Anim. Clin. **72**, 1376–1378.

RIDEOUT, B. A. et al., 1987: Mortality of captive tortoise due to viviparous nematodes of the genus *Proatractis* (Family Atractidae). J. Wild. Dis. **23**, 103–108.

ROBECK, T. R. et al., 1990: Ultrasound imaging of reproductive organs and eggs in Galapagos tortoise, *Geochelone elephantopus spp*. Zoo Biol. **9**, 349–360.

ROSSKOPF, W. J., 1982: Normal hemogram and blood chemistry values for California desert tortoise. Vet. Med. Small Anim. Clin. **77**, 85–87.

ROSSKOPF, W. J. & R. W. WOERPEL, 1981: Repair of shell damage in tortoises. Mod. Vet. Pract. Santa Barbara, Calif. **62**, 938–939.

Rosskopf, W. J. & R. W. Woerpel, 1983: Treatment of an egg-bound turtle. Mod. Vet. Pract. **74**, 644–645.

ROSSKOPF, W. J. & R. W. WOERPEL, 1983: Abdominal surgery in turtles and tortoises. Anim. Health Tech. **4**, 326–329.

ROSTAL, D. C. et al., 1990: Ultrasound imaging of ovaries and eggs in Kemp`s ridley sea turtles (*Lepidochelys kempi*). J. Zoo and Wildl. Med. **21**, 27–35.

RÜEDI, D. et al., 1981: Neue Methoden der Geschlechtsbestimmung bei Schildkröten. Tierärztl.-Prax. **9**, 265–271.

SACHSSE, W., 1974: Zum Fortpflanzungsverhalten von *Clemmys muhlenbergii* bei weitgehender Nachahmung der natürlichen Lebensbedingungen im Terrarium. Salamandra. **10**, 1–14.

SCHALLER & R. WISTUBA (1987: Ungewöhnliches Ausscheiden von Fremdkörpern durch eine Karettschildkröte (*Eretmochelys imbricata*). DATZ. **40**, 230–231.

SCHILDGER, B. J. & W. HÄFELI, 1989: Chirurgische Therapie der Legenot bei Reptilien. Tierärztl. Prax. **17**, 420–425.

SCHILDGER, B. J. & R. WICKER, 1987: Zur Induktion der Eiablage bei Eiverhalten bzw. Legenot der Land- und Wasserschildkröten. Tierärztl. Prax. **15**, 431–434.

SCHILDGER, B. J. et al., 1991: Mykobakteriose bei australischen Schlangenhalsschildkröten (*Chelodina longicollis*). Proceed. Inter. Colloqu. Pathol. and Medicine of Reptiles and Amphibians, **4**, 62–67.

SCHLÜTER, H. J. et al., 1986: Plötzlicher Tod großer Wasserschildkröten im Aquarium. Verh. ber. Inter. Symp. Erkr. Zootiere **28**, 135–144.

SEELENTAG, W. & H. D. W. LEHMANN, 1972: Supronal$^R$ - Ein Mittel zur Bekämpfung der Nekrobazillose bei Wasserschildkröten. Salamandra **8**, 76–80.

SMITH, A. L. & C. R. ANDERSON, 1980: Susceptibility of two turtle species to eastern equine encephalitis virus. J. Wildl. Dis. **16**, 615–617.

SNIPES, K. P. & E. L. BIBERSTEIN, 1982: *Pasteurella testudines sp. nov.*, a parasite of desert tortoises (*Gopherus agassizii*). Inter. J. Syst. Bact. **36**, 201–210.

SNIPES, K. P., E. L. BIBERSTEIN & M. E. FOWLER, 1980: A *Pasteurella sp.* associated with respiratory disease in captive desert tortoise. J. Am. Vet. Med. Assoc. **177**, 804–807.

SPÖRLE, H., 1992: Untersuchungen zu den Blutspiegelverläufen der Antiinfektiva Ampicillin, Doxycyclin und Enrofloxacin bei der Griechischen Landschildkröte (*Testudo hermanni*). Vet. Med. Diss., Gießen.

SPÖRLE, H. R. & WEISS, 1992: Ein Beitrag zu Pathologie und Epidemiologie von Mykobakterien bei aquatilen und semiaquatilen Schildkröten. Verh. ber. Inter. Symp. Erkrank. Zoo und Wildtiere **34**, 89–92.

SPÖRLE, H., T. GÖBEL & B. J. SCHILDGER (1991: Blood-levels of some antiinefectives in spur-tailed tortoise (*Testudo hermanni hermanni*). Proceed. Inter. Colloqu. Pathol. and Medicine of Reptiles and Amphibians. **4**, 120–128.

STANDORA, E. A., J. R. SPOTILA & R. E. FOLEY, 1982: Regional endothermy in the sea turtle (*Chelonia mydas*). J. Therm. Biol. **7**, 159–165.

STEPHENS, G. A. & J. S. CREEKMORE, 1983: Blood collection by cardiac puncture in conscious turtles. Copeia **2**, 522–523.

TEARE, J. A. & M. BUSH, 1983: Toxicity and efficacy of ivermectin in chelonians. J. Am. Vet. Med. Assoc. **183**, 1195–1197.

WALLACH, J. D., 1975: The pathogenesis and etiology of ulcerative shell disease in turtles. J. Zoo Anim. Med. **6**, 11–13.

WEITZMAN, L., S. A. ROSENTAL & J. L. SHUPACK, 1985: A comparison between *Dactylaria gallopavaa* and *Scolecobasidium humicola*; first report of an infection in a tortoise caused by humicola. Sabouraudia **4**, 287–293.

WICKER, R., 1984: Beobachtungen bei mehrjähriger Zucht von *Phrynops geoffroanus geoffroanus* (Schweigger, 1812) (*Testudines: Chelidae*). Salamandra **20**, 185–191.

WISSDORF, H., C. BEYER & M. FEHR, 1989: Anatomische Grundlagen zur Blutentnahme durch Herzpunktion bei der Rotwangenschildkröte (*Pseudomys scripta elegans*). Verh. ber. Inter. Symp. Erkrank. Zoo- und Wildtiere **31**, 445–452.

WHITNEY, L. et al., 1968: Arthropod-borne-virus survey in St. Lawrence Country. Arbovirus reactivity in serum from amphibians, reptils, birds and mammals. Am. J. Trop. Med. Hyg. **17**, 645–650.

WOOD, F. E., K. H. CRITCHLEY & J. R. WOOD, 1982: Anesthesia in the green sea turtle *Chelonia mydas*. Am. J. Vet. Res. **43**, 1882–1883.

WOOD, J. R. et al., 1983: Laparoscopy of the green sea turtle (*Chelonia mydas*). Brit. J. Herpet. **6**, 323–327.

YADAV, M. & P. SETHI, 1979: Poikilotherms as reservoirs of Q-fever (*Coxiella burnetii*) in Uttar Pradesh. J. Wildl. Dis. **15**, 15–17.

ZANGGER, N., M. MÜLLER & O. PAGAN, 1991: Virale Dermatitis bei der Maurischen (*Testudo graeca*) und der Griechischen (*Testudo hermanni*) Landschildkröte in der Schweiz. Proceed. Inter. Colloqu. Pathol. and Medicine of Reptiles and Amphibians, **4**, 25–29.

ZWART, P. & A. TRUYENS, 1975: Hexamitosis in tortoises. Vet. Parasit. **1**, 175–183.

ZWART, P. & M. BUITELAAR, 1980: *Candida tropicalis*: Enteric infection and their treatment in chelonians. Proceed. Am. Assoc. Zoo Vet. 58–59.

# III  Echsen

| 1 | **Allgemeine Biologie** | 100 |
|---|---|---|
| 1.1 | Evolution | 100 |
| 1.2 | Bauplan | 100 |
| 1.3 | Giftechsen | 100 |
| 1.3.1 | Zusammensetzung und Wirkung des Giftes | 101 |
| 1.3.2 | Antiserum | 101 |
| 1.4 | Lebensraum | 101 |
| 1.5 | Gesetzliche Bestimmungen | 101 |
| 1.6 | Transponder | 102 |

| 2 | **Haltung und Fütterung** | 102 |
|---|---|---|
| 2.1 | Terrariengestaltung und -größe | 102 |
| 2.2 | Temperatur und Luftfeuchtigkeit | 103 |
| 2.3 | Hygienemaßnahmen und Quarantäne | 103 |
| 2.4 | Vergesellschaftung | 104 |
| 2.5 | UV-Bestrahlung | 104 |
| 2.6 | Fütterung | 104 |
| 2.7 | Zwangsfütterung | 105 |

| 3 | **Geschlechtsbestimmung, Fortpflanzung und Aufzucht** | 106 |
|---|---|---|
| 3.1 | Geschlechtsbestimmung | 106 |
| 3.2 | Fortpflanzung | 106 |
| 3.3 | Aufzucht | 106 |

| 4 | **Haltungsschäden und ihre Behandlung** | 107 |
|---|---|---|
| 4.1 | Haut, Häutung und Häutungsschwierigkeiten | 107 |
| 4.2 | Krallenpflege | 108 |
| 4.3 | Exsikkosen | 108 |
| 4.4 | Durch Vergesellschaftung verursachte Störungen | 108 |
| 4.5 | Störungen im Vitaminhaushalt | 108 |
| 4.5.1 | Hypervitaminosen | 108 |
| 4.5.2 | Hypovitaminosen | 108 |
| 4.6 | Mangelkrankheiten durch fehlendes UV-Licht | 109 |
| 4.7 | Verletzungen des Verdauungstraktes durch Futtertiere | 109 |
| 4.8 | Verletzungen der Atmungsorgane bei Zwangsfütterung | 109 |

| 5 | **Handling und Narkose** | 109 |
|---|---|---|
| 5.1 | Verpacken und Transport | 109 |
| 5.2 | Fixieren | 110 |
| 5.3 | Immobilisation | 110 |
| 5.3.1 | Injektionsnarkose | 110 |
| 5.3.2 | Inhalationsnarkose | 110 |

| 6 | **Physiologische Daten** | 111 |
|---|---|---|
| 6.1 | Blutwerte | 111 |
| 6.2 | Körpertemperatur | 113 |
| 6.3 | Kreislauf | 113 |

| 7 | **Untersuchungsmethoden** | 113 |
|---|---|---|
| 7.1 | Allgemeine äußere Untersuchung | 113 |
| 7.2 | Blutuntersuchung | 113 |
| 7.2.1 | Blutentnahme aus der Vena coccygealis ventralis | 113 |
| 7.2.2 | Herzpunktion | 113 |
| 7.2.3 | Blutentnahme aus den Zehennägeln | 113 |
| 7.4 | Röntgenuntersuchung | 114 |
| 7.5 | Endoskopie | 115 |
| 7.6 | Sonographie | 116 |
| 7.7 | Auskultation | 116 |
| 7.8 | Elektrokardiogramm | 116 |

| 8 | **Infektionskrankheiten** | 116 |
|---|---|---|
| 8.1 | Parasitosen | 116 |
| 8.1.1 | Ektoparasitosen | 116 |
| 8.1.1.1 | Milbenbefall | 116 |
| 8.1.1.2 | Zeckenbefall | 117 |
| 8.1.2 | Endoparasitosen | 117 |
| 8.1.2.1 | Einzeller | 117 |
| 8.1.2.1.1 | Amöbiasis | 117 |

| | | | | |
|---|---|---|---|---|
| 8.1.2.1.2 | Malaria ................... 117 | 9.3.4 | Krankheiten des Magen-Darmtraktes ............ 125 |
| 8.1.2.1.3 | Monocercomonas-Infektion ................ 117 | 9.3.5 | Kloakenvorfälle ............ 126 |
| 8.1.2.1.4 | Kokzidiose ................ 118 | 9.3.6 | Krankheiten der Leber ....... 126 |
| 8.1.2.1.5 | Besnoitia-Infektion ........ 118 | 9.4 | Krankheiten der Atmungsorgane ............ 126 |
| 8.1.2.1.6 | Nematodenbefall ........... 118 | | |
| 8.1.2.1.7 | Zestodenbefall ............. 119 | 9.4.1 | Pneumonien ............... 126 |
| 8.2 | Mykosen .................. 119 | 9.4.2 | Parasitenbedingte Störungen der Atmungsorgane ........ 126 |
| 8.2.1 | Dermatomykosen .......... 119 | | |
| 8.2.2 | Systemmykosen ........... 120 | 9.4.3 | Fremdkörper in den Atmungsorganen ........... 126 |
| 8.3 | Bakterielle Infektionen ...... 120 | | |
| 8.3.1 | Gramnegative Bakterien .... 120 | 9.5 | Krankheiten der Kreislauforgane ............. 126 |
| 8.3.1.1 | Pseudomonas und Aeromonas ............... 120 | | |
| | | 9.6 | Krankheiten der Harn- und Geschlechtsorgane ........ 127 |
| 8.3.1.2 | Salmonellen .............. 121 | | |
| 8.3.1.3 | Escherichia coli-Infektion ... 121 | 9.6.1 | Nierenkrankheiten .......... 127 |
| 8.3.1.4 | Weitere gramnegative Bakterien ................. 121 | 9.6.2 | Nierengicht ............... 127 |
| | | 9.6.3 | Krankheiten der Harnblase ................. 127 |
| 8.3.2 | Grampositive Bakterien ..... 122 | | |
| 8.3.3 | Chlamydien ............... 122 | 9.6.4 | Störungen der weiblichen Geschlechtsorgane ........ 127 |
| 8.4 | Virusinfektionen ............ 122 | | |
| 8.4.1 | DNS-Viren ................ 122 | 9.6.4.1 | Legenot .................. 127 |
| 8.4.2 | RNS-Viren ................ 122 | 9.6.5 | Krankheiten der männlichen Geschlechtsorgane ........ 128 |
| **9** | **Organkrankheiten** .......... **123** | **9.7** | **Krankheiten der Sinnesorgane** ................ 128 |
| 9.1 | Krankheiten der Haut ....... 123 | | |
| 9.1.1 | Dysecdysis ............... 123 | 9.7.1 | Krankheiten der Augen ..... 128 |
| 9.1.2 | Dermatitis ................ 123 | 9.7.2 | Krankheiten des Nervensystems ............ 128 |
| 9.1.3 | Hautknoten ............... 123 | | |
| 9.1.4 | Hautbläschen ............. 123 | | |
| 9.1.5 | Abszesse ................. 124 | **10** | **Intoxikationen** ............. **129** |
| 9.1.6 | Entzündungen der Femoraldrüsen ............ 124 | **11** | **Tumoren und Mißbildungen** ............. **129** |
| 9.1.7 | Progressive digitale Nekrose .................. 124 | **12** | **Behandlungsmethoden und chirurgische Eingriffe** ..... **129** |
| 9.2 | Krankheiten des Skelettsystems ............ 124 | 12.1 | Injektionen ................ 129 |
| 9.2.1 | Gelenke .................. 125 | 12.2 | Chirurgische Eingriffe ....... 129 |
| 9.2.2 | Zehenverluste ............. 125 | 12.3 | Frakturen ................. 130 |
| 9.3 | Krankheiten der Verdauungsorgane .......... 125 | **13** | **Töten unter Berücksichtigung der gesetzlichen Bestimmungen** ............. **130** |
| 9.3.1 | Maulfäule oder Stomatitis ulcerosa ................. 125 | | |
| 9.3.2 | Maladaptationssyndrom ..... 125 | **14** | **Literaturverzeichnis Echsen** ................... **130** |
| 9.3.3 | Zungenbeinfraktur .......... 125 | | |

# 1 Allgemeine Biologie

## 1.1 Evolution

Fossilfunde lassen darauf schließen, daß die Echsen ein hohes geologisches Alter haben. Bereits im oberen Jura gab es Geckos, Leguane, Skinke und Warane, so daß ihre Stammformen noch älter sein müssen. Andererseits bieten gerade die Echsen ein schönes Beispiel für eine schnelle Artaufspaltung bereits am Beginn der Evolution. Während des Tertiärs erreichten die Echsen aufgrund des allgemein warmen Klimas eine große Verbreitung und hohe Artenzahl. Ausgestorben ist die Gruppe der z. T. riesigen Maas-Saurier (*Mosasaurus*), die wie die Schlangen von waranartigen Echsen abstammten und am Ende der Kreidezeit zu einer marinen Lebensweise übergingen.

Bis in unsere Zeit haben sich rund 3000 Echsenarten behaupten können. Sie vertreten damit fast die Hälfte aller rezenten Reptilienarten und werden zoologisch in 22 Familien untergliedert.

Fraglich ist die systematische Stellung der grabendwühlenden Doppelschleichen (*Amphisbaenia*), die an ihrem wurmförmigen und beinlosen Körper leicht zu erkennen sind. Ihre stammesgeschichtliche Herkunft ist völlig ungeklärt. Wahrscheinlich spalteten sie sich bereits in der unteren Kreide von den übrigen Echsen ab (KUHN, 1971).

## 1.2 Bauplan

Normalerweise haben Echsen vier kräftige, gutentwickelte Extremitäten. Es gibt allerdings auch zahlreiche Arten mit rückgebildeten oder völlig fehlenden Gliedmaßen, aber auch bei ihnen sind fast immer noch Reste des Schulter- und Beckengürtels vorhanden.

Bodenbewohnende Echsen besitzen meist kurze muskulöse Beine und plumpe Füße. Vor allem grabende Formen zeigen eine Tendenz zur Reduktion der Extremitäten.

Baumbewohnende und schnell kletternde Echsen besitzen lange, schlanke Beine, Füße und Zehen, die scharfe Krallen tragen. Bei einigen Arten ist ein Klammerschwanz ausgebildet.

Eine weitere Sonderanpassung an die kletternde Lebensweise besitzen Geckos mit den Haftlamellen und Hakenzellen an der Unterseite ihrer Zehen, die ihnen das Laufen an senkrechten Wänden und sogar senkrechtem Glas gestatten.

Die Hals- und Rückenwirbelsäule aller Echsen besteht aus ursprünglich 24 Wirbeln, von denen die meisten Rippen tragen. Bei vielen Echsenfamilien bestehen an den Schwanzwirbeln vorgebildete Bruchstellen, an denen der Schwanz bei Gefahr abgeworfen werden kann (Autotomie). Später regeneriert der Schwanz wieder ganz oder teilweise. Jedoch werden keine knöchernen Schwanzwirbel, sondern nur noch eine verknorpelte Stütze neu gebildet.

Die Gehirnkapsel ist bei Echsen im Gegensatz zu den Schlangen nicht völlig geschlossen, sondern das Epiterygoid ragt säulenförmig vom Pterygoid zur Gehirnkapsel nach oben.

Als Sinnesorgane spielen die Augen die wichtigste Rolle, doch viele Arten (z. B. Geckos) haben auch ein ausgezeichnetes Gehör, und wieder andere Arten orientieren sich verstärkt mit dem Geruchssinn, indem sie Duftstoffe mit den beiden Zungenspitzen beim Züngeln aufnehmen und die Zungenspitzen beim Zurückziehen am Jacobsonschen Organ vorbeiführen.

## 1.3 Giftechsen

Die einzigen giftigen Echsen sind die Krustenechsen (*Helodermatidae*) mit nur zwei Arten, nämlich der Gila-Krustenechse (*Heloderma suspectum*) und der Skorpions-Krustenechse (*Heloderma horridum*) aus den südlichen USA und Mexiko. Die Giftdrüsen sitzen bei den Krustenechsen im Unterkiefer. Krustenechsen besitzen jedoch keine echten Giftzähne, sondern das Gift wird über die Zahnfurchen der Backenzähne regelrecht in die Wunde des Opfers eingemahlen.

## 1.3.1 Zusammensetzung und Wirkung des Giftes

Das Gift beider Krustenechsenarten ist fast identisch und enthält neben den Enzymen Phospholipase A, Hyaluronidase, Aminosäureesterase und einem Kinin-freisetzenden Enzym (MEBS, 1970) auch hochwirksame Toxine. Die $LD_{50}$ des Rohgiftes beträgt bei der Maus 1,4 mg/kg KM (HABERMEHL, 1977).

## 1.3.2 Antiserum

Bis heute gibt es wegen der relativ selten vorkommenden Unfälle kein Antiserum gegen das Gift der Krustenechsen. MEBS (1970) konnte nachweisen, daß die bis dahin empfohlenen polyvalenten Schlangengift-Seren gegen das *Heloderma*-Gift wirkungslos sind. Ihr Einsatz ist deshalb nicht nur nutzlos, sondern sogar gefährlich (HABERMEHL, 1977).

## 1.4 Lebensraum

Echsen sind rezent mit Ausnahme der arktischen Region weltweit verbreitet, in den Tropen jedoch besonders artenreich vertreten. Wenige Arten haben Randbereiche des Meeres als Lebensraum erobert, wie die Meerechsen (*Amblyrhynchus*) oder der Inselskink (*Cryptoblepharus*). Die meisten Echsen jedoch sind boden- oder baumbewohnend und zeigen viele Anpassungen an den von ihnen bewohnten Lebensraum.

Besonders gut läßt sich diese Entwicklung unter anderem bei den am Boden lebenden Skinkarten (*Scincidae*) beobachten, die durch Reduktion und schließlich sogar Verlust der Extremitäten den langsamen Übergang zum beinlosen Schlangentyp zeigen. Ganz anders der baumbewohnende Salomonenskink (*Corucia*), der in Anpassung an das Leben im Geäst kräftige Füße mit langen Krallen und einen Klammerschwanz besitzt. Tannenzapfenechsen (*Trachydosaurus*), die ebenfalls zu den Skinken gehören, wiederum besitzen einen kopfartig verbreiterten Schwanz, in dem sie während günstiger Futterperioden Fettreserven speichern können. Ähnliche Fettschwänze besitzen z.B. auch manche Geckos (*Gekkonidae*) und die Krustenechsen (*Helodermatidae*).

Tiere aus dem Geäst der tropischen Regenwälder besitzen schlanke, besonders lange Hinterbeine mit kräftigen Krallen, häufig einen äußerst langen Schwanz und eine gut tarnende grüne Färbung. Sonderanpassungen zeigen hier Geckos (*Gekkonidae*) und Chamäleons (*Chamaeleonidae*). Geckos besitzen die bereits erwähnten Haftlamellen, Taggeckos außerdem eine grüne Körperfärbung, während die dämmerungsaktiven, am Stamm und Geäst sitzenden Arten braungrau gefärbt sind und manchmal zur besseren Tarnung auf der Baumrinde einen blattartig verbreiterten Schwanz besitzen. Noch besser an das Leben im Geäst angepaßt sind die Chamäleons, die opponierbare Finger und Zehen sowie einen Klammerschwanz besitzen.

Echsen, die einen großen Teil ihres Lebens am oder im Wasser zubringen, besitzen einen Ruderschwanz. Die an den Galapagos-Inseln lebenden Meerechsen (*Amblyrhynchus cristatus*) werden wohl kaum einmal in einem europäischen Terrarium auftauchen, häufiger hingegen werden die Australischen Wasserwarane (*Varanus mertensi*) und vor allem die Krokodilschwanz-Höckerechsen (*Shinisaurus crocodilurus*) aus dem südlichen China im Terrarium gehalten.

## 1.5 Gesetzliche Bestimmungen

Im Washingtoner Artenschutzübereinkommen, Anhang I (WA I) sind alle Fidji-Leguane (*Brachylophus spec.*) und Wirtelschwanz-Leguane (*Cyclura spec.*) sowie *Sauromalus varius* und von den Waranen der Bengalenwaran (*Varanus bengalensis*), der Gelbwaran (*V. flavescens*), der Wüstenwaran (*V. griseus*) und der Komodowaran (*V. komodoensis*) erfaßt.

Dem Anhang II des Washingtoner Artenschutzübereinkommens (WA II) unterliegen neben allen übrigen Waranarten (*Varanus spec.*) auch alle Taggeckos (*Phelsuma spec.*), Dornschwänze (*Uromastyx spec.*), Zwergchamäleons (*Bradypodion spec.*), Chamäleons (*Chamaeleo spec.*), Drusenköpfe (*Conolophus spec.*), Grünen Leguane (*Iguana spec.*), Gürtelschweife (*Cordylus spec.*), Unechten Gürtelschweife (*Pseudocordylus spec.*), Großtejus (*Tupinambis spec.*) und Krustenechsen (*Heloderma spec.*). Viele Arten dieser Echsengruppen werden häufig im Handel angeboten und auch im Terrarium gehalten. Deshalb ist hier stets auf die ordnungsgemäß ausgestellten Papiere zu achten.

Im Anhang II sind außerdem noch weitere einzelne Echsenarten erfaßt. Diese spielen terraristisch keine Rolle, sollen der Vollständigkeit halber hier aber ebenfalls genannt werden.

Es handelt sich um den Serpent-Insel-Gecko (*Cyrtodactylus serpeninsula*), den Südlichen Flossenfuß (*Paradelma orientalis*), die Meerechse (*Amblyrhynchus cristatus*), die Orangekehlige Rennechse (*Cnemidophorus hyperythrus*), die Krokodilschwanzechse (*Crocodilurus lacertinus*) und den Krokodilteju (*Dracaena guianensis*).

Für Großwarane und Krustenechsen müssen die Sicherheitsauflagen für die Haltung gefährlicher Wildtiere beachtet werden. In den Richtlinien für die Haltung von Wildtieren der Unfallversicherungsträger der öffentlichen Hand sind jedoch nur die Krustenechsen als Gifttiere erfaßt und unterliegen hier denselben Sicherheitsbestimmungen wie Giftschlangen.

Das Tierschutzgesetz fordert auch für Echsen eine artgerechte Haltung. Hinsichtlich der Terrariengröße können die Angaben im Schweizer Tierschutzgesetz als Anhaltspunkt dienen, das zumindest für Warane und Krustenechsen exakte Maße vorgibt. Für Komodowarane werden hier ein 2 m hohes Terrarium, 14 m$^2$ Landfläche und 2 m$^2$ Wasserfläche pro Tier sowie 8 m$^2$ Landfläche für jeden weiteren Waran gefordert. Für Bindenwarane sind hiernach in einem 2 m hohen Terrarium pro Tier 4 m$^2$ Landfläche und 1 m$^2$ Wasserfläche erforderlich. Mittelgroße Warane sollten pro Tier in einem 1,5 m hohen Terrarium mit 3 m$^2$ Landfläche und 2 m$^2$ Wasserfläche pro Tier gehalten werden. Für kleine Waranarten (z. B. *Varanus dumerilii*, *V. indicus*, *V. prasinus*), aber auch für Krustenechsen gibt das Schweizer Gesetz eine Terrarienhöhe von 1 m und einen Landteil von 2 m$^2$ pro Tier an. Für Komodowaran, Bindenwaran und mittelgroße Waranarten werden außerdem Absperrmöglichkeiten im Terrarium gefordert.

## 1.6 Transponder

Bei Echsen mit einer Körperlänge (Schnauze-After) über 12,5 cm werden die Transponder (siehe Kap. IV., 1.5) an der linken Halsseite gesetzt. Der Einstich erfolgt von hinten nach kopfwärts, damit die Injektion unter die Schuppen geht.

Bei Echsen mit einer Körperlänge von weniger als 12,5 cm muß momentan wegen der Größe der Transponder von deren Implantierung abgeraten werden.

# 2 Haltung und Fütterung

## 2.1 Terrariengestaltung und -größe

Es ist kaum möglich, für Echsen generell eine Terrariengröße anzugeben, denn ihr Raumbedarf richtet sich nicht nur nach der im Terrarium gehaltenen Anzahl der Tiere und ihrer Größe, sondern hängt in erster Linie von ihrem artgemäßen Verhalten ab. So können kleine bewegungsaktive und territoriale Arten durchaus ein viel geräumigeres Terrarium benötigen als größere bewegungsunfreudige und nicht territorial lebende.

Grundsätzlich gilt jedoch, daß Terrarien für am Boden lebende Echsen länger als hoch sein sollten. Als günstig hat sich das Verhältnis von 2 : 1 : 1 (Länge : Breite : Höhe) erwiesen. Bei baumlebenden Arten sollte das Terrarium jedoch höher als lang sein, so daß sich hier ein Verhältnis von 1 : 1 : 2 ergibt.

Grundvoraussetzung für die Haltung von Echsen ist eine gute Terrarienbelüftung.

Deshalb sollten sowohl der Deckel als auch eine Seitenwand oder wenigstens ihr unterer Teil verdrahtet sein. Dieser Teil muß im Minimum 10 % der Terrarienbodenfläche entsprechen (JES, 1987). Die Maschenweite der Verdrahtung muß so gewählt werden, daß weder die Echsen noch die Futtertiere durch den Draht entweichen können. Von Kunststoffgazen für die Belüftung ist abzuraten, denn sie werden durch Strahler schnell verbrannt, durch UV-Einwirkung bald spröde und von Heimchen und Heuschrecken gerne zerfressen.

Für das Arbeiten an den Terrarien ist zwar deren gute Zugänglichkeit wichtig, doch muß auch stets an die Schnelligkeit vieler Echsen gedacht werden. Vor allem bei größeren Terrarien ist es deshalb von Vorteil, wenn die Türen geteilt sind oder mit Schiebetüren gearbeitet wird und dadurch nur kleine Teilbereiche geöffnet werden müssen.

## 2.2 Temperatur und Luftfeuchtigkeit

Die Temperatur und die Feuchtigkeit spielen für die Echsenhaltung eine große Rolle, sollen aber wegen der unterschiedlichen Herkunft der einzelnen Arten stets artspezifisch sein, was auch bei der Terrariengestaltung berücksichtigt werden muß. Vier Terrariengrundtypen können unterschieden werden, nämlich Trocken- und Feuchtterrarien der kühlen Klimabereiche und der Tropen (NIETZKE, 1989).

Im kühlen Trockenterrarium ist natürlich an das Trinkbedürfnis der Echsen zu denken, und im kühlen Feuchtterrarium dürfen trockene warme Sonnenplätze auch nicht fehlen.

Während die Echsen aus diesen kühlen Klimabereichen in jedem Fall eine Winterruhe bei Temperaturen von 5–10 °C erhalten sollten, muß in den tropischen Terrarien auch in den Wintermonaten für die entsprechende Temperatur und Helligkeit gesorgt werden. Tropische Wüsten, Halbwüsten und Savannen sind durch starke Temperaturunterschiede zwischen Tag und Nacht charakterisiert. Deshalb erfordern Echsen aus diesen Regionen auch im Terrarium während der Nacht eine Temperaturabsenkung.

Die Tiere des tropischen Regenwaldes hingegen leben in Klimabereichen mit nur geringen Temperaturschwankungen. Sie betragen kaum mehr als 4 °C zwischen Tag und Nacht. Für die Pflege solcher Arten ist nicht die Temperatur, sondern die Erhaltung der hohen Luftfeuchtigkeit bei gleichzeitig guter Belüftung des Terrariums das eigentliche Problem.

## 2.3 Hygienemaßnahmen und Quarantäne

Voraussetzung für eine gute Echsenhaltung ist peinlichste Sauberkeit. Aus dem Terrarium müssen täglich Kot und Futterreste entfernt und das temperierte Trinkwasser ausgetauscht werden. Außerdem sollten die Echsen stets auf ihren Gesundheitszustand kontrolliert werden. Treten trotz aller Vorsichtsmaßnahmen dennoch Seuchen oder Parasiten auf, ist das gesamte Terrarium zu desinfizieren.

Alle neu eingetroffenen Echsen sollten auf jeden Fall zunächst in ein Quarantäneterrarium gesetzt, beobachtet und untersucht werden. Das Becken sollte möglichst steril sein. Als Bodengrund und gleichzeitig als Deckung für manche bodenlebende Echsen kann eine Moltoprenmatte dienen, die durch Feuchthalten gleichzeitig eine entsprechende Luftfeuchtigkeit garantiert (JES, 1987). Vor allem aber ist sie leicht zu reinigen und zu desinfizieren. Für Echsen mit langen Krallen oder für große Arten ist Moltopren nicht geeignet. Diese Tiere sollten entweder auf dem Terrarienboden oder eventuell auch auf einer Lage Papiervlies gehalten werden. Ein in das Terrarium gestellter Trinkwasserbehälter kann bei entsprechender Größe gleichzeitig als Badebecken dienen. Eine halbierte Tonröhre gewährt am Boden lebenden Echsen Deckung, baumlebende Arten erhalten einen Kletterast.

Schon vor dem Einsetzen in das Quarantänebecken müssen die Echsen auf Außenparasiten untersucht und gegebenenfalls behandelt werden. Während der Quarantänezeit muß der Kot auf Darmparasiten untersucht werden, und die Quarantäne darf erst beendet werden, wenn die Untersuchung von zwei nacheinander erfolgten Kotproben negativ ist und die Echse auch keine Außenparasiten aufweist.

In der Quarantänezeit sollte aber möglichst auch das Freßverhalten des betreffenden Tieres erkundet werden. Das erleichtert später die Pflege im bepflanzten und deckungsreichen Terrarium.

## 2.4 Vergesellschaftung

In ausreichend großen Terrarien lassen sich verschiedene Echsenarten durchaus miteinander vergesellschaften, wenn sie aus einem klimatisch ähnlichen Biotop stammen und sie in Größe und Temperament nicht zu unterschiedlich sind. Dennoch müssen vergesellschaftete Tiere stets besser und genauer beobachtet werden als einzeln gehaltene, denn sehr schnell kann unter Umständen ein Tier plötzlich unterlegen sein und verkümmern.

Auf jeden Fall muß davon abgeraten werden, neue Tiere in einen bereits eingelebten Bestand zu integrieren, da die schon lange im Terrarium lebenden Tiere für die Neuankömmlinge fast immer zu dominant sind und die Neuen dann erheblichem Streß unterliegen.

## 2.5 UV-Bestrahlung

Ultraviolette Strahlen sind für alle Lebensabläufe von Bedeutung. Bei Reptilien steigern sie die allgemeine Aktivität und Widerstandskraft (BARNARD et al., 1991; NIETZKE, 1989). Insbesondere aber wird die Vitamin-D-Synthese durch UV-B-Strahlen (230–315 nm) angeregt. Mangel an UV-Strahlung hat vor allem bei Jungtieren rachitische Veränderungen des Skeletts zur Folge, und bei trächtigen Weibchen werden die Eischalen nicht entsprechend ausgebildet (JES, 1987; ROGNER, 1992). Die UV-A-Strahlen (315–400 nm) sind für die Pigmentbildung der Haut wichtig. Bei Mangel an UV-A-Strahlen zeigen Nachzuchttiere nicht die arttypische Färbung.

## 2.6 Fütterung

So unterschiedlich wie der Lebensraum der Echsen ist auch ihr Futterbedarf. Pflanzenfressenden Echsenarten sollte stets eine breite Palette an Obst und Gemüse angeboten werden. Dabei muß aber unbedingt auf schadstofffreie Nahrung geachtet werden und deshalb alles vom Handel stammende Obst und Gemüse gut in lauwarmem Wasser gewaschen werden. Auch Wildkräuter sollten niemals am Straßenrand oder auf einem Industriegelände geerntet werden.

Für fleischfressende Echsen bietet der Handel heute neben Mäusen und Ratten auch Heuschrecken, Heimchen, Grillen, Drosophila und Fliegenmaden an. Darüber hinaus können vielen Echsen auch Fische, Schnecken, Regenwürmer oder selbstgefangenes Wiesenplankton angeboten werden. Schieres Fleisch, das keine Füllstoffe und vor allem keine kalkhaltigen Knochen enthält, sollte nur im Notfall verfüttert werden.

Auch bei großen Echsen kann der Nahrungsanteil an Insekten viel höher als vermutet sein, wie am Beispiel des Bindenwaranes (*Varanus salvator*) in Freilanduntersuchungen nachgewiesen werden konnte (GAULKE, 1991). Bei der Verfütterung sehr alter Grillen und Heimchen kann es bei kleineren Echsen vereinzelt passieren, daß sich die Insekten in der Speiseröhre festbeißen oder mit ihrem Chitinpanzer Speiseröhre oder Magen verletzen.

Wichtig für alle Echsen ist die regelmäßige Zugabe von Vitaminen und Mineralstoffen. Für vegetarisch lebende Echsen wird das Vitamin-Mineralstoff-Gemisch mit gekochtem Reis und Früchten vermischt angeboten. Für fleischfressende Echsen werden die Futterinsekten vor dem Verfüttern in den Mineralstoffen und Vitaminen gewälzt, in Mäuse und Ratten wird das Gemisch vor dem Verfüttern injiziert oder in einer Gelatinekapsel appliziert. So werden Geruchsstoffe vermieden, die die Echsen vom Fressen abhalten könnten. Kalzium kann auch in Form von zerkleinerten Eischalen und Sepiaschulpen angeboten werden, die von vielen Echsen gerne gefressen werden.

## 2.7 Zwangsfütterung

Eine Echse, die längere Zeit nicht frißt, muß zwangsgefüttert werden, sobald an der Schwanzwurzel die Knochen zu erkennen sind. Kleine Echsen werden mit der einen Hand so am Kopf gehalten, daß ihre Kiefergelenke zwischen Daumen und Zeigefinger liegen. Mit der anderen Hand wird das Maul durch steten Zug an der Kehlhaut geöffnet. Ist dies nicht möglich, wird ein Holzspatel (kein Metall, Verletzungsgefahr!) in den hintersten Winkel des Maules geschoben und das Maul so geöffnet. Durch Druck der beiden Finger auf den Mundwinkel oder durch einen Gummischlauch wird das Maul offengehalten. Bei größeren Tieren muß die Echse durch eine zweite Person so gehalten werden, daß die Zwangsfütterung gefahrlos durchgeführt werden kann.

Bei der Zwangsfütterung, die bei Echsen alle 2–3 Tage durchgeführt werden muß, sollte anfangs nur Boviserin[R] mit einem Multivitaminpräparat gegeben werden. Später können dann auch kleinere, in Boviserin[R] oder rohem Ei eingeweichte und dadurch gleitfähige Futtertiere oder Obststücke verfüttert werden. Nach einer Woche sollte die Zwangsfütterung unterbrochen und versucht werden, ob die Echse selbst frißt. Andernfalls muß in der dritten Woche die Zwangsfütterung fortgesetzt werden.

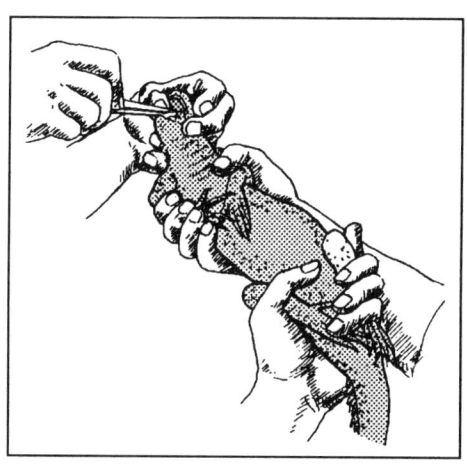

Abb. 17: Öffnen des Mauls einer Echse

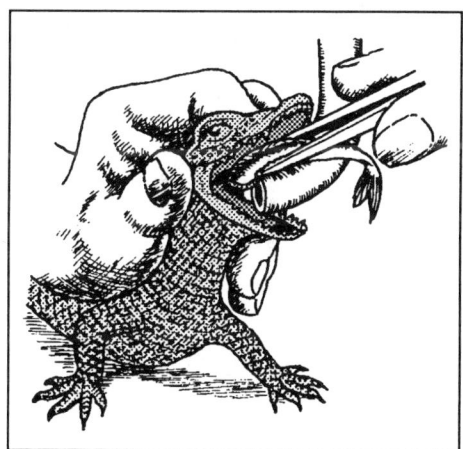

Abb. 18: Zwangsfütterung von Echsen

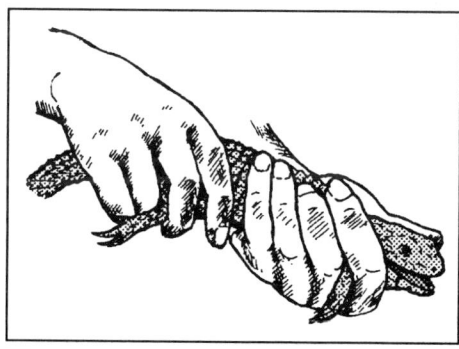

Abb. 16: Fixierung von Echsen

# 3 Geschlechtsbestimmung, Fortpflanzung und Aufzucht

## 3.1 Geschlechtsbestimmung

Bei Echsenarten mit ausgeprägtem Geschlechtsdimorphismus ist die Geschlechtsbestimmung zumindest bei adulten Tieren kein Problem. So besitzen die Männchen von Basilisken, Grünen Leguanen, Wasseragamen und Segelechsen einen besonders stark ausgeprägten Kopf- und Rückenkamm. Auch bei vielen Chamäleon-Arten besitzen die Männchen erheblich größere Hautanhänge am Kopf. Andere Arten weisen Fersensporne auf. Anolis-Männchen haben größere Kehllappen, aber auch zwei vergrößerte Schuppen hinter der Kloake. Agamen-Männchen besitzen neben dem häufig stärker ausgebildeten Kamm an der Schenkelunterseite Femoralporen. Siedleragamen-Männchen hingegen haben Nabelschuppen entwickelt. Geckos haben im männlichen Geschlecht Präanalporen und häufig eine stark verbreiterte Kloakengegend. Männliche Krustenechsen besitzen vier rechteckige, mediane Präanalschilder, Weibchen jedoch nur zwei. Grundsätzlich treten bei vielen Lacertiden, Anolis, Agamen, Leguanen, Tejus und *Sceloporus* im männlichen Geschlecht Präanal- und Femoralporen oder -schuppen, bzw. Postanal- oder Nabelschuppen auf. Die Ausbildung der Präanal- und Femoralporen wechselt jedoch häufig sexualzyklisch, so daß eine Geschlechtsdiagnose auf Grund dieses Merkmals nicht immer möglich ist (PETZOLD, 1982). Auch sind viele dieser Merkmale nicht immer eindeutig. Darüber hinaus gibt es viele Echsenarten, bei denen eine äußerliche Geschlechtsbestimmung nicht möglich ist. Deshalb kann in solchen Fällen nur durch Knopfsonden-Untersuchung der Hemipenistaschen eine eindeutige Geschlechtsbestimmung vorgenommen werden. Bei Großechsen läßt sich der Kloakentest auch mit der Hand durchführen.

Zumindest bei Komodowaranen ist jedoch auch diese Sondierung nicht eindeutig. Hier muß eine Bestimmung des Testosterongehaltes im Blut erfolgen (JUDD et al., 1977).

## 3.2 Fortpflanzung

Die Maturität scheint bei Echsen weniger durch die Körpergröße als durch die Lebenserwartung bestimmt zu sein. Bei der Geschlechterfindung der Echsen spielt der optische Sinn im Gegensatz zu den Schlangen eine viel größere Rolle als der Geruchssinn, so daß auch im Terrarium das oft komplizierte Balzverhalten gut beobachtet werden kann.

Eine der wenigen Ausnahmen unter allen Reptilien stellen die Geckos dar, bei denen akustische Signale für das Sexualleben eine entscheidende Rolle spielen. Dieses offenbar phylogenetisch alte Merkmal ist bei den Taggeckos der Gattung *Phelsuma* sekundär wieder verlorengegangen (PETZOLD, 1982).

Klimatische Faktoren sind bei Echsen vielfach Ursache für den Beginn der Paarungsbereitschaft. Vor allem bei Echsen aus gemäßigten Klimabereichen spielt das Klima als Auslöser der Paarungsbereitschaft eine entscheidende Rolle. Sobald die dunkle kalte Kurztagsperiode des Winters vorüber ist, setzt bei ihnen die Paarung ein. Für Arten aus den Tropen kann ein Trockenschlaf die Voraussetzung für den Paarungsbeginn sein. Um im Terrarium die Paarung auszulösen, muß für solche Arten deshalb das Klima entsprechend gesteuert werden. Kenntnisse über die Klimaansprüche der gepflegten Echsen sind deshalb Voraussetzung für die Zucht.

Eine *Amphigonia retardata* ist nicht nur für Chamäleons belegt, sondern scheint auch bei manchen Anolis, Skinken und Geckos vorzukommen (BLOXAM, 1978).

## 3.3 Aufzucht

Über die Inkubationszeit von Echseneiern macht PETZOLD (1982) zahlreiche Angaben.

Vielfach ist die Länge der Inkubationszeit temperaturabhängig. Andererseits steht heute fest, daß bei vielen Echsenarten durch Temperatur die Geschlechtsentwicklung beeinflußt werden kann (PETZOLD, 1982; ROGNER, 1992).

Haben sich Echsen im Terrarium verpaart und Eier gelegt, so sollten diese vorsichtig ausgegraben, markiert und dann in das Brutsubstrat überführt werden. Dabei ist darauf zu achten, daß die Eier im Brutapparat in derselben Lage wie am Ablageort liegen. Wird das Ei gedreht, kann dies zu Mißbildungen oder Tod des Embryos führen. Als Substrat für das Gelege ist am besten Vermiculite[R] geeignet. Das Substrat mit dem Gelege muß dann warm und feucht, aber nicht naß gehalten werden

Die weichen, festgeklebten Eier von Geckos verbleiben besser im Terrarium, da sie beim Entfernen zu leicht beschädigt werden. Das meist aus zwei Eiern bestehende Gelege kann unter Umständen durch einen Drahtkorb vor den im Terrarium lebenden Echsen geschützt werden.

Nach dem Schlüpfen werden die Jungtiere in ein separates, artgerechtes Terrarium gesetzt. Zu hohe Temperaturen in diesem Terrarium beschleunigen zwar anfangs das Wachstum, doch häufig führen sie auch zu Rachitis und Zitterkrämpfen infolge von Vitamin-B-Mangel. Für Jungtiere besonders wichtig ist die UV-Bestrahlung.

Die Jungtiere von lebendgebärenden Echsen, z. B. den australischen Blauzungen-Skinken (*Tiliqua spec.*), müssen genauso aufgezogen werden wie die im Brutschrank geschlüpften Echsen.

# 4   Haltungsschäden und ihre Behandlung

## 4.1   Haut, Häutung und Häutungsschwierigkeiten

Die meisten Echsen besitzen eine kräftige Haut mit unterschiedlich großen und verschieden geformten Schuppen. Deren Aussehen und Anordnung ist innerhalb einer Art immer gleich, innerhalb der Gattungen, Familien und Ordnungen aber unterschiedlich, so daß die Beschuppung zur Artbestimmung herangezogen werden kann.

Die Gecko-Gattung *Teratoscincus* besitzt eine dünne, von Blutgefäßen durchzogene Haut mit dachziegelartig übereinanderliegenden Schuppen. Das Blutgefäßsystem in der Oberhaut ermöglicht diesem Gecko neben der Lungenatmung auch noch eine Hautatmung, wie wir sie sonst nur von den Amphibien kennen.

Viele Echsen zeigen durch Zusammenziehen oder Ausbreiten von Pigmenten in den Farbzellen einen ausgeprägten Farbwechsel, der durch Hormone oder das Nervensystem gesteuert wird. Der Farbwechsel kann als Tarnung dienen (z. B. bei manchen Gekkos), doch häufiger ist er ein Ausdruck psychischer Erregung. Dunkle Farben signalisieren Ruhe oder Unterlegenheit in einer Gruppe. Manche Echsen sind aber auch nur in den frühen Morgenstunden dunkel gefärbt, um möglichst viel Sonnenenergie aufzunehmen.

Die Häutung wird durch Hormone gesteuert, aber auch andere Faktoren wie Alter, Temperatur, Feuchtigkeit und Gesundheitszustand der Echse spielen eine Rolle.

Skinke häuten in einem Stück wie die Schlangen, doch die meisten Echsen verlieren ihre alte Haut in Fetzen, und manchmal können zwei Häutungen gleichzeitig an einem Tier beobachtet werden. Geckos ziehen sich die alte Haut mit dem Maul ab und fressen sie auf.

Die Häutungszyklen der Echsen sind bisher längst nicht so exakt untersucht wie die der Schlangen (PETZOLD, 1982).

Bei manchen Geckos, und zwar unabhängig vom Beschuppungstyp, kann eine Schreckhäutung beobachtet werden, bei der die gesamte Haut und nicht nur die Epidermis abgestreift wird. Diese Schreckhäutung wird durch eine bindegewebige Doppelschicht ermöglicht, die eine Abrißzone bildet. Trotz des völligen Hautverlustes kommt es nur zu geringen Blutungen. Nach wenigen Stunden ist eine dünne Schutzhaut neu gebildet, und nach etwa drei Wochen ist die Haut wieder völlig regeneriert (HENKEL, SCHMIDT, 1991).

Meistens häuten sich Echsen problemlos, doch bei Stoffwechselstörungen und vor allem bei ungenügender Luftfeuchtigkeit bleiben Hautreste an den Zehen und der Schwanzspitze hängen. Trocknen diese Hautreste ein, können sie die Zehen und Schwanzspitze so stark einschnüren, daß Zehen und Schwanzspitze absterben und eintrocknen. Solche Hautreste müssen deshalb im lauwarmen Wasser erweicht und vorsichtig entfernt werden.

## 4.2 Krallenpflege

Lange und scharfe Krallen sind für viele Echsen arttypisch. Werden sie jedoch wegen eines falsch gewählten Bodengrundes zu lang oder gar krumm, müssen sie beschnitten werden, ohne daß der durchblutete Teil der Kralle verletzt wird. Je nach Dicke der Krallen kann zum Schneiden eine Nagelschere, eine Spezialkrallenschere oder auch eine Zange benutzt werden.

## 4.3 Exsikkosen

Bei längerer Futterverweigerung trocknen vor allem kleinere Echsen schnell aus. Zwangsfütterung ist in solchen Fällen nicht mehr angezeigt, sondern es muß im Terrarium die Luftfeuchtigkeit erhöht und der Echse oral und parenteral Flüssigkeit zugeführt werden.

## 4.4 Durch Vergesellschaftung verursachte Störungen

Wird eine Echse ständig durch einen Artgenossen bedroht oder zeigt sie permanent Demutsverhalten, so müssen im Terrarium Sichtblenden montiert werden oder notfalls ist diese Echse aus dem Terrarium zu nehmen. Bei der Vergesellschaftung verschiedener Arten sollte jede Art ihren eigenen Lebensraum haben, sonst kann auch dann Streß auftreten. Unter Streß stehende Echsen sind jedoch anfällig für alle Krankheiten. Häufig fressen sie auch nicht mehr und magern schnell ab.

## 4.5 Störungen im Vitaminhaushalt

Suboptimale Haltungsbedingungen bei Importtieren und vor allem unangemessene Gaben von Vitaminen können zu Störungen durch Hypo- und Hypervitaminosen führen.

### 4.5.1 Hypervitaminosen

Bei Sektionen werden immer wieder Kalzifizierungen als Folge der Überdosierung von Vitamin $D_3$ beschrieben. So führte die übermäßige und regelmäßige Verabreichung von 200000 I.E. Vitamin $D_3$ bei Grünen Leguanen zur Kalzifizierung von Weichgewebe und großen Blutgefäßen (ZWART, 1992).

### 4.5.2 Hypovitaminosen

Ein Vitamin-$D_3$-Mangel führt zu schweren Mineralisationsstörungen des Skelettsystems mit irreversiblen Deformierungen der Knochen, insbesondere bei Tieren in der Wachstumsphase. Für eine optimale Versorgung erhalten Echsen 100 I.E./kg KM Vitamin $D_3$ pro Woche. In der Regel wird man sich für ein Multivitaminpräparat entscheiden (z. B. Crescin forte[R], Pitman-Moore GmbH).

Vitamin-E-/Selenmangel kann zu Myopathien führen. Bei einem Grünen Leguan, der sehr schwach war und spastische Kontraktionen der Gliedmaßen zeigte, fand man stark erhöhte Werte für AST. Klinische Symptome erinnerten an Hypokalzämie, konnten aber durch Kalziumglukonat nicht behoben werden. Eine Woche nach Vitamin-E-/Selen-Gaben waren die klinischen Veränderungen verschwunden (FARNSWORTH et al., 1986).

Vitamin-C-Mangel löst keine spezifischen Störungen aus. Die Verabreichung von Vitamin C neben der sonst üblichen Antibiotikatherapie verkürzt die Heilungsphase bei Infektionskrankheiten erheblich, insbesondere bei der Maulfäule (WALLACH, 1971; FRYE, 1981).

Biotinmangel kann bei Reptilien auftreten, die mit hohem Anteil an rohem Ei ernährt werden. Eier enthalten Avitin. Klinisches Anzeichen für Biotinmangel ist eine allgemeine Muskelschwäche, die bei Tejus, Waranen, Krustenechsen und Bartagamen beobachtet wird (FRYE, 1979). In solchen Fällen sind biotinhaltige Vitamin-Gaben und Umstellung der Ernährung der Echsen auf kleine Nager zu empfehlen.

## 4.6 Mangelkrankheiten durch fehlendes UV-Licht

Bei der Haltung, vor allem aber bei der Aufzucht ist UV-2 Bestrahlung wichtig. UV-Mangel unterbindet die Biosynthese von Vitamin D in der Haut, so daß über den Vitamin-D-Mangel Störungen des Kalziummetabolismus und damit rachitische Veränderungen entstehen können.

Auch die Eischalen sind Kalkgebilde, deshalb benötigen trächtige Weibchen UV-Bestrahlung zur Schalenbildung.

UV-A-Strahlen sind an der Pigmentbildung der Haut beteiligt. Erhalten Jungtiere nicht genügend UV-A-Strahlen, fehlt ihnen die arttypische Färbung.

## 4.7 Verletzungen des Verdauungstraktes durch Futtertiere

Vereinzelt kann es durch sehr harthäutige Grillen zu Verletzungen der Speiseröhre kommen. Besondere Gefahr, Maul und Speiseröhre zu verletzen, besteht bei der Zwangsfütterung. Zum Öffnen des Mauls darf deshalb nur ein Holz- und kein Metallspatel verwendet werden. Das verabreichte Futter selbst darf nicht zu groß sein und muß durch Wälzen in Boviserin$^R$ oder rohem Ei gleitfähig gemacht werden. Wird Boviserin$^R$ oder Eigelb mit einem Schlauch direkt in den Magen gepumpt, muß auch der Schlauch gleitfähig und am Vorderende abgerundet sein. Deshalb haben sich für die Zwangsfütterung am besten Harnröhrenkatheter aus Kunststoff bewährt. Allerdings darf ihre Oberfläche nicht zerbissen sein, da seitlich sonst scharfkantige Ecken entstehen.

## 4.8 Verletzungen der Atmungsorgane bei Zwangsfütterung

Wird bei der Zwangsfütterung Boviserin$^R$ oder rohes Eigelb verabreicht, muß der Schlauch weit genug in die Speiseröhre eingeführt werden, damit keine rückstauende Flüssigkeit in die Trachea läuft. Sicherheitshalber sollte der Echsenkopf nach der Zwangsfütterung noch einige Zeit hochgehalten werden.

# 5 Handling und Narkose

## 5.1 Verpacken und Transport

Alle Echsen werden für den Transport je nach Größe in Leinen- oder Jutesäcke einzeln verpackt und in wärmeisolierenden Styroporkartons verschickt. Durch Füllmaterial muß sichergestellt werden, daß die Tiere beim Transport nicht übereinanderfallen. Werden sie in einer Holzkiste verschickt, können die Beutel am Deckel befestigt werden. Krustenechsen sind als Gifttiere gesondert zu verpacken und entsprechend zu beschriften.

Beim Auspacken aller Echsen aus den Beuteln sollte schon von außen der Kopf im Beutel gefaßt werden und erst dann mit dem eigentlichen Auspacken begonnen werden. Bei größeren Echsen sollten dann mit derselben Hand, die den Kopf hält, die Vorderfüße nach hinten an den Echsenkörper angelegt und mit der anderen Hand die am Schwanz angelegten Hinterfüße und der Schwanz gehalten werden. So gehalten kann der äußere Zustand der Echse untersucht werden, bevor sie in das Quarantäneterrarium gesetzt wird.

## 5.2 Fixieren

Echsen müssen mit schnellem Griff hinter dem Kopf gegriffen werden. Dann werden mit derselben Hand die Vorderfüße nach hinten an den Echsenkörper angelegt und mit der anderen Hand die Hinterfüße nach hinten an der Schwanzwurzel fixiert. Bei großen wehrhaften Echsen, für deren Fixierung ein bis zwei weitere Personen erforderlich sind, muß auch noch der Schwanz fixiert werden.

Sollen solche Tiere am Kopf behandelt werden, ist es manchmal hilfreich, den Körper in einen Sack zu stecken oder die fixierte Echse in ein dickes Tuch zu wickeln. Großechsen wie Binden- und Komodowarane können unter Umständen nur in Kisten mit Revisionsöffnungen behandelt werden.

## 5.3 Immobilisation

Während der Immobilisation der Echsen soll die Raumtemperatur der Vorzugstemperatur der Tiere entsprechen, also zwischen 22 und 24 °C liegen. Das gilt insbesondere für die Aufwachphase. Höhere Temperaturen könnten den Wiedereintritt in eine tiefe Narkose bewirken und fatale Folgen haben. Vermutlich werden die Wirkstoffe an Fette gebunden und steigern bei höheren Temperaturen die Stoffwechselprozesse der Reptilien, während die Respiration weiter gesenkt wird (MILLICHAMP, 1989).

### 5.3.1 Injektionsnarkose

Für chirurgische Eingriffe, manchmal auch für gründliche Untersuchungen ist Sedation, gegebenenfalls Immobilisation notwendig. Für die intramuskuläre Injektion eignet sich Ketamin in folgender Dosierung: für Grüne Leguane 25–40 mg/kg KM, für Felsenleguane 25 mg/kg KM und für die meisten Warane 75–100 mg/kg KM. Mit diesen Dosierungen erreicht man zwar oft kein chirurgisches Toleranzstadium, höhere Gaben können jedoch zu Verlusten führen. Besser ist es, mit der Schnittlinieninfiltration eines Lokalanästhetikums oder mit der Inhalationsnarkose eine geeignete Anästhesie des Operationsfeldes zu erreichen. SCHILDGER, MÜLLER und WICKER (1990) publizierten in tabellarischer Form eine Vielzahl von Protokollen von Immobilisationen mit Ketamin. Die Dosis lag in der Mehrzahl der Fälle zwischen 20 und 60 mg/kg KM, während für einen Steppenwaran 90–95 mg/kg KM benötigt wurden. WIESNER und HEGEL (1985) empfehlen die Kombination von Ketamin mit Xylazin. So erhält ein Grüner Leguan eine Mischung von 18 mg/kg KM Xylazin mit 15 mg/kg KM Ketamin bis zur maximalen Gabe von 25 mg/kg KM Xylazin mit 20 mg/kg KM Ketamin. Für einen Wüstenwaran genügen 25 mg/kg KM Xylazin mit 20 mg/kg KM Ketamin.

### 5.3.2 Inhalationsnarkose

Das Mittel der Wahl für eine zuverlässige Immobilisation ist die Inhalationsnarkose. Dafür eignen sich Halothan (Hoechst) und in neuerer Zeit das weniger lebertoxische Isofluran (Forene®, Abbott). Halothan oder Isofluran leitet man über eine Maske bzw. durch einen Schlauch direkt in die Maulhöhle des Tieres. Nach HOCHLEITNER (1991) wird einer Echse noch im geschlossenen Transportsack die Maske über den im Sack befindlichen Kopf gestülpt. Dieses Vorgehen erspart dem Tier Aufregung. Streß durch Jagen und Einfangen verlängert nicht nur die Einleitungs-, sondern auch die Aufwachphase. Nach ein bis drei Minuten erreicht man ein Stadium, in dem die Tiere in Seiten- bzw. Rückenlage gebracht werden können. Bei dem so immobilisierten Tier ist es jetzt möglich, einen Endotrachealtubus einzusetzen. Meist genügt dazu ein Katheter für Rüden oder Kater. SCHILDGER, MÜLLER und WICKER (1990) erreichten mit Isofluran beim Buntwaran nach einer Einleitungsphase von

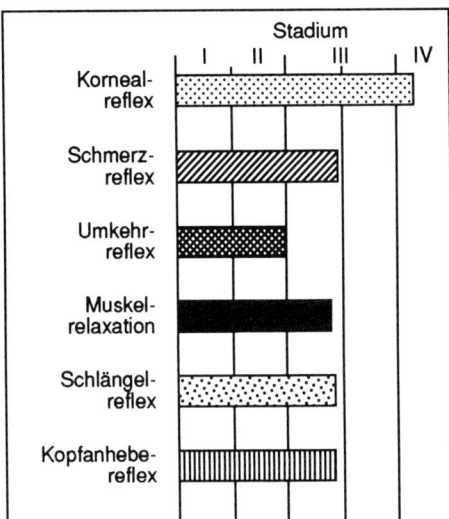

Abb. 19: Narkosestadien bei Echsen
(modifiziert nach BONATH 1985)

2–6 Minuten bei einer Temperatur von 28 °C und bei einer Sauerstoffzufuhr von 2 l/min ein Toleranzstadium von 13–16 Minuten. Die Aufwachphase betrug 5–30 Minuten. Ähnliche Werte werden weiterhin für Pazifik- und Stachelschwanzwarane angegeben.

Die Maulspalte läßt sich in den einzelnen Narkosestadien unterschiedlich leicht öffnen.

Für die Beurteilung der Narkosetiefe ist das Öffnenlassen der Maulspalte bei Echsen ein zuverlässiges Indiz (RÜEDI, VÖLLM, 1985).

**Stadium I = oberflächliche Sedierung**
Beim Einströmen von Inhalationsnarkotika in die Narkosezelle zeigen sich heftige exzitationsähnliche Flucht- bzw. Schreckbewegungen, die allmählich langsamer werden und in unkoordinierte Such- und Kriechbewegungen übergehen. Umkehrreflex ist noch positiv.

**Stadium II = tiefe Sedierung**
Spontanbewegungen lassen nach. Der Umkehrreflex ist stark verzögert, die Bauchlage kann nach Korrekturversuchen nicht mehr eingenommen werden.

**Stadium III = Toleranzstadium (chirurgisches Stadium)**
1. Muskulatur ist gering- bis mittelgradig relaxiert.
Umkehrreflex ist erloschen. Schmerz- und Schlängelreflex ist mittel- bis hochgradig gedämpft. Kopfanhebereflex ist gering- bis mittelgradig gedämpft. Kornealreflex ist unverändert oder leicht verzögert.
2. Muskulatur ist völlig relaxiert. Schmerz-, Schlängel- und Kopfanhebereflex sind erloschen. Kornealreflex ist stark verzögert, selten erloschen.

**Stadium IV = irreversibles Narkosestadium.**

# 6 Physiologische Daten

## 6.1 Blutwerte

Die einzelnen Blutkörperchen sind bei Reptilien vielgestaltig. Eine Bestimmungshilfe stellt der Farbatlas der Hämatologie dar (HAWKEY, DENNET, 1990).

Tab.13: Erythrozyten (T/l) im Blut bei einzelnen Echsen
(GANS, PARSON, 1970)

| | |
|---|---|
| *Anolis carolinensis* | 0,610–1,210 |
| *Coleonyx variegatus* | 0,491 |
| *Cordylus giganteus* | 0,650 |
| *Heloderma suspectum* | 0,646 |
| *Lacerta lepida* | 1,124 |
| *Lacerta muralis* | 0,960–2,050 |
| *Lacerta viridis* | 0,840–1,600 |

Tab. 14: Beispiele der Leukozytenverteilung in Prozent bei einzelnen Echsen
(GANS, PARSON, 1970)

| Echsenart | Eosinophile | Basophile | Azidophile | Lymphoz. |
|---|---|---|---|---|
| Agama atra | 14,3 | 3,7 | 3,1 | 74,3 |
| Chamaeleo dilepis | 23,8 | 3,6 | 11,0 | 59,6 |
| Cordylus sp. | 38,8 | 8,0 | 13,2 | 35,0 |
| Cordylus jonesi | 10,0 | 26,6 | 11,4 | 45,4 |
| Lygodactylus sp. | 13,4 | 15,6 | 15,0 | 50,8 |
| Mabuya capensis | 49,4 | 12,2 | 17,8 | 17,0 |
| Mabuya striata | 40,8 | 10,8 | 21,3 | 24,9 |
| Pachydactylus c. | 18,6 | 15,9 | 23,4 | 38,6 |
| Pachydactylus b. | 19,5 | 27,8 | 6,7 | 40,2 |
| Varanus niloticus | 11,3 | 0,1 | 10,8 | 73,7 |

Tab. 15: Serumwerte von Echsen
(nach FRYE, 1981)

| | |
|---|---|
| Glukose (mmol/l) | 122,0 |
| Natrium (mmol/l) | 160,0 |
| Kalium (mmol/l) | 4,5 |
| Kalzium (mmol/l) | 3,5 |
| Magnesium (mmol/l) | 1,1 |
| Chlorid (mmol/l) | 125,0 |
| Harnstoff (mmol/l) | 0,46 |
| Harnsäure (mmol/l) | 0,27 |

Tab. 16: Serumwerte von Wüstenwaranen (nach KOPPLIN et al., 1983)

| Parameter | Durchschnitt | Minimum | Maximum |
|---|---|---|---|
| Glukose (mmol/l) | 19,70 | 14,15 | 31,91 |
| Harnstoff (mmol/l) | 0,40 | 0,23 | 0,83 |
| Kreatinin (µmol/l) | 44,20 | 17,68 | 159,12 |
| Harnsäure (mmol/l) | 0,33 | 0,14 | 0,80 |
| Natrium (mmol/l) | 163,6 | 137,0 | 245,0 |
| Kalium (mmol/l) | 2,6 | 0,4 | 7,0 |
| Chlor (mmol/l) | 120,0 | 12,0 | 155,0 |
| Kalzium (mmol/l) | 2,64 | 1,89 | 7,39 |
| Phosphor (mmol/l) | 1,78 | 0,90 | 3,22 |
| Cholesterin (mmol/l) | 6,30 | 2,59 | 10,33 |
| Gesamtbilirubin (µmol/l) | 3,42 | 1,71 | 8,55 |
| Alkal. Phosphatase (U/l) | 13,7 | 4,0 | 30,0 |
| ALT (U/l) | 13,3 | 3,0 | 38,0 |
| AST (U/l) | 179,4 | 34,0 | 400,0 |
| LDH (U/l) | 788,1 | 145,0 | 2915,0 |
| Gesamtprotein (g/l) | 0,38 | 0,24 | 0,54 |
| Albumin (g/l) | 0,23 | 0,16 | 0,30 |
| Globulin (g/l) | 0,15 | 0,8 | 0,24 |

## 6.2 Körpertemperatur

Die Körpertemperatur ist zur Beurteilung des Gesundheitszustandes von Echsen bedeutungslos. Die Vorzugstemperatur, also die von der Echse selbst gewählte Temperatur, ist artspezifisch. Für 19 verschiedene Spezies wurden Werte zwischen 17,6 °C und 35,6 °C gemessen (BENNETT, JOHN-ALDER, 1986).

## 6.3 Kreislauf

Die Herzfrequenz hat für die Beurteilung des Gesundheitszustandes keine große Bedeutung.
Die Herzfrequenzen für Warane liegen bei 40 Schlägen pro Minute, für Grüne Leguane bei etwa 60 (COOK, WESTROM, 1979).

# 7 Untersuchungsmethoden

## 7.1 Allgemeine äußere Untersuchung

Bei der Überprüfung der äußeren Beschaffenheit der Haut ist außer auf Ektoparasiten auch auf Reste der letzten Häutung zu achten. Oft findet man bei Leguanen kleine Knötchen unter der Haut. Schwanzspitze und Zehenspitzen dürfen weder dunkel gefärbt noch abgestorben sein. Bei gesunden Tieren ist die Kloake äußerlich sauber und ohne Verklebungen, die Maulhöhle ohne Beläge und entzündliche Veränderungen, die Nase frei von Ausfluß bzw. getrockneten Schleimresten. Die Augen sind klar. Zur allgemeinen Untersuchung gehört auch die Beobachtung der Bewegungsabläufe der Tiere. Oft findet man unkoordinierte Bewegungen oder Lähmungen einzelner Extremitäten.

## 7.2 Blutuntersuchung

Für die Blutgewinnung werden seit einiger Zeit unterschiedliche Verfahren eingesetzt. Diese sind aufwendig und nicht für den Routinebetrieb, eher für gezielte Forschungsprojekte geeignet.

### 7.2.1 Blutentnahme aus der Vena coccygealis ventralis

Dazu sucht man die Einstichstelle ventral des Schwanzwirbelkörpers, kaudal der Kloake, am Ende des ersten bis Anfang des zweiten Schwanzdrittels. Die Nadel sticht man von kaudal in kraniale Richtung im Winkel von 45 bis 60 Grad zur Haut unter Schonung der Schuppen vorsichtig bis zum Schwanzwirbel ein. Nach Berührung des Knochens zieht man die Nadel etwas zurück und kann mit der Spritze Blut aufnehmen. Dieses Verfahren ist auch bei Echsen möglich, die den Schwanz autotomieren, jedoch muß man diese Tiere für die Blutgewinnung leicht sedieren (ESRA, BENIRSCHKE, GRINER, 1975).

### 7.2.2 Herzpunktion

Herzpunktion ist möglich, jedoch sollte sie nur unter Ultraschall-Kontrolle durchgeführt werden. Außerdem muß berücksichtigt werden, daß es dabei zu einem Hämoperikard kommen kann. Ein solcher Schaden ist zunächst nicht zu erkennen.

### 7.2.3 Blutentnahme aus den Zehennägeln

Durch Kürzen von Zehennägeln ist es möglich, Blut in sehr kleinen Mengen zu gewinnen.

## 7.3 Kotuntersuchung

Die parasitologische Untersuchung erfolgt bei Echsen und Schlangen in gleicher Weise. Bevor man neue Tiere in eine Gruppe integriert, sollten mindestens zwei negative

Kotuntersuchungen durchgeführt werden, um ein Einschleppen von Parasiten in den Bestand zu verhindern. Bei insektenfressenden Echsen kommt es gelegentlich zu Irritationen, wenn im Kot der Echsen die Parasiten der Futtertiere nämlich von Grillen, Heuschrecken und Larven des Mehlkäfers (sogenannte Mehlwürmer) gefunden werden. Bislang ist nicht bekannt, ob Parasiten der Futtertiere zu Störungen bei Echsen führen.

## 7.4 Röntgenuntersuchung

Röntgenaufnahmen sind für die Darstellung des Skeletts von großer Bedeutung, aber auch bei Verdacht auf Legenot, Blasensteine und Fremdkörper unentbehrlich. Auch die Uratkristalle in den Granulomen der Leber sind auf den Röntgenaufnahmen erkennbar. Untersucht man zum Beispiel bei Verdauungsstörungen den Darm auf Fremdkörper, empfiehlt es sich, Bariumsulfat oder Gastrografin[R] (Schering AG) einzugeben. Oft werden erst damit Fremdkörper (Kunststoffe) sichtbar.

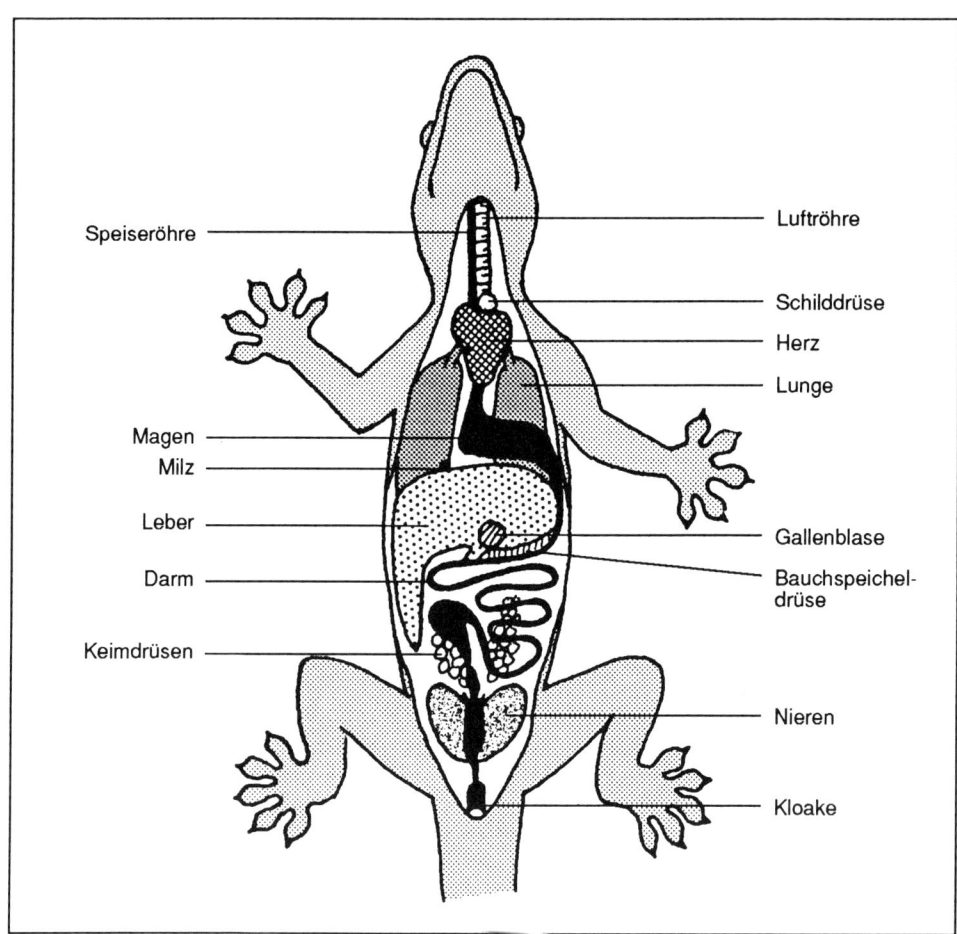

Abb. 20: Anatomie der Echsen (nach IPPEN/LIEBMANN in IPPEN/SCHRÖDER/ELZE 1985)

## 7.5 Endoskopie

Voraussetzung für eine optimale Endoskopie (Coelioskopie) bei den Tieren ist eine Fastenzeit. Für Fleischfresser wie Warane genügen drei bis sieben Tage, für Pflanzenfresser wie etwa Großskinke sind zwei bis vier Wochen vorzusehen. Die Immobilisation erfolgt mit Ketamin in einer Dosis von 50–100 mg/kg KM oder durch Isofluran-Narkose, zunächst mit der Maske, anschließend wird intubiert. Bei ruhigen Tieren wie Tannenzapfenechsen genügt Lokalanästhesie mit 0,2–0,3 ml Xylocain[R]. Bei einer in Seitenlage verbrachten Echse wird Anfang des letzten Körperdrittels, meist zwischen zwei Rippen, ein Hautschnitt angelegt und die Muskulatur stumpf perforiert. Für die Untersuchung eignet sich ein Endoskop mit einem Durchmesser von 3 mm und einem Beobachtungswinkel von 30 Grad. Dazu empfiehlt es sich, in die Leibeshöhle $CO_2$ mit einem Druck von 10 mm Hg zu insufflieren. Nach der Untersuchung erfolgt der Hautverschluß mit einem U-Heft; bei Echsen mit großschuppiger Haut wie bei Tannenzapfenechsen genügt ein Klebeverschluß mit Leukosilk[R]. Endoskopie ist vor allem ein geeignetes Mittel zur Geschlechtsbestimmung. Die Hoden sind von ovoider Form, glatter Oberfläche und gelber, weißer oder grauer Farbe. Die Ovarien sind bohnenförmig bis dreieckig mit einer höckerigen Oberfläche und enthalten gelegentlich Follikel unterschiedlicher Größe. Die Ovarien sind meist gelb, die Follikel meist bernsteinfarben. Durch Coelioskopie lassen sich, da den Reptilien ein Zwerchfell fehlt, alle Körperorgane, einschließlich des Herzens, untersuchen und beurteilen (SCHILDGER, WICKER, 1992).

Die in den Lungensepten enthaltenen glatten Muskelzellen erlauben es im übrigen den Tieren, auch bei offener Bauchhöhle zu atmen (DAVIES, 1981). Eine Beatmung ist deshalb bei Eingriffen in den Bauch- und Brustraum nicht erforderlich.

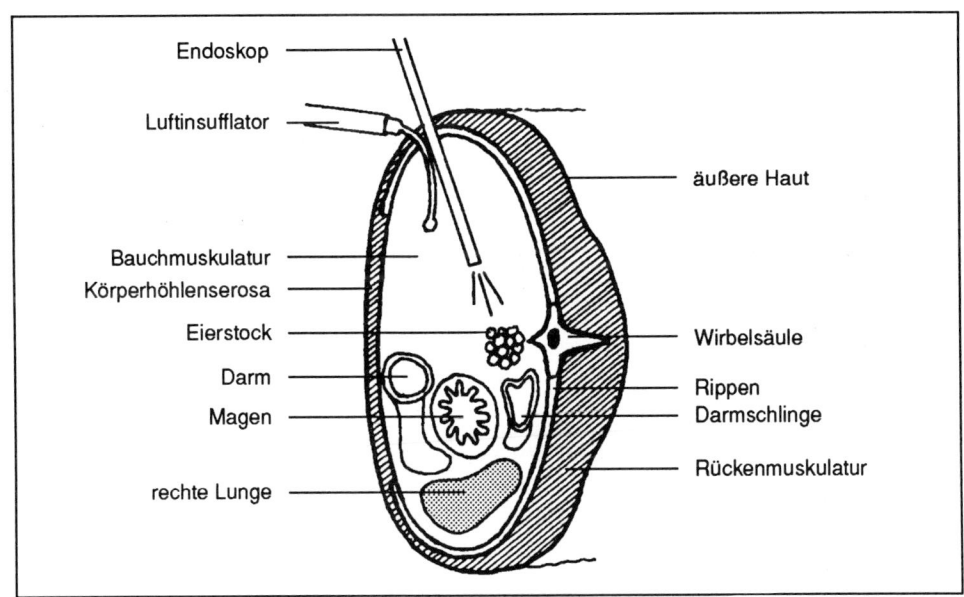

Abb. 21: Endoskopie bei Echsen (nach SCHILDGER UND WICKER, 1987)

## 7.6 Sonographie

Sonographie ist ein geeignetes Verfahren, den Funktionszustand des Herzens und der Ovarien zu untersuchen bzw. Trächtigkeit oder Organveränderungen festzustellen (SPÖRLE et al., 1991). Für die Untersuchung bei Reptilien wird der 7,5 MHz Linear-Scanner empfohlen (KRAMER, GERWING, 1991). Bei Kreislaufuntersuchungen lassen sich die Bewegungen des Herzens und die Aktionen der Herzklappen beobachten. Die Herzschläge können gezählt werden. Auch die Einstichstelle zur Herzpunktion läßt sich lokalisieren. Auf den Ovarien kann man Follikel mit einem Durchmesser von 2 mm erkennen. Das ist bei Röntgenaufnahmen nicht möglich. Durch Sonographie läßt sich auch die Lage der Föten bestimmen. Bei ovoviviparen Reptilien sind Föten in gestreckter Position im Eileiter ein Zeichen dafür, daß die Frucht abgestorben ist, wenn es sich nicht gerade um einen Geburtsvorgang handelt. Mit Hilfe der Sonographie kann man ferner den Füllzustand des Intestinums und Veränderungen wie Darmverschluß oder Koprostase erkennen.

Bei Nierengicht erscheinen Harnsäureablagerungen auf dem Perikard, der Leberkapsel und in den Tubuli der Nieren als feine, stark reflektierende Punkte. In einer umfassenden Publikation stellen SAINSBURY und GILI (1991) mit Hilfe des 5,0 MHz Linear-Scanner bei einem Steppenwaran die inneren Organe dar und weisen darauf hin, daß die dicken Hornschuppen des Tieres das Untersuchungsverfahren nicht behindern.

## 7.7 Auskultation

Bei Echsen ist Auskultation von Herz und Lungen möglich. Dazu legt man zwischen Phonedoskop und schuppentragende Echsenhaut feuchten Zellstoff oder ein feuchtes Tuch. Dadurch werden die Reibegeräusche stark gemindert (FRYE, HIMSEL, 1988). Nur bei größeren Waranen sind Herztöne zu unterscheiden. Ansonsten lassen sich pathologische Herzbefunde, vor allem aber Pneumonien erkennen.

## 7.8 Elektrokardiogramm

Für die Beurteilung von Herzerkrankungen hat das EKG bislang noch keine Bedeutung, da entsprechende Vergleichswerte fehlen. Voraussetzung für die Untersuchung ist meist eine Sedation des Tieres. Die Messungen werden sehr stark von der Körpertemperatur beeinflußt.

In einer übersichtlichen Tabelle geben COOK und WESTROM (1979) für einige klinisch gesunde Echsen (*Varanus sp.* und *Iguana iguana*) die ermittelten Werte an. Sie stellten dabei fest, daß Echsen mit einem länglichen Ventrikel im EKG einen QRS-Komplex aufweisen, solche mit einem kubischen Ventrikel dagegen nicht.

# 8 Infektionskrankheiten

## 8.1 Parasitosen

Trotz geeigneter Untersuchungsverfahren und Behandlungsmöglichkeiten stirbt heute noch eine Vielzahl von Echsen an Parasitosen, nur weil die Bedeutung dieser Erreger unterschätzt wird.

### 8.1.1 Ektoparasitosen

#### 8.1.1.1 Milbenbefall

In der Regel werden Milben vom Besitzer erst dann erkannt, wenn ein Tier massiv davon befallen ist. Sie befinden sich etwa unter abgespreizten Schuppen, vor allem an Extremitäten, am Schwanzansatz und im Halsbereich. Durch Blutentzug kommt es zur Anämie. Die kaum durchblutete, weißliche

Maulschleimhaut zeigt bei starkem Befall weiße Stippchen (Milbenexkrete). Nach vorsichtigem Abbürsten der Echsen über weißem Papier kann man die Parasiten erkennen.

*Therapie*: Bei geringgradigem Befall genügt es oft schon, die Echse einmal mit Olivenöl einzureiben. Bei stärkerem Befall erhalten die Tiere Ivermectin in einer Dosis von 0,2 mg/kg KM. Wichtiger als die Behandlung des Tieres ist die Milbenbekämpfung im unmittelbaren Umkreis, so vor allem in den Verstecken des Dekorationsmaterials. Hierzu werden das Dekorationsmaterial und die Gerätschaften für eine Stunde in 1 %ige AluganR-Lösung gelegt und anschließend unter fließendem Wasser gründlich gewaschen, um so die Reste des Insektizids herauszuspülen.

### 8.1.1.2 Zeckenbefall

Gelegentlich findet man auf der Haut der Echsen kleine Zecken. Nach Beträufeln mit Äther, Alkohol oder Öl fallen sie ab. Man sollte Zecken aber nicht mechanisch durch Herausdrehen entfernen. Dabei bleiben in der Echsenhaut oft noch Reste der Mundwerkzeuge der Parasiten zurück, die dann Hautknoten oder Abszesse auslösen.

Eine Zecke (*Aponomma exornatum*) parasitiert speziell in den Nasengängen bei Waranen und führt durch Atemnot zu erheblichen Beeinträchtigungen. Nach Entfernen der Zecken aus den Nasengängen erholen sich die Warane (YOUNG, 1965).

### 8.1.2 Endoparasitosen

Die Endoparasiten führen bei Echsen zu erheblichen Verlusten. Regelmäßige parasitologische Überwachung kann die Todesfälle senken.

### 8.1.2.1 Einzeller
### 8.1.2.1.1 Amöbiasis

*Ursache/Erreger*: Die Amöbenruhr oder Darmfäule wird durch *Entamoeba invadens* hervorgerufen. Sie ist die verlustreichste Endoparasitose bei Echsen.

*Klinische Symptome*: Für Amöbenruhr gibt es wenig spezifische Symptome. Im Endstadium beobachtet man Apathie und Nahrungsverweigerung, gleichzeitig ein vermehrtes Trinkbedürfnis.

*Befallene Organe*: Meist wird erst bei der Sektion die fibrinös-nekrotisierende Enteritis ermittelt.

*Therapie*: Ronidazol (DuodegranR, MSD-AGVET) 10 Tage lang in einer Dosis von 10 mg/kg KM bei gleichzeitiger Gabe einer wässrigen Terramycin®-Lösung oder Metronidazol (ClontR, Bayer) in einer Dosis von 50 mg/kg KM 6 Tage lang. Neben gründlicher Reinigung des Terrariums einschließlich des Dekorationsmaterials müssen sofort parasitologische Untersuchungen eingeleitet werden. Für den Erregernachweis wird frischer Kot benötigt (Durchführung s. Amöbiasis der Schlangen).

### 8.1.2.1.2 Malaria

*Ursache/Erreger*: Hämosporidien (*Plasmodium sp.*) werden häufig bei freilebenden Echsen gefunden. Die Erreger ermittelt man bei der Sektion bzw. bei Blutuntersuchungen (TELFORD, 1987). Eine spezifische Krankheit ist nicht bekannt.

### 8.1.2.1.3 Monocercomonas-Infektion

*Ursache/Erreger*: *Monocercomonas sp.* parasitiert im Verdauungstrakt, gelegentlich aber auch in der Gallenblase, in den Ureteren und der Lunge. Der Erreger wird mit dem Futter bzw. mit dem Wasser aufgenommen. Bei der Sektion infizierter Echsen findet man eine verdickte Magenwand. Die hyperämische Mukosa ist mit weißlichem Schleim bedeckt.

*Diagnose*: In frischen Kotproben lassen sich Monocercomonatiden an ihren vier Geißeln erkennen, von denen eine als Schleppgeißel ausgebildet ist.

*Therapie*: Neben EmtrylR (Rhone Merieux) oder DuodegranR (MSD-AGVET) erhalten die Tiere Aminosäuren und Elektrolyte (KUTZER, 1985).

### 8.1.2.1.4 Kokzidiose

Eine Infektion mit Kokzidien (*Eimeria sp.*, *Isospora sp.*) führt zu schweren, teilweise blutigen Enteritiden. Ohne Behandlung magern die Tiere stark ab. Eine besondere Form der Kokzidiose ist die Kryptosporidose, die bei den Wirtstieren zur Umfangsvermehrung der Magenschleimhaut (Hypertrophe Gastritis) führt, so daß es aufgrund der Verengung des Magenlumens zum Regurgitieren der Futtertiere kommt (DILLEHAY, BOOSINGER, MACKENZIE, 1986; FRANK, 1985).

*Therapie*: Solange die Echsen noch Nahrung und Flüssigkeit aufnehmen, kann Sulfaclozin (Esb$_3$R, 30 % TAD Pharmazeutisches Werk) über das Trinkwasser als 0,1 %ige Lösung sechs Tage lang gegeben werden. Tiere, die die Nahrungsaufnahme verweigern, erhalten Amprolium (AmprolvetR, MSD-AGVET) in einer Dosis von 20 mg/kg KM fünf Tage lang mit der Magensonde. Weiterhin kann Formo-Sulfathiazol (SocatylR, Asid) drei Tage lang jeweils in einer Dosis von 40–60 mg/kg KM verabreicht werden.

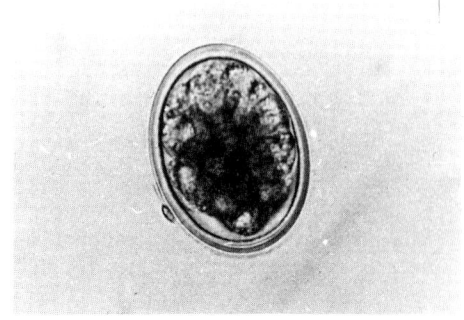

Abb. 22: Askariden-Ei von einem Panthergecko, *Eublepharis macularius* (Foto: TSCHERNER)

### 8.1.2.1.5 Besnoitia-Infektion

*Besnoitia panamensis*, ein Einzeller, der *Toxoplasma gondii* ähnelt, wurde bei Basilisken und Ameiven beschrieben. Die ovalen Zysten werden im Herz, in der Leber, den Nieren und in der Milz gefunden. Gelegentlich lösen sie im Blutbild eine Eosinophilie aus. Dem Kliniker entziehen sich diese Erreger meist. Sie werden ausschließlich bei der Sektion in der histopathologischen Untersuchung gefunden.

*Therapie*: Für die Behandlung wird Spiramycin in einer Dosis von 125 mg/kg KM empfohlen (FRYE, 1981).

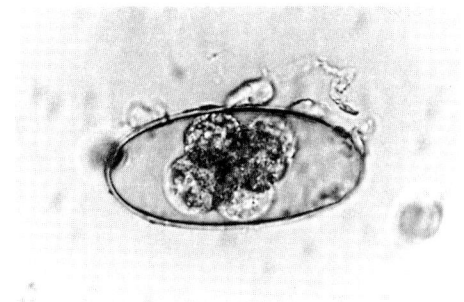

Abb. 23: Oxyuren-Ei von einem Tokee, *Gekko gecko* (Foto: TSCHERNER)

### 8.1.2.1.6 Nematodenbefall

Bei Kotuntersuchungen werden regelmäßig Nematoden-Eier gefunden. Sie haben bei Echsen oft nicht so fatale Folgen wie bei Schlangen und Schildkröten. Im Magen-Darmtrakt werden vor allem Askariden, Oxyuren, Strongyliden und Trichostrongyliden beobachtet, gelegentlich auch Capillaria.

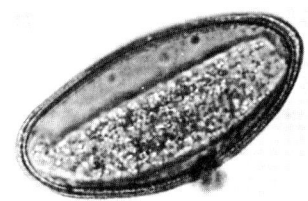

Abb. 24: Oxyuren-Ei von einem Dornschwanz-Stachelskink, *Egernia stokesi* (Foto: TSCHERNER)

# Infektionskrankheiten

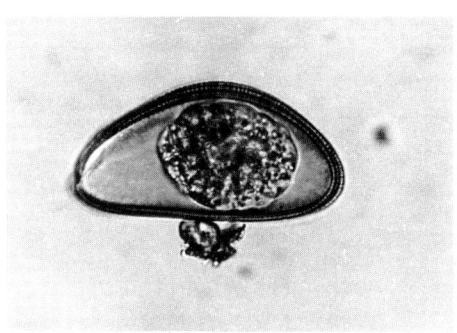

Abb. 25: Oxyuren-Ei von einem Streifenbasilisken, *Basiliscus vittatus* (Foto: TSCHERNER)

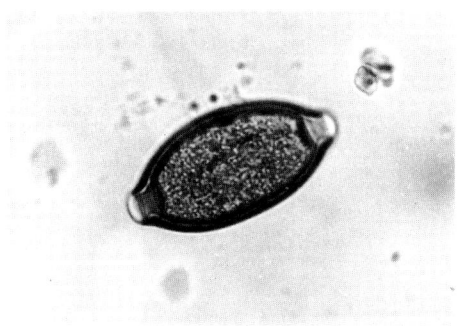

Abb. 26: Haarwurm-Ei (*Capillaria sp.*) von einem Tokee, *Gekko gecko* (Foto: TSCHERNER)

Filarien entziehen sich oft der Untersuchung. Bei unhygienischen Haltungsbedingungen beobachtet man gelegentlich eine schnelle Ausbreitung der Oxyuren. Zu Nierenschädigungen kommt es durch *Thamugadia physignathi*.
*Therapie*: Für die Behandlung der Magen-Darm-Nematoden eignet sich Fenbendazol (Panacur[R], Hoechst) in einer Dosis von 25 mg/kg KM. Eine zweite Behandlung erfolgt 14 Tage später. Schwieriger ist die Bekämpfung der Oxyuren. Hier sind Gaben von Pyrviniumembonat (Molevac[R]-Suspension, Parke-Davis) in einer Dosis von 0,5–1,0 ml/kg KM nötig. Wiederholungen dieser Therapie sind empfehlenswert.

### 8.1.2.1.7 Zestodenbefall

Bei Echsen findet man gelegentlich Zestoden, insbesondere Vertreter der Gattung *Duthiersia* (*Diphyllobothriidae*) bei Waranen. Zur Bekämpfung dieser Parasiten werden Niclosamid (Yomesan[R], Bayer) in einer Dosis von 150–200 mg/kg KM verabreicht (FRANK, 1985). Obwohl gelegentlich Verluste durch den Einsatz von Praziquantel (Droncit[R], Bayer) beobachtet werden, kommt dieses Medikament immer wieder zum Einsatz. Im Einzelfall muß das Risiko einer derartigen Behandlung abgewogen werden. FRANK (1985) empfiehlt die Dosis von 20–30 mg/kg KM.

## 8.2 Mykosen

Bei nur 1 % der sezierten Echsen fand man Mykosen. Vermutlich sind Pilze in den meisten Fällen nur Sekundärerreger, nachdem der Organismus durch andere Erreger bereits vorgeschädigt war. Niedrige Temperaturen begünstigen Pilzwachstum (MIGAKI et al., 1984). Auch bei Echsen unterscheiden wir Dermato- und Systemmykosen. Dermatomykosen sind an Hautveränderungen erkennbar. Dagegen werden Systemmykosen leider erst bei der Sektion gefunden.

### 8.2.1 Dermatomykosen

Gelegentlich findet man bei Echsen Hautläsionen, die mit Hyperkeratose einhergehen. Seltener werden auch ulzerierende oder abszedierende Prozesse beobachtet (ZWART, SCHRÖDER, 1985).
*Ursache/Erreger*: Eine Vielzahl von unterschiedlichen Dermatomykosen ist in den letzten Jahren von mehreren Autoren bestimmt und von ZWART und SCHRÖDER (1985) in einer Übersicht dargestellt worden.
In einigen Fällen lagen Mischinfektionen mit anderen Pilzen vor.
Angaben über Therapie-Erfolge sind sehr widersprüchlich. So beobachteten SCHILDGER, FRANK und WEISS (1991) bei 80 % von 50 frischimportierten Madagassischen Taggekkos Hautveränderungen. Diese wurden von

Tab. 17: Übersicht der Dermatomykosen nach ZWART und SCHRÖDER (1985)

| Erreger | Tierart | Veränderungen |
| --- | --- | --- |
| Mucor circinelloides | Grüner Leguan | Hautläsionen |
| Mucor circinelloides | Blaukehlagame | Hautläsionen |
| Mucor circinelloides | Chamäleon | tiefgreifende Ulzerationen in der Haut |
| Mucor circinelloides | Chamäleon | Hautpusteln |
| Mucor circinelloides | Gürtelschweif | Hyperkeratose am Ohr |
| Mucor sp. | Bartagame | Hyperkeratose |
| Rhizopodus rhizopodiformis | Grüner Leguan | Ablösung einzelner Schuppen |
| Rhizopodus stolonifer | Grüner Leguan | Hautläsionen |
| Absidia corymbifera | Großteju | chronische abszedierende Prozesse |
| Candida guilliermondii | Chamäleon | Parakeratose, Hautverdickung |
| Candida guilliermondii | Chamäleon | Hautläsionen |
| Candida guilliermondii | Smaragdeidechse | Hautläsionen |
| Trichosporon cutaneum | Großteju | chronische abszedierende Prozesse |
| Aspergillus fumigatus | Smaragdeidechse | Hyperkeratose, Akanthose |
| Aspergillus ochraceus | Smaragdeidechse | Hyperkeratose, Borkenbildung |
| Fusarium oxysporum | Chamäleon | ulzerative und granulomatöse Dermatitis |
| Fusarium oxysporum | Chamäleon | chronische Dermatitis |
| Chrysosporium ceratophilum | Bindenwaran | |
| Chrysosporium tropicum | Smaragdeidechse | Hyperkeratose, Akanthose, Krustenbildung |
| Ulocladium atrum | Smaragdeidechse | bräunliche Verfärbung der Hautschuppen |

*Trichophyton sp.* verursacht, von einer Form also, die bislang noch nicht bekannt war. Therapieversuche mit Enilconazol (Imaverol[R], Janssen) in 2 %iger Lösung waren ergebnislos. Erfolgreicher hingegen verlief die Therapie mit Nystatin (Moronal[R], Heyden). Bei 15 Tieren heilten die Veränderungen innerhalb von zwei bis drei Wochen ab.

## 8.2.2 Systemmykosen

An erster Stelle stehen die Mykosen der Lunge. Nachgewiesen wurden vor allem *Aspergillus*- und *Penicillium*-Arten. Der im Intestinaltrakt bestimmte *Basidiobolus haptosporus* ist vermutlich von geringerer pathogener Bedeutung (GUGNANI, OKAFOR, 1979).

In einem Bestand von Skinken wurde durch *Trichophyton terrestre* eine progressive digitale Nekrose ausgelöst. Es traten zunächst Entzündungen an den Zehen auf, später entwickelten sich daraus Gangräne, und schließlich wurden die Zehennägel abgestoßen (HAZELL, EAMENS, PERRY, 1985). Der Pilz selbst gilt als nicht pathogen, bewirkt aber wohl in Verbindung mit weiteren Erregern derartige Prozesse.

## 8.3 Bakterielle Infektionen

Haltungsfehler, so vor allem die Überfüllung der Terrarien (Overcrowdingsyndrom) mit Echsen der gleichen wie auch unterschiedlichen Arten, führten zu vermehrten bakteriellbedingten Erkrankungen.

### 8.3.1 Gramnegative Bakterien
#### 8.3.1.1 Pseudomonas und Aeromonas

Diese Erreger führen bei Echsen zu besonders hohen Verlustraten. Bei etwa einem Drittel der verendeten Tiere findet man *Pseudo-*

monas spp. oder *Aeromonas spp.*, oft jedoch beide Erreger zusammen. Diese Keime kann man aber auch bei gesunden Echsen mittels Rachentupferproben nachweisen (GÖBEL, 1991). Die pathogene Wirkung hängt von der Vermehrung der Keime ab. Da *Pseudomonas spp.* und *Aeromonas spp.* bei frischimportierten Tieren weniger häufig vorkommen als bei Tieren, die lange in Menschenobhut gehalten wurden, sind wohl suboptimale Haltungsbedingungen für die Entwicklung dieser Keime verantwortlich (ROGGENDORF, MÜLLER, 1976). Wird beispielsweise das Wasser nicht täglich gewechselt, können sich die Erreger vermehren. Über Milben erfolgt eine weitere Ausbreitung. Es kommt zur Steigerung der Virulenz der Keime und durch Immunsuppression zum Tode des Wirtstieres. Bei der Sektion findet man neben Gastroenteritiden und Lungenveränderungen vor allem Abszesse und Ulzerationen, gelegentlich auch Stomatitiden. Prophylaktische Antibiotikabehandlung über einen längeren Zeitraum führt leicht zur Resistenzentwicklung der Keime und damit zur weiteren Gefährdung der Patienten.

*Therapie*: Eine gezielte Behandlung kann nur nach einem Antibiogramm durchgeführt werden. Bei Verdacht auf eine *Pseudomonas*-Infektion sollte man Gentamicin[R] (C P-Pharma) in einer Dosis von 2,5 mg/kg KM verabreichen und diese Behandlung nach drei Tagen noch einmal wiederholen. Strenge Hygienemaßnahmen und das Ansäuern des Terrariumwassers (6 ml HCl auf einen Liter Wasser) sorgen für Keimverdünnung (ZWART, 1976).

### 8.3.1.2 Salmonellen

Wie sich bei Sektionen herausgestellt hat, sind bis zu 25 % der Echsen mit Salmonellen infiziert, ohne daß es zu spezifischen Erkrankungen kommt. Auch bei klinisch gesunden Echsen wies man sie nach (GÖBEL, 1991). Salmonellen findet man im Kot, sie können jedoch auch in den Eileiter und die Eier eindringen (KOURANY, TELFORD, 1982). Andererseits gelten Echsen als inapparente Träger von Salmonellen. Es kann zum Ausbruch einer Salmonellose kommen, wenn diese Tiere gefangen und ungünstigen Haltungsbedingungen unterworfen werden (KALVIG et al., 1991). Kranke Tiere fallen durch Anorexie, Durchfall und Bewegungsunlust auf. Die pathologischen Veränderungen variieren sehr stark. Neben ulzerativen und hämorrhagischen Darmentzündungen findet man häufig Veränderungen der Leber, der Milz, der Nieren und der Lunge (CAMBRE et al., 1980). Die Diagnose ist durch eine bakteriologische Untersuchung von Kot, Kloakenabstrich oder Blut möglich. Die entsprechende Behandlung muß grundsätzlich gleichzeitig parenteral und oral eingeleitet werden. Salmonellen lassen sich nicht in jeder Kotprobe von kranken Tieren nachweisen. Salmonellen werden intermittierend ausgeschieden. Deshalb sollten noch einige Wochen nach einer Behandlung Kotproben genommen und untersucht werden.

### 8.3.1.3 Escherichia coli-Infektion

Dieser Erreger ließ sich auch bei klinisch gesunden Echsen nachweisen, an bis zu 25 % der Rachentupfer (GÖBEL, 1990) und in bis zu 50 % der Kotproben (ROGGENDORF, MÜLLER, 1976). Gelegentlich findet man ihn bei Enteritiden. Im Falle einer Koli-Infektion erhalten Echsen Oxytetracyclin oder Trimethoprim. Ausschlaggebend für den Behandlungserfolg ist die Verbesserung der hygienischen Bedingungen.

### 8.3.1.4 Weitere gramnegative Bakterien

Beobachtet werden unter anderem *Edwardsiella sp.*, *Citrobacter*, *Klebsiella*, *Enterobacter*, *Hafnia*, *Serratia* und *Yersinia sp.* Bei drei Echsen mit infektiöser Stomatitis fand man *Morganella morganii* (GÖBEL, SCHILDGER, 1990). In Abszessen wurden gelegentlich *Pasteurella sp.* nachgewiesen (MAYER, FRANK, 1974) sowie Fusobakterien (STEWART, 1990). Ebenfalls aus Abszessen von Echsen ermittelte man *Neisseria* (PLOWMAN et al., 1987).

## 8.3.2 Grampositive Bakterien

*Micrococcus sp.* konnten regelmäßig in Rachentupfern von klinisch gesunden Echsen nachgewiesen werden; weniger häufig fand man *Streptococcus sp.*, *Bacillus sp.* und *Staphylococcus sp.* Corynebakterien konnten nur vereinzelt in Kloakentupfern bestimmt werden (GÖBEL, 1990). Wenn diese Erreger auch selten zu Veränderungen führen, so konnte man sie doch in Abszessen und bei Pneumonien nachweisen. Bei Stomatitiden und bakteriellen Augenerkrankungen konnten *Staphyloccoccus sp.* mehrfach bestimmt werden (GÖBEL, SCHILDGER, 1990). Clostridien (*C. septicum* und *C. perfringens*) sind kaum von Bedeutung (MAYER, FRANK, 1977). *Listeria monocytogenes* wurde im Abszessinhalt eines Roten Tejus gefunden (MAYER, FRANK, 1974). Echsen reagieren empfindlich auf Mykobakterien verschiedener Arten (atypische und typische Mykobakterien) und sterben schon nach kurzem Krankheitsverlauf. Der Erreger wird jedoch selten nachgewiesen. Bei der Sektion findet man Granulome vor allem in der Leber, Milz und in den Lungen. *Dermatophilus congolensis* war gelegentlich in Abszessen enthalten (MONTALI et al., 1975; FRIEND, RUSSEL, 1979; JACOBSON, 1989).

## 8.3.3 Chlamydien

In Afrika konnten in den Monozyten eines Chamäleons Chlamydien nachgewiesen werden (JACOBSON, TELFORD, 1990).

## 8.4 Virusinfektionen

In zunehmendem Maße wurden in den letzten Jahren Viren bei Echsen ermittelt. In einzelnen Fällen lassen sich diesen Infektionen keine Krankheitsbilder zuordnen. Oft liegen nur Serumtiterbestimmungen vor.

### 8.4.1 DNS-Viren

Siehe Tabelle 18

### 8.4.2 RNS-Viren

Tab. 19: Liste der RNS-Viren

| Virusart | Autoren |
|---|---|
| Rhabdovirus | BONATH et al., 1979 |
| Paramyxovirus | AHNE, NEUBERT, 1991 |
| Reovirus | RAYNAUD, ADRIAN, 1976 |
| Eastern Equine Encephalitis-Virus (EEE-Virus) | KARSTAD, 1961 |

Tab. 18: Übersicht über die DNS-Viren

| Virusart | Veränderungen | Autoren |
|---|---|---|
| Papovavirus | Papillome | RAYNAUD, ADRIAN, 1976<br>COOPER, GSCHMEISSNER, HOLT, 1982 |
| Adenovirus | Nekrosen der Leber | JACOBSON, GARDINER, 1990<br>JACOBSON, KOLLIAS 1986<br>JULIAN, DURHAM, 1982 |
| Iridovirus | | STEHBENS, JOHNSTON, 1966 |
| Herpesvirus | Papillome | CLARK, KARZON, 1972<br>RAYNAUD, 1983<br>RAYNAUD, ADRIAN, 1976<br>ZEIGEL, CLARK, 1972 |
| Poxvirus | Hautveränderungen | IPPEN, SCHRÖDER, 1977<br>JACOBSON, 1986<br>JACOBSON, TELFORD, 1990<br>STAUBER, GOGOLEWSKI, 1990 |

# 9 Organkrankheiten

Während früher die Organkrankheiten meist erst bei der Sektion ermittelt wurden, ermöglichen neue Untersuchungsmethoden wie Sonographie, Endoskopie und Blutuntersuchungen eine Diagnose am lebenden Tier.

## 9.1 Krankheiten der Haut

### 9.1.1 Dysecdysis

Die Haut der Reptilien besteht aus zwei Schichten, der ektodermalen Epidermis und der darunterliegenden mesodermalen Dermis. Die Epidermis besteht aus sechs verschiedenen Zelltypen, die in getrennten Schichten organisiert sind, hormonell gesteuert und periodisch abgestreift werden. Dieser Prozeß erfaßt die ganze Körperoberfläche gleichzeitig und wird als Häutung (Ecdysis) bezeichnet. Aufgrund von Haltungsfehlern kommt es gelegentlich zu Häutungsstörungen. Über einen langen Zeitraum hängen trockene Hautreste herab. Sie können zu Nekrosen der Zehen und der Schwanzspitze führen. Nach einem Kamillosan$^R$-Bad (Asta Pharma) lassen sich Hautreste sehr vorsichtig ablösen. Hautreste über den Augen werden mit Benetzungslösung für weiche Kontaktlinsen aufgeweicht und später vorsichtig entfernt (s. Behandlung der Schlangen). Häutungsstörungen sind oft Folge ungenügender Luftfeuchtigkeit. Die bevorzugte Relative Luftfeuchtigkeit ist artspezifisch. Deshalb sind die Haltungsbedingungen möglichst in Temperatur und Luftfeuchtigkeit den Herkunftsbiotopen der Echsen anzupassen.

### 9.1.2 Dermatitis

Störungen der Häutung sowie Traumen und Verbrennungen können eine Dermatitis auslösen. Bakterien (*Pseudomonas sp., Aeromonas sp., Staphylococcus sp., Streptococcus sp.*) und Pilze führen zu Veränderungen der Haut. Meist hilft das Abdecken der Haut mit Betaisodona$^R$- oder Neomycinsalbe (Myacyne$^R$, Schur). Oft sind auch Behandlungen mit antimykotischen Salben wie Canesten$^R$, HC-Creme oder Kombinationspräparaten wie Panolog$^R$ erfolgreich.

### 9.1.3 Hautknoten

Hautknoten sind oft Vorstufen von Abszessen, die lange Zeit auf der Hautoberfläche von Echsen, vor allem aber Grünen Leguanen, bleiben. Der abgekapselte trockene bis krümelige Inhalt kann im ganzen mit der Kapsel herausgeschält werden. ZWART und CORNELISSE (1972) beschreiben eine infektiöse, durch (mit Kapseln versehene) Streptokokken verursachte Krankheit bei Eidechsen, bei der es zur Hyperkeratose, lokal aber auch zu einer Parakeratose an den Kieferrändern oder Schenkeldrüsen kommen kann. Eine Übertragung erfolgt möglicherweise durch Beißereien.

*Therapie*: Nach Abtragen der Hyperkeratose wird die Wunde gründlich mit Betaisodona$^R$ oder Rivanol$^R$ gereinigt. Gleichzeitig werden die Patienten parenteral antibiotisch versorgt.

### 9.1.4 Hautbläschen

Die Ätiologie der Hautbläschen bei Echsen ist unbekannt. Hautbläschen werden vorwiegend bei Arten gefunden, die große Schuppen tragen, wie z. B. Tannenzapfenechsen. Nach Spalten der Bläschen und nach der Behandlung mit einem antibiotischen Puder oder Leukase$^R$-Puder (Smith Kline Beecham), heilen die Veränderungen ab. Bei Zauneidechsen konnte man aus den kraterförmigen granulomatösen Entzündungsherden der geplatzten Bläschen einen massiven Befall mit Gregarinen nachweisen (SCHÖPPLER, 1917).

### 9.1.5 Abszesse

Bei Echsen kommen Abszesse häufig vor. Meist sind sie bakteriell bedingt (*Aeromonas sp., Pseudomonas sp.* und andere). Sie sind oft Folgen von Mikrotraumen, die durch Infektionserreger besiedelt werden. Gelegentlich findet man auch Pilze. Überbesetzung der Terrarien (Overcrowdingsyndrom) und damit Beißereien während der Rangkämpfe sowie Anrennen an für sie ungewohnte Glasscheiben führen zu Verletzungen. Nach anderen Streßsituationen, wie beispielsweise Transport, beobachtet man die Ausbreitung von *Dermatophilus congolensis* in Form von zahlreichen subkutanen Abszessen mit einem Durchmesser von 0,5–3 mm (SIMMONS, SULLIVAN, GREEN, 1972; MONTALI et al.,1975). Insekten sind vermutlich Überträger dieser Erreger.

*Therapie*: Nach der chirurgischen Entfernung werden die Wunden gereinigt und mit Betaisodona[R]-Salbe (Mundipharma) abgedeckt. Eine gezielte Therapie erfolgt nach Auswertung des Antibiogramms. Pilzbefall bleibt leider meist unerkannt.

### 9.1.6 Entzündungen der Femoraldrüsen

Viele Echsen besitzen an den Innenseiten der Schenkel der Hinterextremitäten Hautdrüsen, die sich gelegentlich entzünden. Diese Veränderungen werden durch Bakterien und Pilze verursacht. Wenn die Ausführungsgänge der betroffenen Drüsen verstopfen, schwillt der Oberschenkel stark an. In diesem Falle ist das Exstirpieren der Drüsen sinnvoll (ZWART, 1990). Anschließend erfolgt eine Wundversorgung mit Canesten[R] (Bayer) oder Panolog[R] (Albrecht).

### 9.1.7 Progressive digitale Nekrose

Diese Störung (Zehenfäule - »Toe-rot«) fand man beim Blauzungenskink. An den Zehenenden zeigten sich Konstriktionen, die sich zu gangränöser, nekrotisierender Dermatitis heranbildeten. Im späteren Verlauf fielen die Zehen ab. Bei Untersuchungen des erkrankten Gewebes wurden als Erreger *Staphylococcus epidermidis, Bacillus sp.* und *Trichophyton terrestre* gefunden. Der Pilz *Trichophyton terrestre* ist wahrscheinlich der Verursacher dieser Störung (HAZELL, EAMENS, PERRY, 1985).

*Therapie*: Rechtzeitige Amputation der veränderten Zehen.

## 9.2 Krankheiten des Skelettsystems

Haltungsfehler wie ungenügend UV-Licht, Eiweiß-, Vitamin- und Kalziummangel führen zu stoffwechselbedingten Osteopathien wie Rachitis, Osteoporose und Osteodystrophia fibrosa, die bei der klinischen Untersuchung schwer zu unterscheiden sind. Osteoporose entsteht bei Eiweißmangel, vor allem aufgrund ausschließlicher Verfütterung von Früchten, Osteodystrophia fibrosa infolge Kalziummangels aufgrund einseitiger Verfütterung von Muskelfleisch. Bei heranwachsenden Echsen ist der Schädel nicht ausreichend verknöchert, also relativ weich. Bei solchen Tieren kommt es dann gelegentlich zu Spontanfrakturen. Osteodystrophia fibrosa erkennt man an starken Schwellungen der Gliedmaßen und des Schwanzes. Die befallenen Knochen sind weich, spongiös und umgeben von spindelförmigem Kallus, der Unterkiefer infolge der Belastung durch die Zungenmuskulatur häufig stark verkürzt. Selbst gut genährte Tiere können von dieser Erkrankung betroffen sein. Kalziummangel führt bei frischgeschlüpften Jungtieren zum Zittern der Hinterextremitäten und zu spastischen Zwangsbewegungen, bei älteren Tieren zu Störungen der Fruchtbarkeit oder zu Legenot. Oft verlaufen die Prozesse unter dem Bild der Nachhandlähmung und einer scheinbaren (nicht neurogenen) Lähmung.

*Therapie*: Die Echsen erhalten Kalziumglukonat (Calcium Sandoz[R] Injektionslösung 10 %) in einer Dosis von 50–100 mg/100 g KM s.c. Es wird empfohlen, den Echsen 20000 I.E. Vitamin $D_3$ pro kg KM zu verabreichen. Bewährt hat sich auch die tägliche Fütterung mit Frubiase[R,] Calcium T Trinkampullen

Organkrankheiten

(Boehringer Ingelheim). Der Kalziumanteil im Futter sollte mindestens 1 % betragen. Vor der Überdosierung von Vitamin $D_3$ wird immer wieder gewarnt, da sie zur Kalzifizierung von Gewebeteilen, vor allem aber der großen Gefäße führen kann (ZWART, 1991).

### 9.2.1 Gelenke

Die häufigste Gelenkerkrankung ist die Gelenkgicht als Folge einer Nierenerkrankung. Aufgrund der Störung der Harnsäureausscheidung in den Nieren kommt es zur Ablagerung von Kristallen in der Gelenkhöhle (APPLEBY, 1960). Die Harnsäurekristalle lassen sich röntgenologisch nachweisen.

### 9.2.2 Zehenverluste

Häufig beobachtet man bei Echsen nach längerer Haltung im Terrarium den Verlust der Zehen. Dies gilt vorzugsweise für Echsen der Wüstenregionen. Im histologischen Bild findet man Verschlüsse in den Blutgefäßen der Zehen durch Uratkristalle. Für die Entstehung dieser Veränderungen wird ungenügende UV-Bestrahlung verantwortlich gemacht (KING, 1971).
*Therapie*: Rechtzeitige Amputation.

## 9.3 Krankheiten der Verdauungsorgane

### 9.3.1 Maulfäule oder Stomatitis ulcerosa

Bei Echsen kommt Maulfäule seltener vor als bei Schlangen. Klinisch sind zuerst petechiale Blutungen in der Schleimhaut der Maulhöhle zu erkennen. Die Tiere verweigern die Nahrungsaufnahme. Die Maulhöhle ist häufig mit Schleim angefüllt. Auf der Schleimhaut finden sich weiße Beläge, später ulzerative Hautläsionen. Diese Veränderungen breiten sich weiter auf die angrenzenden Bereiche bis zum Ösophagus und zur Trachea aus. Bei tiefgreifenden Schleimhautdefekten kann es zu einer Periostitis der Kiefer- und Gaumenknochen kommen (DÄMMRICH, 1985; PHILLIPS, 1986).
*Therapie*: Nach Entfernung der Beläge wird täglich zweimal die Maulhöhle mit Supronal[R] ausgespinselt. Parenteral erhalten die Tiere Enrofloxacin (Baytril[R], Bayer) in einer Dosis von 3–5 mg/kg KM. Gleichzeitig wird den Echsen eine Multivitamingabe verabreicht.

### 9.3.2 Maladaptationssyndrom

Unter diesem Begriff verbergen sich viele Anpassungsprobleme der Echsen als Folge von Haltungsfehlern wie Hypothermie, Hyperthermie oder eine für diese Tierart unzureichende Luftfeuchtigkeit, die sich in Nahrungsverweigerung äußert. Auch Streß durch Artgenossen oder bei Transporten kann zur Nahrungsverweigerung, in Einzelfällen sogar zu Erbrechen führen.
*Therapie*: Die Echsen erhalten neben einem Vitaminstoß Kalziumglukonatlösung (100 mg/ 100 g KM) oder Ringerlaktatlösung in einer Dosierung von 25 ml/kg KM s.c. zwei- bis dreimal in der Woche. Echsen, die keine Nahrung aufnehmen, erhalten mit der Sonde Boviserin[R] (Hoechst) oder Eigelb. Gleichzeitig müssen die Haltungsbedingungen überprüft und entsprechend verbessert werden.

### 9.3.3 Zungenbeinfraktur

Multiple Zungenbeinfrakturen am Cornu hyale und brachiale, wohl Folge unsachgemäßer Fangmethoden, führten bei einem 9 kg schweren Bengalenwaran zu Nahrungsverweigerung und starker Abmagerung (WISSDORF, RÖDER, HORN, 1984). Nach längerer künstlicher Ernährung kam es zur Kallusbildung. Die Bruchenden blieben jedoch gegeneinander etwas versetzt.

### 9.3.4 Krankheiten des Magen-Darmtraktes

Störungen des Magen-Darmtraktes werden meist durch Parasiten bzw. durch Bakterien verursacht. Gelegentlich findet man auch

Mykosen. Die Störungen führen häufig zur Nahrungsverweigerung. Der Kot ist oft schmierig und enthält unverdaute Nahrungspartikel. Verläuft die parasitologische Untersuchung negativ, sollte durch Magenspülung die Ursache ermittelt werden.

### 9.3.5 Kloakenvorfälle

Nach Enteritiden, Koprostasen sowie Neoplasien vor allem nach starkem Pressen kommt es bei Echsen gelegentlich zum Kloakenvorfall. Die Kloake wird reponiert. Mit der Pipette gibt man anschließend Supronal[R] in diesen Enddarmabschnitt und verschließt mit einem breiten Klebestreifen den Kloakenbereich, um ein erneutes Heraustreten der Kloake zu verhindern. Gleichzeitig erhalten die Echsen oral etwas Paraffinöl. Nach einigen Tagen wird der Klebestreifen entfernt. In hartnäckigen Fällen muß eine Tabaksbeutelnaht gelegt werden.

### 9.3.6 Krankheiten der Leber

Bei Veränderungen der Leber handelt es sich meist um Folgen von Infektionen und Erkrankungen anderer Organe, die sich häufig erst bei Sektionen nachweisen lassen. Leberschäden ohne weitere Organerkrankungen wurden nur in 2 % der untersuchten Fälle bei der Sektion gefunden (IPPEN, SCHRÖDER, 1977). Eine granulomatöse Hepatitis kann zu einer Thrombozytose führen (WILL, 1975).

## 9.4 Krankheiten der Atmungsorgane

### 9.4.1 Pneumonien

Pneumonien werden vor allem durch gramnegative Bakterien wie *Aeromonas sp.*, *Pseudomonas sp.* und durch *Salmonella sp.* in der Lunge ausgelöst. Gelegentlich kommt es bei Stomatitis zur Keimübertragung in die Lunge. Da den Reptilien der Hustenreflex fehlt, wird mit den Detritusmassen auch eine Vielzahl von Keimen (*Aeromonas sp.* und *Pseudomonas sp.*) abgeschluckt, die sich leicht ausbreiten können. Tupferproben liefern geeignetes Material für bakterielle Untersuchungen und zur Antibiogrammerstellung, aber auch für Virusuntersuchungen (BARKER, GOLTZ, 1980).

### 9.4.2 Parasitenbedingte Störungen der Atmungsorgane

Wie bereits erwähnt, befallen Zecken beim Waran den Nasen- und Rachenraum. Die Folge davon ist Atemnot, die auch zum Tode des Wirtstieres führen kann (YOUNG, 1965). Entfernt man die Zecken rechtzeitig, erholen sich die Warane wieder.

### 9.4.3 Fremdkörper in den Atmungsorganen

Etwa 1 cm lange Haare führten wiederholt bei Grünen Leguanen zur Strangulation des Kehlkopfs. Durch rechtzeitiges Durchtrennen der Haare und antibiotische Wundversorgung konnten die Tiere erfolgreich behandelt werden (ANDERSON, 1976).

## 9.5 Krankheiten der Kreislauforgane

Veränderungen der Kreislauforgane werden in der Regel erst bei der Sektion gefunden. Meist handelt es sich um Verkalkungen der Gefäße, die Folge einer Vitaminüberdosierung sein können. Nach IPPEN und SCHRÖDER (1977) betragen bei Reptiliensektionen die pathologischen Befunde am Herz-Kreislaufsystem etwa 2 %.

## 9.6 Krankheiten der Harn- und Geschlechtsorgane

### 9.6.1 Nierenkrankheiten

Pathologische Veränderungen der Nieren findet man bei Sektionen in 20 % der untersuchten Fälle. Ursachen sind meist bakterielle Infektionen oder Parasitenbefall, die am lebenden Tier schwer nachzuweisen sind. Gelegentlich kommt Nierengicht vor.

### 9.6.2 Nierengicht

Durch Störungen der Nierenfunktion kommt es zu Gicht, die sich oft als Viszeralgicht in weiteren Organen wie Herz und Leber nachweisen läßt. Auch Uratablagerungen in den großen Lymphgefäßen sind möglich (ZWART, 1989). Gelegentlich findet man eine weitere Form der Gicht, bei der Harnsäureablagerungen in den Gelenken von Echsen beobachtet werden. Erst im fortgeschrittenen Stadium sind die Harnsäurewerte im Blutserum verändert. Dennoch läßt sich Viszeralgicht schon frühzeitig am lebenden Tier diagnostizieren. Mit Hilfe der Sonographie erkennt man die stark reflektierenden Harnsäurekristalle (SPÖRLE et al., 1991). Gelegentlich lassen sich Uratkristalle in den Lebergranulomen auch bei Röntgenaufnahmen nachweisen (FRYE, 1981).

*Therapie*: Versuch der Haltungsverbesserung und der Ausschaltung schädigender Faktoren wie z. B. einer Nierenhexamitiasis.

### 9.6.3 Krankheiten der Harnblase

Erkrankungen der Harnblase sind selten. Meist handelt es sich um Entzündungen oder Blasensteine (BOSCH, FRANK, 1983). Vermutlich führten Blasensteine auch schon zu Querschnittslähmungen (ZWART, 1990). Eine rechtzeitige Blasensteinoperation wird von Echsen gut überstanden. Bei den Infektionserregern handelt es sich nicht nur um Bakterien. Es konnten auch Amöben in der Harnblase nachgewiesen werden (ZWART, 1990).

### 9.6.4 Störungen der weiblichen Geschlechtsorgane

Viele Veränderungen werden erst bei der Sektion gefunden. Dazu zählen Salpingitis, Dotterretention und Legenot. Vermutlich sind suboptimale Haltungsbedingungen die Ursache.

#### 9.6.4.1 Legenot

Annähernd 70 % der bei Sektionen festgestellten pathologischen Veränderungen am weiblichen Genitaltrakt von Reptilien waren auf Legenot zurückzuführen (IPPEN, 1984). Diese tritt in Verbindung mit einer Infektion auf, hervorgerufen durch Bakterien wie *Pseudomonas sp.*, *Aeromonas sp.*, Salmonellen oder durch Parasiten. Legenot kommt oft mit Salpingitis, gelegentlich auch mit Serositis zusammen vor. Die Eier sind dann abgestorben oder mumifiziert. Als Ursachen für Legenot kommen nach GÖBEL und SPÖRLE (1991) zu große oder beschädigte Eier, Infektionen oder Strikturen des Legedarms in Frage. Auch Kalziummangel sowie Fruchttod bei ovoviviparen Echsen, oft auch nur eine herabgesetzte Gleitfähigkeit der Eileiter führen zu Legenot. Im fortgeschrittenen Stadium zeigen die Echsen hochgradige klinische Symptome wie Apathie, ausgeprägte Exsikkose und Atemnot. In diesem Stadium ist ein sofortiger chirurgischer Eingriff erforderlich.

*Therapie*: Echsen erhalten 1–3 I.E. Oxytocin sowie Kalzium (1 g/kg KM) (ZWART, 1990). In letzter Zeit wird jedoch das synthetische Hormon Vasotocin (in Deutschland z. Zt. nicht im Handel!) dem Oxytocin vorgezogen. Nach vorheriger Ca-Supplementierung (Ca-Lactat in einer Dosis von 0,5 ml/kg KM oder Ca-Gluconat 10 % in einer Dosis von 50 ml/kg KM) erhalten die Tiere 0,01–1,0 Mikrogramm/kg KM Vasotocin (LLOYD, 1990). GUILETTE et al. (1990) stellten fest, daß der Anteil der Lebendgeburten bei viviparen Stachelleguanen nach Einsatz von Vasotocin anstieg.

## 9.6.5 Krankheiten der männlichen Geschlechtsorgane

Krankheiten an den männlichen Geschlechtsorganen sind äußerst selten. In einem Echsenbestand löste eine Streptokokkensepsis ödematöse Veränderungen der Hoden mit Nekrosen der Hodenepithelien aus (ZWART, CORNELISSE, 1972). Häutungsstörungen, die zum Haftenbleiben zipfelartiger Gebilde im Bereich der Hemipenes geführt hatten, waren die Ursache für Kopulationsbehinderungen (SASSENBURG, 1984). Solche Hautreste können auch bei der Geschlechtsbestimmung mit der Sondenmethode zu falschen Ergebnissen führen. Durch Einträufeln einer öligen Flüssigkeit in die Hemipenistaschen und Baden bei einer Temperatur von 35 °C konnten die Hautreste entfernt werden.

## 9.7 Krankheiten der Sinnesorgane

### 9.7.1 Krankheiten der Augen

Die Anatomie des Echsenauges entspricht im wesentlichen der des Säugetierauges. Bei den Skinken ist das untere Augenlid durchscheinend. Andere Arten (*Gekkonidae, Amphisbaenidae*) besitzen keine beweglichen Augenlider. Hier sind Ober- und Unterlid miteinander verwachsen und transparent. Sie bilden so eine Schutzbrille für das Auge. Bei der Häutung werden diese Hautteile abgestoßen und durch eine darunterliegende Schicht ersetzt. Die Sklera ist von ringförmigen Knochenplättchen umgeben. Mydriasis ist bei Reptilien nicht durch Parasympatholytika auslösbar. Abszesse an den Augenlidern dehnen sich gelegentlich in den periorbitalen Raum aus. Aufgrund der festen Konsistenz des Eiters ist es nicht möglich, eine Drainage anzulegen. Hier ist chirurgisches Vorgehen notwendig (MILLICHAMP, 1990). Retrobulbärabszesse kann man vom Dach der Mundhöhle aus punktieren (ZWART, 1991). Bei einigen Echsen, z. B. bei Geckos, kann es durch Fehlen oder Verstopfung des Tränennasenkanals bei ulzerativer Stomatitis zur Ansammlung von Tränenflüssigkeit oder Eiter unter der Hornhaut kommen. Abhilfe schafft hier eine Punktion der vorderen Augenkammer (MILLICHAMP, 1990). Entzündungen des Auges (Uveitis) sind meist bakteriell bedingt (MILLICHAMP, 1990). Dagegen helfen kombinierte lokale und parenterale Antibiotikagaben. Kommt es zu keiner Heilung, muß das Auge exstirpiert werden. Bei älteren Echsen werden gelegentlich Katarakte beobachtet, die vermutlich eine Folge von Uveitis sind. Eine Therapie ist hier nicht bekannt.

In einem Echsenbestand erkrankten mehrere Tiere an einer Augeninfektion, bei der zunächst klare Flüssigkeit vom Auge abgesondert wurde. Im weiteren Krankheitsverlauf verweigerten die Echsen die Nahrungsaufnahme. Als Erreger ermittelte man *Aeromonas liquefaciens*. Nach oraler Verabreichung von Tetrazyklinen und Glukose erholte sich ein Teil der Tiere (COOPER, MCCLELLAND, NEEDHAM, 1980).

### 9.7.2 Krankheiten des Nervensystems

Gelegentlich bei Echsen beobachtete Lähmungserscheinungen lassen sich keinem spezifischen Krankheitsprozeß zuordnen. In der Mehrzahl gehen sie wohl auf Haltungsfehler sowie auf Vitaminmangel und ungenügende UV-Bestrahlung zurück. FANKHAUSER (1978) berichtete von einem Großteju mit fortschreitenden Lähmungserscheinungen. Im Bereich der Lendenwirbel war das Rückenmark aufgetrieben, eine Folge von Nekrose und Myelomalazie.

Lähmungen von Echsen können nach Gaben von Kortison, Antibiotika und Vitaminen auch dann wieder abheilen, wenn sie auf Verletzungen zurückgehen; so erholte sich eine Krokodilschleiche vollständig von den Lähmungserscheinungen, die durch einen Katzenbiß verursacht worden waren (ROSSKOPF, WOERPEL, 1981).

## 10 Intoxikationen

Wie alle übrigen Reptilien reagieren Echsen sehr empfindlich auf Insektizide. Kresol- und lysolhaltige Detergenzien und Desinfektionsmittel sind für Echsen toxisch (WIESNER, 1984). Dazu kommen Medikamentenunverträglichkeiten. Kalziumlaktat in einer Dosis von 1,8 g/l im Trinkwasser werden von jungen Agamen z. B. gut vertragen. Bei adulten Tieren führte diese Dosis dagegen zu Aktivitätsminderung und sogar zum Tod. Nach dem Absetzen des Kalziumlaktats erholten sich die überlebenden Tiere wieder (KIEHLMANN, KIEHLMANN, 1985). Auftragen von PeruBalsam auf die Haut der Reptilien hat tödliche Folgen (KUNTZE, 1981).

## 11 Tumoren und Mißbildungen

Tumoren und Mißbildungen treten bei Echsen gelegentlich auf. Aus Platzgründen sei hier auf die Publikation von IPPEN (1985) hingewiesen.

## 12 Behandlungsmethoden und chirurgische Eingriffe

### 12.1 Injektionen

Die Medikamente werden vorzugsweise subkutan am hinteren Oberschenkel, notfalls im Rücken- oder Schwanzbereich verabreicht. Intramuskuläre Injektionen erfolgen in die Hinter- oder Vorderextremitäten. Eine Injektion in die Muskulatur der Schwanzbasis muß lateral erfolgen, um die Hemipenes nicht zu beschädigen. Zur Zeit wird in Fachkreisen darüber diskutiert, ob es nicht sinnvoller ist, Präparate, die über die Niere ausgeschieden werden, im Kopf-Schulterbereich zu injizieren, um zu verhindern, daß diese im Pfortaderkreislauf gleich wieder abgebaut werden.

### 12.2 Chirurgische Eingriffe

Operationen an Echsen werden vor allem bei Legenot und Fremdkörperaufnahme vorgenommen. Kommt es bei demselben Tier zu wiederholten Eingriffen, etwa wegen einer Legenot, sollten die Ovarien mit entfernt werden. Je nach der Immobilisation kann noch zusätzlich eine Schnittlinieninfiltration mit einem Lokalanästhetikum erforderlich sein. Die Bauchhöhleneröffnung erfolgt durch einen paramedianen Schnitt. Der Eileiter wird herausgelagert und nach Eröffnung die Eier entnommen. Nach antibiotischer Versorgung wird der Eileiter mit resorbierbarem Nahtmaterial (Dexon[R], Braun Melsungen) wieder verschlossen. Von der Verwendung von Catgut wird abgeraten. Bei kleineren Echsen genügt eine fortlaufende Naht. Bei größeren Echsen ist eine zweite Naht erforderlich. Für die Naht der Bauchdecke empfiehlt sich resorbierbares Material, für die Hautnaht nichtresorbierbares Nahtmaterial, das nach drei bis vier Wochen gezogen wird. Weitere chirurgische Eingriffe sind bei Tumoren, Mißbildungen und Blasensteinen notwendig. Gelegentlich müssen abgestorbene Zehenendglieder und Schwanzenden amputiert werden. Kloakenvorfälle, die nach dem Reponieren und vorübergehendem Klebeverschluß wieder auftreten, sind mit einer Tabaksbeutelnaht zu verschließen. Da die Kloakenschleimhaut in Mitleidenschaft gezogen wird, sollte man grundsätzlich mit einer Pipette Supronal[R] in dieses Organ geben.

## 12.3 Frakturen

Gelegentlich werden Frakturen der Extremitäten und des Schwanzes beobachtet. In der Regel kommt es nach externer Stabilisierung mittels Schiene und Verband zur Heilung.
Bei sehr kleinen Echsen empfiehlt sich das Einziehen eines 1 mm starken Kirschnerdrahtes als Marknagel (DAVID, 1976). Im Vergleich zu Vögeln dauert eine Frakturheilung bei Echsen wesentlich länger. Bei größeren Echsen, wie zum Beispiel bei einem Komodowaran mit 19,2 kg, war eine Fixation mit einer Stahlplatte und sechs Kortikalisschrauben nötig (ROBINSON et al., 1978).

## 13 Töten unter Berücksichtigung der gesetzlichen Bestimmungen

Das Töten von Echsen durch Kühlen und Einfrieren ist nicht zulässig. Nach Immobilisierung mit Ketamin oder nach einer Inhalationsnarkose kann T 61 intrakardial oder intracoeliomal in die Lunge oder notfalls intramuskulär verabreicht werden.

## 14 Literaturverzeichnis Echsen

Publikationen, die auch andere Reptilienordnungen betreffen, siehe »Literaturverzeichnis Reptilien«

ABELE, L., 1993: Krankheiten der Echsen, eine Literaturübersicht. Vet. Med. Diss. Berlin, in Vorbereitung.
ACKERMANN, K. J., R. A. KISHIMOTO & J. S. EMERSON, 1971: Nonpigmented *Serratia marcescens* arthritis in a teju (*Tupinambis teguixin*). Am. J. Vet. Res. **32**, 823–826.
ALTMANN, H., 1980: Erfolgreiche Behandlung der Knochenerweichung bei einer Segelechse. DATZ **33**, 67–70.
ANDERSON, M. E., 1976: Laryngeal foreign body as a cause of acute respiratory distress in lizards. Vet. Med. Small Anim. Clin. **71**, 940.
BARNARD, J. et al., 1991: The response of vitamin D deficient green iguanas (*Iguana iguana*) to artificial ultraviolet light. Proceed. Am. Assoc. Zoo Vet. **147**.
BENNETT, A. F. & H. JOHN-ALDER, 1986: Thermal relations of some Australian skinks (*Sauria: Scincidae*).Copeia, 57–64.
BLOXAM, Q., 1978: Breeding and maintenance of *Phelsuma guentheri* (Boulenger, 1885) at the Jersey Zoological Park. Dodo (J.Jersey Wildl. Preserv.Trust) **15**, 82–91.
BOAM, G. W. et al., 1970: Subcutaneous abscesses in iguanid lizards. J. Am. Vet. Med. Assoc. **157**, 617–619.
BÖHME, W. & HORN, H.-G. (Ed.), 1991: Advances in monitor research. Mertensiella, **2**, Bonn.
BONNEY, C. H., D. A. HARTFIEL & R. E. SCHMIDT, 1978: *Klebsiella pneumoniae* infection with secondary hypopyon in tockay gecko lizards. J. Am. Vet. Med. Assoc. **173**, 1115–1116.
BRYANT, M. W., 1982: Mycotic dermatitis in a collection of desert lizards. Proc. Am. Assoc. Zoo Vet. **4**.
CAMBRE R. C. et al., 1980: Salmonellosis and arizonoris in the reptile collection at the National Zoological Park. J. Am. Vet. Med. Assoc. **177**, 800–803
CLARK, H. F. & D. T. KARZON, 1972: Iguana virus, a herpes-like virus isolated from cultured cells of a lizard (*Iguana iguana*). Infect. Immun. **5**, 559–569.
COOPER, J. E., S. GSCHMEISSNER & P. E. HOLT, 1982: Viral particles in a papilloma from a green lizard (*Lacerta viridis*). Lab. Animal. **16**, 12–13.

COOPER. J. E., M. H. MCCLELLAND & J. R. NEEDHAM, 1980: An eye infection in laboratory lizards associated with an *Aeromonas sp.* Lab. Anim. **14**, 149–151.
CURTIS, M. et al., 1980: Repair of abdominal hernia in a gila monster (*Heloderma suspectum*). Vet. Med. Small Anim. Clin. **75**, 1050–1052.
DAVID, T., 1976: Mikrochirurgie in der Kleintierpraxis: Osteosynthese des Humerus beim Leguan. Tierärztl. Prax. **4**, 543–546.
DAVIES, P. M., 1981: Anatomy and physiology. In: Diseases of the Reptilia. COOPER/JACKSON. Academic Press, New York. 9–73.
DEDEK, J. & E. ZIMMERMANN, 1989: Rotlaufinfektion bei einem Taggecko (*Phelsuma madagascariensis*) mit Legenot. Verh. ber. Inter. Symp. Erkrank. Zoo Wildtiere **31**, 307–308.
DILLEHAY, D. L., T. R. BOOSINGER & S. MACKENZIE, 1986: Gastric cryptosporidiosis in a chameleon. J. Am. Vet. Med. Assoc. **189**, 1139–1140.
ESRA, G. N.,K. BENIRSCHKE & L.GRINER, 1975: Blood collecting technique in lizards. J. Am. Vet. Med. Assoc. **167**, 555–556.
FAGELLA, A. M. & M. R. RAFFE, 1987: The use of isofloran anesthesia in a water monitor lizard and a rhino iguana. Comp. Anim. Pract. **1**, 52–53.
FARNSWORTH, R. J. et al.,1986: A vitamin E-selenium responsive condition in a green iguana. J. Zoo Anim. Med. **17**, 42–45.
FRANK, W., 1966: Eine *Sarcoptes*-Infektion mit pathologischen Veränderungen bei *Chamaeleo fischeri* durch *Sarcoptes chamaeleonensis*. Z. Parasitenkd. **27**, 317–335.
FRANK, W., 1966: Multiple Hyperkeratose bei einer Bartagame, *Amphibolurus barbatus*, hervorgerufen durch eine Pilzinfektion, zugleich ein Beitrag zur Problematik von Mykosen bei Reptilien. Salamandra **2**, 6–12.
FRIEND, S. C. E. & E. G. RUSSELL, 1979: *Mycobacterium intracellulare* infection in a water monitor. J. Wildl. Dis. **15**, 229–233.
FRYE, F. L., 1979: Reptile medicine and husbandry. Vet. Clin. North America Small Anim. Practice. **9**, 415–428.
FRYE, F. L., 1983: Urinary calculosis and cystomy in a lizard. Vet. Med. Small Anim. Clin. **78**, 431–433.
FRYE, F. L. & J. H. CORCORAN, 1991: Lacrimal papillary in an iguana (*Iguana iguana*). Proceed. Inter. Colloqu. Pathol. and Medicine of Reptilians and Amphibians **4**, 179–180.

GAULKE, M., 1991: On the diet of the water monitor, *Varanus salvator*, in the Philippines. In: BÖHME, W. & HORN, H.-G.(Ed.) Advances in monitor research. Mertensiella **2**, 143–153.
GOLDBERG, S. & H. J. HOLSHUH, 1991: A case of leukemia in the desert spiny lizard (*Sceloporus magister*). J. Wildl. Dis. **27**, 521–525.
GUILETTE, L. J. et al., 1990: Indomethacin influences arginine vasotocin-induced parturition and oviposition in lizards (*Sceloporus jarrovi* and *Sceloporus undulatus*). Theriogenology. **33**, 809–818.
HAZELL, S. L., G. J. EAMENS & R. A. PERRY, 1985: Progressive digital necrosis in the eastern blue-tongued skink, *Tiliqua scincoides* (Shaw). J. Wildl. Dis. **21**, 186–188.
HENKEL, F.-W. & SCHMIDT, W., 1991: Geckos. Stuttgart: Eugen Ulmer.
HESELHAUS, R., 1986: Taggeckos. Edition Kernen, Essen.
HOFF, G. L. & F. H. WHITE, 1977: *Salmonella* in reptiles: Isolation from free-ranging lizards (*Reptilia, Lacertilia*) in Florida. Herpetol. **11**, 123–129.
JACOBSON, E. R. & C. H. GARDINER, 1990: Adeno-like virus in esophageal and tracheal mucosa of a jacksons chameleon (*Chameleo jacksoni*). Vet. Pathol. **27**, 210–212.
JACOBSON, E. R. & G. V. KOLLIAS, 1986: *Adenovirus-like* infection in a savannah monitor. J. Zoo Anim. Med. **17**, 149–151.
JACOBSON, E. R. & S. R. TELFORD, 1990: Chlamydial and poxvirus infections of circulating monocytes of a flap-necked chameleon. J. Wildl. Dis. **26**, 572–577.
JACOBSON, E. R. et al., 1980: Spirochetemia in a rhinoceros iguana. J. Am. Vet. Med. Assoc. **177**, 918–921.
JES, H., 1987: Echsen als Terrarientiere. Gräfe und Unzer GmbH, München.
JUDD, H. L. et al., 1977: Determination of sex in the Komodo dragon (*Varanus komodoensis*). Int. Zoo Yb. **17**, 208–209.
JULIAN, A. F. & P. J. K. DURHAM, 1982: Adenoviral hepatitis in a female bearded dragon (*Amphibolurus barbatus*). New Zealand Vet. J. **5**, 59–60.
KALVIG, B. A. et al., 1991: Salmonellosis in laboratory-housed iguanid lizards (*Sceloporus spp*). J. Wildl. Dis. **27**, 551–556.
KANE, K. K., R. M. CORWIN & W. J. BOEVER, 1976: Impaction due to oxyurid infection in a Fiji island iguana. Vet. Med. Small Anim. Clin. **71**, 183–184.
KIEHLMANN, D. & I. KIEHLMANN, 1985: Todesfälle bei Agamen durch die Verabreichung von Kalziumlaktat im Trinkwasser. Herpetofauna **7**, 6–7.
KOPPLIN, R. P., R. S. TARR & C. N. M. IVERSON, 1983: Serum profile of the iguanid lizard (*Dipsosaurus dorsalis*). J. Zoo Anim. Med. **14**, 30–32.
KOURANY, M. & S. TELFORD, 1982: *Salmonella* and *Arizona* infection of alimentary and reproductive tracts of Panamanian lizards. Infect. Immun. **35**, 432–434.
KUHN, O., 1971: Reptilien der Urzeit. In: Grzimeks Tierleben, Bd. **6**. Zürich: Kindler.
LAINSON, R., J. J. SHAW & I. LANDAU, 1975: Some blood parasites of the Brasilian lizard *Plica umbra* and *Uranoscedon superciliosa*. Parasitol. **70**, 119–142.
LANE, R. S., 1990: Susceptibility of western lizard (*Sceloporus occidentalis*) to the lymne borreliosis spirochete (*Borrelia burgdorferi*). Am. J. Trop. Med. Hyg. **42**, 72–82.
LANGE, J., 1989: Observations on the Komodo monitors *Varanus komodoensis* in the Zoo-Aquarium Berlin. Int. Zoo Yb. **28**, 151–153.
LANGE, J., 1991: Brückenechsen im Zoo-Aquarium Berlin. DATZ **44**, 366–368.
LANGE, J., 1991: Terraristische Seltenheit: Drei Komodowarane im Zoo-Aquarium Berlin. DATZ **44**, 656–659.
MARQUARDT, K. & J. LANGE, 1988: Komodowarane im Zoo-Aquarium Berlin. Bongo Berlin **14**, 51–54.
MEBS, D., 1970: Untersuchungen über die Wirksamkeit einiger Schlangengift-Seren gegenüber *Heloderma*-Gift. Salamandra, **6**, 135–136.
MONTALI, R. J. et al., 1975: Dermatophilosis in Australian bearded lizards. J. Am. Vet. Med. Assoc. **167**, 553–555.
PLOWMAN, C. A. et al., 1987: Septicemia and chronic abscesses in iguanas associated with a *Neisseria sp*. J. Zoo Anim. Med. **18**, 86–93.
RAYNAUD, A., 1983: Virus de type herpesvirus associé à des papillomes cutanés chez *Lacerta viridis*. Abstracts Inter. Colloqu. Pathol. of Reptiles and Amphibians **1**, 115–122.
RAYNAUD, A. & M. ADRIAN, 1976: Lésions cutanées a structure papillomatous associées a des virus chez le lézard vert (*Lacerta viridis*). C. R. Acad. Sci. D. **283**, 845–847.
REDISCH, R. I., 1978: Repair of a fractured femur in an iguana. Vet. Med. Small Anim. Clin. **73**, 1547–1548.
REECE, R. L., D. B. DICKSON & R. BUTLER, 1986: An osteopetrosis-like condition in a juvenile rhinoceros iguana *Cyclura cornuta*. Aust. Vet. J. **63**, 343–344.
ROBINSON, P. T., 1978: Surgical repair of a herniated lung in a common iguana. J. Med. Vet. Assoc. **163**, 655–656.
ROBINSON et al., 1973: Internal fixation of a humeral fracture in a Komodo dragon lizard (*Varanus komodoensis*). Vet. Med. Small Anim. Clin. **5**, 645–649.
ROGNER, M., 1992: Echsen **1**. Stuttgart: Eugen Ulmer
ROSSKOPF, W. J. & R. W. WOERPEL, 1981: Spinal injury in a lizard. Mod. Vet. Pract. **82**, 624–625.
RÜEDI, D. & I. VÖLLM, 1985: Einfluß der Umgebungstemperatur auf die Körpertemperatur, Herzaktion und Atmung von Echsen. Prüfung verschiedener Narkosemittel und Sedativa von Reptilien. Zool. Gart. N. F. **55**, 217–224.
SAINSBURY, A. W. & C. GILI, 1991: Ultrasonographic anatomy and scanning technique of the coelomic organs of the bosc monitor (*Varanus exanthematicus*).J. Zoo Wildlife Med. **22**, 421–433.
SAMOUR, H. J. et al., 1984: Blood sampling techniques in reptiles. Vet. Rec. **144**, 472–476.
SCHILDGER, B. & R. WICKER, 1987: Endoskopische Geschlechtsbestimmung bei *Trachydosaurus rugosus* (Gray, 1827). Salamandra **23**, 97–105.
SCHILDGER, B. J., W. FRANK & R. WEISS, 1991: *Trichophyton*-Mykose bei madagassischen Taggeckos (*Phelsuma abotti*). Proceed. Inter. Colloqu. Pathol. and Medicine of Reptilians and Amphibians **4**, 83–87.
SCHÖPPLER, H., 1917: Über eine pemphigusartige Erkrankung bei *Lacerta agilis* L., durch Gregarinen hervorgerufen. Zbl. Bakteriol. Hyg. I Abt. Orgigin. **79**, 27–29.
SIMMONS, G. C., N. D. SULLIVAN & B. S. GREEN, 1972: Dermatophilosis in a lizard (*Amphibolurus barbatus*). Aust. Vet. J. **48**, 465–466.
STAUBER, E. & R. GOGOLEWSKI, 1990: Poxvirus dermatitis in a tegu lizard (*Tupinambis teguixin*). J. Zoo Wildl. Med. **21**, 228–230.
STEHBENS, W. E. & M. R. L. JOHNSTON, 1966: The viral nature of pirhemocyton tarentolae. Ultrastruc. Res. **15**, 543–555.
STILL, J. & L. BERANEK, 1984: Calcification in green iguana (*Iguana iguana*). Verh. ber. Inter. Symp. Erkrank. Zootiere **26**, 321–323.
TAPPE, J. P. et al., 1984: Aspergillosis in two San Esteban chuckwallas. J. Am. Vet. Med. Assoc. **185**, 1425–1428.
TELFORD, S. R., 1987: Fallisia parasites (*Haemosporidia: Plasmodiidae*) from the flying lizard, *Draco maculatus* (*Agamidae*) in Thailand. J. Parasitol. **72**, 766–769.
WALLACH, J. D., 1971: Environmental and nutritional diseases of captive reptiles. J. Am. Vet. Med. Assoc. **153**, 863–865.
WALLACH, J. D. & C. HOESLE, 1968: Fibrous osteodystrophy in green iguanas. J. Am. Vet. Med. Assoc. **153**, 863–865.
WISSDORF, H., B. RÖDER & H. G. HORN, 1984: Multiple Zungenbeinfraktur als Ursache der Nahrungsverweigerung bei einem Bengalenwaran (*Varanus b. bengalensis* Daudin 1803). Verh. ber. Inter. Symp. Erkrank. Zootiere **26**, 313–319.
YOUNG, E., 1965: *Aponomma exornatum* (Koch) as a cause of mortality among monitors. J. S. Afr. Vet. Med. Assoc. **36**, 579.
ZEIGEL, R. F. & H. F. CLARK, 1972: Electron microscopy observation of a new herpes-type virus isolated from *Iguana iguana* and propagated in reptilian cells. in vitro. Infect. Immun. **5**, 570–582.
ZWART, P. & J. L. CORNELISSE, 1972: Streptokokkensepsis mit Hautwucherungen bei Eidechsen. Verh. ber. Inter. Symp. Erkrank. Zootiere. **14**, 265–269.
ZWART, P., 1989: Lymphangitis due to gout in reptiles. Herpetopathologica. **1**, 123–124.
ZWART, P., 1990: Echsen In: Krankheiten der Heimtiere. GABRISCH/ZWART. Stuttgart: Schlütersche Verlagsanstalt.

# IV  Schlangen

| | | | | |
|---|---|---|---|---|
| **1** | **Allgemeine Biologie** ............ 134 | 3.1 | Geschlechtsbestimmung ....... 142 |
| 1.1 | Evolution ................................ 134 | 3.2 | Fortpflanzung ....................... 142 |
| 1.2 | Bauplan ................................. 134 | 3.3 | Aufzucht ............................... 143 |
| 1.2.1 | Riesenschlangen ................... 135 | | |
| 1.2.2 | Nattern .................................. 135 | **4** | **Haltungsschäden und** |
| 1.2.3 | Giftnattern und | | **ihre Behandlung** ................. 143 |
| | Seeschlangen ....................... 135 | 4.1 | Haut und Häutung ................. 143 |
| 1.2.4 | Ottern .................................... 135 | 4.1.1 | Häutungsschwierigkeiten ..... 144 |
| 1.2.5 | Grubenottern ........................ 136 | 4.2 | Störungen im |
| 1.3 | Giftschlangen ....................... 136 | | Vitaminhaushalt .................... 144 |
| 1.3.1 | Zusammensetzung und | 4.2.1 | Hypervitaminosen ................ 144 |
| | Wirkung der Gifte ................. 136 | 4.2.2 | Hypovitaminosen ................. 144 |
| 1.3.2 | Antiseren .............................. 136 | | |
| 1.4 | Gesetzliche | **5** | **Handling und Narkose** ........ 145 |
| | Bestimmungen ...................... 137 | 5.1 | Verpacken und Transport ..... 145 |
| 1.5 | Transponder ......................... 137 | 5.2 | Fixieren ................................ 145 |
| | | 5.3 | Immobilisation ...................... 146 |
| **2** | **Haltung und Fütterung** ...... 138 | 5.3.1 | Injektionsnarkose ................. 146 |
| 2.1 | Kleinere, ungiftige | 5.3.2 | Inhalationsnarkose ............... 146 |
| | Schlangenarten .................... 138 | 5.3.3 | Aufwachphase ..................... 147 |
| 2.1.1 | Terrariengestaltung und | | |
| | -größe ................................... 138 | **6** | **Physiologische Daten** ........ 147 |
| 2.1.2 | Temperatur und | 6.1 | Blutwerte .............................. 147 |
| | Relative Luftfeuchtigkeit ....... 138 | 6.2 | Serumzusammensetzung .... 148 |
| 2.1.3 | Hygienemaßnahmen und | 6.3 | Körpertemperatur ................ 148 |
| | Quarantäne .......................... 138 | 6.4 | Kreislauf ............................... 148 |
| 2.1.4 | UV-Bestrahlung .................... 139 | | |
| 2.1.5 | Fütterung .............................. 139 | **7** | **Untersuchungs-** |
| 2.1.6 | Zwangsfütterung .................. 139 | | **methoden** ........................... 150 |
| 2.2 | Riesenschlangen .................. 140 | 7.1 | Allgemeine äußere Untersu- |
| 2.2.1 | Terrariengestaltung und | | chung ................................... 150 |
| | -größe ................................... 140 | 7.2 | Blutuntersuchung ................. 150 |
| 2.2.2 | Sicherheitsfragen ................. 140 | 7.2.1 | Punktion der Vena |
| 2.2.3 | Fütterung .............................. 140 | | coccygealis ventralis ........... 150 |
| 2.3 | Giftschlangen ....................... 140 | 7.2.2 | Punktion des Herzens ......... 151 |
| 2.3.1 | Terrariengestaltung und | 7.2.3 | Weitere Möglichkeiten der |
| | -größe ................................... 140 | | Blutgewinnung ..................... 151 |
| 2.3.2 | Sicherheitsfragen und | 7.3 | Kotuntersuchung ................. 151 |
| | Serenvorratshaltung ............ 141 | 7.4 | Röntgenuntersuchung ......... 152 |
| 2.3.3 | Fütterung .............................. 141 | 7.5 | Endoskopie .......................... 153 |
| | | 7.6 | Tupferproben ....................... 153 |
| **3** | **Geschlechtsbestimmung,** | 7.7 | Spülungen ........................... 153 |
| | **Fortpflanzung und** | 7.8 | Sonographie ........................ 155 |
| | **Aufzucht** ............................. 142 | | |

# Inhalt

| 8 | Infektionskrankheiten ........ 155 |
|---|---|
| 8.1 | Parasitosen ........................ 155 |
| 8.1.1 | Ektoparasiten .................... 155 |
| 8.1.1.1 | Milbenbefall ....................... 155 |
| 8.1.1.2 | Zeckenbefall ...................... 156 |
| 8.1.2 | Endoparasitosen ................ 156 |
| 8.1.2.1 | Protozoen ......................... 156 |
| 8.1.2.1.1 | Amöbiasis ......................... 156 |
| 8.1.2.1.2 | Kokzidiose ......................... 157 |
| 8.1.2.1.3 | Monocercomonas-Befall ...... 158 |
| 8.1.2.2 | Trematoden-Befall .............. 158 |
| 8.1.2.3 | Zestoden-Befall .................. 158 |
| 8.1.2.4 | Nematoden-Befall ............... 158 |
| 8.1.2.5 | Lungenwurm-Befall ............. 159 |
| 8.1.2.6. | Mikrofilarien ....................... 159 |
| 8.2 | Mykosen ............................ 159 |
| 8.2.1 | Dermatomykosen ................ 161 |
| 8.2.2 | Systemmykosen .................. 161 |
| 8.3 | Bakterielle Infektionen ......... 161 |
| 8.3.1 | Gramnegative Bakterien ...... 161 |
| 8.3.2 | Grampositive Bakterien ....... 161 |
| 8.4 | Virusinfektionen .................. 161 |
| 8.4.1 | DNS-haltige Viren ............... 161 |
| 8.4.2 | RNS-haltige Viren ............... 162 |
| | |
| 9 | Organkrankheiten ............... 163 |
| 9.1 | Krankheiten der Haut .......... 163 |
| 9.1.1 | Dysecdysis ........................ 163 |
| 9.1.2 | Dermatitis .......................... 163 |
| 9.1.3 | Nekrotische Dermatitis ........ 164 |
| 9.1.4 | Abszesse .......................... 164 |
| 9.1.5 | Bläschenkrankheit ............... 164 |
| 9.1.6 | Hautknoten ........................ 164 |
| 9.1.7 | Verbrennungen .................. 164 |
| 9.2 | Krankheiten des Muskel- und Skelettsystems .................. 165 |
| 9.2.1 | Kaudales Aufrollsyndrom ..... 165 |
| 9.2.2 | Krankheiten des Skelettsystems .................. 165 |
| 9.3 | Krankheiten der Verdauungsorgane ............. 165 |
| 9.3.1 | Erbrechen ......................... 165 |
| 9.3.2 | Maulfäule .......................... 165 |
| 9.3.3 | Krankheiten der Zähne ........ 166 |
| 9.3.4 | Krankheiten des Magen-Darmtraktes .................... 166 |
| 9.3.5 | Obstipationen .................... 166 |
| 9.3.6 | Kloaken- und Mastdarmvorfall ................ 167 |
| 9.4 | Krankheiten der Atmungsorgane ................. 167 |
| 9.4.1 | Parasitenbedingte Pneumonien ....................... 167 |
| 9.4.2 | Bakteriell bedingte Pneumonien ....................... 167 |
| 9.4.3 | Virusbedingte Pneumonien ....................... 168 |
| 9.5 | Krankheiten der Kreislauforgane ................. 168 |
| 9.6 | Krankheiten der Harn- und Geschlechtsorgane ............ 168 |
| 9.6.1 | Nierenkrankheiten ............... 168 |
| 9.6.2 | Viszeralgicht ...................... 169 |
| 9.6.3 | Krankheiten der weiblichen Geschlechtsorgane ............. 169 |
| 9.6.3.1 | Legenot ............................. 169 |
| 9.6.4 | Krankheiten der männlichen Geschlechtsorgane ............ 170 |
| 9.7 | Krankheiten der Sinnesorgane .................... 170 |
| 9.7.1 | Krankheiten der Augen ....... 170 |
| | |
| 10 | Intoxikationen .................... 170 |
| | |
| 11 | Tumoren und Mißbildungen .................. 171 |
| | |
| 12 | Behandlungsmethoden und chirurgische Eingriffe ........ 171 |
| 12.1 | Intramuskuläre und subkutane Injektion ........................... 171 |
| 12.2 | Injektion in das Coeliom ...... 171 |
| 12.3 | Chirurgische Eingriffe .......... 171 |
| 12.3.1 | Operationen im Bereich der Fortpflanzungsorgane ........ 172 |
| 12.3.1.1 | Salpingotomie .................... 172 |
| 12.3.1.2 | Vasektomie ....................... 172 |
| 12.3.1.3 | Operationen im Magen-Darmtrakt ........................ 172 |
| 12.3.1.4 | Weitere Operationen ........... 172 |
| | |
| 13 | Töten unter Berücksichtigung der gesetzlichen Bestimmungen .................. 172 |
| | |
| 14 | Literaturverzeichnis Schlangen ........................ 173 |

# 1 Allgemeine Biologie

## 1.1 Evolution

Schlangen sind die erdgeschichtlich jüngste Reptiliengruppe. Am Ende der Jurazeit gingen sie aus waranähnlichen Echsen hervor. Als Übergangsform kann der Schlangenkopfsaurier (*Dolichosaurus dalmatinensis*) angesehen werden. Sein Körper ist bereits gestreckt, doch die Gliedmaßen sind erst wenig reduziert. Fossile Funde echter Schlangen sind selten.

Heute werden die Schlangen in zwei Großgruppen, nämlich die Riesenschlangenartigen (*Henophidia*) und die Natter- und Otterartigen (*Caenophidia*) unterteilt. Riesenschlangen sind wesentlich urtümlicher als die übrigen Schlangen und bereits aus der Kreidezeit bekannt, während Nattern und Ottern erst im Tertiär auftreten. Die im Alttertiär in der Alten und Neuen Welt lebenden Altschlangen (*Palaeophidae*) sind Riesenschlangenverwandte, die zum Leben im Meer übergegangen waren.

Ebenfalls zur Verwandtschaft der Riesenschlangen zählen die Altriesenschlangen (*Archaeophidae*), von denen eine Art 565 Wirbel besaß (KUHN, 1971).

Unter den Rollschlangen (*Aniliidae*), die bereits in der Kreidezeit auftraten, gibt es einige rezente Arten, die auch heute noch Reste der Hinterbeine und des Beckens aufweisen, und auch bei den Riesenschlangen sind die Afterklauen der Männchen Reste der Hinterextremitäten.

Erst am Ende der Kreidezeit haben sich aus Riesenschlangenarten Nattern und Ottern entwickelt. Nattern traten bereits im Eozän auf, während die hochspezialisierten Vipern erst zu Beginn des Jungtertiärs zu finden sind.

## 1.2 Bauplan

Echsen und Schlangen werden zoologisch häufig in einer Ordnung als Schuppenkriechtiere (*Squamata*) zusammengefaßt. Die Schlangen besitzen zwar auch ein Schuppenkleid wie die Echsen, doch in vielen anatomischen Merkmalen unterscheiden sie sich von diesen.

Zunächst fehlen den Schlangen die Gliedmaßen und die Ohren mit dem Trommelfell. Dies aber sind Merkmale, die durchaus auch für manche Echsenarten typisch sein können. Schultergürtel und Brustbein hingegen fehlen nur bei den Schlangen. Typisch für Schlangen ist weiterhin, daß Einzelknochen des Schädels (Os jugale, Os palatinum, Os pterygoideum) und beide Unterkieferäste nur locker durch Bänder verbunden sind.

Entsprechend der Körperlänge sind bei Bodenschlangen und kurzen, breiten Vipern 180 Wirbel und bei schlanken Nattern und Riesenschlangen bis 435 Wirbel vorhanden. Zum Vergleich, der Aal besitzt »nur« 200 Wirbel. Alle Rumpfwirbel mit Ausnahme des Atlas können Rippen tragen, die ventral frei enden, da das Brustbein fehlt. Bei vielen Schlangenarten sind die letzten, an der Kloake liegenden Rippen gegabelt (Lymphapophysen).

Aufgrund der langgestreckten Körpergestalt haben auch viele innere Organe eine Veränderung erfahren. Das Herz ist schlank, der linke Lungenflügel kleiner und damit die linke Aorta stark zurückgebildet oder fehlend. Nur bei den Riesenschlangen ist der linke Lungenflügel noch vorhanden und bei Boas sogar noch gleichgroß wie der rechte. Kaudal ist die Lunge in einen Luftsack erweitert, der für die Schlange während des oft langwierigen Schlingaktes eine ausreichende Menge Atemluft garantiert.

Bei einer Topographie über die Lage und Länge der einzelnen inneren Organe bei Schlangen zeigte sich, daß ein bestimmtes prozentuales Verhältnis zwischen den Organen und der Körperlänge (Schnauzenspitze - Kloake) besteht. Außer artspezifischen Unterschieden ergaben sich auch deutliche Differenzen zwischen boden- und baumbewohnenden Arten. Außerdem wurde bei allen untersuchten Arten eine Organverschiebung im Laufe des Wachstums dokumentiert (KEIL, 1990).

Allgemeine Biologie

Nicht nur das Maul, sondern auch der Magen und damit der ganze Körper können enorm gedehnt werden, so daß große Beutetiere problemfrei verdaut werden.

An der quergestellten Kloakenöffnung sitzen in seitlichen Taschen die paarigen Begattungsorgane (Hemipenis), die häufig Stachel und Haken tragen.

Am Auge der Schlangen fehlen der Irismuskel ebenso wie die Augenlider oder eine Nickhaut. Wichtigstes Orientierungsorgan der Schlangen ist die gespaltene Zunge, die Duftpartikel aufnimmt, in den Rachen zurückgezogen wird und dort dem Jacobsonschen Organ die Sinneseindrücke vermittelt.

### 1.2.1 Riesenschlangen

Riesenschlangen (*Boidae*) kommen in allen Faunenbereichen der gemäßigten und tropischen Regionen vor, und zwar die Unterfamilie der Pythonschlangen (*Pythoninae*) in der Alten Welt und die der Boas (*Boinae*) in der Neuen Welt, auf den Inseln des Stillen Ozeans und auf Madagaskar. Es sind meist mittelgroße Schlangen, von denen einige Arten bis 50 cm, andere aber über 10 m lang werden können. Äußerlich sind vor allem bei den Männchen die Reste des Beckens als sog. Aftersporne erkennbar.

Der Kiefer besitzt zahlreiche starke Zähne, im vorderen Bereich oft auch lange Fangzähne.

Pythonschlangen sind eierlegend, Boas lebendgebärend.

### 1.2.2 Nattern

Nattern (*Colubridae*) sind die formenreichste Schlangenfamilie, zu der auch fast alle heimischen Schlangen gehören. Normalerweise haben Nattern ein Gebiß aus gleichförmigen Zähnen. Vier ihrer zahlreichen Unterfamilien besitzen jedoch im hinteren Teil des Oberkiefers einen oder mehrere längere längsgefurchte Zähne, die mit einer Giftdrüse verbunden sind (opisthoglyph). Hier spielen terraristisch vor allem die Trugnattern (*Boiginae*) eine größere Rolle, und gerade unter ihnen gibt es einige giftige Arten, die

auch für den Menschen gefährlich werden können. Hierzu zählen die Mangroven-Nachtbaumnatter (*Boiga dendrophila*) aus Südost-Asien, die südeuropäische Eidechsennatter (*Malpolon monspessulanus*), vor allem aber die Graue Baumnatter (*Thelotornis kirtlandii*) aus dem tropischen Afrika und die südafrikanische Boomslang (*Dispholidus typus*). Bei ihr sitzen die Furchenzähne auch nicht ganz so weit hinten im Gebiß, so daß sie beim Biß dem Menschen das wirksame Gift injizieren kann.

Als Sonderform unter den Nattern ist auch noch die afrikanische Eierschlange (*Dasypeltis scabra*) zu nennen. Sie ist in der Ernährung auf Vogeleier spezialisiert. Schnauze und Hals sind bei ihr besonders dehnbar, so daß ganze Eier abgeschluckt werden können. In die Speiseröhre ragen verlängerte Wirbelfortsätze, die die Eischale zerschneiden, die dann wieder ausgewürgt wird.

### 1.2.3 Giftnattern und Seeschlangen

Charakteristisch für die Giftnattern (*Elapidae*) sind zwei vorne im Oberkiefer feststehende, nur wenig verlängerte Fangzähne mit Längsfurche und ausgebildetem Innenkanal (proteroglyph). Die Längsnaht deutet an, daß sich die ursprünglich offene Giftrinne des Zahnes im Laufe der Entwicklungsgeschichte geschlossen hat. Das Gift enthält in erster Linie Neurotoxine. In ihrer Körperform erinnern die Giftnattern noch an die Nattern.

Für Seeschlangen (*Hydrophiidae*) gelten die gleichen Kennzeichen wie für die Giftnattern. Hinzu kommen die für Wassertiere charakteristischen Merkmale. Der Schwanz und manchmal auch der Hinterkörper sind abgeflacht und zu einem Ruderorgan umgebildet. Die Nasenöffnungen liegen auf der Kopfoberseite und können verschlossen werden.

### 1.2.4 Ottern

Bei den Ottern (*Viperidae*) sind die Oberkieferknochen, auf denen die Giftzähne sitzen, verkürzt und können durch ein Gelenk zusammen mit dem starr auf dem Knochen sitzenden langen Giftzahn eingeklappt werden. Die Giftzähne sind sehr lang und lassen keine Furchen mehr erkennen (solenoglyph). Das Gift enthält in erster Linie Hämotoxine, so daß es beim Biß zu Gewebsblutungen und örtlichen Nekrosen kommt. Die Gifte mancher Ottern enthalten zusätzlich noch ein Neurotoxin.

### 1.2.5 Grubenottern

Hinsichtlich des Giftapparates und des Körperbaues erinnern die Grubenottern (*Crotalidae*) stark an die Vipern. In einem entscheidenden Merkmal unterscheiden sie sich aber von diesen. An der Seite des Kopfes zwischen Nasenloch und Auge sitzt als Vertiefung in der Haut erkennbar das Grubenorgan, das der Wahrnehmung von Infrarotstrahlung dient. Aufgrund ihres Gebisses und vor allem dieses Sinnesorganes können die Grubenottern entwicklungsgeschichtlich als die fortschrittlichste Schlangengruppe gelten.

## 1.3 Giftschlangen

### 1.3.1 Zusammensetzung und Wirkung der Gifte

Die Wirkung der Schlangengifte wird durch spezifische Toxine hervorgerufen, die aus Peptidketten von 60–70 Aminosäuren bestehen, die durch Zystin-Brücken verbunden sind. Eine Ausnahme bildet das Neurotoxin der Vipern, das 108 Aminosäure-Reste enthält.

Die Kardiotoxine greifen direkt an der Muskelmembran durch rasche Depolarisierung an. Die Neurotoxine beeinflussen nicht die Erregungsleitung im Nerv, sondern führen zu einer neuromuskulären Blockade. Neben den Toxinen sind in den Schlangengiften Enzyme enthalten, die einen Blutdruckabfall und eine Zerstörung von Blutgefäßen und Geweben verursachen oder die Blutgerinnung verhindern (HABERMEHL, 1977; BÜCHERL, BUCKLEY, 1971).

Das Gift der Giftnattern und Kobras (*Elapidae*) wirkt in erster Linie neurotoxisch. Nur bei den asiatischen Kobras enthält es auch eine kardiotoxische Komponente.

Eine relativ schnelle, tödliche Wirkung hat das Gift der Seeschlangen (*Hydrophiidae*). Für seine Wirksamkeit sind vor allem ein Neurotoxin, Lezithinasen, Antikoagulasen und Hyaluronidasen verantwortlich.

Das Gift der Ottern (*Viperidae*) enthält u. a. häufig Neurotoxine, fast immer aber hämorrhagische Faktoren und Phospholipasen sowie Hyaluronidasen.

Von den Trugnattern (*Boiginae*) ruft das Gift der Boomslang (*Dispholidus typus*) und der Grauen Baumnatter (*Thelotornis kirtlandii*) Blutungen subkutan und in allen Organen hervor.

### 1.3.2 Antiseren

Für fast alle echten Giftschlangen gibt es heute monovalente oder polyvalente Antiseren, die also entweder nur gegen das Gift einer oder gegen das Gift mehrerer Arten wirksam sind.

Die polyvalenten Antiseren helfen entweder bei Bißunfällen durch verschiedene Schlangenarten einer geographischen Region (z. B. Europa-Serum der Behringwerke) oder einer Verwandtschaftsgruppe (z. B. Crotaliden-Serum von Wyeth). Monovalente Seren gibt es vor allem für die Giftschlangen der australischen Region.

Gegen das auch für den Menschen tödliche Gift der beiden Trugnattern gibt es kein Antiserum.

Bei Unfällen mit Giftschlangen kann man sich im Ernstfall unter Angabe des wissenschaftlichen Namens der Giftschlange direkt in Verbindung setzen mit:

Giftnotruf München
Toxikologische Abteilung
II. Med. Klinik rechts der Isar
Ismaningerstr. 22
D-81675 München
Tel.: 089-4140-2211
Fax: 089-4140-2467

# 1.4 Gesetzliche Bestimmungen

Die Schlangenhaltung unterliegt vielen gesetzlichen Auflagen. Das Washingtoner Artenschutzübereinkommen (WA) mit seinen Anhängen I und II und die BArtSchV erfassen die in der Natur in ihrem Bestand gefährdeten Tierarten und verbieten deren Haltung in Privathand oder gestatten sie nur unter bestimmten Auflagen.

Im WA I sind Madagaskar-Boas (*Acrantophis spec.*), Mauritius-Boas (*Bolyeria multocarinata*), die Rundinsel-Boa (*Casarea dussumieri*), der Helle Tigerpython (*Python m. molurus*), die Madagaskar-Hundskopfboa (*Sanzinia madagascariensis*) und die Schlankboas (*Epicrates inornatus, E. monensis* und *E. subflavus*) erfaßt. Im Anhang II stehen alle Riesenschlangen (*Boidae*), die Mussurana (*Clelia clelia*), die Brasilianische Glattnatter (*Cyclagras gigas*), die Indische Eierschlange (*Elachistodon westermanni*), die Zweistreifen-Strumpfbandnatter (*Thamnophis couchi hammondi*) und die Gelbfleckenschlange (*Hoplocephalus bungaroides*).

Durch die BArtSchV sind alle europäischen Schlangenarten geschützt und dürfen nur unter besonderen Auflagen und mit Genehmigungen gehalten werden.

Das Tierschutzgesetz fordert auch für Schlangen eine artgerechte Haltung. Zu deren Beurteilung ist bei der Vielzahl der Schlangen die Kenntnis ihrer Lebensweise wichtig. Grundsätzlich sollte in jedem Schlangenterrarium ein Badebecken mit frischem Wasser stehen und das Terrarium beheizbar und gut beleuchtet sein. Für Schlangen, die sich viel bewegen, sollte die Terrarienlänge der Körperlänge der Schlange entsprechen. Dies ist nicht nötig bei großen Pythonarten. Für Baumschlangen sollte das Terrarium höher als lang sein. Gewisse Mindestanforderungen an die Terrariengröße für Schlangen nennt das Schweizer Tierschutzgesetz. Es fordert für über 4 m lange Riesenschlangen pro Tier 3 m$^2$ Land- und 1 m$^2$ Wasserfläche sowie eine Höhe von 2 m. Für mittelgroße Riesenschlangen werden pro Tier 1,5 m$^2$ Landfläche und eine Höhe von 1,5 m gefordert. Für Giftschlangen sollte hiernach das Terrarium in seinen Kantenlängen 2/3 der Körperlänge der Schlangen entsprechen.

Giftschlangen und Riesenschlangen unterliegen den Sicherheitsauflagen für gefährliche Wildtiere. Die Glasscheiben des Terrariums müssen deshalb entsprechend dick sein und möglichst aus Verbundsicherheitsglas (VSG) bestehen. Das Terrarium muß abgeschlossen und der Zugang durch Dritte nicht möglich sein. Giftschlangen unterliegen darüber hinaus auch noch dem Chemikaliengesetz. Ausführungsbestimmungen hierüber haben die Länder erlassen. Vielfach besteht Meldepflicht, Pflicht zur Vorratshaltung von Gegenseren und zum Nachweis von Fachkenntnissen. Eine neue Gesetzgebung für Haltung von Giftschlangen in Privathand ist in Vorbereitung.

# 1.5 Transponder

Bei Schlangen werden die Transponder an der linken Halsseite gesetzt. Der Einstich erfolgt von hinten nach kopfwärts, damit die Injektion der Implantate unter die Schuppen geht.

# 2 Haltung und Fütterung

## 2.1 Kleinere, ungiftige Schlangenarten

### 2.1.1 Terrariengestaltung und -größe

Für Schlangen bis zu einer Länge von 150 cm sollte das Terrarium mindestens die Maße 100 x 80 x 60 cm haben. Der Behälter muß stabil gebaut sein und darf keine Fugen oder Spalten aufweisen, die ein Entweichen der Tiere ermöglichen. Zur besseren Belüftung des Terrariums sollte nicht nur der Deckel, sondern auch eine Seitenwand verdrahtet oder zumindest mit Belüftungsschlitzen versehen sein. Um entsprechende Bodentemperaturen zu bekommen, empfiehlt sich an einer Stelle eine Bodenheizung. Bei grabenden Schlangen sollten die Heizkabel einbetoniert sein oder bei kleineren Terrarien unter dem Behälterboden liegen.

Für alle Reptilien, auch die Schlangen, ist eine gute Beleuchtung des Terrariums erforderlich. Gleichzeitig sind die Lampen zusätzliche Wärmespender, die einen gewissen Tag-Nacht-Rhythmus in der Temperatur garantieren.

Unbedingt erforderlich ist ferner ein Trink- und Badebecken mit stets frischem, temperiertem Wasser.

Die weitere Inneneinrichtung des Terrariums muß auf die Haltungsanforderungen der Schlangen abgestimmt sein. Baumschlangen benötigen ein höheres Terrarium und viele Kletteräste. Für im Bodengrund wühlende Arten darf kein scharfkantiger Kies verwendet werden. Auch Versteckmöglichkeiten sind für die Schlangen wichtig. Diese können ihnen Pflanzen und Wurzelstöcke im Terrarium bieten.

Aber auch Schlupfkästen im oder am Terrarium können diese Aufgabe übernehmen und gestatten gleichzeitig, die Schlangen bei der Terrarienreinigung abzusperren.

### 2.1.2 Temperatur und Relative Luftfeuchtigkeit

Da die Körperfunktionen der Schlangen nur in ganz bestimmten Temperaturbereichen ablaufen, muß die Temperatur im Terrarium auf die Ansprüche der Schlangen abgestimmt sein. Kenntnisse über die Herkunft und Anforderungen der Arten sind deshalb Grundvoraussetzung für eine gute Haltung. Bei zu hohen und zu niedrigen Haltungstemperaturen züchten Schlangen nicht mehr und zeigen häufig Erkrankungen der Atemwege. Die meisten tropischen Schlangen sind bei 25–30 °C aktiv, dämmerungsaktive Arten lieben es etwas kühler. Schlangen aus den gemäßigten Breiten und den Subtropen benötigen tagsüber 20–30 °C und nachts eine Abkühlung um mehrere Grad.

An warmen Tagen und bei Schlangenarten aus den feuchtwarmen Tropen sollte im Terrarium durch einen Wasserzerstäuber einmal am Tag für eine entsprechend hohe Luftfeuchtigkeit gesorgt werden. Viele Schlangen trinken auch nur das Tropfwasser von den Blättern und nicht aus dem Wasserbecken.

Schlangen aus den gemäßigten Klimabereichen sollten überwintert werden, da sie nach der Winterruhe nicht nur aktiver sind, sondern auch für ihre erfolgreiche Zucht eine Überwinterung Voraussetzung ist. Europäische, nordamerikanische und zentralasiatische Schlangen überwintert man für 4-5 Monate bei 2–15 °C, Schlangen aus dem Mittelmeerraum, Nordafrika und ähnlichen Klimabereichen sollten nur 3–4 Monate bei 10–15 °C überwintert werden (TRUTNAU, 1981).

### 2.1.3 Hygienemaßnahmen und Quarantäne

Sauberkeit als oberstes Gebot jeder Tierhaltung ist auch bei Schlangen außerordentlich wichtig. Das Trinkwasser sollte jeden Tag erneuert und das Badebecken spätestens dann geleert werden, wenn Kot im Wasser liegt. Kot und Hautreste müssen laufend entfernt werden. Der Bodengrund sollte in regelmäßigen Abständen ausgewechselt und die Steine und Kletteräste desinfiziert oder ebenfalls ausgetauscht werden. Nur so lassen sich Infektionen durch Bakterien, Pilze und Milbenbefall weitgehend vermeiden.

Schlangen, die neu angekommen sind, sollten unbedingt isoliert untergebracht werden und eine mehrwöchige Quarantäne durchmachen. Am besten wird die Quarantäne erst beendet, wenn die Schlange einwandfrei frißt und mindestens zwei Kotproben negativ ausfielen. Selbstverständlich müssen die Quarantänebecken möglichst steril sein. Auf Bodengrund sollte hier verzichtet werden.

Zum Reinigen und Füttern muß am Quarantänebecken anderes Gerät verwendet werden als bei Arbeiten am Normalterrarium.

## 2.1.4 UV-Bestrahlung

Obgleich sich gerade Schlangen gern einen warmen Liegeplatz suchen, scheint ihr Bedarf an UV-Licht nicht ganz so groß wie bei den übrigen Reptilien zu sein. Wahrscheinlich liegt dies an der häufig versteckten oder dämmerungsaktiven Lebensweise der Schlangen. Dennoch heben Licht und UV-Strahlen auch bei den Schlangen die Aktivität.

## 2.1.5 Fütterung

In der Natur fressen Schlangen grundsätzlich nur lebende Beutetiere. Zumindest in der Eingewöhnungszeit kann deshalb auf Lebendfutter nicht verzichtet werden. Lassen sich die Schlangen im Laufe der Zeit auf frischtote Beutetiere umstellen, so erleichtert dies die genaue Dosierung der Futtermenge und insbesondere die Zugabe von Vitaminen und Medikamenten, die in Gelatinekapseln unter die Haut oder in das Maul des Beutetieres impliziert werden können und dann keinen die Schlange beim Fressen störenden Geruch abgeben.

Für Fressen und Verdauen ist auch eine optimale Umgebungstemperatur Voraussetzung. Werden Schlangen zu kalt gehalten, fressen sie zwar häufig, erbrechen aber nach wenigen Tagen ihr Futter fast unverdaut wieder.

Grundsätzlich sollte adulten Schlangen nur maximal einmal in der Woche Futter angeboten werden. Während der Häutung nehmen Schlangen meist kein Futter an. Die Größe und Menge der Futtertiere muß sich nach der Größe der Schlange richten. Die meisten Schlangen sind mit Mäusen in unterschiedlicher Größe zu füttern. Es gibt aber auch Futterspezialisten. Wasserschlangen fressen mit Vorliebe Frösche oder Fische, Baumschlangen häufig gerne Vögel, und andere wieder bevorzugen Reptilien. Solche Futterspezialisten sind immer nur schwer an das übliche Ersatzfutter zu gewöhnen. Adulte Schlangen können über Monate, in Ausnahmefällen bis zwei Jahre fasten und dann wieder spontan mit der Nahrungsaufnahme beginnen.

## 2.1.6 Zwangsfütterung

Eine Zwangsfütterung ist nur bei sehr geschwächten Tieren oder Jungschlangen angebracht, denen man ihr natürliches Futter nicht bieten kann und die jedes Ersatzfutter ablehnen. Auch in der Natur fressen Jungschlangen allerdings erst, nachdem sie sich das erste Mal gehäutet haben.

Für die Zwangsfütterung haben sich kleine Fische und Muskelfleischstreifen bewährt, die zuvor in rohes Ei getaucht werden, um ihre Gleitfähigkeit zu erhöhen.

Besser und risikoloser ist die ursprünglich aus Amerika stammende »Force Feeding Method« (FRANK, 1980). Hier werden Futtermischungen mit Vitaminen, Mineralstoffen und Spurenelementen vermischt, in Wasser aufgelöst, in eine Spritze aufgezogen und dann durch einen dünnen Schlauch direkt in den Magen gespritzt. Im Zoo-Aquarium Berlin wird für Jungschlangen und für sehr geschwächte Tiere die Futtermischung durch Boviserin$^R$ (Hoechst) ersetzt und dieses mit einem Harnkatheter eingeführt. Durch die seitliche Öffnung der Harnkatheter für Rüden und die geschlossene Rundung der Schlauchspitze ist eine Verletzung der Speiseröhre kaum möglich.

Bei allen Zwangsfütterungen muß natürlich darauf geachtet werden, daß das Futter nicht in die Luftröhre gerät.

## 2.2 Riesenschlangen

### 2.2.1 Terrariengestaltung und -größe

Terrarien für Riesenschlangen müssen entsprechend groß sein und wegen der Größe der Schlangen auch entsprechend dick verglast werden. TRUTNAU (1981) empfiehlt für 3 m lange Riesenschlangen im Minimum ein Terrarium mit den Kantenlängen 250 x 150 x 150 cm und eine Scheibendicke von 8–10 mm, ohne etwas über die Anzahl der Schlangen in diesem Terrarium zu sagen. DOLLINGER (1978) fordert für 3m groß werdende Riesenschlangen (Tigerpython, Felsenpython, Netzpython, Anakonda) 8 m$^2$ Landfläche und 1 m$^2$ Wasserfläche und für jedes weitere Tier zusätzlich 2 m$^2$ Bodenfläche. Diese Terrariengrößen dürften für erwachsene Pythonschlangen und Anakondas allerdings nicht ausreichen.

Bei großen Riesenschlangenarten sollte wegen der sehr schnell anfallenden Verschmutzung auf einen Bodengrund verzichtet und die Schlangen lieber auf leicht zu reinigendem Natursteinboden gehalten werden. Große Riesenschlangen klettern im allgemeinen wenig, dennoch sollten einige Äste für das Abstreifen der Haut vorhanden sein.

### 2.2.2 Sicherheitsfragen

Wegen des hohen Gewichtes von großen Riesenschlangen und ihres erheblichen Druckvermögens sollte zur Verglasung eines Riesenschlangenterrariums immer 2-Scheiben-VSG verwendet werden, damit die zwischen den Scheiben sitzende PVB-Folie die Scheibensplitter bei Glasbruch zusammenhält. Darüber hinaus muß vor allem bei der Haltung von Netzpython und Anakonda eine Absperrmöglichkeit bestehen, damit der Pfleger am oder im Terrarium arbeiten kann, ohne mit der Schlange in Kontakt zu kommen.

In den Richtlinien für die Haltung von Wildtieren des Bundesverbandes der Unfallversicherungsträger der öffentlichen Hand e. V. werden Riesenschlangen ab 3 m als gefährliche Wildtiere eingestuft, deren Pflege z. B. nur durch gelernte Tierpfleger, die über über 18 Jahre alt sind, durchgeführt werden darf.

### 2.2.3 Fütterung

Riesenschlangen können je nach Größe mit Ratten, Kaninchen und Hühnern gefüttert werden. Bei der Fütterung ist darauf zu achten, daß die Schlangen sich nicht gegenseitig verbeißen. Deshalb werden Riesenschlangen einzeln gefüttert. Die Futtertiere sollten erwachsenen Riesenschlangen aus Sicherheitsgründen nur mit langen Futterpinzetten gegeben werden.

## 2.3 Giftschlangen

### 2.3.1 Terrariengestaltung und -größe

Giftschlangen unterscheiden sich in ihren Lebensansprüchen nicht von den ungiftigen Schlangenarten gleicher Herkunft und Größe. Das Schweizer Tierschutzgesetz fordert für die Haltung von Giftschlangen Terrarien, die in der Länge 2/3 und in der Breite 1/2 der Körperlänge der Giftschlange entsprechen. Die Höhe des Terrariums soll bei bodenbewohnenden Arten 1/2 Körperlänge und bei baumbewohnenden 2/3 der Körperlänge der Giftschlange entsprechen. Nur für Königskobra, Schwarze Mamba und Taipan muß hiernach das Terrarium 2 m$^2$ Bodenfläche und eine Höhe von 1,5 m haben. DOLLINGER (1978) gibt zwar für einige weitere Giftschlangenarten Terrarienmaße an, doch entsprechen diese alle weitgehend den vom Schweizer Tierschutzgesetz geforderten Minimalgrößen.

Seeschlangen (*Hydrophiidae*) benötigen ein geräumiges Seewasseraquarium von mindestens 3 m$^3$ Inhalt mit entsprechender Felsdekoration, in die sie sich zurückziehen können. Die Wasserqualität und Filterung müssen gleich gut wie für die Haltung von Korallenfischen sein. Oberhalb der Wasseroberfläche muß ein entsprechend großer abgesicherter und verschlossener Luftraum für die Schlangen vorhanden sein.

### 2.3.2 Sicherheitsfragen und Serenvorratshaltung

Um die Sicherheit des Pflegers und dritter Personen zu garantieren, muß das Giftschlangenterrarium besonders gut und dicht schließend verarbeitet sein, damit keine Giftschlange unbemerkt entweichen kann. Die Terrarientür ist stets verschlossen zu halten, damit kein Unbefugter mit den Schlangen hantieren kann.

Die Inneneinrichtung des Terrariums muß übersichtlich sein, damit keine Giftschlange dem Blick des Pflegers verborgen bleibt. Gefüttert und im Terrarium gearbeitet werden darf nur mit langem Werkzeug, bei der Speikobra ist außerdem eine Schutzbrille zu tragen. Der Wasserbehälter sollte in der Nähe der Terrarientür stehen, damit er leicht zu reinigen ist.

Besonders zu empfehlen ist ein Schlupfkasten im oder am Terrarium, in den die Schlangen während der Reinigungsarbeiten eingesperrt werden können.

Für jede gepflegte Giftschlangenart sollte der Pfleger das entsprechende Serum in der 1 1/2-fachen Menge, die für eine Behandlung normalerweise benötigt wird, vorrätig halten. Das Verfalldatum ist unbedingt zu beachten.

In öffentlichen Terrarien darf nach den Richtlinien des Bundesverbandes der Unfallversicherungsträger der öffentlichen Hand e. V. an Giftschlangenterrarien nur ein gelernter Tierpfleger, der älter als 18 Jahre ist, arbeiten und auch nur im Beisein eines zweiten gelernten Tierpflegers. Für den Notfall muß ein besonderer Alarmplan vorliegen.

Wenngleich diese Richtlinien nicht ohne weiteres auf die private Giftschlangenhaltung zu übertragen sind, so können sie doch als Hinweis auf das mögliche Risiko bei der Giftschlangenhaltung und die deshalb notwendigen Sicherheitsmaßnahmen dienen.

Bei der Seeschlangenhaltung muß der Raum oberhalb des Aquariums fugendicht und verschlossen sein, damit die Schlangen nicht entweichen können und auch kein Unbefugter Zugang zur Wasseroberfläche hat. Bei offenen, außerhalb des Aquariums stehenden Filtern sind die Filterzu- und -abläufe im Aquarium durch Siebe gegen das Eindringen von Schlangen zu sichern.

### 2.3.3 Fütterung

Auch hinsichtlich des Futters verhalten Giftschlangen sich wie andere Schlangen. Lediglich die Königskobra (*Ophiophagus hannah*) ist ein ausgesprochener Futterspezialist. Sie frißt fast ausschließlich andere Schlangen und kann schon deshalb nicht gehalten werden.

Sollten Giftschlangen das Futter verweigern, ist wegen ihres Giftbisses von der Zwangsfütterung abzuraten.

Seeschlangen galten lange Zeit im Aquarium als nicht haltbar. Manche Jungtiere gewöhnen sich jedoch durchaus im Aquarium ein und können über Jahre gepflegt werden. Am besten werden Glasaale gefressen. Von manchen Schlangen werden aber auch Buntbarsche gerne angenommen. Wichtig scheint zu sein, daß sich die Beutetiere auch in den unteren Wasserschichten des Beckens aufhalten.

# 3 Geschlechtsbestimmung, Fortpflanzung und Aufzucht

## 3.1 Geschlechtsbestimmung

Die Geschlechtsbestimmung kann bei manchen Schlangen bereits äußerlich vorgenommen werden, bei anderen müssen die Hemipenistaschen mit einer Knopfsonde palpiert werden.

So sind bei einigen Arten die Geschlechter unterschiedlich gefärbt (NIETZKE, 1984). Bei der Schlingnatter (*Coronella austriaca*) ist die Grundfärbung des Männchens rotbraun. Aspisviper-Männchen (*Vipera aspis*) unterscheiden sich durch ein dunkleres und breiteres Zickzackband auf dem Rücken von den Weibchen. Bei der Levante-Otter (*Vipera lebetina*) und der *Vipera xanthina* sind die Männchen kräftiger gezeichnet.

Bei Vipern und Grubenottern ist bei den Männchen der Schwanz allgemein länger als bei den Weibchen.

Bei manchen Seeschlangen (z. B. *Lapemis curtus*) besitzen die Männchen Schuppen mit dornigen Fortsätzen. Bei männlichen Viper- und Würfelnattern sind die Kiele der untersten Schuppenreihe in der Aftergegend knopfartig verdickt, und bei den Riesenschlangenmännchen sind die mit Krallen versehenen Aftersporne größer als bei den Weibchen.

Die sicherste Methode zur Geschlechtsbestimmung ist die Knopfsonden-Untersuchung. Bei ihr wird eine Knopfsonde in die Hemipenistasche eingeführt, die beim Weibchen viel kürzer als beim Männchen ist. An den Schuppen wird dann abgelesen, wie weit die Sonde eingeführt werden konnte. In der Schuppenzahl ergeben sich innerartlich nämlich signifikante Geschlechtsunterschiede. Bei Weibchen kann die Sonde niemals tiefer als 1–3 Subkaudalschilder eingeführt werden, während es beim Männchen immer 9–15 sind.

## 3.2 Fortpflanzung

Die Maturität der Schlangen scheint weniger vom Alter als von der erreichten Länge abhängig zu sein (PETZOLD, 1982).

Im Gegensatz zu den Echsen spielen bei Schlangen die optischen Reize zum Finden der Geschlechter und als Auslöser der Paarung eine nur untergeordnete Rolle, wichtiger sind olfaktorische Auslöser. Deshalb ist es auch nicht verwunderlich, daß eine chemische Analyse des Analdrüsensekretes eine hoch artspezifische Fraktionierung von Lipiden ergab (OLDAK, 1976).

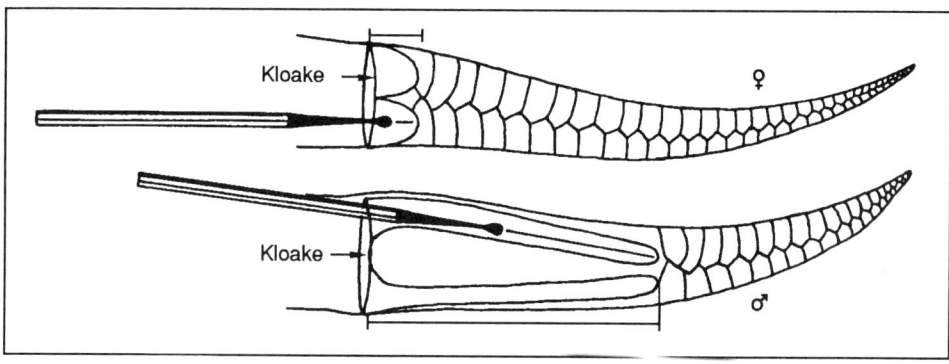

Abb. 27: Geschlechtsbestimmung mit Hilfe der Sonde bei Schlangen

Durch die Terrarienhaltung sind heute für einige Schlangen die Tragzeiten (Ross und MARZEC, 1990) bekannt, so z. B. für *Boa constrictor* (119–196 Tage), *Chondropython viridis* (2–4 Monate), *Corallus caninus* (184 Tage), *Python molurus* (80–120 Tage). Bei vielen Schlangenarten besteht aber auch ein Zusammenhang zwischen den Witterungsverhältnissen und der Tragzeit. So kann die Tragzeit bei *Thamnophis sirtalis* in heißen Sommern 87, in kalten 116 Tage betragen (PETZOLD, 1982). Bereits PSENNER (1940) wies auf die Witterungsabhängigkeit der Kreuzotter (*Vipera berus*) hin, die auf eine Amphigonia retardata oder eine Keimruhe hindeutet. Generell konnte unter allen Reptilien bei Schlangen am häufigsten eine Amphigonia retardata nachgewiesen werden.

## 3.3 Aufzucht

Eierlegende Schlangen graben die Eier vielfach ein. Die Königskobra baut ein Nest aus Blättern und Zweigen, Lanzenottern ringeln sich um ihr Gelege, und Pythonschlangen betreiben eine echte Brutpflege, indem sie sich um ihr Gelege ringeln und durch Muskelzittern aktiv das Gelege über die Umgebungstemperatur erwärmen können.

# 4 Haltungsschäden und ihre Behandlung

Die Anzahl ovoviviparer Schlangenarten ist recht hoch, zu den bekanntesten zählen die Boas, Strumpfbandnattern, Klapperschlangen und *Bitis*-Arten sowie beispielsweise die heimische Kreuzotter. Bei ihnen entwickelt sich das Jungtier in der Eihülle vollständig im Muttertier. Beim Herauspressen des dünnhäutigen Eies zerreißt die Eihaut, und die kleine Schlange ist frei.

Werden Eier im Terrarium abgelegt, so müssen diese vorsichtig ausgegraben und mit einem Bleistift markiert werden. Erst dann können sie in einen Brutschrank überführt werden, in dem sie in derselben Lage eingebettet werden müssen, wie sie im Terrarium vorgefunden wurden. Hat nämlich bereits eine Embryonalentwicklung stattgefunden, würde der Keim bei einer Veränderung der Lage absterben. Schlangeneier dürfen also niemals wie Vogeleier während der Brutzeit gewendet werden.

## 4.1 Haut und Häutung

Nach der Winterruhe und insbesondere während des Wachstums häuten sich Schlangen. Der Gesamtzyklus zwischen zwei Häutungen kann in 6 Phasen untergliedert werden, die auch histologisch bestimmte Unterschiede zeigen (JACOBSON, 1977).

In Stufe 1, gleich nach der Häutung, sind die Farben besonders leuchtend. Die Epidermis besteht aus einer äußeren oberflächigen Hornschicht (Stratum corneum) und einer basalen Keimschicht (Stratum germinativum).

In Stufe 2 haben sich die Zellen des Stratum germinativum intensiv geteilt.

In Stufe 3 werden die Hautfarben trübe und das Auge milchig. In dieser Phase keratinisieren die vom Stratum germinativum gebildeten Zellen.

In Stufe 4 sind die Schlangen weitgehend inaktiv. Die Farben sind besonders trübe und das Auge opalfarben. Dies wird durch eine zwischen innerer und äußerer Epidermis gebildete Schicht (Stratum intermedium) verursacht.

4–7 Tage vor der eigentlichen Häutung wird Stufe 5 erreicht. Körperfarbe und Augen sind plötzlich wieder klar und leuchtend, da das Stratum intermedium zusammenbricht und sich die äußere Epidermis von der neugebildeten, oberflächig bereits wieder verhornten inneren Schicht ablöst.

In Stufe 6 schließlich findet die Häutung statt, bei der sich die alte Hornschicht, das »Natternhemd«, von der neuen Epidermis abhebt.

Der Abstand zwischen zwei Häutungen ist hormonell bedingt, während der eigentliche

Ablauf der Häutung vom Zustand der Epidermis abhängt.

Bei allen Schlangen wird natürlich bei jeder Häutung auch die Brille, eine der äußeren Haut funktionell gleichzusetzende Epidermisschicht über den Augen, mitgehäutet, bei Boiden auch die Aftersporne.

Bei der Schmuckbaumschlange (*Chrysopelea spec.*) und bei der Indigonatter (*Drymarchon corais*) konnte im Terrarium unabhängig von der Körperecdysis eine zyklische Häutung der Zungenspitze beobachtet werden (PETZOLD, 1982).

### 4.1.1 Häutungsschwierigkeiten

Manchmal streifen die Schlangen bei der Häutung ihre alte Haut nicht vollständig ab. Ursache hierfür können der schlechte Allgemeinzustand der Schlange, aber auch eine zu trockene Luft im Terrarium sein.

Es muß jedoch stets darauf geachtet werden, daß die Häutungen vollständig erfolgen. Geschieht dies nicht, müssen die Schlangen notfalls über mehrere Stunden in lauwarmem Wasser gebadet werden, damit sie selbst aus der nun weichen Haut herauskommen, oder man muß die Hautreste vorsichtig entfernen. Reste der alten Haut können sonst zu Ansatzstellen für Mykosen werden. Weitere Behandlungshinweise siehe: Krankheiten der Haut.

## 4.2 Störungen im Vitaminhaushalt

Überdosierungen wie auch mangelhafte Vitaminversorgung können bei Schlangen zu erheblichen Störungen führen, die leider meist unterschätzt werden.

### 4.2.1 Hypervitaminosen

Überdosierung von Vitamin $D_3$ führt in Verbindung mit reichlicher Kalkfütterung zu Ablagerungen von Kalzium in den inneren Organen, vor allem aber in den großen Blutgefäßen.

### 4.2.2 Hypovitaminosen

Ungenügende Vitamin-$D_3$-Versorgung kann die Ursache mangelhafter Kalkeinlagerung im Skelett und in sehr vielen Fällen ein Grund von Fruchtbarkeitsstörungen, unter anderem auch von Legenot, sein. In diesem Fall erhalten die Schlangen einen einmaligen Vitamin-$D_3$-Stoß, der 1000 I.E. enthält, s.c. oder i.m.

Für eine weitere optimale Versorgung erhalten Schlangen oral 100 I.E. $D_3$/kg KM einmalig pro Woche oral in wässeriger Lösung. Meist sind Kombinationspräparate Vitamin $AD_3$ und E im Handel. Empfohlen werden ebenfalls Vitamingaben in der Kombination mit Kalkpräparaten (Davinova$^R$-T, Parke-Davis). Unterversorgung mit Vitamin A kann zu Häutungsproblemen führen. Neben einem Vitaminstoß von 10000 I.E. Vitamin A /kg KM s.c. oder i.m. sollte für regelmäßige Gaben von 1000 I.E./kg KM pro Woche gesorgt werden, ebenso für Vitamin $D_3$ und Futterkalk. Dosierungen von 100 000 I.E. /kg KM Vitamin A lösen Häutung bei Schlangen aus (siehe Ecdysis).

Bei zentralnervösen Störungen sowie bei Störungen des Magen-Darmtraktes kann Mangel an Vitamin B die Ursache sein. Die Schlangen sind apathisch und stellen die Nahrungsaufnahme ein. Empfohlen werden 0,25 –0,50 mg/kg KM s.c. oder i.m. Vitamin -B-Komplex.

Vitamin-A und -C-Mangel wird bei Schlangen für die Entstehung der Maulfäule und Vitamin-C-Mangel beim Auftreten von Hautrissen mitverantwortlich gemacht. Deshalb sollte bei diesen Störungen grundsätzlich an die Therapie mit Vitamin C gedacht werden, um so den Heilungsprozeß zu verkürzen. Empfohlen werden Gaben von 50 mg/kg KM.

Ein Überangebot ungesättigter Fettsäuren durch Verfüttern von ranzigem Fisch bzw. ranzigen Fischölen kann zu Vitamin-E-Mangel führen, in dessen weiterem Verlauf es zu einer Steatitis kommt. Diese wird erst aufgrund der nekrotischen Veränderungen im Fettgewebe bei der Sektion diagnostiziert (LANGHAM, ZYDECK, BENNETT, 1971).

# 5 Handling und Narkose

## 5.1 Verpacken und Transport

Alle Schlangen sollten zunächst einzeln in Leinensäcken, große Schlangen in Jutesäcken verpackt und dann in einem Styroporkarton oder einer Holzkiste transportiert werden. Das obere Ende des Sackes wird umgebogen und dann zugeschnürt. Wird der Sack nicht umgebogen, kriechen manche Schlangen zwischen den Stoffalten aus dem Sack heraus.

Im Karton oder der Kiste müssen die Säcke dann so befestigt werden, daß die Schlangen nicht übereinanderfallen. In Holzkisten werden die Säcke sinnvoller Weise am Kistendeckel befestigt. Außerdem muß in der Kiste für eine entsprechende Luftzirkulation, aber auch eine Wärmeisolierung gesorgt werden. Für Wintertransporte ist eine Wärmflasche am Kistenboden zu empfehlen.

Beutel und Kartons mit Giftschlangen sind von außen eindeutig mit dem Aufdruck »Gifttiere« zu beschriften. Giftige Arten sollten nicht zusammen mit anderen Reptilien im gleichen Karton transportiert werden. Giftschlangen dürfen nicht mit der Post, sondern nur per Bahnexpress oder Luftfracht verschickt werden.

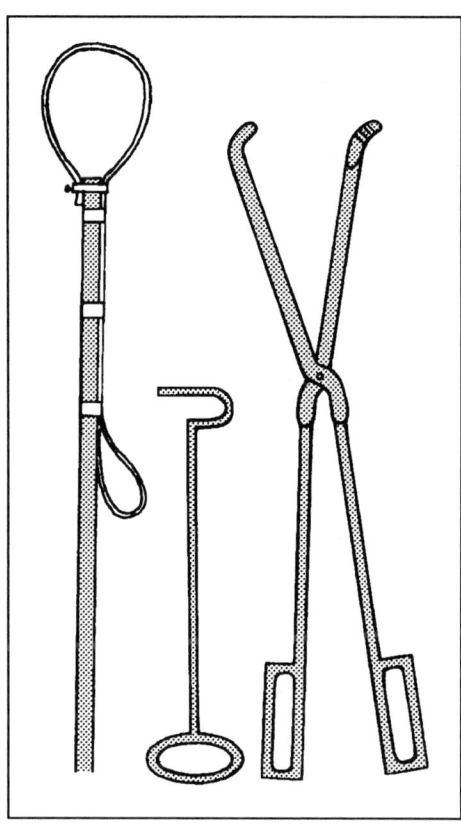

Abb. 28: Geräte für den Umgang mit Schlangen

## 5.2 Fixieren

Zum Fixieren von Schlangen ist es immer wichtig, die Schlange mit einer Hand direkt hinter dem Kopf zu greifen, da die Tiere dann nicht beißen können. Mit der anderen Hand muß der Schlangenkörper gestreckt gehalten werden. Bei Riesenschlangen sind hierfür unter Umständen weitere Personen erforderlich.

Der Fang geschieht bei kleineren Schlangen mit schnellem Griff hinter den Kopf, bei größeren wird der Fang erleichtert, wenn der Schlange zunächst durch ein Tuch über dem Kopf die Sicht genommen wird.

Manche glattschuppigen Schlangen können mit dem Netz gefangen werden, andere nimmt man zunächst mit dem Schlangenhaken auf. Bei Giftschlangen ist jedoch stets ein Fangstock mit Lederschlinge zu benutzen. Ein Plastiklineal mit unterschiedlich großen Kerben auf einer Längsseite ermöglicht eine Fixation auf dem Behandlungstisch unmittelbar hinter dem Kopf einer Schlange.

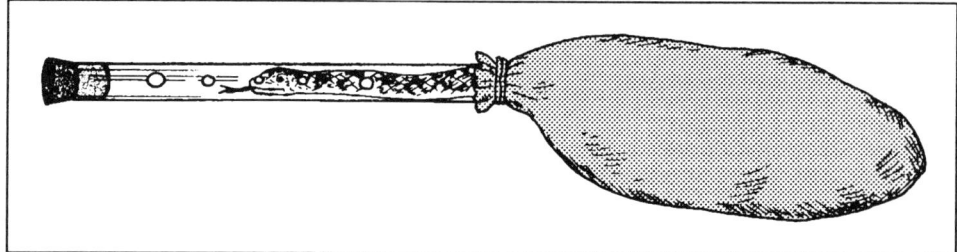

Abb. 29: Plastikrohr zur Untersuchung von Giftschlangen

## 5.3 Immobilisation

### 5.3.1 Injektionsnarkose

Schlangen lassen sich gut mit Ketamin immobilisieren. Die Angaben für die einzelnen Dosierungen sind sehr unterschiedlich und schwanken zwischen 22–110 mg/kg KM. Dosierungsempfehlung nach GLENN, STRAIGHT und SNYDER (1972):
1) 22–44 mg/kg KM für eine leichte Sedierung, vorzugsweise für kleine Schlangen oder als Initialdosis, um das Anästhetikum für das jeweilige Tier zu testen.
2) 55–88 mg/kg KM für chirurgische Eingriffe. Die Wirkungsdauer beträgt ein bis drei Tage.
3) 99–132 mg/kg KM Gesamtdosis führt zu einer tiefen Anästhesie. Die Wirkungsdauer beträgt zwei bis sechs Tage. Die Atmung muß gelegentlich unterstützt werden. Dafür wird bei einer Dosis von über 110 mg/kg KM ein Tracheotubus eingelegt.

### 5.3.2 Inhalationsnarkose

Für die Einleitung der Inhalationsnarkose wird die Schlange zunächst in einen dunklen Behälter gebracht und Halothan (Halothan<sup>R</sup>, Hoechst; Fluothene<sup>R</sup>, ICJ- Pharma) oder Isofluran (Forene<sup>R</sup>, Abbott) auf ein Gazestück geträufelt. Oft genügen 5 ml Halothan für eine adulte Klapperschlange (HACKENBROCK, FINSTER, 1963). Im weiteren Verlauf wird das Gas über eine Maske oder besser über einen Harnkatheter für Katzen in die Trachea geleitet. Je nach Größe der Schlange führt man diesen Katheter durch eine entsprechende Plastikspritze, aus der man zuvor den Kolben herausgenommen hat, und fixiert diese mit einem Klebeband um das Maul. Methoxyfluran wird für Schlangen von AIRD (1986) empfohlen. Für die Beurteilung der Narkosetiefe s. schematische Darstellung nach BONATH (1985).

Zungenrückziehreflex: Die mit einer feinen anatomischen Pinzette vorsichtig hervorgezogene Zunge wird wieder von selbst reponiert.

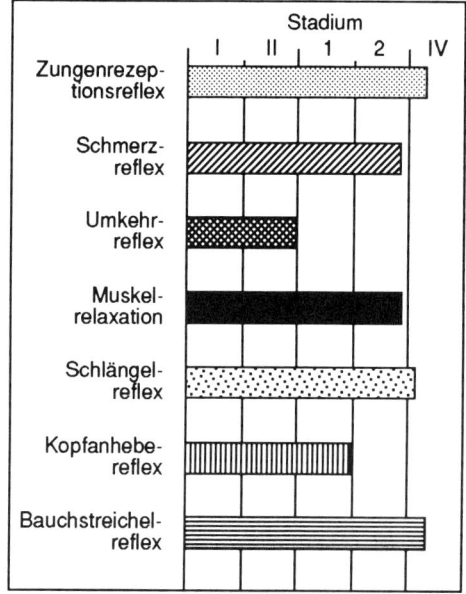

Abb. 30: Narkosestadien bei Schlangen (modifiziert nach Bonath 1985)

Bauchstreichreflex: Streicht man mit dem Finger in Längsrichtung über die ventrale Thorakoabdominalregion der auf dem Rücken liegenden Schlangen, so reagieren die Tiere mit wellenförmigen Bewegungen der Schuppenleiste im Bereich der gereizten Körperpartie.

**Stadium I** = oberflächliche Sedierung
Such- und Kriechbewegungen, die allmählich in unkoordinierte Bewegungen übergehen. Umkehrreflex ist noch positiv. Bei Verabreichen von Inhalationsnarkotika in einer Narkosezelle beobachtet man häufiges Züngeln.

**Stadium II** = tiefe Sedierung
Spontanbewegungen lassen nach. Umkehrreflex stark verzögert. Zungenrückziehreflex gering- bis mittelgradig verzögert.

**Stadium III** = Toleranzstadium (chirurgisches Stadium)
1. Muskulatur gering- bis mittelgradig relaxiert. Schmerzreflex bei sehr schmerzhaften Eingriffen noch vorhanden. Umkehrreflex erloschen. Schlängel-, Kopfanhebe- und Bauchstreichreflex gering- bis mittelgradig gedämpft. Zungenrückziehreflex ist mittel- bis hochgradig verzögert.
2. Die Muskulatur ist mittelgradig bis vollständig relaxiert. Der Schmerzreflex läßt sich auch bei sehr schmerzhaften Eingriffen im allgemeinen nicht mehr auslösen. Schlängel- und Bauchstreichreflex sind mittelgradig gedämpft bis erloschen. Der Zungenrückziehreflex ist stark verzögert.

**Stadium IV** = irreversibles Narkosestadium.

### 5.3.3 Aufwachphase

Nach einer Immobilisation wird der Patient bei einer Temperatur von 22–27 °C gehalten. Höhere Temperaturen führen zu höherem Sauerstoffbedarf und damit zu einer Hypoxie.

# 6 Physiologische Daten

## 6.1 Blutwerte

Wegen der Vielgestaltigkeit der Blutkörperchen von Reptilien sei auf den Farbatlas (HAWKEY, DENNETT, 1990) verwiesen. In den zahlreichen Publikationen über Blutuntersuchungen variieren die Werte sehr stark. Hier sind Faktoren zu berücksichtigen, die bei Säugern keine Rolle spielen. So ist die Temperatur zum Zeitpunkt der Blutentnahme entscheidend. Auch unterschiedliche Haltungsbedingungen einschließlich der Haltungstemperatur beeinflussen die Messungen. Weiterhin sind Entnahmetechnik und Meßeinrichtungen, die auf Säugetierblut geeicht sind, bei der Bewertung ausschlaggebend. Um die Werte der einzelnen Messungen der verschiedenen Autoren vergleichen zu können, wurden die Angaben in alten Einheiten in SI-Einheiten umgerechnet.

Tab. 20: Beispiele für Erythrozytenzahlen einzelner Schlangenarten (T/l) (GANS und PARSON, 1970)

|  |  |
|---|---|
| *Agkistrodon piscivorus* | 0,468–0,697 |
| *Coluber constrictor flaviventris* | 0,730–1,075 |
| *Crotalus horridus* | 1,140 |
| *Elaphe longissima* | 0,622–1,410 |
| *Elaphe quadrivirgata* | 0,829 |
| *Lampropeltis getulus getulus* | 0,538–1,027 |
| *Natrix natrix* | 0,668–1,302 |
| *Pituophis catenifer sayi* | 1,095 |
| *Vipera ammodytes* | 0,667 |
| *Vipera berus* | 0,615–1,233 |

Tab. 21: Beispiele der **Leukozytenverteilung** (GANS und PARSON, 1970)

| Schlangenart | Eosinophile | Basophile | Azidophile | Lymphozyten |
|---|---|---|---|---|
| Albabophis ruful. | 15,6 | 17,6 | 16,0 | 49,2 |
| Causus rhombeatus | 12,8 | 9,2 | 49,8 | 17,2 |
| Crotaphopeltis | 11,0 | 11,4 | 22,8 | 51,8 |
| Naja nigricollis | 7,6 | 0,4 | 44,8 | 44,4 |
| Psammophis sp. | 5,5 | 26,4 | 28,7 | 36,6 |

## 6.2 Serumzusammensetzung

Tab. 22: Serumkonzentration nach FRYE (1981)

| | |
|---|---|
| Glukose (mmol/l) | 3,33 |
| Natrium (mmol/l) | 159,0 |
| Kalium (mmol/l) | 4,0 |
| Kalzium (mmol/l) | 3,5 |
| Magnesium (mmol/l) | 1,8 |
| Chlorid (mmol/l) | 125,0 |
| Phosphor (mmol/l) | 0,65 |
| Harnstoff (mmol/l) | 0,72 |
| Harnsäure (mmol/l) | 0,24 |

Vergleichbare Angaben finden wir bei Mc DANIEL et al. (1984), bei denen die Schlangen für die Untersuchung dekapitiert wurden. Hier finden sich bei einzelnen Wasserschlangen mit 0,22 mmol/l sehr niedrige Werte für Glukose, für die es keine Erklärung gibt. Der Hämatokritwert wird für die Bullennatter (Pituophis melanoleucas catenifer) mit einem Durchschnitt von 25 Vol% angegeben. Die ermittelten Werte lagen zwischen 15 und 38 Vol% (MADER, HORVARTH, PAUL-MURPHY, 1985).

## 6.3 Körpertemperatur

Die Körpertemperatur der Schlangen ist nicht von der Umgebungstemperatur abhängig,

Tab. 23: Blutserumwerte (nach CHIODINI, SUNDBERG, 1982) für *Boa constrictor*

| | Bereich | Durchschnitt |
|---|---|---|
| AST (U/l) | 1–30 | 8 |
| LDH (U/l) | 52–287 | 139 |
| AP (U/l) | 242–652 | 421 |
| Gesamtbilirubin (µmol/l) | 3,42–6,84 | 5,13 |
| Harnsäure (mmol/l) | 0,16–0,36 | 0,24 |
| Harnstoff (mmol/l) | 0–0,83 | 0,166 |
| Kreatinin (µmol/l) | 0–6,15 | 1,77 |
| Cholesterin (mmol/l) | 1,37–3,37 | 2,25 |
| Phosphor (mmol/l) | 0,84–1,58 | 1,16 |
| Kalzium (mmol/l) | 4,19 | |
| Albumin (g/l) | 25–39 | 32 |
| Globulin (g/l) | 29–44 | 38 |
| Gesamteiweiß (g/l) | 58–0,83 | 70 |
| Glukose ((mmol/l) | 0,99–3,39 | 1,89 |
| Na (mmol/l) | 152–166 | 156 |
| K (mmol/l) | 3,6–7,1 | 5,1 |
| Cl (mmol/l) | 104–124 | 118 |

Physiologische Daten

Tab. 24: Hämogramm und Serumkonzentration für 90 *Boa constrictor* und 38 Pythonschlangen (*P. reticulatus, P. regius* und *P. molurus*) (nach ROSSKOPF, WOERPEL, YANOFF, 1982)

| Hämogramm | Boa | Python |
|---|---|---|
| Leukozyten (G/l) | 4–10 | 6–12 |
| Erythrozyten (T/l) | 1,0–2,5 | 1,0–2,5 |
| Hämatokrit (l/l) | 0,24–0,4 | 0,25–0,4 |
| **Differentialblutbild** | | |
| Neutrophile (%) | 0–15 | 0–20 |
| Heterophile (%) | 20–50 | 20–60 |
| Lymphozyten (%) | 10–60 | 10–60 |
| Monozyten (%) | 0–3 | 0–3 |
| Eosinophile (%) | 0–3 | 0–3 |
| Basophile (%) | 0–20 | 0–10 |
| **Serumkonzentration** | | |
| AST (U/l) | 5–35 | 5–30 |
| Harnstoff (mmol/l) | 0,166–1,66 | 0,166–1,66 |
| Gesamteiweiß (g/l) | 4,6–8,0 | 5,0–8,0 |
| LDH (U/l) | 30–300 | 40–300 |
| Kreatinin (µmol/l) | 0,1–0,3 | 0,1–0,3 |
| Kalzium (mmol/l) | 2,49–5,49 | 2,49–5,49 |
| Glukose (mmol/l) | 0,55–3,33 | 0,55–3,33 |
| Harnsäure (mmol/l) | 0,07–0,34 | 0,07–0,33 |
| Kalium (mmol/l) | 3,0–5,7 | 3,0–5,7 |
| Natrium (mmol/l) | 130–152 | 130–152 |

sondern auch von der Größe der Tiere, der Tageszeit und ihren Aktivitätsphasen. Für die Beurteilung einer Krankheit hat sie keine Bedeutung.

## 6.4 Kreislauf

Die Untersuchung des Herzens ist nicht einfach. Oft ist es unmöglich, die Herzfrequenz zu ermitteln. Am besten eignet sich für die Untersuchung ein in der Humanmedizin verwendetes Stethoskop für Frühgeburten (KEIL, 1992). Die Herzfrequenz der Schlangen liegt zwischen 22 und 136 Schlägen pro Minute (COOK, WESTROM, 1979). Für die Beurteilung des Gesundheitszustandes sind diese Werte von geringer Bedeutung.

Tab. 25: Herzfrequenz nach COOK und WESTROM (1979)

| Schlangenart | Herzfrequenz |
|---|---|
| Klapperschlange | 44–47/min |
| Indigoschlange | 53/min |
| Königsnatter | 54/min |
| Lanzenotter | 40–42/min |
| Anakonda | 16/min |
| Abgottschlange | 18–60/min |
| Netzpython | 40/min |
| Wasserkobra | 62/min |

# 7 Untersuchungsmethoden

## 7.1 Allgemeine äußere Untersuchung

Zuerst untersucht man die Hautoberfläche der Schlange auf Reste der letzten Häutung und mögliche Ektoparasiten. Bei gut wie auch schlecht genährten Schlangen ist die Augentrübung Vorbote einer beginnenden Häutung. Die durchsichtige Schuppe über den Augenlidern bildet dann eine »Brille«, und wenige Tage später streift die Schlange ihr »Natternhemd« ab. Gelegentlich findet man in den verbliebenen Häutungsresten um das Auge herum Milben (*Ophionyssus natricis*). Bürstet man die Schlange über einem weißen Papier oder Kunststoff ab, lassen sich abgefallene Milben darauf erkennen. Bei der Untersuchung ist allerdings zu beachten, daß Schlangen vor dem Häutungsprozeß, solange die zu bildende Epidermis keratinisiert wird, leicht verletzt werden können. Die Maulschleimhaut darf keine Rötungen oder Beläge aufweisen.

Es ist zu berücksichtigen, daß die Schlangen nicht nur die äußere Haut, sondern auch die Epithelschicht der Zunge periodisch wechseln.

Wenn diese abgestoßenen Hautteile in klares Wasser fallen, werden sie von Schlangenhaltern leicht für Parasiten gehalten!

Durch vorsichtiges Ertasten in der Bauchregion kann ein erfahrener Herpetologe bei Schlangen Schmerzreaktionen prüfen. Solche treten häufig bei Enteritiden, vor allem aber nach Infektionen mit *Entamoeba invadens* auf. Aktivität und Bewegungsablauf geben Aufschluß über den Zustand einer Schlange.

Eine in Bewegung befindliche, gesunde Schlange züngelt ständig. Zentralnervöse Störungen mit Kopfverdrehungen können ein Hinweis auf eine Virusinfektion oder eine Intoxikation sein. Zeigt der letzte Körperabschnitt keine Reaktion mehr, deutet das auf eine Wirbelfraktur oder einen raumfordernden Prozeß im Wirbelbereich hin.

Atemgeräusche sind oft ein Hinweis auf Pneumonie.

## 7.2 Blutuntersuchung

Voraussetzung für die Blutuntersuchung ist die geeignete Blutgewinnung. In den letzten Jahren wurden hierfür verschiedene Verfahren entwickelt. Für die Praxis und für Routineuntersuchungen hat die Blutuntersuchung keine große Bedeutung.

Die ermittelten Werte stehen in keinem Verhältnis zu den Belastungen für die Schlangen. Sie helfen nur in seltenen Fällen bei der Diagnosestellung. Wegen der zunehmenden Bedeutung für die Forschung werden die einzelnen Verfahren der Blutgewinnung und einige Vergleichswerte aber dennoch genannt.

### 7.2.1 Punktion der Vena coccygealis ventralis

Für die Blutentnahme bei Schlangen eignet sich am besten die Vena coccygealis ventralis, die medial auf der ventralen Seite des Wirbelkörpers verläuft. Man sucht bei der Schlange

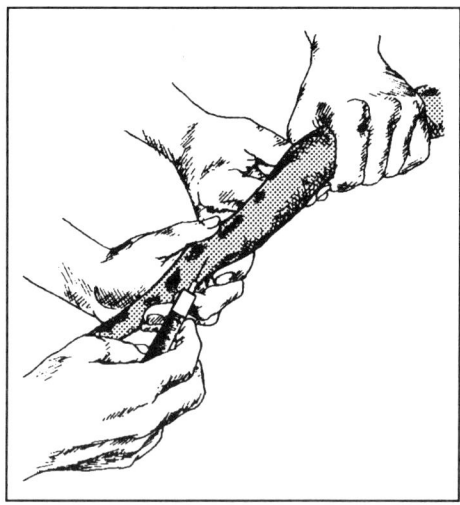

Abb. 31: Blutentnahme aus der Vena coccygealis ventralis.

in Rückenlage einen Punkt, der kaudal der Kloake zwischen dem Ende des ersten und dem Anfang des zweiten Schwanzdrittels liegt. Wählt man die Einstichstelle zu dicht an der Kloake, besteht die Gefahr, daß eine Drüse oder bei männlichen Tieren ein Hemipenis getroffen wird. Nach gründlicher Reinigung sticht man in der Medianen in spitzem Winkel zur Haut direkt hinter einer Schuppe vorsichtig durch die Haut, richtet dann die Nadel bis zu einem Winkel von 45 Grad auf und schiebt sie weiter in die Tiefe, bis sie auf den Knochen stößt. Jetzt zieht man die Nadel vorsichtig zurück. Es erfordert etwas Geduld, das Gefäß zu finden. Für große Schlangen eignen sich Nadeln mit 1,5 mm Durchmesser, für kleinere mit 0,9 mm Durchmesser. In jedem Fall sollte man vorher in die Nadeln Heparin aspirieren, da das Reptilienblut sehr schnell gerinnt. Die Blutentnahme läßt sich verbessern, wenn man die Raumtemperatur für Schlangen vorher leicht erhöht. Außerdem sollte man dabei die Tiere sehr locker halten, da sonst die Muskelkontraktionen den Blutfluß verhindern.

### 7.2.2 Punktion des Herzens

Für eine Herzpunktion werden Schlangen immobilisiert und in Rückenlage gebracht. Jetzt kann man unter den Schuppen die Herzaktion sehen, sticht hinter der letzten über dem Herzen liegenden Schuppe im Winkel von 60 Grad zur Haut in kranialer Richtung ein und zieht mit einer Spritze das Blut auf. In einzelnen Fällen, in denen man das Herz so nicht findet, kann man die Einstichstelle mit einem Ultraschallgerät lokalisieren. Dabei darf nicht unberücksichtigt bleiben, daß es in vielen Fällen zu einem Hämoperikard kommt, das nicht erkannt wird und oft zum Tod des Patienten führt.

### 7.2.3 Weitere Möglichkeiten der Blutgewinnung

Für sehr kleine Blutmengen eignen sich zwei Venen im mittleren Oberkiefer (Vena palatina) und zwei weitere Venen des Unterkiefers jeweils im ventralen bukkalen Bereich. Nach einer Perforation der Gefäße kann man die entsprechenden Kapillarröhrchen füllen (ROSSKOPF et al., 1982, s. Abb. 32). Der Vollständigkeit halber sei schließlich noch eine weitere, selten genutzte Methode erwähnt (BUSH, SMELLER, 1978). Die Autoren entnahmen Blut nach einem Transversalschnitt der Haut 3 cm kaudal des Herzens aus der Vena cava caudalis. Der Hautschnitt wurde mit einer Matratzennaht wieder geschlossen. Kleinste Blutmengen erhält man durch Anschneiden der Schwanzspitze.

### 7.3 Kotuntersuchung

Der Kot der Schlangen ist von dem angebotenen Futter abhängig. Viele Schlangen setzen relativ dünnen Kot ab; festen Kot dagegen erhält man von Riesenschlangen. Bei Behandlungen erfolgt gelegentlich spontan Kotabsatz, für Kotproben sollte man deshalb immer ein entsprechendes Glas zur Hand haben.

Nachweis der Amöben: Für die Untersuchung setzen wir ein Anreicherungsverfahren ein, und zwar die Merthiolate-Iodine-Formaldehyde-Conzentration (M.I.F.C.). Dazu stellt man zunächst die Stammlösungen (A) und (B) her und lagert sie in dunklen Flaschen (MEHLHORN, DÜWEL, RAETHER, 1986).
**Stammlösung A:**
250 ml Aqua destillata
200 ml Thimerosal, 1:1000 in Aqua destillata verdünnt
25 ml konz. Formalin (40 %)
5 ml Glycerin
**Stammlösung B:**
5 %ige Lugolsche Lösung (nicht älter als drei Wochen!)
7,5 g Jodkali in 18 ml Aqua destillata lösen, dann 5 g Jod darin auflösen und mit Aqua destillata auf 100 ml auffüllen.

Unmittelbar nach der Kotgewinnung wird ein erbsengroßes Stück Kot in 4 ml Lösung A mit 1 ml Lösung B gemischt. Die Untersuchung dieser angereicherten Probe erfolgt in einem parasitologischen Institut. Dort werden die groben Bestandteile mit einem Gazefilter ausgefiltert. Der Rest wird in einem Zentrifugenröhrchen mit 7 ml kaltem Äther geschüttelt, für ein bis zwei Minuten offen

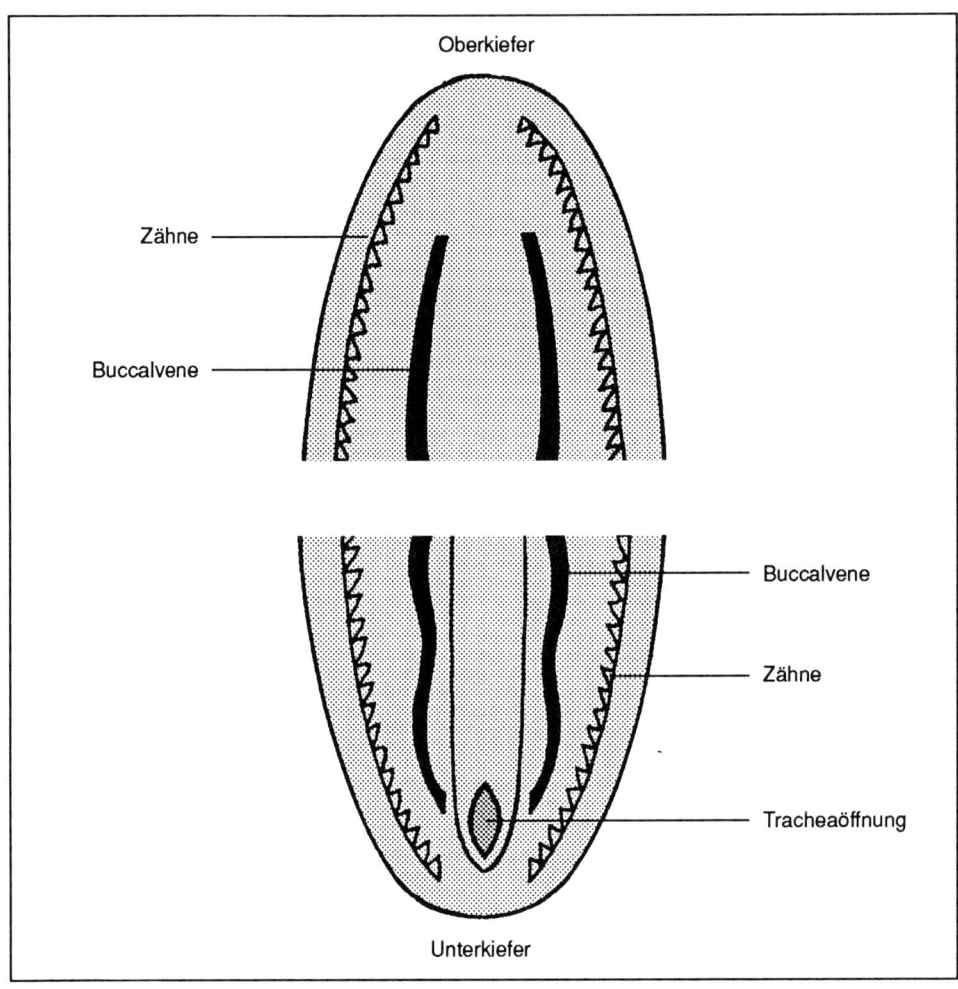

Abb. 32: Blutentnahme bei Schlangen durch Punktur der dorsalen und ventralen Buccalvenen der Maulhöhle (modifiziert nach ROSSKOPF et al., 1982)

stehengelassen und anschließend für fünf Minuten bei 1500–4000 U/min. zentrifugiert. Das abgesetzte Sediment wird untersucht. Weitere Kotuntersuchungen auf Parasiten s. Schildkröten.

## 7.4 Röntgenuntersuchung

Mit Hilfe von Röntgenaufnahmen lassen sich Frakturen oder Veränderungen des Skelettsystems gut darstellen. Dazu bringt man die Schlangen, insbesondere die Giftschlangen, in ein langes durchsichtiges Plastikrohr und kann so die Aufnahmen im dorsoventralen und laterolateralen Strahlengang durchführen. Für die Darstellung des Magen-Darmtraktes wird mit der Sonde Gastrografin[R] (Schering AG) eingegeben. Um bei langen Schlangen die Aufnahmen den einzelnen Körperabschnitten des Tieres zuordnen zu können, sollten diese vorher mit einem Filzstift markiert und numeriert werden. Mit Hilfe von

# Untersuchungsmethoden

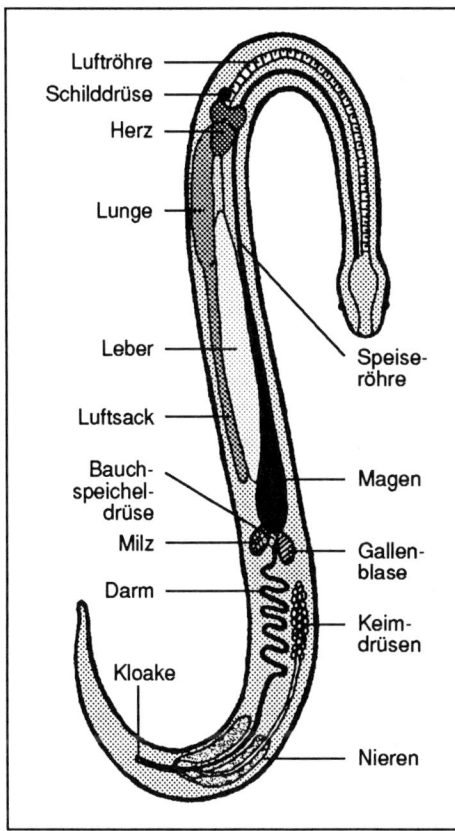

Abb. 33: Anatomie der Schlange (nach IPPEN/LIEBMANN in IPPEN/SCHRÖDER/ELZE 1985)

Röntgenaufnahmen lassen sich auch die Geschlechter von adulten Schlangen aufgrund der knöchernen Einlagerungen in der Penisschleimhaut (*Elapidae, Viperidae, Crotalidae* und einzelne *Colubridae*) bestimmen. Den Schlangen der Familie *Boidae* fehlen diese Einlagerungen (BAUMGARTNER, RÜBEL, 1984). Dieses Verfahren kann aber nur eine Bestätigung der ansonsten zuverlässigen Sondenmethode der Geschlechtsbestimmung sein.

## 7.5 Endoskopie

Für die Endoskopie läßt man die Schlangen 48 Stunden fasten und immobilisiert sie. Dann wird im Bereich des Übergangs von den Rippen zur Bauchmuskulatur nach einer Inzision zwischen der ersten und zweiten Schuppenreihe (Lateralia) das Endoskop eingeführt. Die Einstichstelle muß vorher sorgfältig bestimmt werden, denn, bedingt durch die verschiedenen Körperlängen der einzelnen Arten, unterscheidet sich die Lage der Organe. (SCHILDGER, WICKER, 1992).

## 7.6 Tupferproben

Zur Bestimmung von Bakterien und Pilzen untersucht man Tupferproben. Bei Verdauungsstörungen, die vielfach bakteriell bedingt sind, entnimmt man Tupferproben aus Rachen und Kloake, bei Störungen der Haut von den veränderten Hautabschnitten bzw. aus den Abszessen oder direkt von der Haut ein Geschabsel. Nach der Keimbestimmung oder der Erstellung eines Antibiogramms lassen sich dann gezielte Behandlungen durchführen.

## 7.7 Spülungen

Eine weitere Möglichkeit, Infektionserreger des Magen-Darmtrakts bzw. der Lunge zu ermitteln, sind Spülungen mit Hilfe einer Sonde. Bei Nahrungsverweigerung sowie bei Störungen der Verdauung kann eine Sonde in den Magen eingeführt und mit physiologischer Kochsalzlösung eine Probe herausgespült werden. Parallel dazu sollte man auch die Kloake spülen. Bei Pneumonien oder anderen Störungen des Respirationsapparates wird empfohlen, mit einer sterilen Sonde in die Lunge einzugehen und mit physiologischer Kochsalzlösung Probenmaterial herauszuspülen, das dann auf Infektionserreger untersucht werden kann (JACOBSON, KOLLIAS, 1989). Die Spülung der Trachea/Lunge ist nicht unproblematisch und sollte nur dann verwendet werden, wenn keine andere Untersuchung für eine Diagnoseerstellung mehr möglich ist.

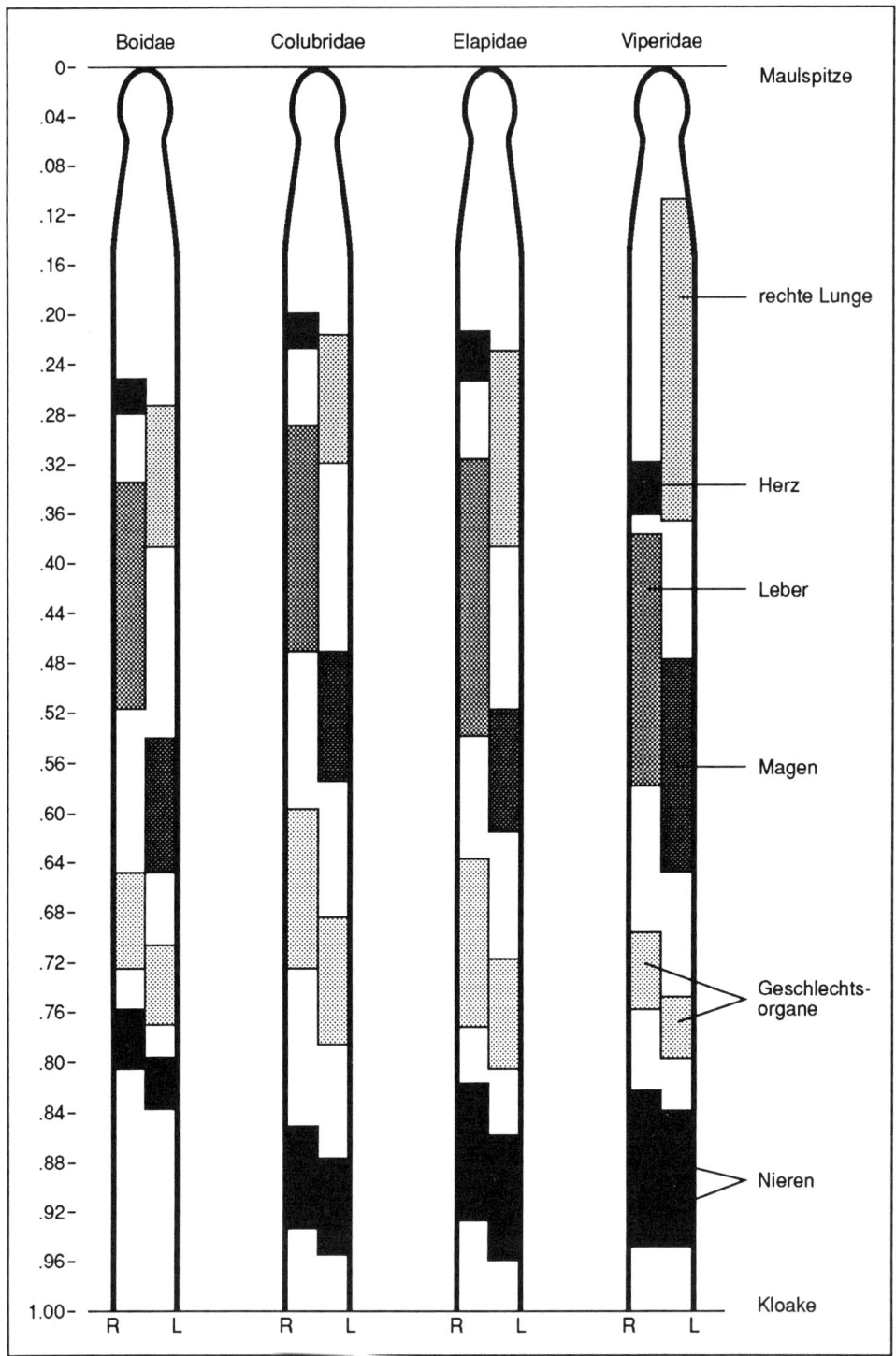

Abb. 34: Unterschiedliche Organverteilung einzelner Schlangenformen (nach Mc CRACKEN 1991)

## 7.8 Sonographie

Für die Untersuchung der Schlange eignet sich das Ultraschallverfahren, das erst in den letzten Jahren Verbreitung fand (SPÖRLE et al., 1991). Mit dem Linear-Scanner unter Verwendung von 7,5 MHz-Schwingungen oder mit dem Konvex-Scanner mit 5 MHz-Schwingungen lassen sich das Herz, die Leber, die Gallenblase, die Gonaden, das Intestinum, das Fettgewebe und die Nieren gut darstellen. Für die Lokalisierung der einzelnen inneren Organe einer Schlange gibt es ein vereinfachtes schematisches Verfahren: Die Körperlänge von der Nase bis zur Kloake wird gleich 100 % gesetzt und jedes Organ entsprechenden Prozentzahlen zugeordnet. So läßt sich jeder Abschnitt in Prozentzahlen ausdrücken und damit die Lage der Organe bestimmen (KEIL, 1990; KEIL, WISSDORF, 1992; MCCRACKEN, 1991).

Mit Hilfe der Sonographie läßt sich das Herz sehr gut darstellen, das kranioventral der Lunge liegt.

Die einlappige Leber befindet sich in länglicher Form auf der Ventralseite des Tieres. Dorsal berührt sie die Lunge, auf der linken Seite den Ösophagus und den Magen. Dorsal und ventral der Leber verlaufen zwei große Venen. Während die Gallenblase bei Echsen und Schildkröten der Leber eng anliegt, befindet sie sich bei der Schlange etwas kaudal an der Ventralseite des Duodenums. Das Intestinum ist kurz, je nach Darminhalt zeichnen sich die Konturen ab.

Gut entwickelte Ovarfollikel lassen sich darstellen. Im Fettgewebe ist es schwierig, die Hoden oder inaktive Eierstöcke aufzufinden und zu beurteilen.

Die luftgefüllten Lungen, die Trachea sowie das von Knochen umgebene Gehirn entziehen sich der Darstellung.

## 8 Infektionskrankheiten

Infektionskrankheiten stehen bei Schlangen an erster Stelle der Verluste. Deshalb ist bei der Haltung von Schlangen die Hygiene von größter Bedeutung.

Suboptimale Haltungsbedingungen, wie ungeeignete Raumtemperatur und Luftfeuchtigkeit, begünstigen die Entwicklung von Infektionskrankheiten.

### 8.1 Parasitosen

Die Vernachlässigung einer regelmäßigen Parasitenkontrolle kann zu erheblichen Verlusten unter den Schlangen vor allem durch Helminthen und Amöben führen. Von 1811 sezierten Schlangen hatten 60 % einen Parasitenbefall. Davon waren 716 Schlangen (39,5 %) mit Helminthen und 263 (14,5 %) mit Amöben infiziert. Die übrigen Parasiten waren von untergeordneter Bedeutung (IPPEN, SCHRÖDER, 1977).

### 8.1.1 Ektoparasitosen

#### 8.1.1.1 Milbenbefall

Sehr häufig findet man bei Schlangen Milben (*Ophionyssus natricis*), die als 1 mm große Punkte gerade noch mit bloßem Auge zu erkennen sind. Man findet sie vorzugsweise am Kopf; meistens perioculär. Oft treten diese Parasiten massiv auf und führen beim Wirt zu schwerer Anämie (HEATH, 1983). Die geschädigte Haut ist Eintrittspforte für Bakterien und Pilze.

*Therapie*: Bei schwachem Befall genügt eine Behandlung der Hautoberfläche mit Olivenöl. Für starken Befall gibt es drei unterschiedliche Behandlungsmethoden:

1. Die Bekämpfung der Milben erfolgt mit Dichlorphosstrips (Madustrip[R], Paralstrip[R], Psy[R]-Strip). Für das Volumen des Terrariums ermittelt man die 1,5 fache Dosis der Herstellerempfehlung und hängt dementsprechend die Strips für 12 Tage in einem Perlonstrumpf in den oberen Bereich des Terrariums. Ein Abtropfschutz unter die-

sem Bereich verhindert, daß höhere Konzentrationen in das Terrarium oder auf die Tiere tropfen. Der Deckel des Terrariums wird bis auf eine kleine Öffnung für die Luftzufuhr geschlossen. Nur so ist die Konzentration des Wirkstoffs im Terrarium gewährleistet. Während der Behandlungszeit darf die relative Luftfeuchtigkeit 50 bis 60 % nicht überschreiten. Besprühen muß also unterbleiben. Der Bodengrund wird einmal in dieser Zeit ausgetauscht, und die Pflanzen werden umgetopft. Da Milben wandern, müssen die Nachbarterrarien beobachtet und gegebenenfalls in die Behandlung einbezogen werden. Sollten Insektenzuchten in unmittelbarer Nähe der Terrarien stehen, sind diese für den Zeitraum der Behandlung in einen anderen Raum zu bringen (KEIL, 1992).
2. Mehrere Autoren empfehlen zur Behandlung von Milben Trichlorfon (Neguvon[R], Bayer) Dazu wird ein Leinensäckchen mit einer 0,15–0,25 %igen Neguvon[R]-Lösung getränkt und dann getrocknet. Anschließend werden die Schlangen bei Zimmertemperatur für zwei bis vier Stunden in dieses Leinensäckchen verbracht (ZWART, 1990). Dabei ist zu berücksichtigen, daß man damit die Milben im Terrarium und die wandernden Milben außerhalb des Terrariums nicht erreicht.
3. Die intramuskuläre Gabe von Ivermectin in einer Dosis von 0,2 mg/kg KM kann erfolgreich sein, führte aber in einzelnen Fällen bei Schlangen zum Tode. Bei kleinen Schlangen muß Ivermectin mit Propylenglycol verdünnt werden (STUHRBERG, TSCHERNER, 1989).

### 8.1.1.2 Zeckenbefall

Gelegentlich findet man Zecken von Stecknadelkopf- bis Erbsengröße auf der Haut von Schlangen. Sie werden durch Neuzugänge in das Terrarium eingeschleppt und erst dann als Parasiten erkannt, wenn sie sich mit Flüssigkeit aus dem Wirtskörper vollgesogen haben. Insbesondere bei Königspythons ist es schwierig, Zecken zu erkennen, da diese in Farbe und Form den Schuppen des Wirtes gleichen.
*Therapie*: Nach Beträufeln mit Äther, Alkohol oder Öl fallen Zecken ab oder können leicht entfernt werden. Von einigen Autoren wird Ivermectin (Ivomec[R], MSD AGVET) in einer Dosis von 0,2 mg/kg KM empfohlen. Das mit Ivermectin verbundene Risiko sowie die bei kleineren Schlangen erforderliche Verdünnung wurden bereits erwähnt (LAWRENCE, 1984; STUHRBERG, TSCHERNER, 1989).

### 8.1.2 Endoparasitosen

Von den Endoparasiten führt vor allem die oft explosionsartige Vermehrung der Protozoen zu schweren Verlusten bei Schlangen.

### 8.1.2.1 Protozoen
#### 8.1.2.1.1 Amöbiasis

*Ursache/Erreger*: Der Erreger der Amöbenruhr (Amöbendysenterie, Darmfäule oder nekrotisierende Enterokolitis) ist *Entamoeba invadens*. Sie breitet sich im Terrarium schnell aus und führt zur verlustreichsten Parasitose bei Schlangen. Auch *Hartmanella* kann eine ähnliche Enterokolitis auslösen. Die Infektion mit *Entamoeba invadens* erfolgt über Futter und Wasser und wird durch Gerätschaften, die Tierhalter und/oder Schaben verbreitet.

*Klinische Symptome*: Nach gieriger Nahrungsaufnahme würgen die Schlangen am dritten Tag das Futter wieder heraus. Oft findet man im Kot Blutbeimengungen und Schleimhautfetzen. Die Schlangen verweigern später die Nahrungsaufnahme und werden lethargisch. Erfahrene Herpetologen erkennen diese Krankheit auch am veränderten Verhalten der Schlange, insbesondere an Schmerzreaktionen des Tieres im ventralen Bereich des letzten Körperdrittels. Der Erregernachweis erfolgt aus frischem Kot oder einer Kloakentupferprobe. Leider wird diese Erkrankung oft übersehen und erst bei der Sektion festgestellt.

*Befallene Organe*: Im Dick- und Dünndarm kommt es zu einer hämorrhagischen Enteritis. Charakteristisch ist die flächenförmige diphtheroid-nekrotisierende Kolitis und im späteren Verlauf die Kotanschoppung im letzten Darmabschnitt.

*Therapie*: Die Schlangen erhalten Metronidazol (Clont[R], Bayer; Flagyl[R], Rhône-

Poulenc) fünf Tage lang in einer täglichen Dosis von 60 mg/kg KM. Wir lösen das Medikament in Boviserin[R] (Hoechst) und verwenden als Magensonde einen Harnkatheter für Rüden. In schweren Fällen empfiehlt sich, das Medikament auch über die Kloake einzuleiten oder die Tablette in die Kloake einzuführen. Ebenfalls erfolgreich konnte mit der Kombination von Tetracyclin (50 mg/kg KM Terramycin[R·], Pfizer), Metronidazol (60 mg/kg KM Clont[R]) und Vitaminen fünf Tage lang täglich therapiert werden (KEIL, 1991).

Behandelte Schlangen sterben gelegentlich später an den Folgen der Amöbiasis. Obwohl die Erreger bei der Sektion eines Tieres nicht mehr nachzuweisen waren, führten die Darmschädigungen und die Kotanschoppung zum Tode.

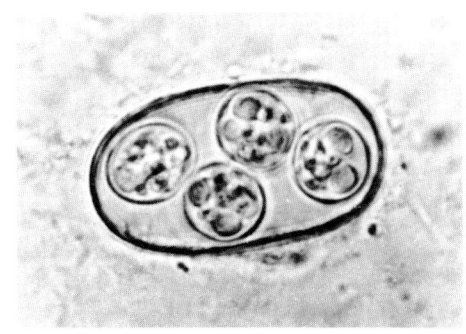

Abb. 35: Kokzidien-Oozyste (*Eimeria pythonis*) von einem Netzpython, *Python reticulatus* (Foto: TSCHERNER)

### 8.1.2.1.2 Kokzidiose

*Ursache/Erreger*: Der Befall mit Kokzidien (*Eimeria sp.*, *Isospora sp.*, *Caryospora sp.*, *Cryptosporidium sp.*) führt zur Enteritis, in deren Verlauf gelegentlich Blutbeimengungen im Kot beobachtet werden. Die Gefährlichkeit der Kokzidien darf für Schlangen nicht unterschätzt werden. Bei den primär an Parasiten gestorbenen Schlangen waren in 9 % Kokzidien die Todesursache, obwohl es zu Lebzeiten keine klinischen oder koprologischen Hinweise einer Erkrankung gab (SEIDEL, 1977).

Kryptosporidien führen zur Hypertrophie und Hyperplasie des Magens (BROWNSTEIN et al., 1977; GODSHALK et al., 1986). Im weiteren Verlauf führt Freßunlust zu einer schnellen Abmagerung der Schlangen. Dabei wird oft die Umfangsvermehrung des Magens deutlich. GODSCHALK et al. (1986) konnten durch Kontrastmittel im Röntgenbild und durch Gastroskopie unter Verwendung eines 5 mm dicken Fiberglasendoskopes die Verdickung der Magenschleimhaut feststellen. Suboptimale Haltungsbedingungen und Überbesatz des Terrariums werden für den Ausbruch dieser Krankheit verantwortlich gemacht.

*Therapie*: Alle Schlangen erhalten als Initialdosis zunächst Sulfadimethoxin (Trafigal[R], Hoechst), 90 mg/kg KM oral, und an fünf Folgetagen die halbe Dosis. Empfohlen werden auch Sulfamethazin in einer Initialdosis

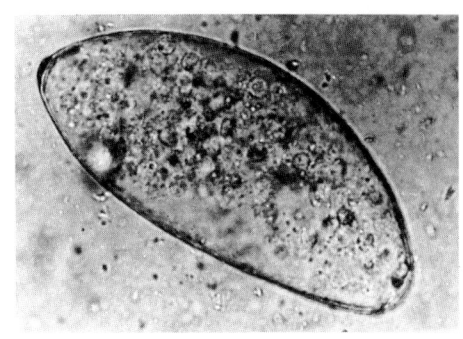

Abb. 36: Kokzidien-Oozyste (*Eimeria sp.*) von einer Kornnatter, *Elaphe guttata* (Foto: TSCHERNER)

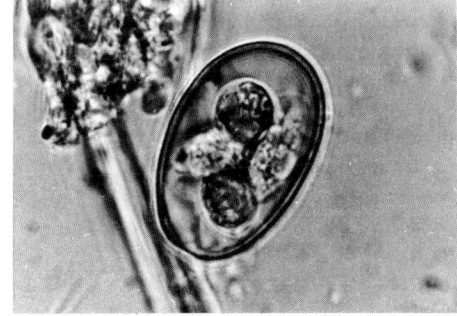

Abb. 37: Kokzidien-Oozyste (*Eimeria pythonis*) von einem Netzpython, *Python reticulatus* (Foto: TSCHERNER)

von 75 mg/kg KM und an den folgenden fünf Tagen jeweils 40 mg/kg KM sowie Formo-Sulfathiazol (Socatyl$^R$, Asid) jeweils 50–60 mg/kg KM täglich fünf Tage lang (JACOBSON, KOLLIAS, 1989).

### 8.1.2.1.3 Monocercomonas-Befall

*Ursache/Erreger*: *Monocercomonas colubrorum* gehört zu den Trichomonaden und führt bei Schlangen zu Enteritiden, die Freßunlust und Apathie bewirken. Der Erreger wird im Kot oder durch Kloakentupferprobe nachgewiesen.

*Therapie*: Behandlung erfolgt oral über eine Sonde mit Ronidazol (Duodegran$^R$, MSD-AGVET) in einer Dosis von 10 mg/kg KM 10 Tage lang zusammen mit Boviserin$^R$ (Hoechst) oder Metronidazol (Clont$^R$, Bayer) in einer Dosis von 60 mg/kg KM 5 Tage lang.

### 8.1.2.2 Trematoden-Befall

Trematoden werden gelegentlich bei Importtieren angetroffen. Vertreter der Gattung *Ochetosoma* findet man in der Maulhöhle, Vertreter der Gattungen *Styphlodora* und *Paurophyllum* im Urogenitaltrakt der Schlangen, ohne daß klinische Erscheinungen sichtbar werden (CHIODINI, SUNDBERG, 1980).

*Styphlodora sp.* hat eine Länge von 3–6 mm und führt zu einer Nephritis mit parasitär bedingtem Harnstau, in deren weiterem Verlauf es zu einer Urikämie kommt (GRÜNBERG, KUTZER, 1964). Bislang gibt es keine zuverlässige Therapie für Trematoden im Urogenitaltrakt, jedoch lassen sich die der Gattung *Ochetosoma* aus der Maulhöhle absammeln.

### 8.1.2.3 Zestoden-Befall

Bandwürmer findet man vor allem bei Importtieren. Ohne Zwischenwirte ist aber eine Übertragung auf andere Tiere nicht möglich (ausgenommen *Cyclophyllidia*).

An den abgehenden Proglottiden kann der Tierbesitzer oft den Befall erkennen. Zestoden können zu chronischer Enteritis und Hyperplasie des Gewebes führen (TOFT, SCHMIDT, 1975)

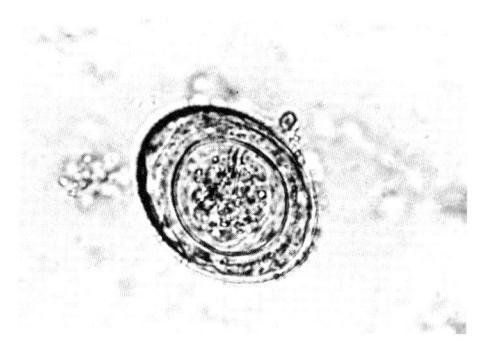

Abb. 38: Bandwurm-Ei (*Hymenolepis sp.*) von einer Abgottschlange, *Boa c. constrictor* (Foto: TSCHERNER)

*Therapie*: Zur Bekämpfung des Taenienbefalls eignen sich orale Gaben von Niclosamid (Yomesan$^R$, Bayer) in einer Dosis von 100–200 mg/kg KM. Für *Diphyllobothrium sp.* reicht diese Behandlung nicht aus.

Hier muß Praziquantel (Droncit$^R$, Bayer) in einer Dosis von 5 mg/kg KM, notfalls 10 mg/kg KM oral eingesetzt werden. SCHALLER (1984) weist auf Verluste nach Droncit$^R$-Behandlung hin. So starben zwei von vier mit Droncit$^R$ behandelten Abgottschlangen (*Boa constrictor*), die jeweils 5,5 bzw. 8 mg/kg KM oral erhalten hatten.

### 8.1.2.4 Nematoden-Befall

*Ursache/Erreger*: Die meisten Nematoden befallen den Magen-Darmtrakt. Es sind Askariden, Oxyuren, *Capillaria sp.*, Trichostrongyliden und *Strongyloides sp.* Ihre Eier lassen sich im Kot nachweisen. Nach massivem Wurmbefall, vor allem durch Askariden, kommt es gelegentlich zu Obstruktionen und durch das Eindringen von Bakterien in die Darmschleimhaut zu Enteritiden. Die Länge der im Ösophagus gefundenen *Strongyloides gulae* sowie der in der Dünndarmschleimhaut gefundenen *Strongyloides serpentis* und *S.mirzai* beträgt nur 2–3,5 mm. Daher werden sie bei Untersuchungen leicht übersehen (HOLT, 1978; WIESMAN, GREVE, 1982). *Strongyloides sp.* gilt als Wegbereiter für spätere Sekundärinfektionen.

*Therapie*: Zur Behandlung von Nematoden

# Infektionskrankheiten

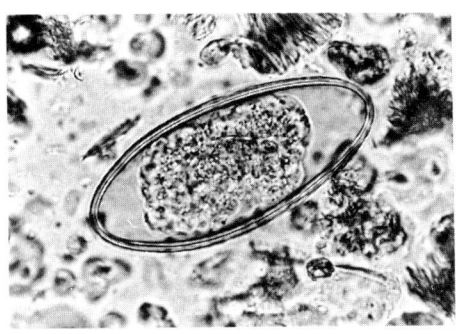

Abb. 39: Oxyuren-Ei von einer Prärie-Klapperschlange, *Crotalus viridis* (Foto: TSCHERNER)

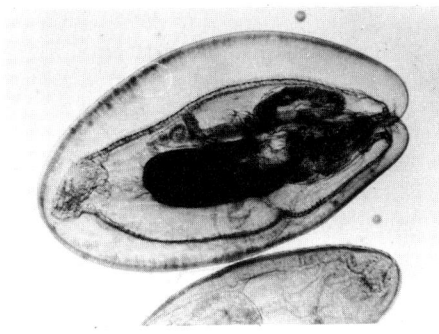

Abb. 40: Kratzerlarve von einer Korallenschlange, *Micrurus frontalis* (Foto: TSCHERNER)

eignet sich die orale Gabe von Mebendazol (Telmin[R], Janssen) in einer Dosis von 20–25 mg/kg KM. Wir setzen vorzugsweise Fenbendazol (Panacur[R], Hoechst) in einer Dosis von 25 mg/kg KM ein. Die Nachbehandlung sollte in gleicher Dosis nach 14 Tagen erfolgen. Nach HOLT (1982) wird Panacur[R] bis zu 100 mg/kg KM gut vertragen. Bei Askaridenbefall hat sich die Gabe von Piperazin[R] (Piperazin[R], Bela Pharm und Co KG) in einer Dosis von 250 mg/kg KM bewährt (KUNTZE, 1992). Riesen- und Giftschlangen, die Nahrung aufnehmen, bekommen das Medikament über ein Futtertier. Für die Bekämpfung der Oxyuren reicht diese Dosierung nicht aus. Hier empfiehlt sich Pyrviniumembonat (Molevac[R], Parke-Davis) in einer Dosis von 1 ml/kg KM. Die Therapie wird nach 10 Tagen wiederholt. Wenn auf diese Weise die Oxyuren nicht erfolgreich bekämpft werden können, muß notfalls Levamisol (Citarin-L[R], Bayer) in einer Dosis von 50 mg/kg KM s.c. eingesetzt oder 100 mg/kg KM oral gegeben werden.

Lebende kleine Nagetiere, die von den Schlangen nicht sofort gefressen werden, sind aus dem Terrarium zu entfernen, da sie auch als Wirt der Askariden fungieren.

### 8.1.2.5 Lungenwurm-Befall

*Ursache/Erreger*: Rhabdias fuscovenosa lebt in der Lunge einzelner Schlangen und führt zur Pneumonie mit vermehrter Schleimbildung und damit zu Atembeschwerden. Die embryonierten Eier werden im Trachealschleim und im Kot nachgewiesen (ZWART, 1990).

*Therapie*: Die Behandlung erfolgt mit Levamisol (Citarin-L[R], Bayer), sofern eine Magen-Darminfektion ausgeschlossen werden kann, in einer Dosis von 50 mg/kg KM s.c. oder bei oraler Verabreichung in einer Dosis von 100 mg/kg KM. Bei Magen-Darminfektionen muß mit Todesfällen gerechnet werden!

### 8.1.2.6. Mikrofilarien

*Ursache/Erreger*: Mikrofilarien der Gattung *Macdonaldius* führen bei Colubriden, Boiden und Viperiden gelegentlich zu pathologischen Veränderungen in der unteren Hohlvene und der Nierenvene (TELFORD, 1971). Im Blutausstrich lassen sich diese Parasiten nachweisen.
Da der Nachweis von der Tageszeit und der Aktivität des Wirtes abhängig ist, sollten die Untersuchungen wiederholt werden.

## 8.2 Mykosen

Mykosen treten bei Schlangen vor allem in Form von Dermatomykosen auf. Systemmykosen findet man meist erst bei der Sektion.

Tab. 26: Dermatomykosen nach Zwart und Schröder (1985)

| Erreger | Tierart | Veränderungen |
|---|---|---|
| Mucor plumbeus | Abgottschlange | Hautdefekte, Dermatitis |
| Mucor plumbeus | Schlange | Schuppenverfärbung, Borkenbildung |
| Rhizopodus arrhizus | Baumpython | Hyperkeratose |
| Rhizopodus arrhizus | Strumpfbandnatter | Ulzerationen und Hyperkeratose |
| Absidia corymbifera | Strumpfbandnatter | Braunfärbung der auffällig trockenen Schuppen |
| Mortierella indohii | Schlange | Schuppenverfärbung, Krusten, Pustelbildung |
| Candida albicans | Abgottschlange | Verdickung und Trübung der Hornhaut über den Augen |
| Candida albicans | Wassertrugnatter | weißlich verfärbte Schuppen |
| Trichosporon cutaneus | Abgottschlange | Hautläsionen |
| Dermatiacea sp. | Netzpython | Hautverdickung, blutige Schuppenränder, Nekrosenbildung |
| Aspergillus flavus | Baumpython | Hyperkeratose |
| Aspergillus fumigatus | Strumpfbandnatter | ulzerative Dermatitis |
| Aspergillus fumigatus | Klapperschlange | Hautnekrosen |
| Aspergillus sp. | Kletternatter | Dermatitis |
| Penicillium steckii | Wassertrugnatter | weißliche Hautflecken |
| Geotrichum candidum | Rautenpython | nekrotisierende Hautläsionen |
| Geotrichum sp. | Strumpfbandnatter | Hautpusteln |
| Fusarium semitectum | Abgottschlange | Dermatitis |
| Fusarium oxysporum | Abgottschlange | Entzündung der Hornhaut über den Augen |
| Fusarium oxysporum | Regenbogenboa | Entzündung der Hornhaut über den Augen mit Durchbruch in den Augapfel |
| Cephalosporium sp. | Netzpython | rotbraune Verfärbung der Bauchschuppen |
| Cephalosporium sp. | Hundskopfboa | braune Schorfbildung auf den Schuppen |
| Cephalosporium sp. | Schwarzkopfboa | bräunlich-schorfige Verfärbung auf den Schuppen |
| Chrysosporium tropicum | Pfeilnatter | — |
| Chrysosporium sp. | Kornnatter | Knötchenbildung in der Subkutis, Nekrosen und Riesenzellbildung |
| Scopulariopsis brevicaulus | Strumpfbandnatter | Verkrustung der Hornhaut über den Augen und dem Schnauzenbereich |
| Scopulariopsis brevicaulus | Strumpfbandnatter | herdförmige Hautverkrustung |
| Gliocladium roseum | Abgottschlange | Hautulzerationen |
| Monilia sitophila | Erdnatter | flächenförmige Schuppenveränderungen |
| Prototheca sp. | Kornnatter | Hautläsionen |

Infektionskrankheiten  161

## 8.2.1 Dermatomykosen

*Ursache/Erreger:* Ein Vielzahl von Pilzen, die Veränderungen der Schlangenhaut hervorrufen, haben ZWART und SCHRÖDER (1985) in einer Tabelle übersichtlich dargestellt. In den seltensten Fällen läßt sich der Erreger schnell ermitteln.
Bei einer Dermatose, die trocken und braun gerändert ist, muß mit einer Mykose gerechnet werden.
Gelegentlich findet man auf den Bauchschuppen dickblasige Veränderungen mit konfluierender, trübfadenziehender Flüssigkeit.
Hautmykosen können sich schnell ausbreiten und zum Tode führen (KEIL, 1992).
*Therapie:* Bei Verdacht auf eine Mykose ist unverzüglich täglich zweimal antimykotische Salbe aufzutragen. Am besten eignet sich der wechselweise Einsatz von Clotrimazol (Canesten[R]-HC-Creme, Bayer) und Miconazolnitrat (Daktar[R] Hydrocortison-Creme, Janssen).
Einige Mykosen treten als Mischinfektion mit anderen Pilzen und weiteren Erregern auf (siehe Tab. 26).

## 8.2.2 Systemmykosen

Systemmykosen findet man bei Schlangen selten. Sie können nicht am lebenden Tier, sondern erst bei der Sektion diagnostiziert werden.

## 8.3 Bakterielle Infektionen

### 8.3.1 Gramnegative Bakterien

*Aeromonas sp., Pseudomonas sp.* und *Salmonella sp.* werden häufig bei Schlangen gefunden. Durch die beiden erstgenannten Erreger, die sowohl einzeln als auch zusammen auftreten, kommt es oft zu Abszessen. Nicht zu unterschätzen sind Infektionen mit Salmonellen, zumal bei diesen Erregern eine Übertragung von den weiblichen Schlangen auf die Föten im Uterus möglich ist, wie für *Salmonella typhimurium* und *Salmonella arizonae* von CHIODINI (1982) bewiesen wurde. Aus Kloakentupfern gesunder Schlangen ermittelte GÖBEL und Mitarbeiter (1991) unter anderem *Bordetella sp., Citrobacter sp., Escherichia coli, Klebsiella sp.* und *Morganella morgani.*

### 8.3.2 Grampositive Bakterien

Aus Kloakentupfern gesunder Schlangen konnte GÖBEL (1991) *Micrococcus sp., Staphylococcus sp., Streptococcus sp.* und *Bacillus sp.* nachweisen.

## 8.4 Virusinfektionen

### 8.4.1 DNS-haltige Viren

Siehe Tabelle 27

Tab. 27: DNS-haltige Viren

| Virusart | Veränderungen | Autoren |
|---|---|---|
| Adenovirus | Dünndarm | HELDSTAB, BESTETTI, 1983 |
|  | Magen | JACOBSON, GASKIN, GARDINER, 1985 |
| Herpesvirus | Dünndarm | HELDSTAB, BESTETTI, 1983 |
|  |  | SIMPSON, JACOBSON, GASKIN, 1979 |
| Parvovirus | Dünndarm | AHNE, SCHEINERT, 1989 |
|  |  | HELDSTAB, BESTETTI, 1983 |
|  |  | JACOBSON, GASKIN, 1991 |

## 8.4.2 RNS-haltige Viren

Tab. 28: RNS-haltige Viren

| Virusart | Veränderungen | Autoren |
| --- | --- | --- |
| Picornavirus | Dünndarm | HELDSTAB, BESTETTI, 1982, 1984 |
| Reovirus | | AHNE, THOMSEN, WINTON, 1987<br>BLAHAK, GÖBEL, 1991 |
| Paramyxovirus | Lunge | AHNE, NEUBERT, 1991<br>BLAHAK et al., 1991<br>FLANAGAN, GASKIN, 1989<br>GASKIN, HASKELL, KELLER, 1989<br>JACOBSON, 1989, 1991<br>JACOBSON, GASKIN, 1981, 1989<br>JACOBSON et al., 1980, 1981<br>JACOBSON et al., 1991<br>LLOYD, FLANAGAN, 1991<br>MÜLLER, ZANGER, JAKOB, 1989<br>VAN HORN, 1989<br>WELLS, BOWLER, 1989<br>POTGIETER, SIGLER, RUSSEL, 1987 |
| Fer-de-lance-Virus | | FOELSCH, LELOUP, 1976 |
| Retroviren | ZNS | JACOBSON, 1980<br>SCHUMACHER, JACOBSON, GASKIN, 1990<br>ZSCHIESCHE et al., 1988 |
| Calicivirus | | SMITH et al., 1986 |
| Powassan-Virus | | WHITNEY et al., 1968 |
| St. Louis-Encephalitis-Virus | | WHITNEY et al., 1968 |
| Western Equine Encephalitis-Virus | | PRIOR, AGNEW, 1971<br>ROSENBUSCH, 1940<br>GEBHARDT et al., 1973 |
| Japan-Encephalitis-Virus | | LEE et al., 1972 |
| Oncornaviren | | ANDERSEN et al., 1979<br>IPPEN et al., 1978<br>KONSTANTINOV, IPPEN, 1983<br>LUNGER, CLARK, 1979<br>ZEIGEL, CLARK, 1969 |

# 9 Organkrankheiten

Während die Veränderungen der Haut und des Skelettsystems schon vom Tierhalter erkannt werden können, sind Erkrankungen der übrigen Organe meist erst bei der Sektion feststellbar. Neue Untersuchungsmethoden führen zu früheren Diagnosen und senken somit die Verluste.

## 9.1 Krankheiten der Haut

### 9.1.1 Dysecdysis

Hautveränderungen ergeben sich nicht selten während der Häutung (Ecdysis) als Folge von Haltungsfehlern (s. auch Stadien der physiologischen Häutung). Zu diesen Fehlern gehören ungeeignete Temperatur und Luftfeuchtigkeit. Aber auch parenterale Antibiotika-Gaben und ungeschickte Handhabung können den Häutungsprozeß stören. In diesen Fällen hilft ein mehrstündiges Bad im warmen Wasser oder in Kamillosan$^R$ und äußerst vorsichtiges Entfernen der losen Haut (Natternhemd). Gelegentlich bleiben Reste im Augenbereich als »Brille« oder direkt auf der Kornea erhalten. Differentialdiagnostisch muß abgeklärt werden, ob hier keine Hitzeblasen als Folge einer Verbrennung vorliegen. Auf keinen Fall dürfen die Hautreste mit einer Pinzette abgezogen werden. Sie lassen sich mit einem Fingernagel meist entfernen. Gelingt dies nicht, wird ein in Kamillosan$^R$ getränkter Tupfer für 24 Stunden auf das Auge geklebt, und anschließend werden die Hautreste vorsichtig entfernt. Empfohlen wird auch das Aufkleben eines Klebestreifens auf das trockene Auge und dann ein vorsichtiges Abziehen. Diesen Vorgang kann man zwei- bis dreimal wiederholen (KEIL, 1992). Ebenso wichtig ist es auch, Hautreste von der Schwanzspitze und den Zehen zu entfernen, da diese sonst absterben.

Ursache von Häutungsschwierigkeiten können neben bakteriellen Prozessen in der Haut auch starker Milbenbefall sein, der an weißen Stippchen (Exkrete der Milben) erkennbar ist.

Nach Neguvon$^R$ (Bayer) Behandlungen traten ebenfalls Häutungsprobleme auf (SCHMIDT, 1971). Bei Schlangen mit Hautkrankheiten werden häufigere Häutungen beobachtet als bei gesunden und gutgenährten Tieren.

### 9.1.2 Dermatitis

Ausgelöst durch bakterielle Infektionen oder Pilzbefall kommt es zu lokalen Hautveränderungen. Während bakterielle Dermatitiden durch herkömmliche Antibiotikasalben schnell ausheilen, ist die Behandlung von Mykosen schwieriger. Beobachtet werden hier *Trichoderma sp., Geotrichum sp., Fusarium sp.* und gelegentlich *Penicillium sp.*

*Therapie*: Die veränderte Haut wird mit Betaisodona$^R$-Salbe (Mundipharma) oder mit Braunovidon$^R$-Salbe (Braun Melsungen) abgedeckt. Bei Verdacht auf Mykose wird die Haut mit Canesten$^R$ oder mit Nystatin bestrichen. Gute Erfolge erzielte JACOBSON (1980) mit einer 1%igen Tolnaftatcreme (Tinatox$^R$-Creme, Brenner). Entscheidend für die Wundheilung ist vor allem die Verbesserung der Haltungsbedingungen, insbesondere der für die Schlangenart notwendigen Luftfeuchtigkeit. Oft kommt es schon durch Optimierung der Haltungsbedingungen zur Heilung, bevor Medikamente eingesetzt werden. Nach einer Dermatitis kann es angezeigt sein, die Häutung medikamentös auszulösen, um den Heilungsprozeß zu fördern. In der Regel erreicht man das mit 50000–100000 I.E. Vitamin A. Nach einer Woche wird das Schuppenkleid trüb, und in der darauffolgenden Woche kommt es meist zur Häutung. Mißlingt diese Therapie, kann diese Behandlung wiederholt werden.

Bei Schlangen, die gerne das Wasser aufsuchen, findet man öfters nur wenig erhabene Hautwunden, ein Hinweis, daß hier geschlechtsreife Nematodenweibchen die Haut des Wirtstieres durchbohrt und verlassen haben. Dabei handelt es sich meist um Arten der Familie *Dracunculidae* (FRANK, 1975).

### 9.1.3 Nekrotische Dermatitis

Unbehandelt können die obengenannten Störungen zu einer nekrotischen Dermatitis führen, die dann oft sehr schwer zu therapieren ist. Die Ursachen sind meist Mischinfektionen mit Bakterien und Pilzen.

*Therapie*: Nach dem Abtragen der Detritusmassen wird die Wunde mit Betaisodona[R]-Salbe (Mundipharma) abgedeckt und eine Probe für ein Antibiogramm entnommen, um eine gezielte antibiotische Behandlung einzuleiten. In einzelnen Fällen setzen wir auch Leukase[R]-Pulver (Smith Kline Beecham) oder Deshisan[R]-Wundstreupulver (Arzneimittelwerk Leipzig), eine hochpolymere Zellulose mit hoher resorptiver Wirkung ein. Bei Verdacht auf Hautpilze sollte die Wunde mit Clotrimazol (Canesten[R]-Creme, Bayer) oder mit Nystatin (Nystatin[R]-Lederle-Salbe, Cyanamid-Novalis) abgedeckt werden.

### 9.1.4 Abszesse

Die häufigsten Hautkrankheiten bei Schlangen sind abszedierende Dermatitiden. Als Erreger ermittelte man überwiegend *Pseudomonas sp.* und *Aeromonas sp.* einzeln oder zusammen mit weiteren Erregern. Nach dem Spalten der Abszesse und dem Entfernen des krümeligen Eiterinhalts sowie der pyogenen Membran mit einem scharfen Löffel wird Leukase[R]-Puder aufgestreut, oder es werden Leukase[R]-Kegel eingelegt. Eine gezielte weitere Behandlung läßt sich oft erst nach Erstellung eines Antibiogramms durchführen.

### 9.1.5 Bläschenkrankheit

Die Bläschenkrankheit wird von Herpetologen fälschlicherweise als »Pocken« bezeichnet, obwohl bei Schlangen bislang noch keine Pockenviren nachgewiesen wurden. Es handelt sich dabei um kleine Bläschen, die sich unter den Schuppen entwickeln und diese etwas anheben. Sie werden nur auf der Dorsalseite der Schlange meist bei zu hoher Luftfeuchtigkeit angetroffen und dürfen nicht mit den dickblasigen Veränderungen durch Mykosen auf der Bauchseite verwechselt werden.

*Therapie*: Nach Spalten der Bläschen und Bestreuen mit Deshisan[R]- oder Leukase[R]-Puder sowie parenteraler Gabe eines Antibiotikums kommt es zur Wundheilung (MATUSCHKA, 1975).

### 9.1.6 Hautknoten

Hautknoten werden durch Bakterien, Parasiten oder Pilze verursacht. Bakteriell bedingte Veränderungen können über einen langen Zeitraum in der Haut verborgen bleiben, aber auch zu Abszessen führen.

Als Parasiten lassen sich in den Knoten gelegentlich Bandwurmfinnen von *Diphyllobothriidae* oder *Mesocestoidae*, Mikrofilarien sowie die Nematodenlarven von *Eustrongylides sp.* nachweisen. Nach Desinfektion und Lokalanästhesie werden die Knoten gespalten und die aufgerollten Plerozerkoide mit einer Pinzette vorsichtig entfernt.

Nach einer antibiotischen Versorgung schließt man die Wunde mit einem Heft (KUTZER, 1985). Nach der chirurgischen Entfernung der subkutan liegenden *Eustrongylides sp.* erholten sich die Patienten (LICHTENFELS, LAVIES, 1976). Baumschlangen, die sich während der Behandlung stark aufringeln, verbringt man in eine durchsichtige Plexiglasröhre, die für diesen Eingriff entsprechende Öffnungen hat.

Um die Schlange in diese Röhre zu bringen, nutzt man das Fluchtverhalten des Tieres. Die mit einem Handtuch umwickelte Röhre wird vor die Schlange gehalten, die dann sofort in die leicht nach oben gerichtete Röhre gleitet.

### 9.1.7 Verbrennungen

Durch falsche Installation von Wärmequellen kommt es gelegentlich zu Verbrennungen. Sie werden durch Abdecken mit Betaisodona[R]-Salbe (Mundipharma), später durch Auftragen von Wundöl (Granugenol[R]-Wundöl, Knoll) behandelt.

## 9.2 Krankheiten des Muskel- und Skelettsystems

### 9.2.1 Kaudales Aufrollsyndrom

Als kaudales Aufrollsyndrom (CCS - Caudal coiling syndrome) bezeichnet man ein Phänomen, bei dem frischgeschlüpfte Schlangen (*Boa c. constrictor*) die hintere Körperhälfte zu einem Knäuel aufrollen. Solange die Tiere immobilisiert sind, lassen sie sich entrollen. Es ist nicht ausgeschlossen, daß es sich um eine kongenitale Mißbildung handelt (FITZGERALD et al., 1990).

### 9.2.2 Krankheiten des Skelettsystems

Bei ausschließlicher Verfütterung von Muskelfleisch kann es, aufgrund des ungünstigen Ca : P-Verhältnisses, zu Kalziummangel und in dessen Folge zu Osteodystrophie und Spontanfrakturen kommen. Bei Verfütterung von Futtertieren kommt dies nicht vor. Viele Frakturen werden vom Halter nicht erkannt, im Röntgenbild aber gut dargestellt. Meist sind es Rippenbrüche, die oft ohne Behandlung wieder verheilen. Problematischer sind Wirbelfrakturen mit Querschnittslähmungen. In einem solchen Fall muß im Bereich der Fraktur ein Kunststoffverband angelegt werden. Die Stabilisierung kann zur völligen Regeneration des Tieres führen. Als unterstützende Maßnahme zur Behandlung von Frakturen wird Vitamin $D_3$ und Kalzium (Frubiase[R] Calcium forte T Trinkampullen, Boehringer Ingelheim) verabreicht und für genügend UV-Bestrahlung gesorgt.

## 9.3 Krankheiten der Verdauungsorgane

### 9.3.1 Erbrechen

Einige Schlangenarten neigen dazu, leicht zu erbrechen, andere Arten würgen gelegentlich die Nahrung heraus (FLANAGAN, HARWELL, 1983). Dies darf aber nicht mit dem physiologischen Vorgang des Herauswürgens von geruchlosem und trockenem Gewölle verwechselt werden. Der Brechreiz kann bei Schlangen im Extremfall so stark sein, daß sogar der Magen herausgestülpt wird.
Ursachen für Erbrechen sind:
1. Haltungsfehler und Streß.
2. Bakterielle Enteritiden, ausgelöst durch starke Vermehrung von Keimen, die auch bei klinisch gesunden Schlangen häufig nachgewiesen werden, wie vor allem Salmonellen, *Citrobacter* und *Pseudomonas*. In diesen Fällen wird eine orale Verabreichung von Neomycinsulfat am Tage der Fütterung empfohlen (FLANAGAN, HARWELL, 1983).
3. Parasitenbedingte Störungen, so z. B. durch Protozoen (*Entamoeba sp.* und *Hartmanella sp.*) oder Kryptosporidien-Infektionen, die oft eine Hyperplasie der Magenschleimhaut auslösen, oder durch Askariden und Bandwürmer, die eine mechanische Blockade im Dünndarm auslösen.
4. Paramyxovirus-Infektion.
5. Vergiftungen, z. B. durch Dichlorphos.
6. Obstruktionen durch Fremdkörper und Neoplasien.
7. Nierengicht.

### 9.3.2 Maulfäule

*Ursache/Erreger*: Ulzerative Stomatitis oder Maulfäule ist eine der häufigsten Krankheiten bei Schlangen. Neben Vitamin C- und A-Mangel wird eine Vielzahl von Keimen, die durch Mikroläsionen in die Schlange eindringen, verantwortlich gemacht. Neuerworbene Schlangen verletzen sich an der ihnen noch unbekannten Glaswand des Terrariums. Bei der Maulfäule lassen sich meist *Aeromonas*, *Klebsiella* und *Pseudomonas* nachweisen (HESS, RUDY, 1974). Sogar Mykobakterien wurden bei einer an Stomatitis erkrankten *Boa constrictor* gefunden (QUESENBERRY et al., 1986). Nach längerem Krankheitsverlauf kann man nekrotisierende Granulome in der Leber nachweisen.

*Diagnose*: Wenn Schlangen über einen längeren Zeitraum Nahrung verweigern, sollte unbedingt die Maulhöhle untersucht werden. Die infizierte Maulschleimhaut ist mit weißlichgelben Belägen überzogen. Oft findet man eitrig-käsige bis nekrotische Beläge sowie Schleimhautdefekte. Bei einer *Pseudomonas*-Infektion schwillt der Kopf der Schlange an, auf der Maulschleimhaut findet man diphtheroide Beläge. Differentialdiagnostisch ist zu beachten, daß weiße Ablagerungen in der Haut nicht bei Maulfäule, sondern bei Gicht beobachtet werden.

*Therapie*: Nach mechanischem Entfernen der Detritusmassen wird das Maul mit 3%igem Wasserstoffperoxid gereinigt und anschließend mit Supronal^R (Bayer) oder Chloramphenicol eingepinselt. Nach einer solchen Behandlung sind Multivitamin-Gaben empfehlenswert (BURKE, 1972). In hartnäckigen Fällen hat sich das Abtragen mittels Kryochirurgie bewährt (GREEN, COOPER, JONES, 1977). Neben der lokalen Behandlung erhalten die Schlangen parenteral Enrofloxacin (Baytril^R, Bayer) in einer Dosis von 3–5 mg/kg KM täglich oder Gentamicin in einer Dosis von 2,5 mg/kg KM jeden dritten Tag (maximal 3–4 Behandlungen!). Die Dosis von Baytril^R kann bis zu 10 mg/kg KM erhöht werden (SPÖRLE et al.,1991). Bei der Verabreichung von Baytril^R ist jedoch zu bedenken, daß dieses Präparat bei Jungtieren Wachstumsstörungen aufgrund einer Knorpeldystrophie hervorruft und bei adulten Tieren gelegentlich Zahnausfall auslöst. Chronische Stomatitis, die mit Gentamicin-Behandlung nicht vollständig abheilte, konnte mit einer *Pseudomonas*-Vakzine erfolgreich therapiert werden (ADDISON, JACOBSON, 1974).

## 9.3.3 Krankheiten der Zähne

Gelegentlich kommt es zu purulenten Entzündungen der Giftdrüsen und des dazugehörigen Zahnes, erkennbar an der asymmetrischen Kieferschwellung, Nasenausfluß und Salivation (KUNTZE, 1992).
*Therapie*: Extraktion des Giftzahnes und Entfernung der Giftdrüse.

## 9.3.4 Krankheiten des Magen-Darmtraktes

Störungen des Magen-Darmtraktes sind meist Folge von Infektionen durch Parasiten wie Amöben und Nematoden, durch Bakterien wie Salmonellen sowie durch Pilze, die oft unerkannt bleiben und erst bei der Sektion festgestellt werden. Für Veränderungen des Magen-Darmtraktes als Folge von Virusinfektionen (Parvo-, Adeno-, Herpes- und Picornavirus) ist eine *Therapie* nicht bekannt (HELDSTAB, BESTETTI, 1984). Parasiten lassen sich im Kot, Bakterien mittels Rachen- und Kloakentupfer nachweisen. Anschließend kann eine gezielte Behandlung eingeleitet werden. Das Herauswürgen der Beutetiere nach 1–2 Tagen, vermehrte Wasseraufnahme, Schleim in der Maulhöhle und grauer, schmieriger stinkender Kot können Anzeichen einer Infektion mit *Pseudomonas* oder *Aeromonas* sein. Oft treten bei schweren bakteriellen Infektionen Koordinations- und Gleichgewichtsstörungen auf. Bei bakteriellen Erkrankungen haben sich orale Gaben von Terramycin^R bewährt. Geschwächte Schlangen, die bereits über einen längeren Zeitraum keine Nahrung aufgenommen haben, erhalten mit der Sonde Boviserin^R (Hoechst) oder rohes Ei. Zwangsfütterung ist nicht unproblematisch, da es hier zu Verletzungen kommen kann. Oft würgen die Schlangen das Futter dann wieder heraus. Störungen des Magen-Darmtraktes durch Fremdkörper findet man bei Schlangen seltener als bei Schildkröten und Echsen.

## 9.3.5 Obstipationen

Gelegentlich werden Kotanschoppungen, meist als Folge von Infektionen, massenhaftem Wurmbefall oder Fremdkörpern, beobachtet. Auch übergroße Futtertiere und zu niedrige Temperaturen können eine Obstipation auslösen (PETZOLD, 1982). Hier helfen Einläufe mit warmem Wasser und leichte Massagen. EULENBERGER und ENGELMANN (1984) berichten über eine Koprostase bei einer Tigerpythonschlange, die durch ein Wachsei ausgelöst wurde und in deren Verlauf es zu einer Kotanschoppung kam. Nach

Entfernung des Wachseies konnten 2,8 kg Kot aus dem Enddarm herausmassiert werden.

### 9.3.6 Kloaken- und Mastdarmvorfall

Nach Enteritiden oder Kloazitis lösen Schmerzen bei der Schlange Preßreaktionen aus. Eine Kloazitis, die oft vom Tierhalter unbemerkt bleibt, kann zum Tod der Schlangen führen. Reizungen der Kloake können zum Ausstülpen derselben führen. In der Regel genügt es, die Kloake vorsichtig zu reponieren, etwas Supronal^R (Bayer) hineinzugeben und diese Region mit einem breiten Klebeband zu verkleben. Der Schlange wird noch etwas Paraffinöl oral eingegeben. Nach einigen Tagen ist das Klebeband zu entfernen. Hält das Pressen weiter an, muß die Kloake mit einer Tabaksbeutelnaht verschlossen werden. Falls es zu einer Koprostase kommt, ist der Verschluß wieder zu öffnen. Sollte es jedoch zu Rezidiven kommen, ist eine Amputation mit Absetzen eines kurzen Darmstücks unvermeidlich und wird von Schlangen gut überstanden (LEASH, 1977). Empfohlen wird bei Rezidiven auch die Durchführung einer Kloakopexie, bei der bei Riesenschlangen (BODRI, SADANAGA, 1991) eine 4 cm lange paramediane Inzision durchgeführt wird. Diese erfolgt dort, wo die ventralen mit den lateralen Schuppenreihen zusammentreffen. Vorher wird ein gleitfähig gemachter Watteträger in die Kloake hineingeschoben und die Region für die spätere Schnittführung palpatorisch festgelegt. Vorsichtig wird jetzt diese Region bis zum Pleuroperitoneum freigelegt, bis die Kloake und der Dickdarm sichtbar sind. Jetzt wird der lateroventrale Teil der Kloake mit der Skelettmuskulatur vernäht. Das subkutane Gewebe wird mit resorbierbarem Nahtmaterial (Dexon^R, Braun Melsungen), die Schlangenhaut selbst mit einer Kammnaht geschlossen.

## 9.4 Krankheiten der Atmungsorgane

Ein röchelndes, zum Teil pfeifendes Atemgeräusch mit blasiger Schleimbildung in der Maulhöhle, der Nasenöffnung und der Trachea sind meist ein Hinweis auf eine Pneumonie. Die erkrankten Schlangen haben in Ruhestellung ein geöffnetes Maul. An lebenden Schlangen sind Untersuchungen mittels Trachealtupfer möglich. Die von JACOBSON (1989) empfohlenen Lungenspülungen mit Kochsalzlösungen und sterilen Kathetern sind nicht unproblematisch.

### 9.4.1 Parasitenbedingte Pneumonien

IPPEN (1968) berichtet, daß bei 12 % der ursächlich an Pneumonien gestorbenen Schlangen Parasitenbefall (Nematoden und Arthropoden) gefunden wurde. Bestimmt wurden Lungenmilben (*Vatacarus sp., Pneumonyssus sp.*), Nematoden (*Rhabdias fuscovenosa*) und die zu den Arthropoden gehörenden Zungenwürmer (*Linguatulidae*). Größere Pentastomidenarten kann man sogar auf Röntgenaufnahmen erkennen. Lungennematoden sind eine nicht zu unterschätzende Gefahr für den Schlangenbestand, da sie sich äußerst schnell ausbreiten und dann zu erheblichen Verlusten führen können (JAKOB, TSCHERNER, DATHE, 1990; AKINYEMI, IKEDE, 1982).

*Therapie*: Die Behandlung der Lungenwürmer erfolgt mit Levamisol (Citarin-L^R, Bayer) in einer Dosis von 25–50 mg subkutan. Die Behandlung der Zungenwürmer (*Linguatulidae*) ist äußerst problematisch und mit Ivermectin sehr risikoreich. Trotzdem werden Gaben von Ivermectin (Ivomec^R, MSD AGVET) in einer Dosis von 0,2 mg/kg KM i.m. oder i. p. empfohlen (ZWART, 1990).

### 9.4.2 Bakteriell bedingte Pneumonien

Eine Vielzahl von Bakterien kann Störungen des Respirationstraktes, vor allem aber Pneumonien auslösen. In der Regel sind Oxytetracyclingaben in einer Dosis von 50 mg/kg KM i. m. an drei aufeinanderfolgenden Tagen oder Tylosin (Tylan$^R$-50, Elanco) in einer Dosis von 25 mg/kg KM i. m. an drei aufeinanderfolgenden Tagen zu empfehlen. In hartnäckigen Fällen wird die Gabe von 100 mg/kg KM empfohlen (SPÖRLE, pers. Mitt.). Eine gezielte Therapie ist jedoch nur nach einer genauen Untersuchung mittels Trachealtupfer und Keimbestimmung möglich.

### 9.4.3 Virusbedingte Pneumonien

Neben einer Vielzahl bakterieller Erkrankungen der Lunge führen vor allem Virusinfektionen zu hohen Verlusten. So beschreibt AXTHELM (1985) bei jungen *Boa constrictor* eine Infektion mit Verlusten bis zu 100 %. Für die Bekämpfung der Paramyxovirus-Infektion entwickelten FLANAGAN und GASKIN (1989) eine Vakzine, die sie Klapperschlangen an der Schwanzbasis injizierten, und zwar am 1., 28. und 63. Tag je 0,5 ml. Die mit den Paramyxoviren verwandten Parainfluenzaviren lösen ebenfalls Pneumonien aus. Bei der Untersuchung einer interstitiellen Pneumonie konnte dieses Virus isoliert werden (POTGITER et al., 1987).

## 9.5 Krankheiten der Kreislauforgane

Herzerkrankungen und pathologische Veränderungen des Herz-Kreislaufsystems werden bei lebenden Schlangen selten diagnostiziert, obwohl sie häufig auftreten und bei Sektionen beschrieben werden. Störungen der Kreislauforgane sind meist Folge von suboptimaler Haltung oder von Krankheiten. Veränderungen an den kleinen Herzen der Schlangen kann man leicht übersehen. Bei Sektionen konnten bei 19,6 % der Fälle Veränderungen am Herzen festgestellt werden. Die häufigste Herzveränderung ist das Herzklappenödem. Auch das wird bei der Sektion vermutlich leicht übersehen (KEIL, 1991). Weitere Befunde sind Hydroperikard, Myodegeneratio cordis, Herzhypertrophie und Mißbildungen. Eine Myopathie mit fibroblastischen Proliferationen und einem osteoidähnlichen Saum beschreibt BARTEN (1980). Bei Veränderungen des Herzens findet man gelegentlich Ödeme im Kopfbereich der Schlange. Erfolgreich konnte eine Herzinsuffizienz mit einer Schwellung im Herzbereich als Folge einer Herzvergrößerung mit Metildigoxin (Lanitop$^R$, Boehringer), in einer Dosierung von 0,016 mg/kg KM jeden dritten Tag, behandelt werden. Arrhythmie und Tachykardie verschwanden (KEIL, 1991).

Mit Hilfe der Sonographie diagnostizierten JACOBSON, HOMER und ADAMS (1991) bei einer Pythonschlange die Vergrößerung der rechten Herzkammer. Während einer Kontrast-Angiographie führten sie nach einem kleinen Gefäßschnitt 24 cm kaudal des Herzens den Katheter in die Vena azygos ein. Die Schlange überlebte zwar diesen Eingriff, starb danach aber an einem Thrombus, der die Herzkammer ausfüllte. Er enthielt *Corynebacterium sp.* und *Salmonella arizona*. Auch Mikrofilarien können durch Verstopfung großer Abdominalarterien zum Absterben der dahinter- liegenden Bezirke mit fortschreitenden nekrotischen Veränderungen führen. So vor allem die durch Lederzecken (*Ornithodoros talaje*) übertragene Filarie *Macdonaldius oschei* in neuweltlichen Riesenschlangen (FRANK, 1975).

## 9.6 Krankheiten der Harn- und Geschlechtsorgane

### 9.6.1 Nierenkrankheiten

Als Folge hoher Dosierungen von Gentamicin kommt es unter anderem vielfach auch zu Nierengicht. Schwere Nierenschäden können auch digene Trematoden hervorrufen. Schlangen können bis zu 66 % befallen sein. Die Diagnose kann erst nach der Sektion gestellt werden. Eine Therapie ist unbekannt (GRÜNBERG, KUTZER, 1964; KAZACOS, FISHER, 1977). Neben Infektionen werden bei Schlangen auch Neoplasien beschrieben. Bei acht von JACOBSON et al. (1986) untersuchten Nierentumoren wurden in fünf Fällen Adenokarzinome festgestellt.

## 9.6.2 Viszeralgicht

Gicht, als Folge einer Nierenschädigung, ist die häufigste Stoffwechselstörung der Reptilien, vor allem der Schlangen. Es kommt zu Harnsäureablagerungen in den Nieren und in den serösen Häuten, insbesondere des Perikards. Gelegentlich findet man auch Uratablagerungen in der Maulschleimhaut. Beträchtliche Harnsäurestauungen in den Nierentubuli und Ureteren werden von KEIL (1991) beschrieben. Sogar in den Lymphgefäßen kommt es zu Harnsäure-Ablagerungen (ZWART, 1989). In einzelnen Fällen lassen sich die verkalkten Gichtknötchen im Röntgenbild darstellen. Harnsäurebestimmung im Serum kann ein wichtiges diagnostisches Hilfsmittel sein. Die Harnsäurewerte im Schlangenserum sind niedriger als die im Serum von Schildkröten (ROSSKOPF, WOERPEL, YANOFF, 1982). KEIL (1991) nennt als Ursache für Nierengicht bei Schlangen:
- Wassermangel
- zu niedrige Haltungstemperaturen
- Niereninfektionen (Bakterien, Parasiten)
- Gentamicin-Überdosierung; Dosierungen von 4 mg/kg KM über sieben Tage führten bereits zum Tode von *Python sp.* und *Epicrates sp.* (JACOBSON, 1976; MONTALI, BUSH, SMELLER, 1979)
- Nierenschädigung durch Vitamin-A-Mangel
- Obstruktion der harnableitenden Gefäße,
- weitere Haltungsfehler und alle Kombinationen im Sinne eines multifaktoriellen Geschehens.

Die Patienten zeigen nach KEIL (1991) übereinstimmend folgendes Verhalten:
- plötzliche Futterverweigerung
- unphysiologische Lage im Terrarium
- unkoordinierte Bewegungen
- Apathie
- der Harn wird häufiger in kleinen Mengen abgesetzt
- es finden sich keine Klumpen von Harnsäure mehr
- das Züngeln wird seltener und die Zungenbewegungen werden langsamer,
- Nach Flüssigkeitssubstitution zeigen die Tiere Hinterleibsvergrößerung
- Harnsäureablagerungen sind in der Maulschleimhaut sichtbar

- zyanotische Verfärbung der Maulschleimhaut.

*Therapie*: Eine Behandlung ist wenig erfolgversprechend. Jedoch sollte neben Flüssigkeitszufuhr und der Gabe von Vitamin A auch Allopurinol in einer Dosis von 15–20 mg/kg KM einen Monat lang mit der Sonde oral verabreicht werden. Bei diesem Behandlungsversuch erhalten die Patienten anschließend über einen Zeitraum von zwei bis vier Wochen zweimal, dann einmal wöchentlich Allopurinol[R]. So wird Harnsäurebildung weitgehend verhindert und in einer gut wasserlöslichen Vorstufe der Harnsäure mehr Flüssigkeit ausgeschieden (KEIL, 1991). Nierengicht, die durch starke Vergrößerung einer Niere und Obstruktion der Harngefäße ausgelöst wird, kann erfolgreich durch Nephrektomie behoben werden, sofern die andere Niere noch funktionsfähig ist (RAPHAEL, 1984).

## 9.6.3 Krankheiten der weibchen Geschlechtsorgane

Die Mehrzahl der Störungen werden leider oft erst bei der Sektion gefunden. Hauptsache sind falsche Haltungsbedingungen. So wird z. B. die Dotterretention als Folge des gestörten Biorythmus angesehen. Es kommt zum Absterben der Eier im Ovar, in dessen Folge es später zu einer Fettleber kommen kann.

### 9.6.3.1 Legenot

Störungen bei der Eiablage werden besonders häufig bei Schlangen beobachtet. Gelegentlich wird der Zeitpunkt der Eiablage über Monate problemlos überstanden. Oft vergeht über ein Jahr, ehe es zu Störungen kommt (Wachseier). Bei Schlangen sind die Eier schon durch die Haut erkennbar oder können im Röntgenbild sicher dargestellt werden. Die Ursachen für die Störungen der Eiablage sind vielfältig. Gelegentlich genügt schon eine Temperaturerhöhung, um die Eiablage auszulösen. Es wird jedoch in vielen Fällen ein Kalziummangel vermutet. Durch die Gabe von Kalzium (Calcium-Sandoz[R]) in einer Dosierung von 500 mg/kg KM und Oxytocin in einer Dosis von 3 I.E./kg KM wird die Eiablage ausgelöst. In Einzelfällen wurden bis zu 10 I.E./kg KM verabreicht (MILLICHAMP et al., 1983). Empfohlen wird auch wegen seiner Langzeitwirkung das Carbetocin (Depotocin[R], Veyx) in einer Dosis von 1 ml/10 kg KM. Sollte trotz deutlich erkennbarer Wehen kein Ei abgelegt werden, kann mit warmen Wassereinläufen und leichter Massage nachgeholfen werden. Kommt es in den darauffolgenden 24–48 Stunden nicht zur Eiablage, wird ein chirurgisches Vorgehen notwendig (BARTEN, 1985; BODRI et al., 1990; GRAIN, EVANS, 1984; MULDER, HAUSER, PERRY, 1979).

## 9.6.4 Krankheiten der männlichen Geschlechtsorgane

Gelegentlich kommt es zu Hemipenisvorfall. Meist gelingt die Reponierung. Ist es bereits zu starken Veränderungen gekommen, ist eine Amputation problemlos möglich, da aufgrund der anatomischen Sonderbildung die Hemipenes der Reptilien keine harnableitenden Gefäße haben. Bei den folgenden Paarungen setzen die Schlangen den anderen Hemipenis ein. Gelegentlich kommt es zur Abszeßbildung in den Analbeuteln der männlichen Schlangen. Die Störungen gehen von den Drüsen aus, die an der Schwanzbasis kaudal der Kloake und dorsal der Hemipenes liegen. Um die Haut über der Drüse zu spalten und die Drüse teilweise oder ganz zu exstirpieren (JACOBSON, KOLLIAS, 1989), sollte vorher eine Knopfsonde eingeführt werden.

## 9.7 Krankheiten der Sinnesorgane

### 9.7.1 Krankheiten der Augen

Schlangen haben keine Augenlider oder Nickhaut. Eine sehr dünne und durchsichtige Hautschicht, die sogenannte »Brille«, die bei Häutungen mit gewechselt wird, schützt den Augapfel. Dies hat zur Folge, daß bei Häutungen durch unsachgemäße Hilfe des Besitzers die Augen beschädigt werden können. Eine nicht mitgehäutete »Brille« führt oft zu bakteriellen Infektionen zwischen neuer und alter Augenschuppe.

Eine Eiteransammlung kann zur Zerstörung des Auges führen. Eine einmal nicht mitgehäutete »Brille« kann auch bei nachfolgenden Häutungen nicht mehr mitgehäutet werden. Deshalb ist es wichtig, daß Häutungsreste vorsichtig entfernt werden.

Auf keinen Fall darf man dazu eine Pinzette benutzen. Nach gründlichem Einweichen in warmem Wasser oder Kamillosan[R] lassen sich meist die Hautreste mit dem Fingernagel vorsichtig entfernen. Notfalls klebt man einen Klebestreifen auf das trockene Auge und zieht vorsichtig die Häutungsreste ab.

Dieser Vorgang kann dreimal wiederholt werden. Weiterhin können Traumen und Verbrennungen Ursache von Beschädigungen der Augen sein. Bei schweren und nicht therapierbaren Augenschäden ist eine Augenexstirpation angezeigt, die von Schlangen gut überstanden wird (ENSLEY, ANDERSON, BACON, 1978; COLLETTE, CURRY, 1978; COOPER, 1975).

# 10 Intoxikationen

Schlangen reagieren auf Insektizide empfindlicher als andere Reptilienarten. MUTSCHMANN (1991) untersuchte die Toxizität der Pyrethroide und beschrieb die einzelnen Stadien der Störungen bis hin zum Tod. Nur in Ausnahmefällen, wenn andere Präparate versagen, empfiehlt er deshalb für Schlangen gegen Milbenbefall Permethrin in einer Dosis von 0,05–0,1 mg/kg KM.

Vorsicht ist auch bei einzelnen Medikamenten geboten. So berichtet SCHALLER (1984) von einem Verlust von zwei Abgottschlangen und vermutet, daß die Gabe von Droncit[R] (Bayer) in einer Dosierung von 5–8 mg/kg KM zum Tode der Schlangen führte. Das Versprühen von 0,2 %iger Neguvon[R]-Lösung (Bayer) auf Schlangen und Terrarieneinrichtung führte zu Häutungsschwierigkeiten.

Die Schlangen überlebten und häuteten sich später problemlos (SCHMIDT, 1971).
Zu Intoxikationen kann es auch bei Verfütterung von Kröten kommen (KARSTAD, 1967).

So kam es zu Verlusten von Fuchsnattern (*Elaphe vulpina*) nach Verfütterung von Amerikanischen Kröten (*Bufo americanus*).

# 11 Tumoren und Mißbildungen

Wie aus einer Zusammenstellung von IPPEN (1985) hervorgeht, werden bei Schlangen gelegentlich Tumoren gefunden. Die Entfernung der Tumoren ist oft erfolgreich, wenn sie frühzeitig erfolgt. Problematisch und oft mit schlechter Heilungstendenz sind Eingriffe im Kopfbereich. So führten WILHELM und EMSWILLER (1977) einen Operationsversuch eines Intraoralkarzinoms bei einer Pythonschlange durch. Über die Operation eines schnell wachsenden Fibrosarkoms bei einer *Boa constrictor* kaudal des Kopfes berichten FRYE und DUTRA (1973).

Erfolgreich konnte ein Leiomyosarkom aus der Darmwand des Duodenums bei einer Indigoschlange entfernt werden (BARTEN, FRYE, 1981). Von 8 untersuchten Neoplasien in Nieren von Schlangen lag in sechs Fällen ein Adenokarzinom vor, zwei Schlangen entwickelten ein Adenom (JACOBSON et al., 1986). Bei einem Netzpython entwickelte sich kranial der Kloake ein 15 cm langer Tumor, von dem über mehrere Monate über die Kloake graubraune Klumpen ausgeschieden wurden. Die ausgeschiedenen Teile wie auch der Tumor selbst erwiesen sich als tubuläres Adenokarzinom (BAUMGARTNER et al., 1987). Mittels Biopsie konnten JACOBSON und Mitarbeiter (1981) zu Lebzeiten bei einer Königsnatter und einer Nashornviper Lymphosarkome nachweisen.

Ein neues Verfahren der Tumorbehandlung stellen LOOMIS und Mitarbeiter (1991) vor und können so mit der photodynamischen Therapie (Photodynamic therapy (PDT)) bösartige Tumoren mit Hilfe von Laserstrahlen (Cooperlaser Sonics Aurora M oder Spectra Physics Model 171 Argon/Model 375 Dye Laser) erfolgreich behandeln.

Bei der großen Zahl der Anomalien bei Schlangen sei auf die Übersicht von IPPEN (1985) hingewiesen.

# 12 Behandlungsmethoden und chirurgische Eingriffe

## 12.1 Intramuskuläre und subkutane Injektion

Die Mehrzahl der Medikamente wird subkutan im letzten Drittel der Schlange dorsolateral verabreicht. Kaudal der Kloake kann je nach Länge des Schwanzes ventrolateral intramuskulär injiziert werden. Ventromedial liegen nicht nur die für die Blutgewinnung wichtigen Gefäße, sondern auch Drüsen und die beiden Hemipenes.

## 12.2 Injektion in das Coeliom

Sie erfolgt kranial der Nieren (s. anatomische Hinweise).

## 12.3 Chirurgische Eingriffe

Chirurgische Eingriffe werden von Schlangen gut überstanden, wie man aus der großen Zahl erfolgreich verlaufener Operationen der letzten Jahre ersehen kann. Bei Störungen der weiblichen Fortpflanzungsorgane und im Magen-Darmbereich wird eine Coeliotomie durchgeführt. Bei der Schnittführung ist auf die Schuppen zu achten, die geschont werden sollten. Für den Verschluß des Operationsfeldes wird resorbierbares Nahtmaterial, beim späteren Verschluß der Haut nichtresorbierbares Nahtmaterial eingesetzt. Da die beschuppte Haut dazu neigt, sich einzurollen, sollten die Wundränder mit einer Kammnaht geschlossen werden. Die Fäden werden erst nach zwei bis drei Wochen gezogen.

## 12.3.1 Operationen im Bereich der Fortpflanzungsorgane

### 12.3.1.1 Salpingotomie

Läßt sich eine Legenot nicht durch Medikamente oder Wassereinläufe beheben, ist ein chirurgisches Vorgehen notwendig. Anhand des Röntgenbildes wird die Schnittführung festgelegt und die Haut paramedian zwischen den Schuppen eröffnet. Meist genügt ein Schnitt, um den Eileiter so zu öffnen, daß die weichschaligen Eier aus beiden Eileiterhälften entwickelt werden können. Nach antibiotischer Versorgung wird der Eileiter mit Dexon[R] (Braun Melsungen) mit einfacher Lembertnaht geschlossen. In zwei Schichten erfolgt der Verschluß der Bauchdecke (PATTERSON, SMITH, 1979).

### 12.3.1.2 Vasektomie

Krankheiten können Indikation für eine Vasektomie sein. Da die Hoden sehr langgestreckt sind, ist für die Vasektomie sowie auch für die Kastration ein relativ langer Schnitt nötig. Bei der Strumpfbandnatter erfolgte die 5 cm lange Inzision nach gründlicher Reinigung und Desinfektion im Bereich der 45. Bauchschuppe (von der Kloake ab gezählt). Die Ductus deferentes haben eine Stärke von 0,5–2 mm. Davon werden Stücke von 3–10 mm Länge entfernt. In einem Fall einer notwendigen Kastration wurden die Hoden mit einem Thermokauter abgesetzt (ZWART, 1979; LAWRENCE, 1982). Bei diesem Eingriff ist zu berücksichtigen, daß die Spermien noch über mehrere Monate in den Samenleitern lebensfähig sind. Vor einem chirurgischen Eingriff sollte jedoch geprüft werden, ob nicht durch eine andere Haltungsmöglichkeit auf diesen Eingriff verzichtet werden kann.

### 12.3.1.3 Operationen im Magen-Darmtrakt

JACOBSON und INGLING (1976) berichten über die erfolgreiche Resektion von nekrotischen Teilen des Pylorus und Duodenums einer Pythonschlange. Nach der Operation wurde die Schlange zweimal pro Minute beatmet.

### 12.3.1.4 Weitere Operationen

BODRI et al. (1990) berichten über die erfolgreiche Operation einer neun Tage alten Pythonschlange, der nach einer Röntgenaufnahme und Immobilisierung mit 88 mg/kg KM Ketamin ein 10,5 cm langer Dottersack kranial der Kloake im Bereich der Nabelregion entfernt wurde. Der paramediane Schnitt erfolgte an der Stelle, an der die lateralen mit den ventralen Schuppen zusammentreffen.

# 13 Töten unter Berücksichtigung der gesetzlichen Bestimmungen

Schlangen werden zunächst mit Ketamin oder mit den Inhalationsnarkotika Halothan (Halothan[R], Hoechst; Fluothene[R], ICJ-Pharma) bzw. Isofluran (Forene[R], Abbott) immobilisiert.

Bei Schlangen in Rückenlage sind die Herzbewegungen zu erkennen. T 61 (Hoechst) kann also intrakardial, notfalls intramuskulär, oder in das Coeliom vorzugsweise in die

Lunge, verabreicht werden. Bei Giftschlangen sollte man aus Sicherheitsgründen Inhalationsnarkotika vorziehen und notfalls, wo diese nicht vorrätig sind, die Schlange im Narkosekasten mit Chloroform töten. Um den Eintritt des Todes zu beschleunigen, empfiehlt es sich, die Schlange zu dekapitieren oder für 48 Stunden einzufrieren.

## 14 Literaturverzeichnis Schlangen

Publikationen, die auch andere Reptilienordnungen betreffen, siehe »Literaturverzeichnis Reptilien«.

ADDISON, J. B. & E. R. JACOBSON, 1974: Use of an autogenus bacterin to treat a chronic mouth infection in a reticulated python. J. Zoo Anim. Med. 5, 10–11.
AHNE, W. & P. SCHEINERT, 1989: Reptilian viruses: Isolation of Parvo-like particels from cornsnake Elaphe guttata (Colubridae). J. Vet. Med. B 36, 409–412.
AHNE, W., THOMSEN, I. & J. WINTON, 1987: Isolation of a reovirus from the snake, Python regius. Arch. of Virology 94, 135–139.
AIRD, S. D., 1986: Methoxyflurane anesthesia in Crotalus. Comparisons with other gas anesthetics. Herpetol. Rev. 17, 82–84.
AKINYEMI, J. O. & B. O. IKEDE, 1982: Verminous pneumonia in a gaboon viper (Bitis gabonica). Zool. Garten N. F. 52, 78–80.
ANDERSEN, P. R. et al., 1979: Evolutionary relatedness of viper and primate endodnous retrovirus. Science 204, 318–321.
AXTHELM, M. K., 1985: Clinicopathologic and virologic observations of a probable viral disease affecting boid snakes. Proceed. Am. Assoc. Zoo Vet. 108–109.
BARTEN, S. L., 1980: Cardiopathy in a kingsnake (Lampropeltis calligaster rhombomaculata) Vet. Med. Small Animal Clin. 75, 125–129.
BARTEN, S. L., 1985: Oviductal rupture in a Burmese python (Python molurus bivittatus). J. Zoo Anim. Med. 16, 141–143.
BARTEN, S. L. & F. L. FRYE, 1981: Leiomyosarcoma and myxoma in a Texas indigo snake. J. Am. Vet. Med. Assoc. 179, 1292–1295.
BAUMGARTNER, R. & A. RÜBEL, 1984: Darstellung der Hemipenises bei Schlangen durch röntgenologische Untersuchungen - ein einfaches Mittel zur Geschlechtsbestimmung. Verh. ber. Inter. Symp. Erkrank. Zootiere 26, 183–188.
BAUMGARTNER, R. et al., 1987: Tubuläres Adenokarzinom im Dickdarm eines Netzpython (Python reticulatus). Verh. ber. Inter. Symp. Erkrank. Zootiere 29, 311–314.
BEHRINGWERKE, 1963: Die Giftschlangen der Erde. Marburg/ Lahn: N. G. Elwert Universitäts- und Verlagsbuchhandlung.
BLAHAK, S. T. GÖBEL, 1991: A case report of a reovirus-infection in an emerald tree boa (Corallus caninus). Proceed. Inter. Colloqu. Pathol. and Medicine of Reptiles and Amphibians 4, 13–16.
BLAHAK, S. et al., 1991: Some investigations of the occurrence of Paramyxoviruses in snakes. Proceed. Inter. Colloqu. Pathol. and Medicine of Reptiles and Amphibians 4, 17–24.
BODRI, M. S. & K. K. SADANAGA, 1991: Circumcostal cloacapexy in a python. J. Vet. Med. Assoc. 198, 257.
BODRI, M. S. et al., 1990: Retained caseous yolk sac in a Burmese python. J. Wildl. Dis. 26, 564–566.
BRÖER, W., 1982: Erfolgreiche Operation an einem Schlangenbastard. Salamandra 18, 115–116.
BROWNSTEIN, D. G. et al., 1977: Cryptosporidium in snakes with hypertrophic gastritis. Vet. Pathol. 14, 606–617.
BÜCHERL, W. & E. BUCKLEY, 1971: Venomous animals and their venoms. Vol.I-II. New York/London: Academic Press.
BURKE, T. J., 1972: Infectious stomatitis of snakes. Proceed. Am. Assoc. Zoo Vet. 267–270.
BUSH, M. & J. SMELLER, 1978: Blood collection and injection in snakes. Vet. Med. Small Anim. Clin. 73, 211–214.

BUSH, M. et al., 1976: Preliminary study of antibiotics in snakes. Proceed. Am. Assoc. Zoo Vet. 51–55.
BUSH, M. et al., 1978: Biological half-life of gentamicin in gopher snakes (Pituophis angulifer melanoleuca). Am. J. Vet. Res. 39, 171–173.
CHIODINI, R. J., 1982: Transovarian passage, visceral distribution and pathogenicity of Salmonella in snakes. Inf. Immun. 36, 710–713.
CHIODINI, R. J. & J. P. SUNDBERG, 1980: Styphlodora horrida in the kidneys and ureters of a boa constrictor (Boa c. constrictor). Vet. Med. Small Anim. Clin. 75, 877–878.
CHIODINI, R. J. & J. P. SUNDBERG, 1982: Blood chemical values of the common boa constrictor (Boa constrictor). Am. J. Vet. Res. 43, 1701–1702.
CHIODINI, R. J., J. P. SUNDBERG & J. A. CZIKOWSKY, 1982: Gross anatomy of snakes. Vet. Med. Small Anim. Clin. 3, 413–419.
COLLETTE, W. B. E. & O. H. CURRY, 1978: Mycotic keratitis in a reticulated python. J. Am. Vet. Med. Assoc. 173, 1117–1118.
COOPER, J. E., 1973: A fatal cloacitis in a gray beaked snake (Scaphiophis a. albopunctatus). J. Herpetol. 7, 316–317.
COOPER, J. E., 1975: Exophtalmia in a rhinoceros viper (Bitis nasicornis). Vet. Rec. 97, 130–131.
DALY, J. J. et al., 1980: Viruslike particles associated with pirhemocyton inclusion bodies in the erythrocytes of a water snake, Nerodia erythrogaster flavigaster. J. Parasitol. 66, 82–87.
ENSLEY, P. K., M. P. ANDERSON & J. P. BACON, 1978: Ophtalmic disorders in three snakes. J. Zoo Anim. Med. 9, 57–59.
EULENBERGER, K. & W. E. ENGELMANN, 1984: Wachsei als Ursache einer Koprostase beim dunklen Python. Verh. ber. Inter. Symp. Erkrank. Zootiere 26, 187–188.
FITZGERALD, S. D. et al., 1990: A caudal coiling syndrome associated with lymphocytic epaxial perineuritis in newborn Boa constrictors. J. Zoo Wildl. Med. 21, 485–489.
FLANAGAN, J. P. & G. M. HARWELL, 1983: Pathobiology and management of chronic regurgitation in snakes. Proceed. Am. Assoc. Zoo Vet. 208–209.
FLANAGAN, J. P. & J. M. GASKIN, 1989: Antibody response to killed paramyxoviral vaccines in western diamond rattlesnakes. Abstracts Inter. Colloqu. Pathol. of Reptiles and Amphibians 2, 3.
FÖLSCH, D. & W. LELOUP, 1976: Fatale endemische Infektion in einem Serpentarium. Diagnose, Behandlung und prophylaktische Maßnahmen. Tierärztl. Praxis. 4, 527–536.
FRANK, W., 1980: Schlangen im Terrarium. Stuttgart: Franckh'sche Verlagshandlung.
FRYE, F. L. & J. D. CHARNEY, 1974: Osteitis deformans (Pagets disease) in a Boa constrictor. Vet. Med. Small Anim. Clin. 186–188.
FRYE, F. L. & F. D. DUTRA, 1973: Fibrosarcoma in a Boa constrictor. Vet. Med. Small Anim. Clin. 68, 245–246.
FRYE, F. L. et al., 1975: Malignant chromatophoroma in a western terrestrial garter snake. J. Am. Vet. Med. Assoc. 167, 557–558.
GASKIN, J. M., M. HASKELL & N. KELLER, 1989: Serodiagnosis of ophidian paramyxovirus infections. Abstracts Inter. Colloqu. Pathol. of Reptiles and Amphibians 3, 21.
GEBHARDT, L. P. et al., 1973: Ecology of western encephalitis virus. Proc. Soc. Exp. Biol. Med. 142, 731–733.
GLENN, J. L., R. STRAIGHT & C. C. SNYDER, 1972: Clinical use of ketamine hydrochloride as anesthetic agent for snakes. Am. J. Vet. Res. 33, 1901–1903.
GODSHALK, C. P. et al., 1986: Gastric hypertrophy associated

with cryptosporidiosis in a snake. J. Am. Vet. Med. Assoc. **189**, 1126–1128.

GRAIN, E. & J. E. Evans, 1984: Egg retention in four snakes. J. Am. Vet. Med. Assoc. **185**, 679–681.

GRÜNBERG, W. & E. KUTZER, 1964: Pathologische Veränderungen der Harnorgane von Riesenschlangen nach Befall mit Trematoden der Gattung *Styphlodora* Looss, 1899. Zbl. Vet. Med. **11**, 190–199.

HABERMEHL, G., 1977: Gift-Tiere und ihre Waffen. Berlin/Heidelberg/New York: Springer.

HACKENBROCK, C. R. & M. FINSTER, 1963: Fluothane: A rapid and safe inhalation anesthetic for poisonous snakes. Copeia **2**, 440–441.

HEATH, K. B., 1983: Fatal parasitic anemia in a green vine snake. Vet. Med. Small Anim. Clin. **78**, 1095–1096.

HELDSTAB, A. & G. BESTETTI, 1982: Virus enteritis in two boas (*Boa constrictor*) and a four-lined ratsnake (*Elaphe quatuorlineata*). Proceed. Inter. Colloqu. Pathol. of Reptiles and Amphibians **1**, 33–37.

HELDSTAB, A. & G. BESTETTI, 1984: Virus-associated gastrointestinal diseases in snakes. J. Zoo Anim. Med. **15**, 118–128.

HESS, J. & R. L. RUDY, 1974: Ulcerative stomatitis in the python. Vet. Med. Small Anim. Clin. **69**, 1379–1381.

HOLT, P. E., 1978: A case of *Strongyloides* infestation in a speckled king snake. Vet. Rec. **102**, 404–405.

HOLT, P. E., 1982: Efficacy of fenbendazole against the nematodes of reptiles. Vet. Rec. **106**, 302–304.

IPPEN, R., Z. MLADENOV & A. KONSTANTINOV, 1978: Leukose mit elektronenoptischem Virusnachweis bei zwei Abgottschlangen (*Boa constrictor*). Schweiz. Arch. Tierheilkd. **120**, 357–369.

JACOBSON, E. R., 1976: Gentamicin-related visceral gout in two boid snakes. Vet. Med. Small Anim. Clin. **71**, 361–363.

JACOBSON, E. R., 1977: Histology, endocrinology and husbandry of ecdysis in snakes (a review). Vet. Med. Small Anim. Clin. **72**, 275–280.

JACOBSON, E. R., 1980: Necrotizing mycotic dermatitis in snakes. J. Am.Vet. Med. Assoc. **177**, 838–841.

JACOBSON, E. R., 1984: Chromomycosis and fibrosarcoma in a mangrove snake. J. Am. Vet. Med. Assoc. **185**, 1428–1430.

JACOBSON, E. R., 1989: Paramyxoviral infection of snakes: pathologic findings. Abstracts Inter. Colloqu. Pathol. of Reptiles and Amphibians **3**, 17.

JACOBSON, E. R. & J. M. GASKIN, 1981: Paramyxo-like virus associated respiratory disease of viperid snakes. Proceed. Am. Assoc. Zoo Vet. 17–18.

JACOBSON, E. R. & J. M. GASKIN, 1989: Paramyxoviral infections of snakes: A historical overview. Abstracts Inter. Colloqu. Pathol. Reptiles and Amphibians **3**, 15.

JACOBSON, E. R. & J. M. GASKIN, 1990: Viral pneumonia of snakes. Verh. ber. Erkrank. Zoo- und Wildtiere **33**, 225–228.

JACOBSON, E. R. & A. L. INGLING, 1976: Pyloroduodenal resection in a Burmese python. J. Am. Vet. Med. Assoc. **169**, 985–987.

JACOBSON, E. R., J. M. GASKIN & C. H. GARDINER, 1985: Adenoviruslike infection in a *Boa constrictor*. J. Am. Vet. Med. Assoc. **187** 1226–1227.

JACOBSON, E. R., D. B. HOMER & W. ADAMS, 1991: Endocarditis and heart failure in a Burmese python (*Python molurus bivittatus*). J. Zoo Wildl. Med. **22**, 245–248.

JACOBSON, E. R. et al., 1980: Paramyxo-like virus infection in a rock rattlesnake. J. Am. Vet. Assoc. **177**, 796–799.

JACOBSON, E. R. et al., 1981a: Illness associated with paramyxovirus-like virus infection in a collection of snakes. J. Am. Vet. Med. Assoc. **179**, 1227–1230.

JACOBSON, E. R. et al., 1981b: Lymphosarcoma in an eastern king snake and a rhinoceros viper. J. Am. Vet. Med. Assoc. **179**, 1231–1235.

JACOBSON, E. R. et al., 1986: Renal neoplasia of snakes. J. Am. Vet. Med. Assoc. **189**, 1134–1136.

JACOBSON, E. R. et al., 1991: Antibody responses of western diamondback rattlesnakes (*Crotalus atrox*) to inactivated ophidian paramyxovirus vaccines. J. Zoo Wildl. Med. **22**, 184–190.

JAKOB, W., W. TSCHERNER & F. DATHE, 1990: Lungenparasitose bei Schlangen. Verh. ber. Inter. Symp. Erkrank. Zoo u. Wildtiere **32**, 255–259.

KARSTAD, L., 1967: Fatal poisoning of a fox snake (*Elaphe vulpina*) by feeding a toad (*Bufo americanus*). Bull. Wildl. Dis. Assoc. **3**, 73–74.

KAZACOS, K. P. & L. F. FISHER, 1977: Renal styphlodoriasis in a *Boa constrictor*. J. Am. Vet. Med. Assoc. **171**, 876–878.

KEIL, R., 1990: Beitrag zur Organtopographie und den wesentlichen Erkrankungen bei ungiftigen Schlangen der Familien *Boidae, Colubridae* und *Xenopeltidae*. Vet. Med. Diss., Hannover.

KEIL, R., 1991: Herzerkrankungen bei Schlangen. Proceed. Inter. Cooloqu. Pathol. and Medicine of Reptiles and Amphibians **4**, 307–311.

KEIL, R. & H. WISSDORF, 1992: Beitrag zur Organtopographie bei ungiftigen Schlangen der Familien *Boidae* (Boas und Pythons) und *Colubridae* (Nattern). Verh. ber. Inter. Symp. Erkrank. Zoo- u. Wildtiere. **34**, 377–400.

KIEL, J. L., 1983: Paget's disease in snakes. Proceed. Am. Zoo Vet. Assoc. 201–207.

KOLLIAS, G. V. et al., 1989: Unusual cases of neoplasia in snakes from the Central Florida Zoological Park Collection. Abstracts Inter. Colloqu. Pathol. of Reptiles and Amphibians **3**, 78–79.

KONSTANTINOV, A. & R. IPPEN, 1983: Erythroleucosis with presence of virus particles in two *Boa constrictor*. Proceed. Inter. Colloqu. Pathol. of Reptiles and Amphibians **1**, 123–128.

LANGHAM, R. F., F. A. ZYDECK & R. R. BENNETT, 1971: Steatitis in a captive marcy garter snake, *Thamnophis marcianus*. J. Am. Vet. Assoc. **159**, 640–641.

LAWRENCE, R. F., 1982: Vasectomy of a puff adder (*Bitis arietans*). Vet. Rec. **110**, 542.

LAWRENCE, K., 1984: Ivermectin as an ectoparasiticide in snakes. Vet. Rec. **115**, 441–442.

LEASH, A. M., 1977: Amputation of prolapsed rectum of an African rock python. J. Am . Vet. Med. Assoc. **171**, 980–981.

LEE, H. W., 1972: Isolation and serologic studies of Japanese encephalitis virus from snake in Korea. J. Korea Med. Assoc. **15**, 69–74.

LICHTENFELS, J. R. & B. LAVIES, 1976: Mortality in red-sided garter snakes, *Thamnophis sirtalis parietalis* due to larval nematodes, *Eustrongylides sp.*. Lab. Anim. Sci. **26**, 465–467.

LLOYD, M. & J. FLANAGAN, 1991: Recent developments in ophidian paramyxovirus and recommendations on control. Proceed. Am. Assoc. Zoo Vet. 151–156.

LOOMIS, M. R. et al., 1989: Treatment of oral tumors in a Burmese python with photodynamic therapy. Proceed. Am. Assoc. Zoo Vet. 152.

LOOMIS, M. R. et al., 1991: Treatment of tumors in snakes with photodynamic therapy. Proceed. Inter. Colloqu. Pathol. and Medicine of Reptiles and Amphibians **4**, 191–203.

MADER, D. R. , G. M. CONZELMANN & J. D. BAGGOT, 1985: Effects of ambient temperature on half-life and dosage regimen of amikacin in the gopher snake. J. Am. Vet. Med. Assoc. **187**, 1134–1136.

MADER, D. S., C. C. HORVARTH & J. PAUL-MURPHY, 1985: The hematocrit and serum profile of the gopher snake. J. Zoo Anim. Med. **16**, 139–140.

MATUSCHKA, F. R., 1975: Therapie der sogenannten „Pocken" bei *Python m. molurus*. Salamandra **11**, 59–60.

MCCRACKEN, H. E., 1991: The topographical anatomy of snakes and its clinical applications, a preliminary report. Proceed. Am. Assoc.Zoo Vet. 112–119.

MCDANIEL, R. C. et al., 1984: Serum chemistry of the diamondbacked water snake (*Nerodia r. rhombifera*) in Arkansas. J. Wildl. Dis. **20**, 44-46.

MILLICHAMP, N. J. et al., 1979: Egg retention in snakes. J. Am. Vet. Med. Assoc. **183**, 1213–1218.

MONTALI, R. J., M. BUSH & J. M. SMELLER, 1979: The pathology of nephrotoxicity of gentamicin in snakes. A model for reptilian gout. Vet. Pathol. **16**, 108–115.

MULDER, J. B., J. J. HAUSER & J. J. PERRY, 1979: Surgical removal of retained eggs from a kingsnake (*Lampropeltis getulus*). J. Zoo Anim. Med. **10**, 21–22.

MUTSCHLER, F., 1991: Ektoparasitenbekämpfung bei Reptilien mit synthetischen Pyrethroiden? Proceed. Inter. Colloqu. Pathol. and Medicine of Reptiles and Amphibians **4**, 95–106.

MÜLLER, M., N. ZANGER & H. P. JAKOB, 1989: Paramyxovirus infection in snake. In: Viruses of lower vertebrates. Edt. AHNE/KURSTAK. Berlin/Heidelberg/New York/Tokyo: Springer.

OLDAK, P., 1976: Comparison of the scent gland secretion lipids

of twenty-five snakes: Implications for biochemical systematics. Copeia, 320326.
PATTERSON. R. W. & A. SMITH, 1979: A surgical intervention to relieve dystocia in a python. Vet. Rec. **104**, 551–552.
POTGIETER, L. D., R. S. SIGLER & R. G. RUSSEL, 1987: Pneumonia in ottoman vipers (*Vipera x. xanthina*) associated with a parainfluenza 2-like virus. J. Wildl. Dis. **23**, 355–360.
PRIOR, M. G. & R. M. AGNEW, 1971: Antibody against western equine encephalitis virus in the serum of garter snakes. Canad. J. comp. Med. **35**, 40–43.
PSENNER, H., 1940: Von der Trächtigkeitsdauer europäischer Viperiden. D. Zool. Garten (N. F.) **12**, 53–55.
QUESENBERRY, K. E. et al., 1986: Ulcerative stomatitis und subcutaneous granulomas caused by *Mycobacterium chelonei* in a *Boa constrictor*. J. Am. Vet. Med. Assoc. **189**, 1131–1132.
RAPHAEL, R. L., 1984: Diagnosis and management of renal gout in captive snakes. Proceed. Am. Assoc. Zoo Vet. **53**.
RAYNAUD, A. & M. ADRIAN, 1976: Lésions cutanées à structure papillomatous associés á des virus chez le lézard (*Lacerta viridis* Laur). C. R. Acad. Sci. Paris **7**, 845–847.
ROBINSON, P. T. et al., 1978: Radiation therapy for treatment of an intraoral malignant lymphoma in an Indian rock python. J. Am. Vet. Radiol. Soc. **19**, 92–95.
RÖDIGER, K., 1993: Krankheiten der Schlangen; eine Literaturübersicht. Vet. Med. Diss., Berlin. In Vorbereitung.
ROSENBUSCH, F., 1942: Equine encephalomyelitis in Argentine in its experimental aspects. Proc. 6th Pacific Sci. Congress. 209–214.
ROSS, R. A. & MARZEC, G., 1990: The reproductive husbandry of pythons and boas. Inst. for Herpetological Research, Stanford.
ROSSKOPF, W. J. et al., 1982: A practical method of performing venipuncture in snakes. Vet. Med. Small Anim. Clin. **77**, 820–821.
ROSSKOPF, W. J., R. WOERPEL & S. R. YANOFF, 1982: Normal hemogram and blood chemistry values for *Boa constrictor* and pythons. Vet. Med. Small Anim. Clin. **77**, 822–823.
SCHALLER, K., 1984: Droncit$^R$-Anwendung mit Todesfolge bei zwei Königboas (*Boa constrictor*). Tagungsber. **4**, Arbeitstagung d. Zootierärzte im deutschsprach. Raum, 96.
SCHMIDT, A. A., 1971: Häutungsschwierigkeiten bei Schlangen nach einer Neguvon-Behandlung. Salamandra **7**, 38.
SCHUMACHER, J., E. R. JACOBSON & J. M. GASKIN, 1990: Inclusion-body disease in boid snakes. A retrospective and prospective study. Proceed. Am. Assoc. Zoo Vet. 21–26.
SEIDEL, B., 1977: Beobachtungen bei einigen Endoparasiten von Schlangen. Verh. ber. Inter. Symp. Erkrank. Zootiere **19**, 115–120
SIMPSON, C., E. JACOBSON & S. GASKIN, 1979: Herpesvirus associated venom gland infection of Siamese cobras. J. Am. Vet. Med. Assoc. **175**, 941–943.
SMITH , A. W. et al., 1986: First isolation of calicivirus from reptiles and amphibians. Am. J. Vet. Res. **47**, 1718–1721.
SPÖRLE, H. et al., 1991: Sonoanatomy of snakes. Proceed. Inter. Colloqu. Pathol. and Medicine of Reptiles and Amphibians **4**, 139–143.
STUHRBERG, E. & W. TSCHERNER, 1989: Einsatz von Ivermectin (Ivomec$^R$) im Schlangenbestand des Tierparks Berlin. Verh. ber. Inter. Symp. Erkrank. Zoo- und Wildtiere. **31**, 437–443.
TOFT, J. D. & R. E. SCHMIDT, 1975: Pseudophyllidean tapeworms in green tree pythons (*Chondropython viridis*). J. Zoo Anim. Med. **6**, 25–26.
TRUTNAU, L., 1981: Schlangen im Terrarium 1 + 2. Stuttgart: Eugen Ulmer.
VAN HORN, G., 1989: An outbreak of paramyxoviral infection in a mixed collection of snakes. Abstract Inter. Colloqu. Pathol. of Reptiles and Amphibians **3**, 19.
WELLS, S. & K. BOWLER, 1989: An outbreak of paramyxovirus in the reptile collection. Abstracts Inter. Colloqu. Pathol. of Reptiles and Amphibians **3**, 18.
WIESMAN, M. J. & J. H. GREVE, 1982: *Strongyloides mirzai* infection in green tree python. J. Am. Med. Vet. Assoc. **181**, 1329–1330.
WILHELM, R. S. & B. B. EMSWILLER, 1977: Intraoral carcinoma in a Burmese python. Vet. Med. Small Anim. Clin. **72**, 272–273.
WHITNEY, E. et al., 1968: Arthropod-borne-virus survey in St. Lawrence country, New York. Am. J. Trop. Med. Hyg. **17**, 645–650.
ZEIGEL, R. F. & H. F. CLARK, 1969: Electron mircroscopic observation on a »C«-type virus in cellcultures derived from a tumor-bearing viper. J. Nat. Cancer Inst. **43**, 1097–1102.
ZSCHIESCHE, W. et al., 1988: Lymphoid leukemia with presence of C virus particles in a four-lined chicken snake: *Elaphe obsoleta quadrivittata*. Verh. ber. Inter. Symp. Erkrank. Zootiere **30**, 275–277.
ZWART, P., 1979: Vasectomy in the garter snake (*Thamnophis sirtalis*). J. Zoo Anim. Med. **10**, 17–21.
ZWART, P., 1990: Schlangen. In: Krankheiten der Heimtiere. GABRISCH/ZWART, 287–311. Hannover: Schlütersche Verlagsanstalt. .
ZWART, P., 1989: Lymphangitis due to gout in reptiles. Herpetopathologia **1**, 123–124.

# Anhang

Literaturverzeichnis Reptilien .............. 176

Herpetologische Zeitschriften ............. 178

Hersteller von Schlangengift-Gegenseren und die von ihnen produzierten Gegenseren ........................................ 179

Liste der in diesem Buch wiederholt genannten Medikamente ..................... 181

Anschriften einiger Terrarienhäuser ..... 182

Dosierungstabellen von Medikamenten 184

Sachregister ........................................ 186

## Literaturverzeichnis Reptilien

Dieses Verzeichnis enthält allgemeine Reptilienbücher und Publikationen für mehrere Reptilienordnungen. Im Literaturverzeichnis der jeweiligen Kapitel sind sie nicht mehr augeführt.

AHNE, W., 1977: Übersicht über die bei poikilothermen Vertebraten vorkommenden Viren. Tierärztl. Praxis 5, 529–540.

AHNE, W., 1991: Viral infections of reptiles. Proceed. Inter. Colloqu. Pathol. und Therapie Reptilien und Amphibien 4, 1–12.

AHNE, W. & W. J. NEUBERT, 1991: Isolation of paramyxovirus-like agents from teju (*Callopistes maculatus*) and python (*Python regius*). Proceed. Inter. Colloqu. Pathol. und Therapie Reptilien Amphibien 4, 30–41.

APPLEBY, E. C., 1960: Some cases of gout in reptiles. J. Path. Bact. 80, 427–430.

ARNOLD, E. N. & J. A., BURTON, 1983: Pareys Reptilien- und Amphibienführer Europas. Hamburg /Berlin: Paul Parey.

BARKER, I. K. & J. P. GOLTZ, 1980: Pneumonia in reptiles: clinicopathologic correlation. Proceed. Am. Assoc. Zoo Vet. 60–63.

BARNARD, S. M., 1983: A review of some fecal pseudoparasites of reptiles. J. Zoo Anim. Med. 14, 79–88.

BEEHLER, B. A. & A. M. SAURO, 1983: Aerobic bacterial isolates and antibiotic sensitivites in a captive reptile population. Proceed. Am. Assoc. Zoo Vet. 198–201.

BEHLERT, O. & H. JES, 1991: Erfahrung mit der individuellen Markierung von Reptilien mit dem elektronischen Markierungssystem Euro-ID. Proceed. Inter. Colloqu. of Reptiles and Amphibians. 4, 328–330.

BONATH, K., 1985: Narkose. In: Handbuch der Zootierkrankheiten. IPPEN/SCHRÖDER/ELZE, 28–61. Berlin: Akademie-Verlag.

BONATH, K. & C. ZSCHEGE, 1979: Experimentelle Untersuchungen zur klinischen Anwendung und Überwachung der Inhalationsnarkose bei Reptilien. Zbl. Vet. Med. A 26, 341–372.

BOSCH, H. & W. FRANK, 1983: Häufige Erkrankungen bei im Terrarium gehaltenen Amphibien und Reptilien. Salamandra 19, 29–54.

BOTZLER, R. G., T. F. WETZLER & A. B. COWAN, 1973: *Listeria* in aquatic animals. J. Wildl. Dis. 9, 163–170.

CALDERWOOD, H. W., 1971: Anesthesia for reptiles. J. Am. Vet. Med. Assoc. 159, 1618–1625.

CARBO, M. & J. M. MARTIN., 1986: Anesthesia in reptiles (turtles, snakes and crocodiles). Med. Vet. 3, 51–57.

CLARK, H. F. & P. D. LUNGER, 1981: Viruses. In: Diseases of the Reptilia. COOPER/JACKSON. London/New York: Academic Press.

COOK, R. A. & W. WESTROM, 1979: Cardiac anatomy physiology and electrocardiology of reptiles. Proceed. Am. Assoc. Zoo Vet. 16–22.

COOPER, J. E. & O. F. JACKSON, 1981: Diseases of the Reptilia. London/New York: Academic Press.

COOPER, J. E. & G. K. MBASSA,1993: Haematological studies of captive nile crododiles in Tansania. Verh. ber. Inter. Symp. Erkrank. Zoo- und Wildtiere 35, 341-346.

DAVIES, P. M., 1981: Anatomy and physiology. In: COOPER, J. E. & O. F. JACKSON, Diseases of the Reptilia, 9–73. London/New York: Academic Press.

DÄMMRICH, K., 1985: Bewegungsorgane (Knochen, Gelenke und Skelett). In: Handbuch der Zootierkrankheiten. IPPEN/SCHRÖDER/ELZE, 215–240. Berlin: Akademie-Verlag.

DOLLINGER, P., 1978: Guidelines for keeping of reptiles in breeding groups under zoo conditions. 4. Annual Report to the International Secretariat on the management of the Convention on International Trade in endangered species of wild fauna and flora in Switzerland. 4–5.

FANKHAUSER, R., R. FATZER & A. HELDSTAB, 1978: Neuropathologische Befunde bei Wildtieren. Prakt. Tierarzt. 59, 96-99.

FRANK, W., 1975: Haltungsprobleme und Krankheiten der Reptilien, Diagnose und Behandlung. Tierärztl. Prax. 3, 343-364.

FRANK, W., 1978: Blutharnsäurewerte und viszerale Gicht bei Reptilien. Prakt. Tierarzt. 59, 116–119.

FRANK, W., 1985: Amphibien und Reptilien. In: Heimtierkrankheiten. ISENBÜGEL/FRANK, 162–388. Stuttgart: Eugen Ulmer.

FRANK, W. & B. LOOS-FRANK, 1977: Interessante Krankheitsbilder bei Amphibien und Reptilien, die durch Bakterien, Pilze und Parasiten bedingt sind. – Eine Übersicht nach 15-jähriger Erfahrung. Verh. ber. Inter. Symp. Erkrank. Zootiere 19, 31–44.

FRANK, W. & U. SIGMUND, 1976: Nachweis einer *Entamoeba invadens*-Infektion mit Hilfe der Fluoreszenztechnik bei Reptilien. Kleintier-Prax. 21, 196–205.

FRYE, F. L., 1981: Biomedical and surgical aspects of captive

reptile husbandry. Edwardsville Kansas: Veterinary Medicine Publishing Company.
FRYE, F. L., 1991: Biomedical and surgical aspects of captive reptile husbandry. Melbourne: Krieger Publishing Company.
FRYE, F. L. & C. A. HIMSEL, 1988: The proper method for stethoscopy in reptiles. Vet. Med. **83**, 1250–1252.
GABRISCH, K., 1976: Narkose und die häufigsten chirurgischen Erkrankungen bei Reptilien. Prakt. Tierarzt **57**, 33–37.
GABRISCH, K., 1976: Diagnose und Therapie von Parasitosen bei Reptilien. Prakt. Tierarzt. **57**, 37–40.
GABRISCH, K., 1990: Narkose und chirurgische Eingriffe bei Reptilien. In: Krankheiten der Heimtiere. GABRISCH/ZWART, 335–350. Hannover: Schlütersche Verlagsanstalt.
GABRISCH, K. & P. ZWART, 1990: Schildkröten. In: Krankheiten der Heimtiere. GABRISCH/ZWART, 243–286. Hannover: Schlütersche Verlagsanstalt,
GABRISCH, K. & P. ZWART, 1990: Krankheiten der Heimtiere. Hannover: Schlütersche Verlagsanstalt.
GANS, C. & T. S. PARSON, 1970: Biology of Reptilia. New York/London: Academic Press.
GEISEL, O. & H. KRIEGLEDER, 1978: Uratsteine bei Reptilien. Berl. Münch. tierärztl. Wschr. **91**, 267–268.
GÖBEL, T., 1990: Ein Beitrag zur Zusammensetzung der aeroben und mikroaeroben Bakterienflora von Rachen und Kloake gesunder Reptilien in Terrarienhaltung. Vet. Med. Diss., Gießen.
GÖBEL, T. & B. J. SCHILDGER, 1990: Bakterielle Infektionen bei Reptilien. Verh. ber. Inter. Symp. Erkrank. Zoo- und Wildtiere **32**, 205–210.
GÖBEL, T. & B.-J. SCHILDGER, R. GÖBEL, 1991: Infections by Salmonellae in reptiles. Proceed. Inter. Colloqu. Pathol. und Therapie. Reptilien und Amphibien **4**, 47–55.
GÖBEL, T., B. J. SCHILDGER & H. SPÖRLE, 1990: Die häufigsten Erkrankungen bei Echsen und Schlangen in der tierärztlichen Praxis. Prakt. Tierarzt **71**, 47–54.
GÖBEL, T. & H. SPÖRLE, 1991: Haltungsbedingte Fortpflanzungsstörungen und Jungtiererkrankungen bei Reptilien. Verh. ber. Inter. Symp. Erkrank. Zoo- und Wildtiere **33**, 27-33.
GREEN, C. J., J. E. COOPER & D. M. JONES, 1977: Cryotherapy in the reptile. Vet. Rec. **101**, 528.
GUGNANI, H. C. & J. I. OKAFOR, 1979: Mycotic flora of the intestine and other internal organs of certain reptiles and amphibians with special reference to characterization of Basidiobolus isolates. Mykosen **23**, 260–268.
HACKBARTH, R., 1985: Krankheiten der Reptilien. Stuttgart: Kosmos Frankh'sche Verlagshandlung.
HAWKEY, C. M. & T. B. BENNETT, 1990: Farbatlas der Hämatologie, Säugetiere, Vögel und Reptilien. Hannover: Schlütersche Verlagsanstalt.
HOCHLEITHNER, M., 1991: Erfahrungen mit der Isofluran-Narkose (Forene) bei Reptilien. Proceed. Inter. Colloqu. Pathol. and Medicine of Reptiles and Amphibians **4**, 257–262.
HOFF, G., F. L. FRYE & E. R. JACOBSON, 1984: Diseases of Amphibians and Reptiles. New York/London: Plenum Press.
HOLT, P. E. & K. LAWRENCE, 1982: Effiency of fenbendazole against the nematodes of reptiles (tortoise, snake and lizard). Vet. Rec. **110**, 302–304.
HONEGGER, R. E. & J. FURRER, 1975: Einige bemerkenswerte Todesfälle bei Reptilien. Salamandra **11**, 179–181.
IPPEN, R., 1967: Krankheiten des Verdauungsapparates der Reptilien. Verh. ber. Inter. Symp. Erkrank. Zootiere. **9**, 33–42.
IPPEN, R., 1968: Die Erkrankungen des Respirationstraktes der Reptilien. Verh. ber. Inter. Symp. Erkrank. Zootiere. **10**, 37–43.
IPPEN, R., 1971: Zur Problematik des Parasitenbefalls bei Reptilien. Verh. ber. Inter. Symp. Erkrank. Zootiere **13**, 173–184.
IPPEN, R., 1972: Ein Beitrag zu den Spontantumoren bei Reptilien. Verh. ber. Inter. Symp. Erkrank. Zootiere **14**, 409–418.
IPPEN, R., 1984: Auswertung von pathologischen Befunden an den Geschlechtsorganen bei Zoo- und Wildtieren. Verh. ber. Inter. Symp. Erkrank. Zootiere. **26**, 13–32.
IPPEN, R., 1985: Erkrankungen der Atmungsorgane; Geschwülste der Reptilien; Entwicklungsbedingte Anomalien. In: Handbuch der Zootierkrankheiten, Bd. I Reptilien. IPPEN/SCHRÖDER/ELZE, 130–138, 270–314. Berlin: Akademie-Verlag.
IPPEN, R. & H.-D. SCHRÖDER, 1977: Zu den Erkrankungen der Reptilien. Verh. ber. Inter. Symp. Erkrank. Zootiere **19**, 15–29.
IPPEN, R., H. D. SCHRÖDER & K. ELZE, 1985: Handbuch der Zootierkrankheiten, Bd. I Reptilien. Berlin: Akademie-Verlag.
ISENBÜGEL, E.,W. FRANK, 1985: Heimtierkrankheiten. Stuttgart: Eugen Ulmer.
JACOBSON, E. R., 1978: Diseases of the respiratory system in reptiles. Vet. Med. Small Anim. Clin. **73**, 1169–1175.
JACOBSON, E. R., 1979: Viral disease of reptiles. Proceed. Am. Zoo Vet. Assoc. 13–15.
JACOBSON, E. R., 1985: Viral diseases of reptiles: A review. Proceed. Am. Assoc. Zoo Vet. 107.
JACOBSON, E. R., 1986: Viruses and viral associated diseases of reptiles. Acta Zool. Path. Antverp. **79**, 73–90.
JACOBSON, E. R., 1986: Parasitic diseases of reptiles. In: Zoo and Wild Animal Medicine. M. E. FOWLER, Saunders Company, Philadelphia. 162–180.
JACOBSON,E.R., 1988: Chlamydial infections of reptiles.Proceed. Am. Assoc. Zoo Vet. 59–60.
JACOBSON, E.R.,1989: Dermatophilosis in reptiles. Proceed. Inter. Colloqu. Pathol. und Therapie Reptilien und Amphibien **3**, 47.
JACOBSON, E. R. & G. V. KOLLIAS, 1989: Exotic Animals. Contemporary Issues in Small Animal Practice, Vol. 9. Ch. Livingstone/New York.
KARSTAD, L., 1961: Reptiles as possible reservoir hosts for eastern encephalitis virus. Transactions 26. North American Wildlife Conference 186–202.
KEIL, R., 1992: Pers. Mitteilung.
KING, F. W., 1971: Housing, sanitation, and nutrition of reptiles. J. Am. Vet. Med. Assoc. **159**, 1612–1615.
KRAMER, M. & M. GERWING, 1991: The basics of sonography in reptiles. Proceed. Inter. Colloqu. Pathol. and Medicine of Reptiles and Amphibians **4**, 135–138.
KUNTZE, A., 1981: Therapiemöglichkeiten und -grenzen bei Reptilien. Mh. Vet. Med. **36**, 187–196.
KUNTZE, A., 1992: Pers. Mitteilung.
KUTZER, E., 1985: Parasitäre Erkrankungen. In: Zootierkrankheiten. IPPEN/SCHRÖDER/ELZE, 367-423. Berlin: Akademie-Verlag.
LANGE, J., 1993: Reptilienhaltung und Handling unter veterinärmedizinischen Gesichtspunkten; dargestellt am Beispiel Zoo-Aquarium Berlin. Tagungsber. Grundlagen der Reptilienerkrankungen I. (v. 17. 10. 1992 Berlin) GÖBEL/SCHILDGER/GABRISCH.
LAWRENCE, K., 1983: The use of antibiotics in reptiles - a review. J. Small Anim. Pract. **24**, 741–752.
LEE, H. W., 1972: Isolation and serologic studies of Japanese encephalitis virus from snakes in Korea. J. Korean Med. Assoc. 15. 69–74.
LLOYD, M. L., 1990: Reptilian dystocias review – Causes prevention management and comments on the synthetic hormone vasotocin. Proceed. Am. Assoc. Zoo Vet. 290–296.
LUNGER. P. D. & H. F. CLARK, 1979: Morphogenesis of Fer-de Lance-virus cultured at optimal (30 °C) cell growth temperature/ at sub (23 °C) and supra (36 °C) optimal cell growth temperatures. J. Comp. Path. **89**, 265–277/281–291.
MACNEILL, A. C. & W. J. DORVARD, 1986: Salmonella prevalence in a captive population of herpties. J. Zoo. Anim. Med. **17**, 110–114.
MARCUS, L. C., 1983: Bakterielle Infektionen. In: Amphibien und Reptilien. 61–77. Stuttgart: Enke Verlag.
MAYER, H. & W. FRANK, 1974: Bakteriologische Untersuchungen bei Reptilien und Amphibien. Zbl. Vet. Med. Hyg. I. Abt. Orig. A. **229**, 470–481.
MAYER, H. & W. FRANK, 1977: Vorkommen und Bedeutung von anaeroben Mikroorganismen bei Reptilien und Amphibien. Verh. ber. Inter. Symp. Erkrank. Zootiere **19**, 93–98.
MEHLHORN, H., D. DÜWEL & W. RAETHER, 1986: Diagnose und Therapie der Parasiten von Haus-, Nutz- und Heimtieren. Stuttgart: Gustav Fischer.
MIGAKI, G., E. R. JACOBSON & H. W. CASEY, 1984: Fungal diseases in reptiles. In: Diseases of Amphibians and Reptiles. HOFF/FRYE/JACOBSON, 183–204. New York/London: Plenum Press.
MILLICHAMP, N. J., 1989: Surgical techniques in reptiles. In: Exotic Animals. 49–59. JACOBSON/KOLLIAS. Churchill Livingstone.

MILLICHAMP, N. J., 1990: Ocular disease in captive amphibians and reptiles. Proceed. Am. Assoc. Zoo Vet. 297–301.
MILLICHAMP, N. J., E. R. JACOBSON & E. D. WOLF, 1983: Diseases of the eye and ocular adnexae in reptiles. J. Am. Vet. Med. Assoc. **183**, 1205–1212.
MONATH, T. et al., 1979: Viruses isolated from reptiles: Identification of three new members of the family Rhabdoviridae. Arch. Virol. **60**, 1–21.
NIETZKE, G., 1977 und 1989: Die Terrarientiere 1 + 2. Stuttgart: Eugen Ulmer.
NIETZKE, G., 1984: Fortpflanzung und Zucht der Terrarientiere. Hannover: Landbuch-Verlag.
OBST, F. J., K. RICHTER & U. JACOB, 1984: Lexikon der Terraristik und Herpetologie. Leipzig: Editionverlag.
OLSON, G. A., J. R. HESSLER & R. E. FAITH, 1975: Technics for blood collection and intravascular infusion of reptiles. Labor. Anim. Sci. **25**, 783–786.
PETZOLD, H.-G., 1982: Aufgaben und Probleme bei der Erforschung der Lebensäußerungen der Niederen Amnioten (Reptilien). Milu Berlin, **5**, 485–786.
PIENAAR, U., 1962: Haematology of some South African reptiles. Thesis for the degree of doctor of Philosophy, University Johannesburg.
PIES-SCHULZ-HOFEN, R., 1992: Die Tierpflegerausbildung. Berlin/Hamburg: Paul Parey.
PHILIPS, I. R., 1986: Reptiles encountered in practice a survey ot two hundred and forty cases. J. Small Anim. Pract. **27**, 807–824.
REICHENBACH-KLINKE, H. H., 1977: Krankheiten der Reptilien. Stuttgart: Gustav Fischer.
REICHENBACH-KLINKE, H. H., 1988: Krankheiten der Kriechtiere (Reptilien) In: Kompendium der Heimtierkrankheiten. WIESNER. Stuttgart: Gustav Fischer.
ROGGENDORF, M. & H. E. MÜLLER, 1976: Enterobakterien bei Reptilien. Zbl. Bakt. Reihe A **236**, 22–35.
ROSSKOPF, W. J. & R. W. WOERPEL, 1989: Hematology and the use of serum chemistry profiles in reptile diagnostic. Proceed. Inter. Colloqu. Pathol. Reptiles and Amphibians **3**, 58–61.
RÜBEL, G. A., E. ISENBÜGEL & P. WOLVEKAMP, 1991: Atlas der Röntgendiagnostik bei Heimtieren. Hannover: Schlütersche Verlagsanstalt.
RÜEDI, D., 1981: Geschlechtsbestimmung bei Vögeln und bei Schildkröten, Echsen und Schlangen mit Hilfe des Laparoskopes. Tagungsber. 1. Arbeitstagung der Zootierärzte im dtsch. sprach. Raum. 65–66.
SAMOUR, H. J. et al., 1984: Blood sampling techniques in reptiles. Vet. Rec. **114**, 472–476.
SASSENBURG, L., 1984: Beiträge zur Erkennung und Ausschaltung von Störfaktoren bei der Reproduktion von Reptilien. Verh. ber. Inter. Symp. Erkrank. Zootiere. **26**, 165–182.
SCHILDGER, B.-J. & T. GÖBEL, 1989: Therapy of bacterial infections in reptiles using the new gyrase inhibitor Baytril$^R$. Herpetol. Pathol. **1**, 73–76.
SCHILDGER, B.-J. & H. TENHU, 1993: Beitrag zur Röntgenanatomie bei Echsen (Reptilia: Varanidae und Iguanidae). Verh. ber. Inter. Symp. Erkrank. Zoo- und Wildtiere **35**, 335–340.
SCHILDGER, B. -J. & R. WICKER, 1992: Endoskopie bei Reptilien und Amphibien - Indikationen, Methoden, Befunde. Prakt. Tierarzt **73**, 516–526.
SCHILDGER, B.-J., K. MÜLLER & R. WICKER, 1990: Zur Narkose bei Reptilien unter besonderer Berücksichtigung der Ketamin-HCI- und der Isofluran-Narkose. Tagungsber. der Fachgruppe »Zootierkrankheiten« Dezember 1990 München. 62–77.
SCHILDGER, B.-J. et al., 1989: Mycotic infections of the integument and inner organs on reptiles. Proceed. Inter. Colloqu. Path. Reptilien und Amphibien **3**, 46.
SCHRÖDER, H.-D., 1985: Virusbedingte Erkrankungen; Bakterielle Erkrankungen. In: Handbuch der Zootierkrankheiten. IPPEN/SCHRÖDER/ELZE, 317–348. Berlin: Akademie-Verlag.
SHORTSIDGE, K. F. & A. OYA, 1984: Arboviruses. In: Diseases of Amphibians and Reptiles. HOFF/FRYE/JACOBSON, 107-148. New York/London: Plenum Press.
SHOTTS, E. B. jr., 1984: Aeromonas. In: Diseases of Amphibians and Reptiles. HOFF/FRYE/JACOBSON. New York/London: Plenum Press.
SPÖRLE, H. et al., 1991: Clinical findings by sonography in reptiles. Proceed. Inter. Colloqu. Path. u. Therap. Reptilien und Amphibien **4**. 144–149.
STEWART, J. S., 1990: Anaerobic bacterial infections in reptiles. J. Zoo Wildl. Med. **21**, 180–184.
TELFORD, S. R., 1971: Parasitic diseases of reptiles. J. Am. Vet. Med. Assoc. **159**, 1644–1652.
WALLACH, J. D. & C. HOESSLE, 1967: Visceral gout in captive reptiles. J. Am. Vet. Med. Assoc. **151**, 897.
WERMUTH, H. & R. MERTENS, 1961: Schildkröten - Krokodile - Brückenechsen. Jena: Gustav Fischer.
WHITE, E. H., 1984: *Edwardsiella*. In: Diseases of Amphibians and Reptiles. HOFF/FRYE/JACOBSON, 83–92. New York/London: Plenum Press.
WIESNER, H., 1984: Kontraindikationen beim Zootier. Tagungsber. 4. Arbeitstagung der Zootierärzte im dtsch. sprach. Raum, 138–142.
WIESNER, H. & G. V. HEGEL, 1985: Praktische Hinweise zur Immobilisation von Wild- und Zootieren. Tierärztl. Prax. **13**, 113–127.
WILL. S. R., 1975: Ätiologie der Lebererkrankungen bei Reptilien. Zbl. Vet. Med. Reihe B **22**, 626–634.
ZIMMERMANN, E., 1983: Das Züchten von Terrarientieren. Stuttgart: Franckh'sche Verlagshandlung.
ZWART, P., 1977: Haltungs- und Fütterungsfehler bei Reptilien. Verh. ber. Inter. Symp. Erkrank. Zootiere. **19**, 7–13.
ZWART, P., 1985: Sinnesorgane; Harnorgane. In: Handbuch der Zootierkrankheiten. IPPEN/SCHRÖDER/ELZE, 250–256. Berlin: Akademie-Verlag.
ZWART, P., 1991: Eidechsen und Schlangen in der tierärztlichen Praxis. Proceed. 16. Weltkongreß World Small Animal Assoc. 16–20.
ZWART, P. & H.-D.SCHRÖDER, 1985: Mykosen. In: Handbuch der Zootierkrankheiten. IPPEN/SCHRÖDER/ELZE, 349–366. Berlin: Akademie-Verlag.
ZWART, P., E. VAN DIJK & F. JANSEN, 1992: Pathomorphology of calcium metabolism in reptiles. Verh. ber. Inter. Symp. Erkrank. Zoo- und Wildtiere **34**, 267–271.

# Herpetologische Zeitschriften in alphabetischer Reihenfolge

**Copeia** Journal of coldblooded vertebrates.
Editor: American Society of Ichthyologists and Herpetologists Washington, D. C.
Address: Department of Zoology, Southern Illinois University, Carbondalo Illinois 62901-6501, USA.

**DATZ** Aquarien Terrarien
Organ des Verbandes Deutscher Vereine für Aquarien- und Terrarienkunde (VDA) e. V.
Redaktionsanschrift: Rainer Stawikowski, Siegfriedstr. 14 , 45888 Gelsenkirchen.

**elaphe**
Herausgeber: Kulturbund der DDR, Zentrale Kommission Vivaristik. Dr. sc. Dieter Schmidt, Heinrich-Heine-Str. 86, 16321 Schönow. Lieferungen enden 1990.

**Elaphe** Neue Folge
Zeitschrift und Mitteilungsblatt der DGHT
Herausgeber: Deutsche Gesellschaft für Herpetologie und Terrarienkunde e. V., Frankfurt a. M.
(Ingo Pauler, Im Sandgarten 4, D-67157 Wachenheim/Weinstraße)

**Herpetofauna**
Herausgeber: Herpetofauna-Verlag-GmbH, Postfach 1110, D-71365 Weinstadt.

**Herpetologica**
Editor: Herpetologists League, President: Ronald A. Brandon, Department of Zoology, Southern Illinois University, Carbondalo, IL. 62901, USA.

**Herpetopathologica** Journal on herpetopathology.

Editor: Matz, G. Laboratoire de Biologie animale, Université d'Angers 2, Boulevard Lavoisier, 49045 Angers Cedex, France.

**Lacerta**
Herausgeber: Lacerta, Netherlands vereiniging voor herpetologie en terrariumkunde. Voorzitter: H. Biard, Parklaan 63, NL-6132 BM Hoofddorp, Netherlands.

**Mertensiella** Supplement zu Salamandra.
Herausgeber: Deutsche Gesellschaft für Herpetologie und Terrarienkunde e. V., Frankfurt a. M. (Redaktion: W. Bischoff, Museum Alexander Koenig, Bonn)

**Salamandra** Zeitschrift für Herpetologie und Terrarienkunde
Herausgeber: Deutsche Gesellschaft für Herpetologie und Terrarienkunde e. V., Frankfurt a. M. (Redaktion: Ingo Pauler, Im Sandgarten 4, D-67157 Wachenheim/Weinstraße).

**Sauria** Die Zeitschrift der Terrarianer
Redaktionsleitung: Wolfgang Großmann, Wulfila-Ufer 33, D-12105 Berlin

# Hersteller von Schlangengift-Gegenseren und die von ihnen produzierten Gegenseren

**BEHRINGWERKE AG**
Postfach 1140
D-35001 Marburg

    Europa
    Nord- und Westafrika
    Zentralafrika
    Vorderer und Mittlerer Orient

**SCHWEIZER SERUM- u. IMPFINSTITUT**
Rehagenstr. 79
CH-3018 Bern / Schweiz

    Serum Berna (europ. Vipern)

**INSTITUTO NACIONAL DE MICROBIOLOGIA** »Dr. Carlos G. Malbran«
Avda. Velez Sarsfield 563
GAP.-C.P.
1.281 Buenos Aires / Argentinien

    Antiveneno Bothrops Bivalente
    Antiveneno Crotalus
    Antiveneno Bothrops Tetravalente
    Antiveneno Micrurus

**INSTITUTO BUTANTAN**
Caixa Postal 65
Sao Paulo / Brasilien

    Anti Botropic Serum
    Anti Crotalic Serum
    Anti Elapidic Serum
    Anti Laquetic Serum

## INSTITUTO CLODOMIRO PICADO
Universidad de Costa Rica
Ciudad Universitaria-Rodrigo Facio
Costa Rica / America Central

>Suero Polyvalente
>Suero Anti-Coral
>Suero Anti-Mipartitus
>Suero Anti-Coral Panamericano
>Suero Anti-Lachesis

## COMMONWEALTH SERUM LABORATORY
Poplar Road, Parkville
Victoria / Australia, 3052

>Black Snake Antivenom
>Brown Snake Antivenom
>Death Adder Antivenom
>Polyvalent Snake Antivenom
>Sea Snake
>Tiger Snake
>Taipan Snake

## HAFFKINE
Bio-Pharmaceutical Corp.Ltd.
Acharya Donde Marg. Parel,
Bombay 400012 / India

>Polyvalent Anti-Snake Venom

## CENTRAL RESEARCH INSTITUTE
Kasauli 173205 / H.P., India

>Polyvalent Anti-Snake Venom Serum
>Anti-Cobra Venom Serum
>Anti-Krait Venom Serum
>Anti-Russell's Viper Venom Serum
>Anti-Saw-Scaled Viper Venom Serum

## PASTEUR VACCINS
3, Avenue Pasteur
B.P. 10
F-92439 Marnes-La Coquette / Frankreich

>Ipser Europe
>Anti-Bitis-Echis-Naja
>Ipser Africa

## THE THAI RED CROSS SOCIETY
Queen Saovabha Memorial Institute
Rama IV Street
Bangkok 5 / Thailand

>Cobra Antivenin
>Malayan Pit Viper Antivenin
>King Cobra Antivenin
>Russell's Viper Antivenin
>Banded Krait Antivenin
>Green Pit Viper Antivenin

## INSTITUT D'ETAT DES SERUMS ET VACCINS RAZI
B.P. 11365
1558 Teheran / Iran

>Cobra Antivenin
>Lebetina Antivenin
>Echis Antivenin
>Persica Antivenin
>Latifii Antivenin
>Agkistrodon Antivenin
>Polyvalent Antivenin

## THE SOUTH AFRICAN INSTITUTE FOR MEDICAL RESEARCH

Polyvalent Anti-Snake-Bite-Serum
>Echis carinatus Antivenom

## INSTITUTO SIEROTERAPICO E VACCINOGENO TOSCANA
Via Fiorentina 1
I - 53100 Siena / Italien

>Snake Venom Antiserum

## NATIONAL INSTITUTE OF PREVENTIVE MEDICINE
Kun-Yang Street, Nan-kang, 161,
Taipei, Taiwan 115 / Republic of China

>Agkistrodon acutus
>Naja naja atra
>Bungarus multicinctus
>Bivalent (Naja, Bungarus)
>Bivalent (Trimeresurus gramineus, T. mucrosquamatus)

**TWYFORD PHARMACEUTICAL
SERVICES DEUTSCHLAND**
Postfach 210805
D-67061 Ludwigshafen / Deutschland

    Naja naja sputatrix

**IMUNOLOSKI ZAVOD**
Rockefellerova 2
Zagreb / Kroatien

    Serum antiviperinum

**WYETH LABORATORIES INC.**
Wasp & Biddle Streets
P.O.Box 304
Marietta, Pennsylvania 17547
USA

    Antivenin Crotalidae Polyvalent
    Antivenin Micrurus fulvius

## Liste der in diesem Buch wiederholt genannten Medikamente

Stand: 1. 7. 93

| Handelsname | Wirkstoff | Hersteller |
| --- | --- | --- |
| Baytril | Enrofloxacin | Bayer |
| Betaisodona | Polyvidon-Jod | Mundipharma |
| Biklin | Amikacin | Bristol |
| Binotal | Ampicillin | Bayer |
| Boviserin | Rinderserum | Hoechst |
| Calcium-Sandoz 10% | Kalzium | Sandoz |
| Canesten | Clotrimazol | Bayer |
| Citarin | Levamisol | Bayer |
| Clont | Metronidazol | Bayer |
| Crescin forte | Multivitamine | Pitman-Moore |
| Daktar | Miconazol | Janssen |
| Droncit | Praziquantel | Bayer |
| Duodegran | Ronidazol | MSD-AGVET |
| Emtryl | Dimetridazol | Rhone Merieux |
| Esb$_3$ 30% | Sulfaclozin | TAD (Ciba-Geigy) |
| Flagyl | Metronidazol | Rhône-Poulenc |
| Forene | Isofluran | Abbott |
| Frubiase Calcium T Trinkampullen | Kalzium | Boehringer Ingelheim |
| Granugenol-Wundöl | Mineralölraffinat | Knoll |

| | | |
|---|---|---|
| Humatin | Paromomycin | Parke-Davis |
| Imaverol | Enilconazol | Janssen |
| Ivomec | Ivermectin | MSD-AGVET |
| Ketavet | Ketaminhydrochlorid | Parke-Davis |
| Leukase | Framycetinsulfat | Smith Kline Beecham |
| Molevac | Pyrviniumembonat | Parke-Davis |
| Multi-Bio-Weyx-In | Multivitamine | Veyx-Pharma |
| Neguvon | Trichlorfon (Metrifonat) | Bayer |
| Nizoral | Ketoconazol | Janssen |
| Nystatin-Lederle | Nystatin | Lederle |
| Orasthin | Oxytocin | Hoechst |
| Panacur | Fenbendazol | Hoechst |
| Panolog | Nystatin, Neomycin, Thiostrepton, Triamcinolon | Albrecht (Ciba-Geigy) |
| Parkesteron | Triamcinolon | Parke-Davis |
| Rompun | Xylazin | Bayer |
| Socatyl | Formosulfathiazol | Asid (Ciba-Geigy) |
| Supronal | Sulfamerazin/Sulfatolamid | Bayer |
| T 61 | Embutramid | Hoechst |
| Telmin | Mebendazol | Janssen |
| Terramycin | Oxytetracyclin | Pfizer |
| Vibravenös | Doxycyclin | Pfizer |
| Yomesan | Niclosamid | Bayer |

## Anschriften einiger großer Terrarienhäuser

Viele Terrarianer besuchen auch gerne einmal die großen Terrarienhäuser Deutschlands und seiner Nachbarländer, um hier neue Ideen zur Terrariengestaltung, zur Vergesellschaftung einzelner Arten und zur Fütterung zu gewinnen, die sie dann später zu Hause im eigenen Terrarium in die Tat umsetzen können.

Da fast alle Zoologischen Gärten auch einige Reptilien halten, seien hier nur die wichtigeren Terrarienhaltungen im deutschsprachigen Raum genannt.

**86161 Augsburg**
Zoologischer Garten Augsburg GmbH
Brehmplatz 1

**CH–4054 Basel**
Zoologischer Garten Basel
Binningerstraße 40

**10307 Berlin**
Tierpark Friedrichsfelde GmbH
Am Tierpark 125

# Anschriften einiger großer Terrarienhäuser

**10787 Berlin**
Zoo-Aquarium Berlin
Budapester Straße 32

**44791 Bochum**
Tierpark Bochum
Klinikstraße 49

**64287 Darmstadt**
Vivarium Darmstadt
Schnampelweg 4

**44225 Dortmund**
Tierpark Dortmund
Mergelteichstraße 80

**01219 Dresden**
Zoologischer Garten Dresden
Tiergartenstraße 1

**47058 Duisburg**
Zoo Duisburg
Mühlheimer Straße 273

**40474 Düsseldorf**
Löbbecke-Museum + Aquazoo
Kaiserswerther Straße 380 im Nordpark

**60316 Frankfurt am Main**
Zoologischer Garten der Stadt Frankfurt
Alfred-Brehm-Platz 16

**22509 Hamburg**
Carl Hagenbeck Tierpark
Postfach 54 09 30

**30169 Hannover**
Aquarium des Niedersächsischen
Landesmuseums Hannover
Am Maschpark 5

**50735 Köln**
Aquarium des Kölner Zoo
Riehlerstraße 173

**47800 Krefeld**
Krefelder Zoo
Uerdingerstraße 377

**04105 Leipzig**
Zoologischer Garten Leipzig
Pfaffendorfer Straße 29

**81543 München**
Münchener Tierpark Hellabrunn AG
Siebenbrunner Straße 6

**48161 Münster**
Allwetter Zoo
Westfälischer Zoologischer Garten
Münster GmbH
Sentruper Straße 315

**49082 Osnabrück**
Zoo Osnabrück
Am Waldzoo 2/3

**18059 Rostock**
Zoologischer Garten Rostock
Rennbahnallee 21

**A–5020 Salzburg**
HAUS der NATUR
Museumsplatz 5

**66121 Saarbrücken**
Zoologischer Garten der
Landeshauptstadt Saarbrücken
Graf-Stauffenberg-Straße

**70342 Stuttgart**
WILHELMA
Zoologisch-botanischer Garten

**89073 Ulm**
Aquarium Ulm
Eberhardtstraße 22

**A–1060 Wien**
HAUS des MEERES
Esterhazypark

**A–1130 Wien**
Tiergarten Schönbrunn
Maxingstraße 13b

**42117 Wuppertal**
Zoologischer Garten Wuppertal
Hubertusallee 30

**CH–8040 Zürich**
Zoologischer Garten Zürich
Zürichbergstraße 221

Im übrigen europäischen Ausland stehen die wichtigsten Terrarienhäuser in den Zoos von Amsterdam, Antwerpen, Barcelona, Bristol, Budapest, Chester, Jersey, London, Paris, Prag, Rhenen, Rotterdam, Stockholm, Usti nad Labem und Wroclaw.

# Dosierungen von Pharmaka zur Behandlung bakterieller und mykotischer Infektionen bei Reptilien

Die angegebenen Dosierungen sind Erfahrungswerte, wie sie in der Klinik für Kleine Haustiere, Abteilung für Heimtiere und Exotische Tiere, der Freien Universität Berlin angewendet werden. Nur bei wenigen Antibiotika liegen für einzelne Reptilienarten pharmakologische Tests vor, diese werden im ersten Teil der Tabelle vorgestellt.

| | Dosis mg/kg KM | Dosis-intervall in Stunden | Appli-kation | Dosierung pharmako-logisch ermittelt bei: | Bemerkung | Referenz |
|---|---|---|---|---|---|---|
| **Antibiotika** | | | | | | |
| Amikacin Biklin^R | 2,25 | 96 | i.m. | Alligator | Aminoglykosid nephrotoxisch | Jacobson et al. 1988 |
| Amikacin Biklin^R | 5 | 72 | i.m. | Schlange | Aminoglykosid nephrotoxisch | Mader et al. 1985 |
| Amoxicillin | 10-40 (-100) | 12 | i.m. s.c. i.p., p.o. | - | Staphylokokken-Infektionen | |
| Ampicillin Binotal^R | 50 | 12 | i.m. s.c. i.p. | Land-schildkröte | Staphylokokken-Infektionen | Spörle et al. 1991 |
| Carbenicillin | 400 | 24 | i.m. | Land-schildkröte | nicht im Handel | Lawrence et al. 1984 |
| Carbenicillin | 400 | 48 | i.m. | Schlange | nicht im Handel | Lawrence et al. 1986 |

# Dosierungstabelle

| | Dosis | Intervall (h) | Applikation | Indikation/Spezies | Bemerkungen | Quelle |
|---|---|---|---|---|---|---|
| Doxycyclin | 1.Injekt. 50 dann 25 | 72 | i.m. | Landschildkröte | hohes Injektionsvolumen | SPÖRLE et al. 1991 |
| Enrofloxacin Baytril[R] | 10 | 24 | i.m. s.c. i.p. p.o. | Landschildkröte | Pseudomonas-Infektionen | SPÖRLE et al. 1991 |
| Gentamicin | 1,75 | 96 | i.m. | Alligator | Aminoglykosid nephrotoxisch | JACOBSON et al. 1988 |
| Gentamicin | 2,5 | 72 | i.m. | Schlange | Aminoglykosid | BUSH et al. 1978 |
| Oxytetra-cyclin-Dihydrat Terramycin LA | 50 | 72 | i.m. | - | vielfach Resistenzen | |
| Oxytetra-cyclin HCl Terramycin[R] | 50 | 24 | i.m. | - | vielfach Resistenzen | |
| **Antimykotika** | | | | | | |
| Ketoconazol Nizoral[R] | 20 | 24 | p.o. | Ekto- und Endomykosen | | |
| Enilconazol Imaverol[R] | 1:50 verdünnt | 24 | lokal | Haut- und Panzer-Infektionen | | |
| Miconazol Daktar[R] | 1:100 verdünnt | 1x wöchtl. 10 min Bad | lokal | Hautmykosen | | |
| Nystatin Moronal[R] | 1 ml/kg | 2 | p.o. lokal | Hautmykosen des MDT | | |

# Sachregister

**A**bdominalia 61
*Absidia corymbifera* 120, 160
*Acanthostomum coronarium* 33
– *loosi vigueras* 33
*Acinetobacter* 85
*Acremonium* 71
*Actinobacillus* 73
*Actinobdella annectens* 69
Adenovirus 122, 161
*Aeromonas* 72, 85, 165
– *hydrophila* 35
Akanthose 120
*Alaeuris* 69
Amöbenruhr 117
Amöbiasis 117, 156
*Amphigonia retardata* 55, 106
Analia 61
*Angusticaecum* 69
*Anisakis* 81
Antiserum 101, 136
*Archaeodiplostomum acetabulatum* 33
Arizona 72
Askariden 69, 118
*Aspergillus* 35, 70, 120, 160
– *amstelodami* 71
– *austus* 34
– *flavus* 160
– *fumigatus* 34, 71, 120, 160
– *ochraceuscd* 120
Atemstillstand 58
*Atractis* 69
Aufwachphase 110
*Austramphiline elongata* 70

**B**acillus 122
Balantidiumbefall 68
Bariumsulfat 114
*Basicladia chelonium* 72
– *crassa* 72
*Basidiobolus haptosporus* 120
– *ranarum* 70, 71
Bauchschild 61
*Beauveria bassiana* 34, 71
Beckengröße 50
*Beneckea chitinovora* 76
*Besnoitia panamensis* 118
Biotinmangel 109
Bläschenkrankheit 164
Blasensteine 127
Bruttemperatur 24, 55

Bulbusexstirpation 88

**C**alicivirus 162
*Calyptospora* 33
*Candida albicans* 70, 160
– *guilliermondii* 120
– *parapsilosis* 71
– *tropicalis* 71
*Capillaria* 118, 158
Carapax 60
*Caryospora* 157
*Cephalosporium* 34, 160
Ceroid 57
*Cestodaria* 70
*Chetomium* 71
Chlamydien 122
*Chrysosporium ceratophilum* 120
– *tropicum* 160
*Citrobacter* 72, 121
– *freundii* 36
*Cladisporium* 71
*Clostridium* 73, 122
– *perfringens* 122
– *septicum* 122
Coelioskopie 115
Coeliotomie 91
Computertomographie 66
Costalia 61
*Coxiella burnetii* 73
*Cryptosporidium* 157
*Cyclophyllidia* 158

**D**armfäule 117
Darmverschluß 116
Demineralisierung 25
*Dermatiaceae* 70
Dermatomykosen 70, 119, 120
*Dermatophilus congolensis* 36, 122
*Diphyllobothriidae* 119
*Diphyllobothrium* 158
*Dracunculidae* 163
Druckfilter 53
*Dujardiascaris waltoni* 35
*Duthiersia* 119
*Dysecdysis* 123

**E**astern Equine Encephalitis-Virus 122
Ecdysis 123
*Edwardsiella* 72, 121
EEE-Virus 122

*Eimeria* 68, 118, 157
– *paraguayensis* 33
– *pythonis* 157
Elektrokardiogramm 116
Elektrophorese 30
Endoskop 115
Endotrachealtubus 110
*Entamoeba invadens* 68, 117, 156
*Enterobacter* 36, 121
*Erysipelothrix* 73
– *rhusiopathieae* 36
*Escherichia* 36
– *coli* 72
– *freundii* 76
*Eucestoda* 70
Exsikkose 108

**F**angstock 145
Femoralsporen 106
Fer-de-lance-Virus 162
Fersensporn 106
Filarien 119
Filterung 53
*Flavobacterium meningosepticum* 72
Fremdkörper 38
*Fusarium* 35, 70, 163
– *moniliforme* 34
– *oxysporum* 120, 160
– *semitectum* 160
*Fusobacterium* 72, 121
– *necrophorum* 76

**G**eotrichum 163
– *candidum* 70, 71
Geschlechtsbestimmung 115, 142
Geschlechtsdetermination 24
Geschlechtsdimorphismus 106
Gewölle 38
Gicht 86
*Gliocladium roseum* 160
Gularia 61

**H**aarwurm-Ei 119
*Haementeria* 69
*Haemogregarina* 33, 68
*Hafnia* 121
Hämoperikard 113, 151
Hämosporidien 117
Harnsäureablagerung 116
Hautbläschen 123

Hautknoten 123, 164
Hautmyiasis 67
Häutungsschwierigkeit 107, 144
Hemipenistasche 106
Hemipenisvorfall 170
Herpesvirus 73, 122, 161
Herzfrequenz 60, 113
*Hexamita parva* 67
HQI-Brenner 23
Humeralia 61
*Hymenolepsis* 158
Hyperkeratose 120
Hyperparathyreoidismus 37
Hypokalzämie 108
Hypothermie 27

Implantat 22
Inkubationszeit 24, 55, 106f.
Iridovirus 74, 122
*Isospora* 68, 118
– *jacarei* 33

Japan-Encephalitis-Virus 162
Kalzifizierung 108
Kalziummetabolismus 109
Kammerfilter 53
Kehllappen 106
Kieferfraktur 91
*Klebsiella* 121, 165
– *oxytoca* 36
– *pneumoniae* 72
Kloakentupfer 61

Kloakenvorfall 82, 93, 126, 167
Kloakopexie 167
Kloazitis 167
Knopfsonden-Untersuchung 106
Kokzidien 118
Koli-Infektion 121
Kopfanhebereflex 111
Kopfmaske 58
Koprostase 116, 166
Kornealreflex 111
Kotanschoppung 166
*Krefftascaris* 69
Kryptosporiden 157

Legenot 86, 169
Linear-Scanner 116
*Linguatulidae* 167
*Listeria monocytogeneses* 122
Luftinsufflator 115

*Macdonaldius* 159

*Macracis* 69
Maladaptationssyndrom 78, 125
Maulfäule 125, 165
*Mehdiella* 69
*Metharhizium anisopliae* 34
*Micrococcus* 73, 122
Mikrofilarien 159
Milbenbefall 67, 116
Milbenexkrete 117
*Monilia sitophila* 160
*Monocercomonas* 117, 158
*Monosporium apiospermum* 71
*Moraxella* 72
*Morganella morganii* 36, 72, 85, 121
*Mortierella indohii* 160
*Mucor* 34, 35, 70, 71, 120
– *circinelloides* 120
– *plumbeus* 160
*Multicaecum tenuicolle* 34
Muskelrelaxation 111
*Mycobacterium* 73, 36, 122
– *chelonae* 85
– *marinum* 85
– *xenopi* 85

Nabelschuppen 106
Nackenschild 61
Narkosestadium 58
Natternhemd 163
*Neisseria* 72, 121
Nekrose, progressive digitale 120
Nematoden 118, 159
Neuralia 61
Nierengicht 116, 127
Nuchale 61

Obstipation 81
*Ochetosoma* 158
Oncornavirus 162
*Ophionyssus natricis* 150, 155
Osteodystrophia fibrosa 37, 78
Osteoporose 77
Otitis externa 88
Oxyuren 69, 118, 159

*Paecilomyces farinosus* 34
– *lilacinus* 34, 71
Panostitis 38
Panzerfraktur 90
Papovavirus 74, 122
Parakeratose 76, 120
Paramyxovirus 75, 122, 168
Paraphimose 87

*Paratrichosoma crocodylus* 34
Parvovirus 161
*Pasteurella* 121
– *multocida* 36
– *testudinis* 85
*Paurophyllum* 158
Pectoralia 61
*Penicillium* 120, 163
– *steckii* 160
Picornavirus 162
Pilzgranulom 75
*Placobdella multilineata* 33
*Plasmodium* 117
Plastron 60
*Pneumonyssus* 167
Pocken 164
Pockenvirus 36
*Polycotyle ornata* 33
Powassan-Virus 162
Poxvirus 122
Präanalschild 106
Präanalsporen 106
*Proteus* 36
*Prototheca* 160
*Pseudocrocodilicola americaniense* 33
*Pseudomonas* 36, 72, 76, 165

Rachentupfer 61
Randschild 61
Rangkampf 24
Reovirus 122, 162
Retroviren 162
Revisionskiste 26
Revisionsöffnung 110
*Rhabdias fuscovenosa* 159, 167
Rhabdovirus 122
*Rhizopodus arrhizus* 160
– *rhizopodiformis* 120
*Rhizopus* 35
Rieselfilter 53
Rippenschild 61
Rückenkamm 106

*Salmonella* 36, 72, 121
– *choleraesuis* 36
– *singapore* 36
Salpingotomie 172
*Saprolegnia* 70
Schlängelreflex 111
Schlangenhaken 145
Schmerzreflex 111
Schock, hypovolämischer 40
Schreckhäutung 107
*Scolecobasidium humicola* 70

*Scopulariopsis*
  *brevicaulus* 160
*Sebekia mississippiensis* 34
– *oxycephala* 34
Sendaiviren 74
*Serratia* 72, 121
– *marcescens* 36
Sichtblende 108
*Sphaerophorus* 72
*Sporotrichum* 71
*Staphylococcus* 36, 85, 122
– *aureus* 73
Steatitis 25, 38, 57
St.-Louis-Encephalitis-
  Virus 162
Stockschlinge 25
Stomatitis ulcerosa 38, 81, 125, 165
*Streptococcus* 36, 73, 85, 122

Strongyliden 118
*Strongyloides gulae* 158
– *serpentis* 158
*Styphlodora* 158

Transponder 22, 50, 102
Transportkiste 25
*Trichoderma* 163
*Trichophyton* 37
*Trichosporon* 35
– *cutaneum* 70, 120
– *elegans* 70
*Trichostrongyliden* 118
Trockenschlaf 106

Ulcus ventriculi 81
Ultraschall-Kontrolle 113
Umkehrreflex 111

*Vatacarus* 167

Vergesellschaftung 104, 108
*Vibrio damsela* 85
Viszeralgicht 39, 127, 169
Vorzugstemperatur 31, 50, 59, 113

Western Equine Encephalitis-
  Virus 162
Wiederbelebung 58
Winterruhe 50
Wirbelschild 61

*Yersinia* 121

Zeckenbefall 67, 117, 156
Zeitigungsdauer 24
Zestodenbefall 70, 119
Zitterkrampf 107
Zwangsfütterung 109
Zwangsgitter 25